Yvon Giroux
68 St. Onge
Hull, P. Qué.
J8Y 5V2

REBÂTIR LE TEMPLE

TRINITAIREMENT

Nihil obstat :

R. P. Marcel Bélanger, o.m.i.,
Ottawa, le 17 novembre 1965.

R. P. Donat Levasseur, o.m.i.,
Richelieu, le 22 novembre 1965.

Imprimi potest :

Jean-Charles Laframboise, o.m.i.,
provincial.
Montréal, le 25 novembre 1965.

Imprimatur :

Gaston Girouard, p.d.,
Vicaire général.
Saint-Hyacinthe, le 30 novembre 1965.

AU TRÈS RÉVÉREND PÈRE

LÉO DESCHATELETS, O.M.I.,

SUPÉRIEUR GÉNÉRAL

ET À TOUS SES FILS,

OBLATS DE MARIE-IMMACULÉE

QUI ÉVANGÉLISENT LES PAUVRES

AU NOM

DE

L'ADORABLE TRINITÉ

———

EN LA PÂQUE DU SEIGNEUR
CE 10 AVRIL 1966

ROSAIRE GAGNON, O.M.I.

REBÂTIR LE TEMPLE

TRINITAIREMENT

"Détruisez ce temple : en trois jours je le relèverai" (Jn 2, 19).

"Celui qui écoute ce que je dis et le met en pratique ressemble à un homme prévoyant qui a bâti sa maison sur le ROCHER"
(Mt. 7, 24).

"Cet édifice que vous construisez ne repose pas sur des bases purement matérielles et terrestres, car ce serait construire sur le sable, il repose avant tout sur nos consciences. . . .

L'édifice de la civilisation moderne doit se construire sur des principes spirituels, les seuls capables non seulement de le soutenir, mais aussi de l'éclairer et de l'animer . . . (Paul VI, Discours aux Nations Unies).

LES ÉDITIONS "TRINITÉ"
Centre Missionnaire "Trinitas"
2620 rue Frontenac, Montréal 24, Qué.

Illustration : Mère Marie du Divin Sauveur, c.s.c.

PLAN DE LA SANCTIFICATION

SOUS L'INFLUENCE DU SAINT-ESPRIT

1 - Les vertus théologales portent sur la FIN

VERTUS	DONS	BÉATITUDES	FRUITS
Foi	Intelligence Science	Les coeurs purs	Joie
Espérance	Crainte	Ceux qui pleurent	Patience
Charité	Sagesse	Pacifiques	Paix Charité

(CARDINALES)

2 - Les vertus morales portent sur les MOYENS

VERTUS	DONS	BÉATITUDES	FRUITS
Prudence	Conseil	Miséricordieux	Fidélité
Justice	Piété	Les doux	Bonté — Douceur Bienveillance
Force	Force	Faim & Soif de justice	Patience Longanimité
Tempérance	Crainte	Pauvres d'esprit	Chasteté Continence Modestie

Il est bien entendu que la Très Sainte Trinité, le Christ, Notre-Dame de la Trinité et la Grâce sont au principe même de ce plan.

Préliminaires

Le temple spirituel

qu'il s'agit de rebâtir

Croire en la Trinité et vivre d'Elle, c'est expliquer et favoriser la marche religieuse et sociale de l'humanité vers ses destinées aussi bien terrestres que célestes.

De tout temps, le temple a été considéré comme le lieu privilégié de la rencontre de l'homme avec Dieu. Mais aucun peuple n'a joui de ce privilège autant que le peuple d'Israël. Dans l'Ancien Testament déjà, le temple était le signe sensible de la présence de Yahvé au milieu des siens. Au désert, cette Présence se manifestait dans un sanctuaire portatif. Lorsque Dieu parlait à Moïse et y rendait ses oracles, la colonne de nuée descendait et se tenait à l'entrée de la Tente (Ex. 33, 7-11). La Bible parle aussi de la "Gloire de Yahvé" qui apparaît dans la Tente de Réunion à tous les enfants d'Israël (Nb. 14, 10; 16, 19), et l'Arche d'Alliance enfermée dans ce sanctuaire portatif et surmontée de deux chérubins a fait naître l'expression : "Yahvé qui siège sur les chérubins" (Ps. 80, 2).

Cette Présence de Yahvé se retrouve plus tard dans le temple salomonien, forme sédentaire du sanctuaire nomade de l'Exode. Dès que l'Arche y fut introduite, la nuée le remplit (1 R. 8, 10) : il devint vraiment la "Maison de Yahvé" (Ps. 27, 4), où celui-ci résidera désormais (1 R. 8, 13) afin de permettre à son peuple de venir le consulter (2 R. 19, 14). Et Jérusalem, qui a l'honneur de posséder ce sanctuaire dans son enceinte, portera le nom caractéristique de "YAHVE EST LA" (Ez. 48, 35).

Quant à l'attitude des prophètes à l'égard du temple, elle présente un double caractère. Les uns en précisent la théologie; les autres lui donnent une place de choix dans leurs visions d'avenir. Jérémie se refusant à admettre le culte fétichiste qu'on veut lui rendre proclame que ce culte doit être l'expression d'un sentiment intérieur et annonce la destruction même de ce temple comme le châtiment de cette piété formaliste (Jr. 7). Ezéchiel fait de même en raison de l'idolâtrie qui règne à son époque (Ez. 8-11).

La Bible relève aussi le danger très grand sous l'Ancienne Alliance de croire la Présence divine subordonnée à l'existence de la demeure matérielle (Is. 66, 1. Il faudra attendre l'enseignement de Jérémie pour découvrir que le véritable culte est surtout intérieur et pour s'orienter avec plus de précision vers la notion de "TEMPLE SPIRITUEL" (Jr. 31, 31; Dt. 6, 5).

A son tour, le Christ a traité avec beaucoup de respect le Temple de Jérusalem qu'il considérait comme la maison de son Père (Jn 2, 16). Il y voyait surtout une maison de prière où l'on célébrait les grandes fêtes du judaïsme. Protestant un jour contre le formalisme de la piété (Mt. 5, 23-24), il prévint ses apôtres que le temple serait détruit avant l'avènement du Messie et de la fin du monde (Mt. 24, 1-3).

Le signe de la Présence de Dieu ne sera plus alors le temple de Jérusalem, mais le Corps même de Jésus (Jn 2, 19-22). Par son Fils Incarné, en effet, Dieu a établi sa demeure personnelle parmi les hommes (Jn 1, 14). Lui demeure éternellement, tandis que le temple matériel sera détruit.

Dans son discours devant le Sanhédrin, Etienne, le futur martyr, voulant insister sur l'insuffisance des temples faits de main d'homme, reprend le texte désabusé du disciple d'Isaïe : "N'est-ce pas ma main qui a fait tout cela?" (Is. 66, 1-2; Ac. 7, 48-50)

Mais c'est surtout à saint Paul qu'il revient de formuler explicitement la doctrine du temple spirituel, adaptée à l'Eglise en général et à chaque chrétien en particulier. L'Eglise est le temple de Dieu dont le Christ est la pierre angulaire. Mais elle est aussi le Corps Mystique dont le Christ est la tête et chaque baptisé un membre. Ainsi le chrétien est également le temple de Dieu (1 Co. 3, 16-17) et son corps, le temple de l'Esprit-Saint (1 Co. 6, 19).

L'Apocalypse combine la double idée de l'Eglise, temple spirituel (Ap. 11, 1) et temple céleste où continue de se célébrer une liturgie en l'honneur de Dieu et du Christ (Ap. 5, 8-14). A la fin, tout temple sera supprimé, car le vrai temple, c'est le Seigneur ainsi que l'Agneau (Ap. 21, 22). Le signe laisse progressivement place à la réalité, à l'édifice spirituel que chacun doit élever en lui-même. Comment rebâtir en nous cet édifice spirituel détruit par le péché? Les lignes qui vont suivre se proposent de fournir la réponse à cette question.

Avant que saint Paul, dans ses Epîtres, n'ait traité du temple spirituel à ériger, le Christ avait déjà parlé de son dessein de ramener les hommes à la maison paternelle et avait affirmé que seule la maison bâtie sur le roc pouvait résister à toutes les tempêtes de la vie. Ce roc solide que rien ne peut ébranler et sur lequel doit s'établir l'édifice de toute sainteté, c'est Lui-même.

Mais pour atteindre le roc, il faut creuser le sol à une profondeur plus ou moins grande selon l'élévation qu'on se propose de donner à l'édifice à construire. L'expérience nous enseigne que l'excavation doit-être d'autant plus creuse que le temple devra s'élever plus haut dans les airs. Saint Augustin compare cette excavation à l'humilité dont l'Incarnation est le plus beau modèle. Pour retourner au Père, on n'a désormais qu'à suivre la voie tracée par le Verbe Incarné. Pour y entrer et nous y maintenir, notre transformation dans le Christ s'impose et c'est en vue d'exposer le comment de cette transformation que nous avons écrit le présent ouvrage : "REBATIR LE TEMPLE".

Sans doute, c'est par la grâce sanctifiante que nous nous assimilons à Dieu et que nous le possédons, mais cette assimilation doit compter sur le concours des vertus cardinales et théologales, en même temps que des Dons du Saint-Esprit couronnés par les Béatitudes et les Fruits qui en marquent l'achèvement.

Le temple spirituel qu'il s'agit de bâtir à la louange trinitaire porte sur les quatre solides piliers que sont les vertus cardinales de prudence et de justice, de force et de tempérance, les deux premières dépendant, l'une de l'intelligence et l'autre de la volonté, alors que les deux dernières résident dans la sensibilité.

Les vertus théologales de Foi et d'Espérance forment, avec la Charité au sommet, le toit de l'édifice. La Charité monte jusqu'à la Trinité pour redescendre vers les hommes et y retrouver le Père, le Fils et l'Esprit-Saint à l'oeuvre dans l'intime des coeurs.

Si toutes les vertus, surtout les vertus les plus importantes que nous étudierons, doivent entrer dans le temple à rebâtir, l'édifice, cependant, ne serait pas complet sans les sept Dons du Saint-Esprit, toujours unis aux vertus, surtout à la charité. Reçus au Baptême et à la Confirmation, ces Dons en puissance dans l'âme, se développent au fur et à mesure qu'on s'approche de Dieu par les sacrements ou d'autres bonnes oeuvres. Le Saint-Esprit s'empare alors de ces Dons pour soutenir l'âme de plus en plus, la diriger, l'exalter et l'orienter vers les cimes.

Les sept Dons du Saint-Esprit qui prolongent et complètent les vertus cardinales autant que les vertus théologales font donc effectivement partie du temple spirituel qu'il s'agit de reconstruire. Mais puisque les Dons du Saint-Esprit nous sont donnés en vue de l'exercice des vertus, on pourrait peut-être penser qu'à chaque vertu surnaturelle correspondrait un don du Saint-Esprit. Cependant, même si la Tradition catholique a toujours ramené à sept le nombre des Dons du Saint-Esprit comme celui des vertus infuses, on compte encore au-delà d'une cinquantaine de vertus ainsi que d'autres dons.

La spiritualité parle, par exemple, du Don de Discernement des esprits et l'accepte comme un instinct divin communiqué à une âme réceptive de l'influence du Saint-Esprit pour juger des choses de Dieu. Ce Don de Discernement des esprits, qui n'est pas énuméré parmi les sept Dons traditionnels, on le rattache ordinairement au Don de Sagesse. De même que les dons peuvent se ramener à sept dénominations ainsi les vertus secondaires peuvent se ranger sous l'une ou l'autre des sept vertus infuses. Nous verrons de plus, au cours de notre étude, comment tel Don s'harmonise avec telle vertu et tel autre Don avec telle autre vertu. Les auteurs ne s'entendent pas pour marier les Dons et les vertus. Cependant, il semble bien que l'on puisse s'arrêter très raisonnablement sur une série d'alliances qui semblent légitimes.

Les Dons du Saint-Esprit sont aussi nécessaires pour nous sauver que les vertus théologales et les autres vertus infuses car c'est Dieu qui prend l'initiative de nous sanctifier. Non seulement il dispose en nous un organisme surnaturel avec la grâce nécessaire à son bon fonctionnement, mais il ordonne aussi toutes les docilités particulières à chacune de nos facultés pour nous rendre réceptifs de son influence. C'est dans la mesure même où nous aurons la main souple sous la gouverne du Saint-Esprit que nous pourrons rebâtir convenablement le Temple à la gloire de la Trinité.

19

Notre étude nous conduira ensuite à réfléchir sur les effets des Dons. Ces effets se divisent en deux catégories distinctes : d'une part les béatitudes et de l'autre les fruits du Saint-Esprit.

Par les Dons du Saint-Esprit, nous sommes rendus dociles à l'influence divine dans notre âme; le Bon Dieu nous fait alors produire des actes qui ressemblent plus aux siens qu'aux nôtres, tout comme l'écriture d'un débutant est davantage l'oeuvre du maître qui l'aide à dresser ses premiers jambages que la sienne propre. Ainsi les actes produits par l'être humain sous l'emprise des Dons du Saint-Esprit revêtent une douceur toute spéciale, un agrément particulièrement délectable : c'est pour désigner la suavité de ces actes produits par Dieu plus que par nous, parce qu'accomplis sous l'influence de l'Esprit, qu'on emploie ce mot "FRUIT".

Lorsque nous aurons exposé dans leur ordre les douze fruits du Saint-Esprit énumérés par saint Paul dans son épître aux Galates, selon le texte de la Vulgate qui exprime la Tradition catholique, il nous restera à porter notre attention sur les béatitudes qui se distinguent des fruits par l'excellence spéciale de certains actes inspirés par elles. Une telle excellence rayonne la gloire de Dieu et ne peut s'expliquer sans l'influence divine.

Les béatitudes, mentionnées dans le discours sur la montagne, proclament un enseignement tellement déroutant au point de vue humain qu'on a pensé le résumer en ce raccourci d'expression : "Bienheureux les malheureux". Seul le Saint-Esprit, par l'emprise qu'il exerce sur les âmes, peut donner le sens surnaturel du bonheur et provoquer des actes conformes à cet enseignement au-dessus de tout entendement naturel. Les Béatitudes sont attribuables aux Dons du Saint-Esprit et ce n'est pas sans justesse qu'on a distribué à chaque don les actes par lesquels on vit selon cet enseignement de Notre-Seigneur.

Nous avons adopté dans cet ouvrage "REBATIR LE TEMPLE" le même procédé que dans "L'UNITE PAR LA TRINITE" lequel a reçu un accueil si encourageant de la part des Religieux et des Religieuses surtout. Chaque page fournira un sujet de méditation et continuera l'orientation trinitaire déjà commencée dans "L'UNITE PAR LA TRINITE"

Puissent ces pages apporter la lumière et l'élan à ceux et à celles qui désirent ériger, en leur âme, un temple splendide à la gloire du Père, du Fils et du Saint-Esprit.

Rosaire Gagnon.
o.m.i.

"Ils buvaient à un
ROCHER SPIRITUEL
qui les accompagnait, et
ce ROCHER était LE CHRIST".
(1 Cor., 10, 4)

Le Christ est la pierre angulaire contre
laquelle ont buté les Juifs (Rom., 9, 33).

Pierre — surnom symbolique donné à Simon — devient
la fondation inébranlable sur laquelle le
Christ bâtira son Église (Mt., 16, 18).

DIVISION GÉNÉRALE

Première partie
LE FONDEMENT DU TEMPLE

Deuxième partie
L'ORNEMENTATION DU TEMPLE

Troisième partie
LE RAYONNEMENT DU TEMPLE

PREMIÈRE PARTIE

LE FONDEMENT DU TEMPLE

CHAPITRE I : Le retour à la Trinité

CHAPITRE II : Bâtir sur le Christ

CHAPITRE III : L'Humilité : fondement de l'édifice

CHAPITRE I

Le retour à la Trinité

Nos problèmes d'ordre moral, social ou religieux, ne pourront trouver leurs solutions qu'à la lumière du Dieu Unique, à la fois Créateur, Rédempteur et Sanctificateur. Tout par Lui a été fait et tout vers Lui doit retourner.

Le retour à la Trinité

— La Religion, besoin profond de l'Humanité

— L'Histoire Sainte, c'est l'histoire de l'humanité

— La Trinité chez tous et pour tous

— Le Christianisme n'est pas une spéculation

— Le drame historique du mystère chrétien

— L'être humain et sa destinée trinitaire

— Une histoire finalisée

— L'Esprit de la Trinité inspire la Révélation

— Le vrai sens du mystère trinitaire

— La Trinité se révèle dans une pédagogie admirable

— Ce qu'enseigne la SAGESSE THEOLOGIQUE

— Avec le concours de la SAGESSE METAPHYSIQUE

— A la Lumière de la SAGESSE MYSTIQUE

— Dans l'unité du plan de la Trinité

— Le Mystère caché est désormais révélé

— Réponse libre et sincère à l'Evangile

— Le Dogme Trinitaire et ses conséquences

— Le retour de la créature à la Trinité

La Religion, besoin profond de l'humanité

L'ignorance religieuse de la masse se présente à notre époque comme un fait déconcertant. Beaucoup de gens cultivés ne se soucient plus de développer et d'enrichir leur foi. Ils se contentent trop souvent des formules apprises par coeur lorsqu'ils étaient enfants. C'est pourquoi chez la plupart la culture religieuse est demeurée embryonnaire.

Une telle ignorance viendrait-elle d'un manque d'adaptation de la part des éducateurs de la Foi ou faudrait-il l'attribuer à un défaut d'approfondissement chez le catéchisé? N'emprisonne-t-on pas trop souvent la religion en des formules savantes coupées des besoins psychologiques propres aux différents âges, alors que les pensées les plus profondes correspondent généralement à une riche simplicité de vocabulaire?

Pour répondre aux revendications des valeurs humaines et personnelles de notre monde moderne, la Religion doit présenter une valeur plus haute encore et plus sublime, et cette valeur ne peut se puiser nulle part ailleurs qu'aux sources premières et fondamentales qui l'alimentent : la Bible, la Liturgie, l'Eglise et, ajoutons-le, le bon sens qui se refuse à nier les réalités indispensables.

Le monde contemporain se contente de moins en moins d'un demi-christianisme rigidement fixiste et incapable d'évolution. L'homme du vingtième siècle qui a vu tous ses organes amplifiés dans leur fonction propre grâce aux inventions modernes : l'oeil par le microscope et le télescope, l'oreille par le téléphone, le pied par les moyens de locomotion, peut-il se résigner à garder à son âme ses limites natives? Il lui faut un dépassement dans la surnature, une ouverture sur l'infini de la Trinité. En ces heures du Concile, l'Eglise, qui entend l'appel angoissé des âmes, se recueille pour repenser sa mission. Raison et Religion s'efforcent de se donner la main pour trouver aux problèmes du XXième siècle les vraies solutions que le monde attend.

L'Histoire Sainte,
c'est l'histoire de l'humanité

L'homme contemporain n'admet plus qu'on lui présente Dieu ou la Trinité en des termes abstraits ou intemporels. Il veut savoir comment la Trinité est impliquée dans sa propre histoire. Si sa vie est autre chose que le jouet d'un implacable destin, il veut en connaître les raisons profondes et comprendre, pour le mieux interpréter, le rôle spécial qui lui est attribué. Un christianisme dogmatique fondé sur l'histoire devrait répondre à cette angoissante question de l'homme d'aujourd'hui.

La Trinité ne cesse d'oeuvrer au milieu des hommes; c'est l'histoire sainte qui pénètre ainsi l'histoire de l'humanité. Pour atteindre leur objectif de rassembler le monde entier dans le Christ, les Trois Grands, le Père, le Fils et l'Esprit-Saint se manifestent aux humains autant par l'action que par la parole. Leur présence salvifique tend à tirer l'homme de la servitude pour l'orienter vers la Vie et la Liberté.

L'histoire sainte, avec son Ancien et son Nouveau Testament, c'est l'histoire d'un seul et même peuple où apparaissent, 'en figure' dans le Premier, les événements qui deviendront 'réalité' et 'illumination' dans le Second.

Transcendante à l'histoire, la Trinité ne l'en pénètre pas moins pour orienter l'humanité vers sa fin : le rassemblement final dans le Coeur du Père, par le Christ, dans l'Amour de l'Esprit-Saint. La révélation progressive de la présence trinitaire au coeur de l'humanité : tel est le sens de l'histoire sainte, de l'histoire d'une humanité qui veut parfaire sa vocation de *Louange collective à Dieu-Trinité*. La présence trinitaire est une présence agissante, qui réalise les intentions créatrice, rédemptrice et sanctificatrice du Père, du Fils et de leur mutuel Esprit d'Amour.

Toute la vie dont l'histoire sainte déborde n'est qu'un mouvement de recherche orienté vers les Trois; le même mouvement continue de caractériser notre vie de retour vers le DIEU VIVANT, moteur tout-puissant, premier et dernier, de toute perfection. Telle est aussi l'histoire de l'humanité.

La Trinité
chez tous et pour tous

L'homme contemporain, dans son irréligion plus apparente que réelle, veut bâtir sa béatitude sans Dieu et ne fait que s'emmurer dans l'affreuse solitude de son égoïsme. Le fleuve torrentiel de l'indifférence religieuse roule, il est vrai, à nos pieds, son flot bourbeux. Mais pour empêcher que ne s'implante définitivement sur ses bords le credo du communisme athée, ne devrions-nous pas exploiter la richesse du Credo à la Trinité dont nous sommes les dépositaires?

Tout être bien pensant soupçonne que la vie doit servir à un grand dessein, mais combien peu mesurent l'envergure d'un tel projet? Si la doctrine religieuse offerte à nos gens s'avère insuffisante pour leur permettre de découvrir leurs dimensions d'éternité, faut-il se surprendre de les voir ne rechercher que les biens du temps et se fabriquer un temple personnel à côté de l'unique Temple Eternel?

Certains affirment catégoriquement que la Religion est devenue méconnaissable et ils s'en balancent. De telles affirmations ne suppriment pas pour autant l'existence réelle du sentiment religieux qui gît au plus profond du coeur humain. Il s'agit de réveiller les dormeurs et de rendre plus vigilantes les sentinelles.

Dieu demeure toujours l'objet du désir universel de l'humanité. Il s'est révélé trinitairement par amour. Si l'homme Le cherche toujours, d'une manière plus ou moins consciente, c'est précisément parce que ce Dieu s'est révélé dès le début du monde et qu'il demeure toujours au milieu de ses créatures pour les mouvoir, les éclairer et les guider.

La Religion chrétienne ne s'assimile pas à une pure philosophie; c'est une FOI VIVANTE en un Dieu personnel, une Foi qui nous convoque à une recherche courageuse et persévérante, une recherche dont la source se trouve dans le message divin de la Révélation des Trois Personnes de l'Adorable Trinité. La bonne nouvelle de notre participation à la vie trinitaire doit être annoncée aux humains de l'univers entier.

Le Christianisme
n'est pas une spéculation

La pure curiosité intellectuelle à l'égard de la vérité révélée ne suffit pas. Le centre de toute réalité chrétienne et religieuse ne peut être que la Très Sainte Trinité dont la première et essentielle exigence est l'engagement de l'être humain. L'homme, quel qu'il soit, se doit de ne pas se refuser à un tel engagement.

Si certaines tendances modernes veulent séparer instruction et éducation, c'est qu'on oublie cette exigence d'engagement concret à la suite du Christ. Nulle dichotomie ne peut s'accepter sur ce terrain de l'instruction, de l'éducation et de la religion : la Foi chrétienne n'exige-t-elle pas l'adhésion totale de la personne humaine, adhésion qui prend tout l'être, qui canalise toutes les possibilités éducatives au service de Dieu et de la Foi qui nous acheminent vers Lui?

Les normes du christianisme ne sont pas seulement affaire d'Eglise, mais aussi affaire d'Etat. L'Eglise doit pouvoir compter sur la collaboration de la société pour éduquer ses enfants et former des chrétiens authentiques. La meilleure formule pour que soient réalisées ces conditions ne réside-t-elle pas avant tout dans un enseignement libre bien compris, dans un enseignement confessionnel pluraliste organisé et financé par l'Etat et où les grands courants spirituels peuvent circuler en toute liberté?

Dieu est Celui vis-à-vis de Qui l'homme, ainsi que l'Eglise et l'Etat dont il fait partie, doit s'engager vitalement. En dehors d'un pareil engagement il n'est aucune valeur chrétienne qui puisse subsister. Dans l'effort à fournir pour réfléchir sur le Mystère de Dieu, en même temps que notre intelligence se nourrit intellectuellement, il importe que notre coeur et notre volonté se conforment aux desseins des Trois dans un climat de profonde adoration et de sérieuse réalisation. Le christianisme est une vie et tout baptisé conscient de sa responsabilité doit engager tout son être à rebâtir le Temple de Dieu détruit par le péché.

Le drame historique du mystère chrétien

Pour bien comprendre le christianisme, il faut mettre l'accent sur son élément personnel. La religion chrétienne est en tout premier lieu le déroulement, poursuivi dans le temps et l'espace, du Plan arrêté sur nous de toute éternité par les Trois.

Cette projection assure l'unité de la pensée et de la vie en éclairant l'être humain tout entier, tant dans son sens religieux le plus profond que dans son besoin concret d'une *Présence Divine* à la base de sa prière, de sa louange, de son adoration. L'homme veut rencontrer le Dieu vivant et non une notion de Dieu. Il veut entendre parler Dieu, Le voir agir pour mieux pénétrer son Esprit et Le révéler à son tour avec plus de conviction.

C'est pourquoi le mystère chrétien réclame sa place dans l'histoire, sur la 'terre des hommes' et dans le temps présent. Le monde contemporain s'interroge anxieusement sur le sens de l'histoire, sur le rôle de Dieu et de sa Providence dans les événements. Il a oublié que l'objet de la Révélation chrétienne n'est pas une abstraction, mais un Dieu-Trinité qui pénètre progressivement l'histoire et agit à travers elle.

C'est se tromper que de vouloir écarter Dieu-Trinité de l'histoire en l'isolant dans une transcendance vide de toute relation avec l'univers créé. La Trinité fait l'histoire et toute l'histoire. Si l'homme se trouve totalement engagé dans l'histoire, la Trinité l'est bien avant lui et la pensée trinitaire précède toujours la pensée humaine.

Le DRAME HISTORIQUE du mystère chrétien, c'est le mystère de l'homme, le mystère de toute l'humanité orientée vers sa fin par un Dieu-Trinité vivant au coeur même de l'histoire. En conséquence, il nous faut apprendre ou réapprendre à penser notre foi historiquement, car si le croyant vit toujours d'un Dieu dans les nuées, il s'expose à vivre aussi dans les nuages et à provoquer le mépris de tout un monde qui donne au matérialisme historique une si grande importance. Avant de commencer à rebâtir le Temple, la raison et la foi doivent se donner la main pour découvrir et réaliser le plan trinitaire sur l'humanité.

L'être humain
et sa destinée trinitaire

Une certaine manière de voir et de comprendre l'univers dans lequel nous vivons marque le point de départ de la pédagogie dont la Trinité se sert pour éduquer le sens religieux de l'humanité. Nous devons réaliser d'abord que tout ce qui existe est l'oeuvre de Dieu et que tout est sorti très bon de ses mains divines. Puis, ce monde qui nous entoure et dans lequel nous vivons, il faut en venir à le considérer avec les yeux de la foi, sous son aspect d'OEUVRE DE DIEU.

Les deux premiers chapitres de la Genèse devraient provoquer chez-nous une VISION OPTIMISTE DE L'UNIVERS : parmi toutes ces créatures jaillies très belles et très bonnes des mains de Dieu, voici que maintenant la Trinité Créatrice fait l'homme à son image et sa ressemblance en vue d'une perspective de parfait bonheur. Ces deux chapitres sont comme un germe qui met en branle toute notre activité spirituelle et sociale : nous sommes devant une Image qui tend à la Ressemblance, devant une nature profondément ordonnée à la Grâce, à la Trinité.

Le début de la Genèse engage le dialogue entre la Trinité et ses enfants, entre Dieu et ses créatures avec, comme conséquence essentielle, une attitude religieuse fondamentale qui devrait compromettre toute la suite de notre existence. Cette attitude comporte la volonté sincère de ne chercher que la Trinité et toute autre créature par rapport à cette même Trinité, de n'user de toute chose créée que dans la mesure où elle peut favoriser la louange trinitaire et le retour aux Trois.

L'être humain doit vivre désormais dans l'universelle présence trinitaire qui l'enserre. Créé dans l'Esprit, il devra porter des fruits dans l'Esprit : tiré du sol et tout simplement poussière en dehors de l'Esprit, il devra accepter le Souffle de la Trinité s'il veut se développer selon sa nature et se laisser emporter au-delà de lui-même. Pour rebâtir le temple de sa vie d'enfant de Dieu, l'homme a à sa disposition toute la création qu'il doit ordonner à la louange des Trois.

Une histoire finalisée

Notre salut éternel relève de la Trinité tout entière, du Père qui nous envoie son Fils, du Verbe qui s'incarne, meurt et ressuscite, de l'Esprit du Père et du Fils qui nous infuse la vie nouvelle, la vie des Trois jaillissant de la Pâque du Christ.

Si la vie trinitaire se présente comme la source essentielle de notre création, de notre rédemption et de notre sanctification, ne convient-il pas de plonger le plus profondément possible au coeur de cette vie des Trois? La compréhension de notre vie chrétienne dépend de notre pénétration, dans la Foi, en cette lumière et cet amour qui font la vie des Trois Personnes de l'Adorable Trinité.

Cette exigence de pénétration trinitaire tire ses racines de la théologie dogmatique la plus intégrale, celle qui se situe dans le donné révélé, qui écoute Dieu se révélant et essaie d'épouser les moindres contours de cette pédagogie divine dans l'Ecriture, une théologie intégrale qui aborde la Révélation en train de se réaliser, dans son dynamisme même.

Il est presque impossible de comprendre en profondeur le sens de notre vie chrétienne si nous ne consentons pas à cette poussée, à cette étude appuyée sur la Foi au Mystère de Dieu. Le chrétien est le bénéficiaire de la vie trinitaire : il est tout normal qu'il cherche à la connaître pour la mieux rayonner en son apostolat. Le vrai chrétien doit réaliser qu'il est passé en la Trinité, dans et par le Christ, avec la responsabilité de transmettre cette vie nouvelle qui inonde son être et son agir.

Pour pénétrer le mystère intime de Dieu, il importe de se bien situer dans l'Ecriture, d'en chercher le dynamisme intérieur, d'adhérer au mouvement divin de l'Histoire, de demeurer toujours à l'écoute de Dieu qui se révèle progressivement dans cette Histoire, celle de notre Rédemption, HISTOIRE finalisée, toujours en progrès vers un terme précis. Il importe de saisir le développement continu du germe initial de "trinitarisation" de l'humanité pour ne pas nous fourvoyer dans la reconstruction de notre temple spirituel.

L'Esprit de la Trinité inspire la Révélation

Tout au long des siècles, l'économie trinitaire s'est plu à dispenser aux humains la lumière de la vérité avec la même délicatesse qu'elle met à répandre au début de chaque jour la lumière du soleil. A chaque aurore, c'est progressivement que les êtres passent du monde des ténèbres à la clarté du jour. Ainsi à travers l'histoire de l'humanité, c'est avec une douce lenteur que la Trinité fait passer nos esprits des ténèbres de l'ignorance à la clarté de la Parousie. L'Ancien Testament fournit d'abord de la doctrine trinitaire des données passablement vagues et susceptibles en elles-mêmes d'être diversement comprises. La Révélation se précisera avec le temps et le Nouveau Testament nous apportera la joie de la vérité trinitaire avec tellement plus de détails et de lumières.

La Nouvelle Loi éclaire l'Ancienne, et la Tradition donne l'intelligence de l'une et de l'autre en élaborant l'expression scientifique de la Foi, sans rien changer à l'idée que telle forme peut recouvrir. C'est toujours l'Esprit de la Trinité qui inspire la Révélation du commencement de l'humanité jusqu'à la fin. Les dernières définitions dogmatiques qui surgiront au coeur de l'Eglise rejoindront toujours les premières vérités de l'Evangile, puisqu'elles jailliront sous le souffle du même Esprit.

Tout au cours de l'Ancien Testament, l'unité de nature en la Trinité est beaucoup plus fortement affirmée que la distinction des Personnes. L'histoire d'Israël demeure sous la domination du monothéisme. Nous sommes dans une histoire merveilleuse au cours de laquelle Dieu intervient presque constamment pour faire sentir sa puissance au Peuple de l'Alliance et lui faire prendre conscience qu'Il est le DIEU UNIQUE, l'Etre Suprême, le DIEU-SAUVEUR qui non seulement donne le salut, mais veut aussi tracer la route de ce salut.

L'unité de nature sur laquelle appuie l'Ancien Testament semble se confondre avec le MONOTHEISME que le Peuple d'Israël découvre à la suite de nombreuses expériences. Le "TRINITARISME" devait jaillir du Nouveau Testament.

Le vrai sens
du mystère trinitaire

Le mystère trinitaire parce qu'infini demeurera toujours insondable, inépuisable. Dieu est Mystère et ce qu'Il nous révèle de Lui-même, c'est sa propre vie et notre vocation à cette vie de connaissance et d'amour.

Chacun d'entre nous n'est-il pas aussi plus ou moins marqué par le mystère. Tout être humain est un profond mystère, un jardin fermé, un livre vivant et scellé qui ne dévoile son secret que s'il le veut bien et à qui il consent à s'ouvrir. Nos joies et nos peines nous appartiennent et demeurent notre secret aussi longtemps que nous le voulons. Il n'existe de connaissance d'une personne que dans la mesure où cette personne consent à se révéler.

Etymologiquement, révélation veut dire "soulèvement du voile". Si toute personne humaine se tient cachée pour ainsi dire "derrière un voile", à plus forte raison Dieu-Trinité qui habite une Lumière et un Amour inaccessibles. En sa Révélation comme en son Etre, Dieu demeure un mystère qu'Il nous découvre par amour et dans la mesure de notre amour.

D'autre part, le mystère trinitaire n'est pas une brimade, une énigme. Le mystère existe, mais il ne doit pas se présenter à nous comme un mur qui nous barre la route. L'incroyant, qui le conçoit comme une énigme, a raison de se cabrer, de se révolter. La vie mystérieuse des Personnes divines, loin de lancer un défi à la raison humaine, l'invite au contraire à s'aventurer de plus en plus loin dans cet univers merveilleux qu'elle ne parviendra jamais à déchiffrer à fond, à explorer totalement, puisque l'infini trinitaire demeure inépuisable.

Le mystère de la Trinité ne ressemble pas à l'obscurité d'une nuit sans fin, mais plutôt à la clarté du soleil, clarté si éblouissante qu'on ne peut la regarder en face, comme on ne peut fixer la lumière trinitaire qu'avec les lunettes de la Foi, lunettes indispensables si on veut percevoir quelque peu la longueur, la largeur, la hauteur et la profondeur du mystère. C'est jusqu'à ces hauteurs infinies que doit s'élever le Temple à rebâtir.

La Trinité se révèle dans une pédagogie admirable

La Révélation du mystère trinitaire à travers les pages du texte inspiré ne se présente pas comme une donnée immédiate et complète dès le début. Dieu ne dit pas tout du même coup. La première étape qui s'étend d'Adam à Abraham sera marquée par la révolte, le polythéisme, la polygamie; la seconde, d'Abraham au Christ, progressera dans un esprit de soumission à Dieu pendant que se préciseront le monothéisme et la monogamie; la troisième étape, du Christ à la fin des temps, sera couronnée par le 'trinitarisme' et la virginité, après une lutte d'orientation définitive.

L'éducation de l'humanité par la Trinité se manifeste dans une pédagogie divine profonde dont la loi primordiale est l'adaptation de Dieu à cette humanité. Durant cette éducation progressive du Peuple de Dieu, il est facile de remarquer le passage constant de l'obscurité à la lumière, de l'implicite à l'explicite. La Révélation, concrètement trinitaire, ne sera complète et parfaite que dans le Nouveau Testament. Il semblait normal que fût connue l'unité de Dieu avant la Trinité des Personnes.

Toute cette Révélation s'est accomplie sur un plan rectiligne, sans contradictions internes. D'un bout à l'autre de la Bible, c'est toujours la même passionnante histoire du Royaume de la Trinité qui s'organise sur la terre dans la connaissance et l'amour. C'est toujours le même Temple que chaque génération doit continuer de rebâtir. Au cours des siècles, l'économie divine a voulu, à la manière dont elle dispense chaque jour la lumière du soleil, distribuer aux hommes la vérité avec une douce et lente progression.

Après avoir été ressaisie par la Trinité, l'humanité, qui s'en allait à la dérive sur le radeau du péché, s'achemine désormais vers le Royaume des Trois, nourrie de la certitude que la main paternelle du Très-Haut lui bâtit un avenir des plus glorieux au coeur de l'Adorable Trinité. Dans la connaissance, l'amour et le service de Dieu, le chrétien doit s'ouvrir sur la Trinité, doit lui bâtir un temple vivant à l'intérieur même de sa personnalité, un temple où la Trinité sera adorée en esprit et en vérité.

Ce qu'enseigne la
SAGESSE THEOLOGIQUE

La théologie enseigne l'existence d'un mouvement dans l'immanente simplicité de l'Acte Pur qu'est Dieu, une génération, une procession, une émanation par l'intérieur : Dieu communique sa propre essence par voie d'intelligence et de lumière, par voie de procession et d'amour.

Dieu est l'être subsistant de lui-même et par lui-même. Il est l'Unité même, l'absolue simplicité. L'Ecriture le présente, pourtant, en trois Personnes : un Père qui, sans séparation ni changement, engendre éternellement un Fils dans l'unité d'une même nature. La Sagesse Théologique nous enseigne que du Père et du Fils procède une troisième Personne, le Saint-Esprit. Ces Trois Personnes ne forment qu'un seul et même Dieu.

Cette existence en Trois Personnes constitue la nature même de Dieu à qui la Trinité est aussi nécessaire que l'Unité. Le chrétien se doit de les confesser toutes les deux : affirmer l'Unité de Dieu, c'est affirmer sa Trinité. Le Père engendre le Fils et les Deux exhalent le Saint-Esprit dans un présent immobile et éternel.

Les Personnes Divines sont des relations subsistantes en elles-mêmes : la Paternité est tout l'être du Père et la Filiation tout l'être du Fils. De tout son être le Père se rapporte au Fils et de tout son être le Fils se rapporte au Père. Même considération du Père et du Fils à l'Esprit et réciproquement.

Ces Trois Personnes se distinguent réellement : le Père n'est pas le Fils et le Fils n'est pas le Père. Cependant, si le Fils est autre que le Père, il n'est pas autre chose : "alius, sed non aliud". Pour être Fils, la deuxième Personne doit être en relation essentielle réelle avec la première, le Père. C'est par cette relation qu'Elle s'unit au Père dans l'unité de nature, cette unité parfaite qui est infiniment plus parfaite que l'esprit humain ne le saurait comprendre. Tel est l'enseignement de la Sagesse théologique.

Avec le concours
de la Sagesse Métaphysique

Tout installée qu'elle soit au sommet du monde créé, la métaphysique ne peut considérer de l'intérieur l'inaccessible foyer où la Trinité vit son intimité de connaissance et d'amour. La Foi a sur elle l'avantage d'être introduite, pour ainsi dire, au coeur même de ce Foyer en attendant de céder sa place à la lumière de gloire qui nous inondera durant l'éternité.

La théologie sollicite donc le concours de la philosophie pour essayer de saisir un peu le contenu du donné révélé et approfondir la nature des relations qui sont au fond du mystère de la Trinité. La métaphysique qui ne peut atteindre l'essence divine en elle-même nous permet cependant une certaine approche de la Trinité dans le miroir divisé des perfections analogiquement communes à l'incréé et au créé.

Un être spirituel jouit de deux activités essentielles : connaître et vouloir. Dieu qui est la plénitude absolue de l'être jouit de ces deux activités par nécessité de nature. Par son acte de connaissance Dieu engendre l'image de ce qu'Il connaît à la perfection, c'est-à-dire Lui-même. C'est là l'origine de la Parole spirituelle, intérieure du Verbe qui est l'expression proportionnée et parfaitement correspondante du Père. Comme la génération est le mode le plus parfait de la production d'un autre être, puisque l'engendrant donne à l'engendré sa propre nature et lui infuse sa propre vie, on ne peut qu'inclure la génération au coeur de la divinité qui n'est dépourvue d'aucune excellence.

Comme conséquence de cette éternelle génération, le Père et le Fils se rencontrent dans un bonheur éternel, essentiel. Ils se donnent eux-mêmes mutuellement en union très intime. De cette sainte et éternelle rencontre jaillit une flamme spirituelle, le feu d'un amour infini, l'Esprit-Saint, la Troisième Personne de l'Adorable Trinité : Il est l'Amour dont s'aiment le Père et le Fils, la perfection de leur union. Tels sont les hôtes mystérieux qui habiteront le temple vivant que nous rebâtissons.

A la Lumière
de la Sagesse Mystique

La Sagesse mystique perfectionne la Foi, non pas quant à l'objet connu, mais quant au mode de connaître. Elle permet de parvenir à une réelle fruition expérimentale de Dieu. Il faut le concours de cette Sagesse, conséquence toute normale de la Grâce Sanctifiante, pour saisir le sens de la vie intime des Trois et son application concrète à notre vie d'Enfants de Dieu.

Que la Philosophie nous serve de précieuses comparaisons pour essayer de saisir la vie en Dieu, il reste que cette réflexion métaphysique doit se faire humble et priante pour rejoindre Dieu en son mystère intime. L'âme simple qui prie en toute humilité et confiance comprend mieux cet échange éternel et immuable de connaissance et d'amour qu'est la Trinité que le philosophe orgueilleux de son savoir. Il faut aimer pour comprendre que "l'amour est le lien de la perfection" (Col. 3, 14).

Etre Dieu en trois Personnes, ce n'est rien d'autre que d'avoir un même amour pour trois, un amour sublime avec des particularités différentes en chaque Personne. L'être qui sait aimer et prier sait aussi sortir de lui-même pour se donner aux autres : il n'est pas fermeture, mais ouverture au prochain, quel qu'il soit. L'amour ne laisse pas l'aimant se reposer en lui-même, mais il le tire hors de lui afin d'être tout entier dans l'aimé. L'âme sincèrement donnée à la Trinité dans son prochain et dans sa prière est plus à même de comprendre comment le Père vient dans son Fils et le Fils retourne à son Père, puis comment le Père et le Fils se déversent dans l'Esprit qui les anime.

La pensée humaine ne peut sûrement pas résoudre le mystère intime de Dieu, mais la Foi, aidée par la réflexion et la prière, peut nous permettre de plonger dans l'obscurité de la nature divine pour en distinguer quelque peu les richesses infinies, les contempler, les admirer et faire passer en chacun d'entre nous, fait à l'image de Dieu, les applications sujettes à mieux orienter notre vocation de 'FILS DE DIEU', notre mission de bâtisseurs de Temple.

Dans l'unité du plan de la Trinité

Le Père dit toute chose dans sa Parole éternelle; et dans l'Esprit-Saint, Lui et le Fils s'aiment mutuellement et nous aiment du même amour. Voilà, ce que nous ont rappelé les pages précédentes. L'univers, cette parole divine qui se meut et s'étend dans le temps et l'espace n'est que l'écho de la Parole incréée, de la Parole unique que le Père prononce dans le silence de l'éternité. Au coeur de cet univers, l'être humain se présente comme le résumé, la synthèse de tout le créé.

La Trinité, cependant, ne s'est pas contentée de créer l'homme, de lui communiquer la vie, d'en faire sa propre image, de l'associer à son geste créateur en lui conférant une certaine maîtrise de l'univers, mais Elle a voulu l'introduire dans son intimité. Le péché, malheureusement, a brisé ce lien d'intimité entre Dieu et nos premiers parents et a détruit le temple que la grâce avait édifié en l'homme. Un abîme s'est alors creusé entre le Créateur et sa créature.

Le dessein conçu par la Trinité de réaliser une profonde amitié avec l'homme n'a pas échoué pour autant, mais il se nuancera désormais d'une harmonique particulière faite de pardon et de miséricorde. Nous assistons depuis lors à une irruption nouvelle de Dieu dans l'histoire de l'humanité. Yahvé se choisit un Peuple qu'il oriente progressivement vers la Terre Promise. Cette Terre Promise va apparaître de plus en plus comme un royaume dont la richesse n'est autre que la Trinité Elle-même.

Il est merveilleux de suivre les voies par lesquelles la Providence des Trois favorise le retour à la maison du Père des âmes sanctifiées et ennoblies dans le Christ. Toutes les créatures retourneront à leur fin par les mêmes causes par lesquelles elles sont sorties de leur Principe. "C'est par le Fils et le Saint-Esprit que nous avons été créés et c'est par eux que nous retournons à Celui qui nous a créés" (1 Sent., Dist., XIV, Q. 2). Tout sera ainsi renouvelé dans le Christ et le Souffle de l'Esprit-Saint. Et le Temple qui sera rebâti, sera sans comparaison avec le précédent.

Le mystère caché
est désormais révélé

"Le mystère qui était caché aux siècles et aux générations passés est manifesté maintenant aux saints de Dieu" (Col. 1, 26). Réconciliés dans le Christ et par le Christ, nous pouvons aller au Père dans le Saint-Esprit : "Par lui nous avons accès les uns et les autres auprès du Père, dans un seul et même esprit" (Ep. 2, 18). Telle est la synthèse de tous les mystères divins, de la Création, de l'Incarnation, de la Rédemption, de la Glorification.

En nous découvrant le Nom de Son Père, de 'Notre Père', le Verbe Incarné nous a, du même coup, laissé entrevoir le cercle des relations divines et de quelle manière nous pouvons désormais pénétrer le courant de la vie propre de Dieu. Tout le résumé de la Révélation, du mystère caché, semble contenu en ce texte de saint Paul : "Béni soit Dieu le Père de Notre Seigneur Jésus-Christ, qui nous a bénis dans le Christ de toutes sortes de bénédictions spirituelles dans les Cieux! C'est en lui qu'il nous a choisis dès avant la création du monde, pour que nous soyons saints et irrépréhensibles devant lui, nous ayant, dans son amour, prédestinés à être ses fils adoptifs par Jésus-Christ" (Ep. 1, 3-5).

La Trinité ne se contente pas de nous pardonner nos péchés, mais Elle veut nous introduire dans la vie de connaissance et d'amour qui marque sa paix et sa joie. L'Incarnation du Verbe continue de nous déifier, de nous "trinitariser" par les sacrements et toute la vie de l'Eglise. "Dieu s'est fait homme pour que les hommes deviennent Dieu" (Augustin, Conf. VII, 10).

Le mystère caché aux siècles précédents nous convoque à une fusion toujours grandissante avec le Christ, à une prise de conscience de la réalité trinitaire qui nous entoure de tous les côtés et traverse notre être et notre agir. Nous participons désormais à la vie intime de Dieu : le Christ est devenu notre Frère et l'Esprit-Saint notre esprit. Quelle consolation de songer que le Père et le Fils nous donnent la Personne divine dans laquelle toute leur vie intime se repose et s'épanouit, pour nous guider dans la reconstruction du temple trinitaire.

Réponse libre
et sincère à l'Evangile

Quand il s'agit de comprendre le sens profond de l'Evangile, les difficultés d'exégèse, de traduction ou d'interprétation représentent peu de chose à côté de la difficulté majeure provenant d'un manque de vie intérieure profonde et de réflexion sérieuse. Une âme ainsi démunie d'intériorité ne ressent même pas la tentation de vivre ce que la Seconde Personne de la Trinité lui enseigne dans l'Evangile, alors que l'âme pieuse et sincère qui consent à l'effort de l'étude et de la réflexion écoute dans le silence de son coeur humble et docile les enseignements du Maître qui lui deviennent lumière et vie.

La docilité prend racine dans l'intelligence : elle concerne l'acquisition de la connaissance (2a 2ae, qu. 48, a. 1). La docilité, nous enseigne saint Thomas, nous rend aptes à bien recevoir l'enseignement (qu. 49, a. 1). Tel est l'objet de la docilité qui se développe par l'étude et l'exercice d'un esprit "appliqué avec soin, assiduité et respect" aux enseignements donnés, évitant "de les négliger par paresse ou de les mépriser par orgueil" (Qu. 49, a. 3, ad 2).

Etre docile à l'Ecriture, à l'Evangile, c'est reconnaître une règle directrice et définitive dans les préceptes et les conseils que le Christ transmet par des comparaisons, des histoires et des paraboles; c'est reconnaître que Dieu nous parle personnellement et que c'est toujours de nous qu'il s'agit, de notre vie que nous devons changer, transformer selon l'esprit du Maître si nous voulons devenir disciples et témoins de l'Evangile.

L'Evangile ne se contente pas d'énoncer tout simplement et spéculativement les vérités essentielles, mais il attend de nous une réponse libre et sincère : c'est une proposition d'amour qui sollicite une réponse d'amour. Vouloir l'aborder avec des oreilles volontairement sourdes et endurcies, c'est se condamner à affronter un livre à jamais scellé, mais l'accueillir avec une docilité intellectuelle et cordiale, droite et généreuse, c'est déjà pénétrer le plus merveilleux message de vie qui soit et qui puisse nous orienter dans la reconstruction du Temple de Dieu.

Le Dogme Trinitaire
et ses conséquenses

Tout être créé tire son existence de l'Etre divin et doit lui retourner pour réaliser sa perfection. La Très Sainte Trinité se situe au point de départ de tout ce qui existe et tout doit s'achever au coeur même du mystère qu'Elle nous présente.

Un objectif précis nous est présenté et nous devons le connaître pour le réaliser. Il faut non seulement connaître la direction à suivre, mais les moyens nécessaires à la poursuite de l'objectif. Il faut que la vision de l'objectif soit assez claire pour provoquer un vif désir d'entreprendre l'oeuvre à édifier et la confiance indispensable pour en poursuivre la réalisation jusqu'au bout.

Si cet ouvrage souhaite rendre chacun plus conscient du climat trinitaire où sa vie est désormais engagée comme conséquence de la filiation divine à laquelle nous sommes convoqués, il veut surtout indiquer les moyens qui s'imposent pour profiter concrètement du Sang Rédempteur du Christ qui nous a permis d'être élevés à l'état surnaturel de grâce et de devenir les enfants de Dieu pour le temps et l'éternité.

Il n'est pas suffisant de réaliser théoriquement que Dieu est devenu notre Père, le Christ notre Frère, mais il faut avoir le courage d'accepter la lutte qui s'engage entre l'Esprit du Père et du Fils et notre propre esprit tout rempli d'amour-propre. Il s'agit de bien connaître l'exaltante vocation à laquelle nous convoque l'Adorable Trinité et d'accepter généreusement les moyens qu'Elle nous propose.

Une réflexion sérieuse sur notre qualité de chrétiens nous aidera à prendre en mains intégralement notre vie pour vivre pleinement la belle et enthousiasmante aventure de grâce qu'est notre vocation trinitaire. La prise de conscience de notre grandeur, grâce à l'intervention du Verbe Incarné, demeure le plus sûr moyen pour en venir à dominer l'égoïsme qui nous empêche de respirer à grands traits la vie de connaissance et d'amour des Trois Personnes de l'Adorable Trinité.

Le retour
de la créature à la Trinité

Pour se transformer en Jésus, comme l'exige le dessein de l'Adorable Trinité, il faut s'unir à Lui si étroitement qu'on en vienne à voir par ses yeux et que l'âme ne forme qu'un seul esprit avec le sien (1 Co. 6, 17). Personne ne peut être Jésus, sinon par l'union au Saint-Esprit.

Pour glorifier dignement le Père, à la manière du Verbe Incarné, dans l'unité de l'Esprit-Saint, une marche à suivre s'impose au cours de laquelle toutes les vertus morales et surnaturelles travaillent de concert avec les Dons du Saint-Esprit pour édifier un Temple à la gloire de la Trinité.

Il s'agit d'abord de bien maîtriser le corps et de le fortifier contre toutes les convoitises qui l'assaillent : "Je traite durement mon corps et je le tiens en servitude" (1 Co. 9, 27). A la suite du péché, le désordre s'est installé dans notre vie et nos sens se sont révoltés contre la raison : il s'agit de tout "réordonner", et de reconquérir la rectitude originelle du corps et des sens en demandant la collaboration de toutes les vertus dans un effort constant et acharné.

Le corps, pourtant, n'est pas l'ennemi le plus tenace ni le plus puissant à vaincre. Le péché a pénétré jusqu'au centre de l'esprit, de la volonté et du coeur. Là où la lutte se fait la plus violente, c'est entre l'Esprit de la Trinité et notre pauvre esprit tout gonflé d'amour-propre. Pour réussir en ce combat de tous les instants, il faut se brancher sur le Christ, reconnaître humblement son propre néant, s'en remettre à la direction toute de sagesse et de miséricorde de l'Esprit-Saint qui nous purifiera par les vertus pour que la charité croisse en nous et que la Trinité stabilise en l'intime du Temple de notre âme son amoureuse possession.

Le présent ouvrage veut insister d'abord sur le travail de déblaiement qui s'impose avant de rebâtir le Temple qui permettra au Saint-Esprit d'élever l'âme progressivement vers sa fin en la rendant capable d'être traversée par les lumières et l'amour que lui réserve l'Adorable Trinité.

CHAPITRE II

Bâtir sur le Christ

Il est le rocher...

"La Jérusalem mystique est faite de rocs vivants dont le Christ est le fond, le sommet et le ciment, le Christ qui, parce qu'il est partout, ne se distingue nulle part".

Bâtir sur le Christ

Il est le rocher

— Le symbolisme du rocher

— Le Rocher au fondement du Culte

— Yahvé, notre rocher

— Le Rocher qui nourrit et désaltère

— Le Prophète des prophètes

— Le Christ : Rocher de l'édifice

— "Tu es Pierre"

— Le Christ est la 'Tête d'ANGLE'

— Bâtir sa vie sur le Christ

— Le mystère chrétien centré sur le Christ

— Bâtir avec et dans l'esprit du Christ

— La pierre d'achoppement et le temple détruit

— Pour Lui, en Lui et par Lui toujours

— Nous sommes créés dans le Christ

— Le Principe d'unité de l'Humanité régénérée

— Le geste royal de l'Incarnation

— Par Jésus-Christ, ton Fils, Notre-Seigneur

— La Jérusalem nouvelle en construction

Le symbolisme du rocher

Le peuple d'Israël, habitué au site montagneux de la Palestine où le rocher affleure partout et guidé par l'Esprit de Dieu, a toujours vu dans le rocher un symbole de fermeté et d'assurance.

Sa solidité, en effet, de même que son élévation et sa stabilité en font le refuge assuré sur lequel on se trouve à l'abri de ses adversaires. Le rocher est l'un de ces mots pleins qui exprime à merveille le fondement sur lequel peuvent se fixer notre Foi et notre Espérance : "Ceux qui s'appuient sur le Seigneur sont inébranlables comme Jérusalem sur la montagne. Celui qui habite Jérusalem ne sera jamais renversé... Comme les montagnes font un rempart à la ville, ainsi le Seigneur protège son peuple, maintenant et toujours..." (Ps. 125)

"La maison du Seigneur est solidement bâtie sur le roc..." Saint Matthieu, dans son Evangile confirme ces croyances des anciens : "Ainsi, quiconque écoute ces paroles que je viens de dire et les met en pratique, peut se comparer à un homme avisé qui a bâti sa maison sur le roc. La pluie est tombée, les torrents sont venus, les vents ont soufflé et se sont déchaînés contre cette maison, et elle n'a pas croulé : c'est qu'elle avait été fondée sur le roc. En revanche, quiconque entend les paroles que je viens de dire et ne les met pas en pratique peut se comparer à un homme insensé qui a bâti sa maison sur le sable. La pluie est tombée, les torrents sont venus battre cette maison, et elle s'est écroulée. Et grande a été sa ruine" (Mt. 7, 24-27).

Le rocher, c'est l'abri sûr des âmes faibles. La tourterelle comme la colombe sont invitées à venir se cacher au creux de ses fentes. Là, personne ne peut les atteindre ni aucun ennemi les attaquer : "Viens donc, ma bien-aimée, ma belle, viens! Ma colombe, cachée au creux des rochers, en des retraites escarpées, montre-moi ton visage, fais-moi entendre ta voix" (Ct. 2, 13-14).

Le Rocher
au fondement du Culte

Dans l'Ancien Testament nous voyons se perpétuer l'habitude de rendre un culte à Yahvé en dressant des pierres en guise d'autel. Dans la Genèse, Jacob, fuyant la colère de son frère Isaü, nous en présente le témoignage. Après une nuit passée en plein champ, il s'écrie à son réveil : "Que ce lieu est redoutable! Ce n'est rien moins qu'une maison de Dieu et la porte du ciel! Levé de bon matin, il prit la pierre qui lui avait servi de chevet, il la dressa comme une stèle et répandit de l'huile sur son sommet" (Gn. 28, 16-18). Aux yeux de Jacob, la pierre ainsi dressée représente le lieu de la présence de Dieu et l'onction d'huile qu'elle reçoit marque le culte, l'hommage que le fils d'Isaac veut rendre au Dieu qui s'est manifesté à lui.

La pierre servait encore chez les anciens de symbole d'alliance. On lit dans la Genèse que Jacob, voulant conclure une alliance avec Laban, "prit une pierre et la dressa comme une stèle", comme pour prendre Dieu à témoin de leur engagement, et dit à ses frères : "Ramassez des pierres! Ils ramassèrent des pierres et en firent un monceau ... Laban dit : "Que ce monceau soit aujourd'hui un témoin entre toi et moi" (Gn. 31, 45-47). C'est ainsi que la pierre dont la solidité brave le temps rappelait aux anciens certaines alliances qu'ils avaient contractées.

La pierre soulignait aussi les bienfaits de Yahvé à l'égard de son Peuple. La Bible nous en instruit au Livre de Josué, dans le passage du Jourdain : "Yahvé parla ainsi : Choisissez-vous douze hommes parmi le Peuple — un homme par tribu — et donnez-leur cet ordre : "Enlevez d'ici, du milieu du Jourdain, douze pierres que vous emporterez avec vous et déposerez au bivouac où vous passerez la nuit". Josué fit exécuter l'ordre de Yahvé afin que ces pierres puissent servir de mémorial aux enfants d'Israël et leur rappeler "que les eaux du Jourdain se sont séparées devant l'Arche d'Alliance de Yahvé lorsqu'elle traversa le fleuve" (Jos. 4, 7). Ce rôle de la pierre chez les Anciens est demeuré vivace puisque le Nouveau Testament renferme encore de nombreuses allusions au rocher considéré comme le fondement du culte divin.

50

Yahvé, notre rocher

Tout au long de l'Ecriture Sainte, nous remarquons que Yahvé est souvent représenté comme le 'ROCHER D'ISRAEL'. Au livre d'Isaïe nous lisons : "Voici que j'ai mis pour fondement en Sion une pierre, une pierre éprouvée, une pierre d'angle, précieuse, solidement posée : qui s'appuie sur elle avec foi ne fuira pas" (Is. 28, 16). Ces paroles prononcées au nom de Yahvé, par la bouche du prophète, invitent le Peuple élu à s'appuyer sur Dieu et nous convoquent, nous du Nouveau Testament, à nous en remettre pour tout au Christ en qui résident la solidité de la pierre, la stabilité du roc.

Ce message comporte aussi l'idée d'une construction à entreprendre. La pierre d'angle solidement posée attend les autres pierres qui doivent reposer sur elle et servir à l'édification du temple des hommes à la gloire de la Trinité. La pierre de base, Yahvé se l'attribue. Lui seul, auteur de tout bien, peut assurer la stabilité d'une oeuvre et lui seul peut servir de fondement inébranlable à un édifice impérissable. C'est pourquoi Isaïe nous invite à mettre en Dieu notre espoir, à compter sur Lui pour qu'Il serve d'appui aux assises du temple que nous devons rebâtir en notre âme en l'honneur de l'Adorable Trinité.

Bâtir avec Dieu, c'est le refrain que chante le Psalmiste dans le Cantique des montées : "Si Yahvé ne bâtit la maison, en vain les maçons peinent" (Ps. 127, 1). Le labeur de l'être humain sans cet appui de Dieu est voué à l'échec. Bâtir cependant n'en demeure pas moins un désir inné et constant chez l'homme. C'est pourquoi nous voyons le thème d'édification revenir sans cesse sous la plume de l'écrivain sacré.

Construire, édifier, bâtir, voilà les préoccupations constantes de Yahvé préparant son peuple à recevoir Celui qui viendrait réaliser son dessein de salut. Sous l'Ancienne Alliance, Dieu édifie la dynastie de David et reconstitue le peuple qu'il s'est choisi afin de préparer la venue du Christ, la pierre d'angle de l'édifice à rebâtir.

Le Rocher
qui nourrit et désaltère

Déjà, sous l'Ancienne Alliance, le Rocher servait aux besoins du Peuple de Dieu durant sa marche au désert : "Tu frapperas le rocher, l'eau jaillira et le Peuple aura de quoi boire", avait dit Yahvé à Moïse (Ex. 17, 6). Le Psalmiste, faisant écho au livre de l'Exode, reprend à son tour : "Voici qu'il frappe le rocher, des eaux coulent, des torrents s'échappent" (Ps. 78, 20). Et après avoir appelé quelques-unes des merveilles de Dieu pour son Peuple, il continue : "Il fendit les rochers au désert, il les (les Israélites) abreuva à la mesure du grand abîme, du roc il fit sortir des ruisseaux et descendre les eaux en torrents" (v. 15-16). Au Livre de la Sagesse nous lisons de même : "Dans leur soif, ils t'invoquèrent; un roc escarpé leur donna de l'eau, une pierre dure apaisa leur soif" (v. 11, 4).

Un passage du Deutéronome signale un autre rôle du rocher : "Il lui fait goûter le miel du rocher et l'huile de la pierre dure" (Dt. 32, 13), montrant ainsi que Dieu veille sur son peuple et que rien ne saurait manquer à qui espère en Lui.

Dans le Nouveau Testament, saint Paul attribue au Christ pré-existant les prérogatives du Rocher d'Israël. Parlant du peuple élu, il écrit : "Et tous ont bu le même breuvage spirituel. Ils buvaient, en effet, à un rocher spirituel qui les accompagnait et ce rocher, c'était le Christ" (1 Co. 10, 4). Le Christ nous a apporté par sa mort et sa résurrection les eaux vivifiantes du salut qui jaillissent jusqu'à la vie éternelle. Ce rapprochement entre les eaux du Rocher et celles du salut a été souligné aussi par l'Apôtre Jean : "L'un des soldats, de sa lance, lui perça le côté et aussitôt il en sortit du sang et de l'eau" (Jn 19, 34). Même dans sa mort, le Verbe Incarné, notre Rocher, demeure dispensateur de vie et de fécondité spirituelle : "Si quelqu'un a soif, qu'il vienne à moi et qu'il boive . . . De mon sein couleront des fleuves d'eau vive" (Jn 7, 37).

Le Rocher sur lequel nous devons rebâtir le Temple, le Rocher qui, en même temps, continuera de nous nourrir et de nous désaltérer, c'est toujours le Christ, la Deuxième Personne de l'Adorable Trinité.

Le Prophète des prophètes

Plus encore qu'ils ne prédisent le plan du Père, les prophètes préparent et favorisent son accomplissement dans le Peuple de Dieu, dans l'Eglise, dans l'humanité tout entière. Tout le lignage des prophètes de l'Adorable Trinité devait finalement aboutir au Rocher, le Christ, que le Père "a fait l'héritier de toutes choses et pour qui il a aussi créé tous les siècles" (He. 1, 2). C'est le Verbe Incarné qui peut, seul, nous fournir la vraie et authentique signification du message et de l'action des prophètes de l'Ancien Testament. Comme on le voit sur un vitrail de Chartres, les grands prophètes portent sur leurs épaules les quatre Evangélistes : l'Etoile du matin devait se faire saisir à travers la lumière des Ecritures prophétiques.

Une grande espérance avait été suscitée par les Prophètes et entretenue par la lecture de leurs écrits dans toutes les synagogues d'Israël et du monde entier, grâce aux 'craignants Dieu' et aux 'prosélytes' qui faisaient participer tous les peuples à l'attente du Règne de Dieu, à l'attente d'un Salut et d'un Rassemblement (Ac. 15, 21).

Il suffit d'ouvrir l'Evangile pour y constater du commencement à la fin la présence de cet espoir de la 'rédemption d'Israël' qui remplissait tous les coeurs. Tous vivaient dans l'attente de 'CELUI QUI VIENT'. Aussi est-ce d'abord comme un "prophète puissant en paroles et en oeuvres" que le Christ apparaît aux gens de son temps (Lc 24, 19) "C'est un prophète pareil aux anciens prophètes qui est ressuscité", disent-ils (Lc 9, 8).

Quant à nous, si le Christ se place dans la lignée des Prophètes, c'est au sommet du Prophétisme que nous le situons car c'est Lui qui apporte la réponse définitive à l'espérance des peuples. L'espérance d'Israël, purifiée et stimulée par les Prophètes, c'était au fond celle du Règne de la Trinité sur la terre. Les temps sont désormais accomplis et le Royaume de Dieu est au milieu de nous (Mc 1, 15). Ce Royaume il faut cependant le transposer sur le plan spirituel, du plan matériel et temporel où l'avaient situé les Apôtres. Il faudra en faire autant pour le Temple de Dieu à rebâtir.

Le Christ :
Rocher de l'édifice

Dans le Nouveau Testament c'est le Christ, le Verbe fait chair, qui va s'attribuer à lui-même le rôle du roc dans l'édification du Royaume, dans l'érection du temple à la fois individuel et collectif à la Trinité. L'homme parfait qu'était le Christ connaissait tout du rocher, de son réalisme et de sa mystique; il en connaissait parfaitement la constitution et la consistance, puisque c'est là l'oeuvre de ses mains. Il savait aussi que les Juifs en étaient instruits, eux qui connaissaient les Ecritures et dont les ancêtres avaient bu de l'eau du Rocher. Il savait que, dans ses hymnes, le Peuple choisi aimait désigner Dieu comme son Rocher. Il savait qu'Il était Lui-même la pierre d'assise de l'Eglise dont il jetait les bases.

Il semble normal qu'en rencontrant Simon qui devait devenir chef de son Eglise, le Seigneur ait commencé par changer son nom. Nous savons que, chez les Israélites, le choix d'un nom était profondément représentatif. Il lui dit donc : "Désormais tu es Pierre et sur cette pierre je bâtirai mon Eglise et les forces du mal ne pourront rien contre elle" (Mt. 16, 18). Le Verbe Incarné a fondé son Eglise, non sur le sable mouvant du désert, mais sur le roc inébranlable de son Apôtre assisté de son Esprit et, depuis vingt siècles, malgré les assauts conjugués de l'enfer et du monde, l'Eglise tient bon.

Désormais, c'est sur l'Eglise, le Christ continué, que chacun peut s'appuyer avec confiance. Saint Paul a bien compris ce rôle du Christ dans l'Eglise lorsqu'il écrit : "Vous avez été édifiés sur un fondement dont le Christ-Jésus est lui-même la pierre d'angle et c'est par Lui que toute construction s'élève" (Ep. 2, 20-21). Inutile de vouloir se passer du Christ pour bâtir seul sa maison, pour rebâtir le Temple. Au cours des âges, bien des adversaires ont donné l'assaut à la Pierre angulaire du Christ : vagues d'ignorance, de sophismes, de calomnies, de préjugés; mais ce fut toujours en vain. S'appuyer sur le Christ, c'est s'appuyer sur un Rocher solide. La tempête peut éclater, le vent faire rage, la vague s'abattre en furie sur les flancs du Rocher : plus solide que l'éternité, le Roc ne bronchera pas.

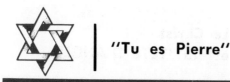

"Tu es Pierre"

En réponse à l'affirmation spontanée de la Foi de son apôtre : "Tu es le Christ, le Fils du Dieu vivant", Jésus dit : "Tu es Pierre, et sur cette pierre je bâtirai mon Eglise". Il semble que ce nom de Pierre, n'ait jamais été employé pour désigner un homme avant que Jésus eût appelé ainsi le Chef de ses Apôtres pour bien marquer par là son rôle particulier dans la fondation et l'organisation de son Eglise.

Pierre, successeur du Christ, partage avec Lui le rôle d'assises dans l'édifice du Corps Mystique, mais chaque apôtre a aussi une fonction à tenir dans cette vivante construction au terme de laquelle nous devons parvenir, tous ensemble, à ne plus faire qu'un dans la Foi et la connaissance du Fils de Dieu et à constituer cet 'HOMME PARFAIT' dans la force de l'âge, qui réalise la plénitude du Christ (Ep. 4, 13).

S'adressant aux mêmes Ephésiens, saint Paul leur écrivait : "Vous êtes de la maison de Dieu, car la construction que vous êtes a pour fondations les apôtres et prophètes, et pour pierre d'angle le Christ Jésus lui-même" (Ep. 2, 20). La génération des premiers témoins constitue avec le Christ le fondement sur lequel s'édifie l'Eglise : "En Jésus toute construction s'ajuste et grandit en un temple saint, dans le Seigneur; en lui tous sont intégrés à la construction pour devenir une demeure de Dieu dans l'Esprit" (Ep. 2, 21-22).

Déjà sous l'ancienne Alliance, Yahvé révélait à l'un de ses prophètes sa vocation personnelle en ces termes : "Regarde, aujourd'hui je t'établis sur les nations et sur les royaumes pour arracher et renverser, pour exterminer et démolir, pour bâtir et planter" (Jr. 1, 10). Bâtir, voilà bien ce qui attend le prophète d'aujourd'hui et Paul le rappelle en ces termes : "Nous sommes les coopérateurs de Dieu; vous êtes le champ de Dieu, l'édifice de Dieu" (1 Co. 3, 9). L'idée de Temple à bâtir demeure sous-jacente tout au long de l'histoire du salut et le fondement de ce temple, c'est le Christ qui a voulu appeler Pierre à partager ce rôle avec Lui.

Le Christ
est la 'TETE D'ANGLE'

Saint Pierre, dans sa première épitre, reconnaît le Christ comme son Roc, Celui en qui il a mis sa faible foi devenue imperturbable, Celui sur qui il appuie son espérance maintenant indéfectible, Celui qui a conquis tout son amour. Il nous propose de suivre son exemple : "Approchez-vous de Lui, car Il est la pierre vivante que les hommes ont rejetée, mais que Dieu a jugée précieuse et qu'Il a choisie, car il est dit dans l'Ecriture : Je place en Sion une pierre d'angle choisie et précieuse; qui s'appuie sur cette pierre ne sera pas déçu. Pour les incrédules cependant, la pierre rejetée par les maçons et devenue pierre d'angle sera aussi une pierre d'achoppement, une pierre où l'on trébuche : ils s'y heurtent parce qu'ils se refusent à croire à la Parole" (1 P. 2, 4, 6-8).

A cet enseignement de Pierre, les Evangélistes Matthieu et Luc ajoutent : "Celui qui tombera sur cette pierre s'y brisera et, si elle vient à tomber sur quelqu'un, elle le mettra en poussière" (Mt. 21, 44; Lc 20, 18).

Le Verbe Incarné, l'Homme-Dieu, est la 'PIERRE MAITRESSE' sur laquelle tout repose. Le mot 'TETE D'ANGLE' ne désigne pas seulement le faîte, mais toute pierre qui entre dans la construction de l'angle et assure par sa position la cohésion des autres pierres. Les maçons sérieux apportent un soin minutieux à la construction des angles : ils n'introduisent en cet endroit que des pierres de toute première qualité et choisissent en connaisseurs d'expérience les pierres de base autant que la pierre de faîte; si la pierre de faîte est généralement choisie pour sa beauté, les pierres de base le sont davantage pour leur solidité. Or le Verbe Incarné, Splendeur du Père et fondement de l'édifice nouveau, demeure pour nous la pierre de base tout autant que la pierre de faîte.

Croire au Christ, c'est s'appuyer sur un Rocher indéfectible, un Rocher vivant qui nourrit et protège à la fois, abrite et désaltère : "Il frappa le rocher et il en sortit de l'eau en abondance" (Ex. 17).

Bâtir sa vie sur le Christ

"Selon la grâce de Dieu qui m'a été donnée, tel un bon architecte, j'ai posé le fondement. Un autre bâtit dessus. Mais que chacun prenne garde à la manière dont il y bâtit. De fondement, en effet, nul n'en peut poser d'autre que celui qui s'y trouve, à savoir Jésus-Christ" (1 Co. 3, 10-11). Paul rappelle ici que Dieu a toujours l'initiative en tout ce qui concerne son dessein de salut. Il n'y a qu'un seul fondement solide et véritable sur lequel puisse s'élever l'édifice de Dieu, s'ériger le Temple que chacun veut construire en soi et autour de soi en l'honneur de la Trinité : ce fondement, c'est l'Oint du Seigneur, son Christ. "C'est en Lui que tout édifice bien ordonné s'élève, pour former un temple saint dans le Seigneur; c'est en Lui que, vous aussi, vous êtes édifiés pour être, par l'Esprit-Saint, une demeure où Dieu habite" (Ep. 2, 21-22).

Bien rebâtir le Temple, c'est bâtir sa vie sur le Christ, c'est Lui demander de nous supporter, c'est recourir sans cesse à Lui et accepter de faire équipe avec tous ses frères. Bâtir, c'est s'ajuster les uns aux autres, s'aider les uns les autres, se soutenir mutuellement, c'est garder et respecter la place assignée à chacun dans la structure de l'ensemble. Or, personne ne peut accomplir cette oeuvre, cimenter les pierres les unes aux autres si ce n'est l'Esprit qui, par le don ineffable de la Grâce, transforme les âmes en pierres vivantes de l'Eglise du Dieu vivant.

Ouvrier d'une oeuvre commencée par la Trinité, chaque être humain, chaque chrétien doit, à son tour, par ses paroles, ses jugements, ses comportements et ses services, apporter sa pierre à l'édifice mystique que les siècles construisent avec nous, car c'est le dessein éternel du Père de rassembler tous les hommes en son Fils. La liturgie, reprenant les textes des Apôtres, invite sans cesse le chrétien, pierre vivante destinée à rebâtir le Temple à la Trinité, à entrer dans le plan du salut en s'appuyant en toute confiance sur le Roc qu'est le Christ. Heureux le chrétien qui bâtit sa maison sur le roc solide du Christ : il a découvert la perle de grand prix.

Le mystère chrétien centré sur le Christ

La manifestation la plus éclatante et la mieux réussie du mystère chrétien, c'est JESUS-CHRIST qui réalise parfaitement l'union totale entre l'homme et Dieu : en Lui L'HOMME ET DIEU NE FONT QU'UN. C'est pourquoi le Verbe Incarné doit toujours demeurer le PRINCIPE D'UNITE DE NOTRE FOI, le point de jonction, la pierre d'angle de l'Alliance 'TRINITE-HUMANITE'. La plénitude du mystère chrétien s'exprime en effet en deux grandes manifestations : l'Incarnation du Verbe et l'Eglise instituée par Lui. A la suite du Christ, l'Eglise devient à son tour le lieu unique de rencontre entre l'homme et la Trinité, la manifestation grandissante de la gloire trinitaire à travers la communion qu'elle réalise entre l'humanité et la Trinité. Il faut redonner à la religion l'unité du mystère chrétien : car c'est aussi à travers chaque baptisé que le Christ a décidé de passer et de rejoindre les autres.

C'est la Personne du Christ qui doit faire l'unité de la doctrine chrétienne, de la catéchèse chrétienne, de notre apostolat chrétien. C'est dans la Parole de Dieu, donc dans le Verbe Incarné, que tout le mystère chrétien retrouvera son vrai centre et son équilibre. On ne comprendra vraiment le mystère chrétien que si on le lit à l'intérieur du mystère du Christ, dans le déroulement du plan personnel de sa vie, dans une catéchèse à la fois épiphanique, pascale et ecclésiale.

La catéchèse épiphanique nous présente Dieu dans la Création, puis dans l'Incarnation en attendant la parousie, la manifestation triomphante du Christ, le Jour du Seigneur. La catéchèse pascale nous révèle les trois événements qui marquent le retour du Christ vers son Père, la mort, la résurrection et l'ascension, l'offrande pascale réalisée pour le salut de toute l'humanité. La catéchèse ecclésiale nous montre le Christ au milieu de son Peuple, demeurant avec lui pour lui indiquer par son Esprit le chemin du retour vers le Père. Le Christ agit désormais par son Eglise, par la Grâce et les sacrements qui cimentent les pierres vivantes que sont les âmes en amitié avec Dieu.

Bâtir avec et dans l'esprit du Christ

Cet esprit du Maître, saint Paul le recommandait aux chrétiens de Philippes : "Ayez en vous les sentiments du Christ Jésus". Pour découvrir l'Esprit du Christ et l'acquérir, il faut se recueillir pour s'en laisser pénétrer, tout comme l'artiste qui veut entrer dans le monde mystérieux de Beethoven, de Mozart, de Liszt ou de Chopin. Une fréquentation assidue des oeuvres de ces musiciens finit par engendrer une connaissance concrète et une familiarité telle qu'une brève audition de l'une ou de l'autre de leurs pièces révèle les traits distinctifs de ces différents auteurs.

Quand saint Paul veut trancher définitivement une question difficile, il donne pour ultime argument : "Et je pense bien, moi aussi, avoir l'esprit du Seigneur". Il existe un climat 'christique', une manière de penser, de parler, de sentir, propre au Christ et à Lui seul. Il faut en arriver à penser ainsi pour bâtir sa vie à la manière du Christ.

Cette pénétration lente et progressive de l'esprit du Verbe incarné dans notre esprit, conséquence d'un effort soutenu, finira par provoquer en nous les réactions mêmes des disciples du Christ. C'est le fruit que permet d'atteindre une longue et priante familiarité avec l'Evangile. Seul le baptisé qui se met sérieusement à l'école du Verbe Incarné finira par porter sur tout et sur tous le regard du Christ qui n'est autre que le regard de Dieu.

La 'manière de Jésus', c'est simplement la 'manière de Dieu', une manière unique d'envisager les humains et les événements, une manière d'affronter toutes choses selon leurs vraies dimensions, dans la perspective du Royaume trinitaire, du Temple à rebâtir. Pour parvenir à cette vision du Royaume et le considérer avec les yeux du Christ, il faut non seulement pénétrer l'Evangile, mais se laisser surtout imprégner par le Christ pour se tourner avec Lui vers l'humanité et l'orienter vers la Trinité. C'est alors, mais alors seulement, qu'avec le Verbe Incarné on finit par saisir le dessein trinitaire du Salut et l'orientation des moyens choisis par Dieu pour réaliser ce grandiose dessein.

La pierre d'achoppement et le temple détruit

Yahvé se nomme lui-même la pierre d'achoppement qui se dressera sur la route de son peuple qui lui tourne le dos : "C'est Yahvé Sabaot qu'il faut craindre. Il est la pierre d'achoppement et le rocher qui fait tomber les deux maisons d'Israël" (Is. 8, 13-14).

Dieu menace de ruine ceux qui transforment sa maison en caverne de voleurs : "Gardez-vous d'avoir confiance dans les discours trompeurs qui disent : C'est là le temple de Yahvé, le temple de Yahvé, le temple de Yahvé.... Quoi! Voler, tuer, commettre l'adultère, se parjurer, encenser Baal, courir après des dieux étrangers qui vous sont inconnus? Et puis, vous venez vous mettre devant moi, dans cette maison qui porte mon nom, et vous dites : "Nous voilà en sûreté" pour commettre toutes ces abominations. Est-elle donc à nos yeux une caverne de voleurs, cette maison qui porte mon nom?... Allez donc à ma demeure à Silo, où j'avais établi mon nom autrefois, et voyez ce que j'en ai fait, à cause de la perversité de mon peuple Israël.

Et maintenant, puisque telle est votre conduite, déclare Yahvé, et que vous ne m'avez pas écouté quand je vous parlais assidûment, et que vous ne m'avez pas répondu quand je vous appelais, je traiterai cette maison qui porte mon nom, en laquelle vous avez confiance, et ce lieu que j'ai donné à vous et à vos pères, comme j'ai traité Silo; et je vous rejetterai loin de ma face, comme j'ai rejeté tous vos frères, toute la race d'Ephraïm" (Jr. 7, 4, 9-15).

Au dire de saint Paul, ce qui a fait buter Israël contre la pierre d'achoppement, c'est qu'au lieu de recourir à la Foi il a compté sur ses oeuvres : "Ils ont buté contre la pierre d'achoppement, comme il est écrit : Voici que je pose en Sion une pierre d'achoppement et un rocher qui fait tomber; mais qui croit en lui ne sera pas confondu" (Rm. 9, 33). Si nous ne voulons pas que l'histoire se répète pour nous, suivons ce conseil de saint Pierre : "A vous donc, les croyants, l'honneur, mais, pour les incrédules, la pierre qu'ont rejetée les constructeurs, celle-là est devenue la tête de l'angle, une pierre d'achoppement et un rocher qui fait tomber. Ils s'y heurtent parce qu'ils ne croient pas à la Parole" (1 P. 2, 7-8).

Pour Lui,
en Lui et par Lui toujours

En Jésus ressuscité une 'nouvelle création' a surgi (2 Co. 5, 17). Les dons de Dieu sont sans repentance. Cet 'abîme de la richesse de Dieu' devant lequel saint Paul tombe en adoration se découvre incessamment à nous par 'l'extraordinaire richesse de sa grâce' qui nous arrive à tout moment "dans le Christ Jésus" (Ep. 2, 7). Et cette création se poursuit de manière permanente : notre vie n'a de consistance et de valeur que dans la mesure où notre construction quotidienne "s'ajuste et grandit en 'UN TEMPLE SAINT', dans le Seigneur"; c'est "en vivant selon la vérité et dans la charité que nous grandissons de toutes manières jusqu'à la taille de Celui qui est la Tête, le Christ" (Ep. 2 21; 4, 4).

Non seulement tout est 'POUR LE CHRIST', mais tout nous vient 'DE LUI ET PAR LUI'. Dieu nous a "élus en Jésus-Christ dès avant la création du monde pour être saints et immaculés en sa présence, dans l'amour (Ep. 1, 4). C'est cet appel même qui a déterminé, quand fut venu notre tour d'entrer dans la plénitude du temps (Gal. 4, 4), la première démarche de notre Foi : "Nul ne peut venir à moi, si le Père qui m'a envoyé ne l'attire" (Jn 6, 44).

Tout s'accomplit par le Christ. C'est à chaque moment que le Dieu de notre salut intervient afin que, gardant la parole, "nous croissions pour le salut" (1 P. 2, 2). "Celui qui a commencé en vous cette oeuvre excellente en poursuivra l'accomplissement jusqu'au Jour du Christ Jésus. Notre charité, croissant toujours de plus en plus, nous rendra purs et sans reproche pour le Jour du Christ Jésus, dans la pleine maturité de ce fruit de justice que nous portons par Jésus-Christ, pour la gloire et la louange de Dieu" (Ph. 1, 6s).

Notre salut est donc ce fruit que nous avons cueilli par la Foi en Jésus-Christ, qui mûrit peu à peu dans l'Esprit par notre effort quotidien et qui trouvera sa pleine maturité au moment où nous serons "appelés à partager le sort des saints dans la lumière de gloire. Si tout est du Christ, c'est aussi en Lui et par Lui que nous devons désormais retourner au Père".

Nous sommes créés dans le Christ

Par la Création, Dieu-Trinité nous a donné communion à quelque chose de son propre Mystère; Il nous a tirés du néant pour nous combler du rayonnement de sa bonté. Bien plus, une fois créés, Il ne nous abandonne pas à notre sort et continue de nous conduire avec toute la vigilance de son amour. Le psaume 104 a chanté en termes magnifiques ces splendeurs de la Providence aimante de la Trinité Créatrice qui prend soin de tout être : "Tous ils espèrent de toi que tu donnes en son temps leur manger; tu leur donnes, eux ils ramassent; tu ouvres la main, eux ils se rassasient; tu caches ta face, ils s'épouvantent; tu retires leur souffle, ils expirent et à leur poussière ils retournent; tu envoies ton souffle, ils sont créés, tu renouvelles la face de la terre" (Ps. 104, 27-30).

L'Ancien Testament semble s'être arrêté davantage sur cette puissance du Dieu Maître de l'Univers qui veille sans cesse sur le Peuple qu'Il s'est choisi. Le Christ va nous faire franchir le pas définitif en nous permettant de saisir la jonction étroite existant entre le surgissement des êtres à partir du néant et la vie intime du Dieu en trois Personnes.

Si Jean, dans les premières lignes de l'Evangile, nous dit que "Tout fut par le Verbe, et sans lui rien ne fut" (Jn 1, 3), Paul, en sa lettre aux Colossiens, écrit du Fils bien-aimé qu'il est l'"Image du Dieu invisible, Premier-Né de toute créature, car c'est en lui qu'ont été créées toutes choses, dans les cieux et sur la terre, les visibles et les invisibles, Trônes, Seigneuries, Principautés, Puissances, tout a été créé par lui et pour lui; Il est avant toutes choses et tout subsiste en Lui" (Col. 1, 15-16).

Un tel enseignement nous permet les plus enrichissantes conclusions. La fécondité créatrice nous apparaît comme le rayonnement de la fécondité intime de Dieu. Toute la Création semble plonger ses racines dans l'amour intime des Trois. Nous sommes vraiment créés dans le Fils : FILII IN FILIO. Dans le Christ nous sommes invités à vivre filialement de la vie trinitaire.

Le Principe d'unité
de l'Humanité régénérée

"Qu'est-ce que l'homme? A quoi sert-il? Quel est son bien et quel est son mal? La durée de sa vie? Cent ans tout au plus. Une goutte d'eau tirée de la mer, un grain de sable, telles sont ces quelques années auprès de l'éternité" (Si. 18, 7-9). Voilà ce que l'auteur de l'Ecclésiastique pense de l'homme créé par Dieu. Maints passages de la Bible, cependant, n'en déclarent pas moins que le Christ est le 'Premier-né' d'entre les hommes, malgré sa venue après des multitudes de générations humaines.

De toute éternité, au noeud vital de son oeuvre, la Trinité a campé Quelqu'un, à la fois Fils de Dieu et Fils de l'Homme, unique centre de tout et seul foyer de rayonnement universel en qui toute la Création prend son sens, son origine et sa vie : "Il soutient l'univers par sa Parole puissante" (Hé. 1, 3), car c'est en Lui qu'ont été créées toutes choses.

A la lumière de cette révélation, tout paraît revêtir une valeur nouvelle, puisque c'est à l'image du Christ que tout a été conçu. Ainsi la doctrine de la Création trouve son achèvement dans une contemplation du Fils de Dieu, par laquelle on découvre dans le Verbe du Père l'artisan, le modèle et la fin de toutes choses.

Aux origines, Dieu avait fait Adam le chef de sa race et il lui avait remis le monde pour le dominer. Au terme des temps fixés par la Trinité, le Fils de Dieu fait homme est entré dans l'histoire comme le nouvel Adam : "Le premier homme, Adam, a été fait âme vivante; le dernier Adam est un esprit qui donne la vie" (1 Co. 15, 45).

Dans les prières de l'Offertoire de la Messe, il est dit qu'après avoir créé l'homme dans une condition merveilleuse, Dieu l'a restauré d'une manière plus admirable encore. Le Verbe Incarné demeure le principe d'unité et de vie de cette restauration, de ce retour vers le Père. C'est Lui qui donnera désormais la vie éternelle à tous ceux que le Père lui a confiés (Jn 17, 1-2). C'est Lui qui dirige les travaux et coordonne les efforts des hommes dans la reconstruction du Temple du salut.

Le geste royal de l'Incarnation

En considérant selon leur valeur les réalités créées par la divine Providence, nous pouvons, dans une certaine mesure, suivre les grandes lignes de fond du plan divin qui n'est que la projection, dans un cercle extérieur, des relations vivantes "ad intra", à l'intérieur de la Trinité. Le même Amour qui opère le don du Père au Fils et du Fils au Père est aussi la cause de la Création, de l'Incarnation, de la Rédemption et de la Sanctification des âmes. Cet Amour qui a nom Esprit-Saint assure le retour à la maison du Père des âmes sauvées, sanctifiées et ennoblies dans le Christ-Jésus.

Jésus-Christ, en effet, étant le Verbe dès le commencement, reste "auprès de Dieu", sans cesse tourné vers Lui. Dieu lui-même, mais distinct du Père, il demeure pourtant toujours un avec Lui. Mais pour que soit réalisé le plan trinitaire de la filiation divine de l'homme, il fallait au Verbe une filiation charnelle. C'est pourquoi "le Verbe s'est fait chair et il a habité parmi nous". Telle est la merveille de ce don absolument gratuit du geste royal de l'Incarnation. Devenus enfants de Dieu par et dans le Verbe Incarné, nous "participons, comme dit saint Pierre, à la nature divine", nous vivons de la vie même de l'Adorable Trinité.

Ce geste royal de l'Incarnation du Verbe entraîne pour nous le devoir de "croire en son nom" car le nom, dans la perspective biblique, c'est toute la Personne. Croire, c'est adhérer de tout son être au Christ. Bien loin de n'exiger qu'une signature au bas d'un formulaire de propositions intellectuelles, la Foi est engagement personnel à une Personne. Le geste royal de l'Incarnation demande que nous croyions au Christ, c'est-à-dire, que nous nous engagions entièrement à son service. De même que depuis l'Incarnation, le Verbe de Dieu n'a jamais cessé d'habiter parmi les siens, ainsi nous, entrés dans la famille trinitaire au baptême, nous ne devons jamais cesser de lui appartenir et de l'aimer. "Nous donc, aimons Dieu, puisque Dieu nous a aimés le premier" (1 Jn 4, 19).

Par Jésus-Christ, ton Fils, Notre Seigneur

Le Baptême m'a fait un avec Notre Seigneur qui est Fils de Dieu. Devenu un avec le Christ, comme le sarment avec la vigne je suis entré en participation de sa qualité de Fils de Dieu et de l'amour dont il est l'objet. C'est par le Verbe Incarné et en Lui que je suis désormais enfant de Dieu. C'est aussi dans mon union avec Lui que devra s'exercer ma vie chrétienne : "De même que le sarment ne peut pas, de lui-même, porter de fruit s'il ne demeure sur le cep, ainsi vous non plus si vous ne demeurez en moi ... Qui demeure en moi, comme moi en lui, porte beaucoup de fruits : car hors de moi, vous ne pouvez rien faire (Jn 15, 4-5).

Le Christ a condamné l'attitude de ceux qui voudraient se passer de sa médiation pour rejoindre le Père : "Celui qui n'entre pas par la porte dans la bergerie, mais pénètre par une autre voie, celui-là est un voleur et un pillard; celui qui entre par la porte est le pasteur des brebis ... En vérité, en vérité, je vous le dis, je suis la porte des brebis ... Qui entrera par moi sera sauvé ... Le voleur ne vient que pour voler, égorger et détruire. Moi, je suis venu pour que les brebis aient la vie et l'aient en abondance" (Jn 10, 1-10).

Il ne faut pas se surprendre si les expressions : 'PAR LE CHRIST' et 'DANS LE CHRIST' reviennent si souvent sous la plume de saint Paul : il semble, mieux que tout autre, avoir compris la médiation nécessaire du Christ, son rôle de Pontife éternel de la Nouvelle Alliance "toujours vivant afin d'intercéder en notre faveur" (He. 7, 15).

C'est pour cette raison que l'Eglise termine ses oraisons liturgiques en disant : "Par Jésus-Christ, ton Fils, Notre-Seigneur...." A l'humanité pécheresse, la Trinité a voulu donner un nouveau chef, un nouvel Adam qui deviendra l'artisan d'une création nouvelle. Ce Chef, c'est la deuxième Personne de l'Adorable Trinité, le Fils Unique du Père devenu semblable à nous, hormis le péché, par l'Incarnation qui va lui permettre de régler l'affaire de notre salut.

La Jérusalem nouvelle en construction

Bâtie sur le roc, l'Eglise du Christ doit se perpétuer jusqu'à la consommation des siècles, là où un ciel nouveau et une terre nouvelle auront fait place aux anciens. C'est alors que se réalisera la vision de l'exilé de Pathmos : "Et je vis la Cité sainte, la Jérusalem nouvelle, qui descendait du ciel, de chez Dieu; elle s'est faite belle, comme une jeune mariée parée pour son époux. J'entendis alors une voix clamer du trône : Voici la demeure de Dieu avec les hommes" (Ap. 21, 2-3). Cette Jérusalem céleste constituera l'épanouissement de la Jérusalem terrestre, une fois qu'elle aura terminé sa mission.

L'idée de rocher, de pierre, revient encore dans la constitution de ce mystérieux édifice : "Le rempart de la ville repose sur douze assises portant chacune le nom de l'un des douze Apôtres de l'Agneau" (Ap. 21, 14). L'Eglise que le Christ a voulu fonder sur les Apôtres, il semble qu'Il veuille aussi la glorifier dans les mêmes Apôtres.

De plus, comme signe éclatant de la transformation glorieuse qui sera l'apanage de la nouvelle Jérusalem, c'est en pierres précieuses que la Cité Sainte sera construite : "Les assises de son rempart sont rehaussées de pierreries de toute sorte : la première assise est de jaspe, la deuxième de saphir, la troisième de calcédoine, la quatrième d'émeraude, la cinquième de sardoine, la sixième de cornaline, la septième de chrysolithe, la huitième de béryle, la neuvième de topaze, la dixième de chrysoprase, la onzième d'hyacinthe, la douzième d'améthyste. Et les douze portes sont douze perles, chaque porte formée d'une seule perle; et la place de la ville est de l'or pur, transparent comme un verre" (Ap. 21, 19-21).

Tout cet édifice, cette nouvelle Jérusalem aux richesses inouies, sera l'oeuvre de l'Adorable Trinité, mais n'en demeurera pas moins l'oeuvre du Verbe Incarné et de toutes les âmes qui auront réalisé concrètement leur élévation à la dignité de Fils de Dieu et se seront unies pour former la communion des saints dans le Corps Mystique.

CHAPITRE III

L'HUMILITÉ
Fondement de l'édifice

Si chacun choisit l'emplacement du
temple et apporte sa pierre où il
veut, alors tu trouves une plaine
pierreuse au lieu d'un temple.

(St-Exupéry)

L'Humilité fondement de l'édifice

— Au fondement de toutes les vertus

— Pleinement Dieu et humblement homme

— La vie profondément humble de Nazareth

— Le secret de la vie du Christ

— La pierre de touche de l'humilité

— Une humilité bien éclairée

— La vérité dans l'humilité

— L'humilité pour une meilleure disponibilité

— A la mesure même des fondations

— Ce que l'orgueilleux ne peut voir

— Sur le terrain de la vraie sagesse

— Humilité et Fin dernière

— L'intelligence et la volonté en oeuvre

— L'humilité et la Volonté de Dieu

— L'humilité et la volonté des autres

— Pour le bonheur des autres

— Humilité dans la tâche du moment

— "Fais-moi connaître tes voies, Seigneur"

Au fondement
de toutes les vertus

Le Verbe Incarné, le Roc solide sur lequel doit s'ériger le Temple à la Trinité, nous enseigne l'un des points essentiels pour réussir l'entreprise : "Apprenez de moi que je suis doux et humble de coeur, et vous trouverez le repos de vos âmes" (Mt. 11, 29). Si nous voulons que Dieu se tourne vers nous avec pitié, suivons le conseil que nous donne l'apôtre saint Jacques : "Humiliez-vous en présence du Seigneur, et il vous exaltera" (Jc. 4, 10).

On ne saurait méconnaître sans préjudice la grandeur souveraine de la vertu d'humilité, la mère admirable et la nourrice merveilleuse de toutes les autres vertus. A la base des vertus théologales de foi, d'espérance et de charité qui orientent l'âme tout droit vers la Trinité, et des vertus cardinales de justice, de force, de prudence et de tempérance qui la guident au cours de la reconstruction de son édifice spirituel, travaille et doit travailler sans cesse la vertu d'humilité qui éclaire la volonté, l'incite à ne rien tenter au delà de ses forces et l'encourage à poursuivre généreusement, avec le concours de la grâce, tout ce dont elle se sait capable.

L'humilité, vertu générale et attitude préalable à la réalisation de tout l'édifice en perspective, occupe une très grande place dans l'orientation du travail que l'âme se doit de poursuivre. Il faut respecter le rôle particulier qu'elle joue dans notre vie et chercher à en découvrir la nature, les fondements et les degrés de perfection. (1) Vertu morale indispensable, l'humilité nous incline vers le bon sens, vers l'équilibre qui nous enseigne à nous tenir simplement à notre place de créatures tirées du néant et dépendantes de l'Adorable Trinité à qui nous devons tant de reconnaissance pour nous avoir retirés du péché et invités à partager sa vie d'intimité pour le temps et l'éternité.

---

(1) *Pour le développement de ces divers points, nous référons le lecteur à notre ouvrage : L'Unité par la Trinité, ch. XIe.*

69

Pleinement Dieu et humblement homme

L'humilité du Verbe Incarné doit nous guider tout au long de la reconstruction en nous et autour de nous du Temple à la Trinité. Jésus-Christ est une Personne en deux natures : la Personne est divine, puisqu'il s'agit de la deuxième Personne de l'Adorable Trinité; quant aux natures, l'une est divine et l'autre humaine. Le Christ est d'abord pleinement et véritablement DIEU : quand Il mange, boit, dort, marche, pleure, souffre et meurt, nous devons dire que c'est vraiment Dieu qui mange, boit, dort, marche, pleure, souffre et meurt.

D'autre part, Jésus-Christ n'est pas une simple apparence d'homme, mais un homme en plénitude et en vérité, en toutes choses semblable à nous, sauf le péché, né de naissance humaine, vivant de vie humaine et mourant de mort humaine, Son corps et son âme ne sont pas des fantômes d'humanité : son corps est un réel corps d'homme et son âme une âme humaine véritable.

Avec l'Incarnation, Dieu s'est inséré dans le réseau complexe des choses créées et des nombreux déterminismes qui constituent la vie humaine. Dans sa chair, Dieu éprouve la faiblesse et les fatigues, réagit au dégoût comme à la joie, éprouve nos sentiments de tendresse, de pitié, de sympathie. Dieu devenu humain assume notre évolution et nos transformations. Tout l'Evangile confirme et commente le "PER-FECTUS HOMO" du Symbole d'Athanase, un HOMME PARFAIT bien localisé dans le temps et l'espace, un homme qu'on pouvait voir, entendre et toucher.

S'il est dangereux de nous livrer à une étude scientifique purement spéculative sur la psychologie humano-divine du Christ qui comporte toujours en son fondement le plus profond mystère, il ne demeure pas moins nécessaire que nous cherchions à découvrir les richesses essentielles de l'humilité dont le Christ a constamment fait preuve en tout son apostolat. Le Christ est le Verbe de Dieu fait chair, l'éternelle Parole incréée qui a voulu s'inscrire en toute humilité et générosité dans une nature humaine.

La vie profondément humble de Nazareth

L'ange dit à Joseph : "Pars pour le pays d'Israël". Comme Archélaus l'un des fils d'Hérode, aussi cruel que son père, règne en Judée, Joseph décide de ne pas retourner à Bethléem. C'est à Nazareth, en Galilée, que la Sainte Famille va s'établir et jeter les fondements du Temple à rebâtir.

La vie de Jésus dans cette bourgade silencieuse est une plongée dans le silence, l'humilité, la pauvreté, la 'sainte' banalité des tâches quotidiennes. Il faut tenter de réaliser au-dedans de soi l'épaisseur de la durée de ces longues années obscures et laborieuses. En elles toute sainteté est spécifiée. Si l'héroïsme se manifeste par des exploits singuliers, la sainteté se définit par une dépendance amoureuse à l'égard de Dieu dans l'acceptation humble et constante de sa divine volonté.

Jésus adolescent, jeune homme, adulte, travaille de ses mains. Il est ouvrier de village. Celui qui dira qu'il n'est pas venu "pour être servi, mais pour servir", choisit de travailler humblement et efficacement, pendant presque toute la durée de sa vie, pour une petite communauté humaine de village dont il est l'homme à tout faire. Il fabrique des tables où les hommes prendront leur nourriture, des bancs et des lits pour qu'ils s'y reposent, des poutres pour les maisons où ils abritent leurs simples et humbles amours, des instruments de travail afin que chacun gagne honnêtement son pain. Pourtant, il est venu pour sauver le monde!

Tel est l'exemple concret d'amour et d'humilité que le Verbe Incarné a voulu nous donner. L'amour se prouve dans et par les actes quotidiens. A Nazareth, Jésus enseigne sans phrases que l'amour effectif consiste à permettre aux humains des relations humaines dans des conditions de vie telles qu'ils soient libérés de l'angoisse de mourir de faim et puissent se conduire en créatures spirituelles. Servir en toute loyauté et humilité la communauté humaine en ses besoins matériels, c'est l'aider à se constituer afin de vivre et survivre en ses fils. Nazareth fut pour la sainte Famille le prolongement de l'acte le plus important de l'Histoire qui s'était accompli à Noël, dans la pauvreté, l'humilité, le silence et la nuit.

Le secret
de la vie du Christ

Le Verbe Incarné ne fut que fidélité à Son Père et cela dans tous les instants de sa vie, dans tous ses gestes, de Nazareth jusqu'au Calvaire. "Il s'est fait obéissant jusqu'à la mort et jusqu'à la mort de la Croix" (Ph. 2, 8). Saint Luc nous dit que pendant trente ans Il est soumis à ses parents (Lc 5, 51). Plus tard Il respecte les autorités constituées, paie l'impôt du Temple prescrit par le Sanhédrin (Mt. 17, 23-26), et pousse jusqu'à l'héroïsme l'obéissance qui résume toute sa vie. Ce qui marque le secret de son existence, c'est cette adhésion à son Père, adhésion par laquelle tous les mystères de sa vie terrestre ne sont que l'épiphanie, développée dans le temps et l'espace, de l'unique mystère de sa filiation dans la Trinité. Toutes les Paroles du Christ comme tous ses gestes continuent de révéler, dans l'horizon de la temporalité, la filiation qui le définit mystérieusement dans l'horizon plus vaste de l'éternité.

Le Verbe Incarné fait tout ce que le Père lui demande, au fur et à mesure que les heures se déroulent, au rythme de chaque minute, de chaque moment : "Ma nourriture c'est de faire la volonté de mon Père", aime-t-il répéter à ses apôtres. C'est l'heure de l'Annonciation : *descendit de coelis;* de l'Incarnation : *natus;* de la Passion : *passus est;* de la mort : *mortuus est;* de la sépulture : *sepultus est,* en attendant la résurrection qui marque le terme normal de la courbe que suivent l'humilité et le renoncement pour Dieu.

Saint Paul appelle l'Incarnation 'anéantissement'. Anéanti dans une crèche, au milieu des pauvres, dans un local d'apprentissage où s'exerce son apostolat caché en attendant les trois années de prédication au milieu de gens qui ne croient pas en lui pour la plupart, qui semblent ne le rechercher que pour ses miracles ou pour le pain qu'il leur a procuré en différentes occasions. Voulons-nous percer le secret de cet anéantissement inconcevable du Verbe Incarné? Mettons-nous avec une humble docilité à l'école de l'Esprit-Saint. Il nous fera comprendre comment, par le biais des événements, l'Homme-Dieu accomplissait la volonté du Père et en faisait sa nourriture constante.

La pierre de touche de l'humilité

La pierre de touche de la véritable humilité, c'est l'obéissance. L'orgueilleux éprouve une terrible répugnance à obéir et, s'il y est contraint, il se venge bassement en critiquant ses supérieurs, en s'acquittant à sa façon du travail commandé, en maugréant et ne faisant rien de bon coeur.

Demander à Dieu l'humilité, c'est solliciter du même coup les grâces nécessaires pour une saine obéissance, c'est demander la faveur de se connaître soi-même et d'en arriver à mieux saisir la Trinité. Dieu n'exaucera notre prière que si nous nous exerçons résolument à ces vertus, à l'humilité comme à l'obéissance, dans nos rapports avec Dieu, avec notre prochain, avec nos supérieurs.

Nous avancerons dans la construction du Temple à la Trinité dans la mesure de notre capacité de réflexion et de prière, de connaissance toujours plus approfondie de notre néant et de la Puissance divine, dans la mesure de notre respect de Dieu et de sa Sainte Volonté. Il faut savoir accepter la destinée pour laquelle nous avons été créés, les limites que Dieu a données à notre être, la place qu'Il nous a faite dans la Création et dans son Eglise.

Dans la mesure où notre volonté sera ainsi fermement établie dans l'humilité et l'obéissance à l'égard de Dieu et de ses représentants, nous rebâtirons solidement le temple de Dieu dans notre âme. Ce sera l'oeuvre des Trois, oeuvre réalisé en plein climat théologal et trinitaire, si nous savons mépriser notre amour-propre pour tout orienter vers la Gloire de Dieu : AD MAJOREM TRINITATIS GLORIAM. Combien d'objections méthodiquement et savamment préparées s'effondrent devant un acte d'humilité et de soumission! La pierre de touche de l'humilité sera toujours la préférence accordée à la volonté de Dieu sur la sienne propre.

Une humilité bien éclairée

L'humilité ne consiste pas à dire simplement : "Je ne suis rien". Nous sommes tout de même quelque chose, des personnes qui pensent et peuvent aimer, travaillant au milieu des êtres et sur des êtres qui ne peuvent ni penser, ni aimer. Nous sommes supérieurs à ces réalités et nous jouissons de certains succès qui prouvent que nous ne sommes pas dépouvus de tout talent.

L'humilité ne nous commande pas de nier ce qui peut être louable en nous, mais de nous estimer selon la vérité. C'est pour cette raison qu'elle est une vertu, parce qu'elle nous fait prendre, devant Dieu et devant les hommes, l'attitude qui correspond à la vérité. Nous sommes créés à l'image et à la ressemblance de Dieu, destinés à le connaître, l'aimer, le servir et être heureux avec Lui pour le temps et l'éternité.

Bien que placé au sommet des êtres visibles, l'homme n'en reste pas moins une créature de la Trinité, un être qui aurait fort bien pu ne pas exister et qui a constamment besoin de Dieu pour continuer à vivre. Et puis, qu'est-ce qu'un homme dans le flot gigantesque de l'humanité formée de tous les peuples et de tous les siècles? Que représente-t-il personnellement au sein de cet immense univers qui l'entoure? Qu'y a-t-il de changé dans le monde quand la mort l'engloutit? Dépendant de tous et avant tout de Dieu, l'humilité lui fait un devoir de reconnaître la Souveraine et Bienfaisante Providence de son Créateur.

Une humilité bien éclairée nous demande de nous reconnaître pour ce que nous sommes, unités vivantes et intelligentes noyées dans la foule, avec les qualités que nous avons reçues de Dieu et qui doivent servir à le glorifier, des qualités dont nous devons rendre compte et dont nous n'avons pas le droit de nous servir en égoïstes. Toutes ces qualités que nous surestimons volontiers comptent pour si peu en face des attributs infinis de Dieu.

La vérité dans l'humilité

Conformes à notre nature d'êtres raisonnables doués de volonté et de liberté, nos oeuvres se doivent d'être humaines, en même temps que soumises à la Volonté des Trois. La grâce et la nature s'harmonisent parfaitement si le composé humain agit conformément à son individualité et respecte les puissances de son être propre puisque chaque âme possède sa beauté naturelle particulière. Un chrétien c'est d'abord un homme qui reconnaît sa vraie place vis-à-vis de Dieu.

Saint Paul nous dit que ce qui compte avant tout, c'est la Foi opérant par la Charité "facientes veritatem in caritate" (Gal. 5, 6). La Foi s'appuie cependant sur l'humilité, à travers le devoir d'état concrètement prescrit par l'obéissance et accompli dans un climat de charité qui transforme l'agir et lui donne une valeur d'éternité.

L'humilité fait prendre conscience chaque jour davantage, jusqu'à quel point la vertu est courte et fragile et comme il faut peu de chose pour précipiter dans le péché. La grâce de Dieu est nécessaire non seulement pour accomplir une bonne action mais d'abord pour la vouloir. L'humilité maintient dans la vérité, et empêche de se laisser inspirer par des motifs d'ordre purement humain, comme la crainte ou les honneurs ou toute autre raison qui ne respire pas la volonté de Dieu.

Par rapport à Dieu, l'homme n'est rien; de lui-même il n'existe pas, devant tout recevoir de la Trinité et à chaque instant, pour agir autant que pour exister. Tout est don purement gratuit : grâce sanctifiante, vertus, grâces actuelles. L'homme a besoin de Dieu pour se bien servir de ses dons et s'en servir loyalement jusqu'à la fin. La vérité dans l'humilité, c'est de rester petit dans cet univers dont on découvre constamment de nouvelles dimensions, de se considérer au milieu de la foule du genre humain, un peu comme la goutte d'eau dans la mer.

L'humilité pour une
meilleure disponibilité

Tous les événements sont chargés de la présence agissante de l'Adorable Trinité et porteurs de la Parole de Dieu. Pour réaliser jusqu'à quel point nos vies sont pleines de paroles divines, il faut considérer les événements comme des signes auxquels Dieu donne toute la densité de paroles révélatrices.

Il faut de l'humilité pour examiner sincèrement sa vie à la lumière de Dieu, y percevoir l'opacité du péché, se reconnaître pécheur et finir par saisir l'appel du Maître qui nous dit : "Mon ami, monte plus haut!" Un baptisé qui manque d'humilité fait rarement l'examen de sa vie ou il ne le fait qu'à son avantage, très souvent au détriment de son âme. Il se permet de juger avec sa propre lumière limitée les événements quotidiens de l'Eglise universelle au lieu de les regarder comme autant de révélations, de paroles divines à accueillir et dont il faut chercher le sens et l'orientation. Il en est souvent ainsi des nouvelles diocésaines, paroissiales ou sociales qu'on se permet de juger avec des lumières purement humaines sans y découvrir quoi que ce soit de divin.

Tout, même la vie du monde en ses plus étranges manifestations chantantes ou dansantes, est parole de Dieu. Il faut de l'humilité pour en arriver à la lire dans les articles des journaux, à la saisir dans l'événement mondain comme dans le fait religieux, car tout événement lu à la lumière de la Foi et de la Grâce nous transmet un message divin, une permission divine.

Le mystère chrétien, la révélation de l'amour de Dieu, de son secret trinitaire que nous sommes invités à partager, se situent dans le temps et dans l'événement où Dieu nous interroge et attend la réponse humble et loyale qui provoquera de nouvelles grâces. La Trinité nous appelle à chaque instant et dans chaque événement : notre réponse dépend de notre humilité et de notre sincérité.

A la mesure même des fondations

Puisqu'il s'agit d'élever à la Trinité un temple qui soit digne d'Elle, les fondations doivent annoncer déjà ce qui va suivre, un peu comme lorsqu'on entreprend de dresser une construction matérielle dont on imagine facilement les proportions futures aux dimensions mêmes de ses fondations. La fondation, c'est une mise en route, une éloquente ouverture sur ce qui va suivre : elle met en branle toute l'activité spirituelle en même temps qu'elle situe les principaux ouvriers, l'intelligence, la volonté et le coeur, sur certains points fondamentaux, devant une nature ordonnée à la grâce et qui, même affaiblie par le péché, n'en demeure pas moins ordonnée vers la Trinité.

L'humilité doit ainsi nous établir dans une attitude chrétienne fondamentale qui engage toute notre vie, même si nous ne savons pas tout ce qui surviendra dans la suite : elle contribue à nous jeter dans une remise de nous-mêmes à la Volonté des Trois, avec le désir sincère de ne rechercher que la Trinité et ce qui se rapporte à Elle, de n'user de quoi que ce soit que dans la mesure où ces éléments favoriseront notre retour à Dieu et de nous en éloigner si notre don total à la Trinité doit en souffrir.

Un dialogue doit s'engager entre la Trinité et l'être humain, un dialogue fondé sur le don total du coeur, le dialogue d'une âme qui commence à bâtir et le fait avec prudence, prenant conscience de tout ce qu'elle doit sacrifier pour cette construction spirituelle. Elle sait que dans l'univers bâti comme une immense cathédrale, tout est ordonné à l'être humain et tout, par lui, doit remonter vers la Trinité en louange de gloire.

L'homme se demande désormais comment réaliser sa destinée, son retour à la Trinité. Il est créé dans l'Esprit et il se doit de porter des fruits dans l'Esprit, de se laisser emporter par le Souffle de l'Esprit au-delà de lui-même et de réaliser concrètement l'image trinitaire qu'il porte dans son coeur.

Ce que l'orgueilleux
ne peut voir

L'orgueilleux ne peut reconnaître sa dépendance à l'endroit de Dieu. Il veut lui-même bâtir sa propre maison et par ses propres forces, sans compter sur les secours divins. Il se contente de considérer ses qualités personnelles, sans les mettre en rapport avec l'ensemble et sans trop se soucier du bien commun, dans une vue plutôt simpliste toute centrée sur lui-même.

Le temple que l'orgueilleux cherche à dresser, il ne veut l'ériger que pour lui, pour s'admirer dans son oeuvre et non pour en faire une louange de gloire à Dieu. La Trinité ne l'intéresse pas plus que le voisin dont les avantages passent inaperçus, dont il sera plutôt jaloux et dépité. L'orgueilleux ne peut se réjouir franchement de la joie des autres. Il rabaissera volontiers leurs mérites, mais n'admettra aucune critique à l'adresse de sa personne ou de ses ouvrages.

L'orgueilleux ne peut éprouver le besoin de s'ouvrir sur la Trinité. Dans la mesure même de son orgueil, il se fait idolâtre lui-même et se substitue à Dieu. S'il jouit de réels talents, il ne songe pas à les orienter vers Dieu qui les lui a confiés, mais il les fait tous converger vers sa gloriole personnelle. Ce qu'il convoite, ce n'est pas qu'on pense à louer Dieu, mais qu'on l'encense le plus possible.

L'orgueilleux ne peut souffrir la contradiction. Son jugement et sa volonté doivent faire la loi en tout. Il se croit réellement fait pour le commandement. Il ne peut concevoir l'autorité à lui confiée comme un dépôt reçu de Dieu ou comme une mission qui devrait le consacrer au service de ses frères en Jésus-Christ. Le temple qu'il bâtit devra lui revenir pour qu'il en use selon ses propres lumières et ses intérêts. Le Règne sur la terre de l'Adorable Trinité ne le tracasse nullement. Il est un homme sur la 'Terre des hommes' et tout doit lui appartenir.

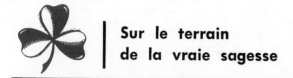

Sur le terrain
de la vraie sagesse

L'humilité nous invite à bâtir sur le terrain de la vraie sagesse, en plein climat de vérité intellectuelle et morale, au service de la Trinité et de la communauté. Il ne peut être question de se prendre pour ce qu'on n'est pas, de se retirer avec dédain de la foule ou d'ignorer Dieu de quelque manière que ce soit. C'est un fils qui bâtit pour son Père du Ciel et pour aider ses frères de la terre.

L'humilité favorisera tout ce qui est juste et raisonnable, se réjouira en Dieu de tous les talents reçus et commandera tout en vue de la Gloire de Dieu. L'âme bâtit son temple à la Trinité dans un climat de lumière, d'équilibre et de respect, ce qui ne l'empêche pas d'avoir ses propres idées sur les choses de sa compétence, de défendre certaines positions si c'est nécessaire, par amour pour la vérité, dans un respect sincère des personnes avec qui s'engage le dialogue.

L'humilité bâtit sur le terrain de la sagesse dans la mesure où elle fait respecter la vérité, respecter le prochain et rendre à la Trinité la gloire qui lui revient. C'est de cette manière qu'elle est le fondement de toute la vie spirituelle.

Le démon avait déjà proposé à Jésus de se laisser transporter sur le faîte du temple, et de là, de se jeter dans le vide sous les yeux de la foule afin de frapper les imaginations. A bien des âmes, il propose ainsi le faîte du temple au lieu de songer aux fondations où l'humilité doit gouverner en reine. Quand Satan entre dans la construction, il faut se méfier de lui. Il nous dira certaines vérités pour mieux nous induire en erreur, mais ce qui arrive généralement, c'est que ces prétendues vérités sont toujours des faussetés, n'étant jamais proposées à leur vraie place. L'écouter, c'est ne plus construire sur le terrain de la sagesse, mais sur celui du mensonge.

Humilité et Fin dernière

Lorsqu'on parcourt les Exercices de saint Ignace, on constate qu'il fait de la considération sur la fin de l'homme l'introduction à toutes les autres considérations qu'il propose. C'est le FONDEMENT, la base de tout l'édifice spirituel. Il s'agit de s'arrêter sérieusement au pourquoi de la création et de tout orienter dans le sens de ce pourquoi, de se situer dans l'indifférence pour tout, excepté pour ce qui conduit à la Trinité.

L'humilité demande que nous nous laissions pénétrer par cette orientation première et dernière de tout notre être et que nous envisagions les bienfaits de la Trinité à notre endroit comme autant de moyens qui doivent nous aider à l'obtention de cette fin.

Il est de toute sagesse de commencer par se demander comment on s'est conduit jusqu'à présent par rapport à la fin dernière en relation avec l'Adorable Trinité. Cette pensée si importante nous suit-elle constamment? Cette vérité de notre fin dernière, c'est pourtant le fondement qui soutient tout l'édifice, la vérité qui doit supporter toutes les autres vérités comme les fondations soutiennent toute la maison.

L'humilité en effet est une vertu d'équilibre : elle est vérité et constitue la loi de notre condition présente toute marquée par la miséricorde que Dieu le Père veut nous témoigner, à nous ses pauvres enfants qui ne sommes que péché et misère. Puisque la vérité, c'est que la Trinité est principe de tout bien, l'humilité nous demande d'accepter en toute simplicité de vivre sous sa dépendance. En tant que principe, Dieu est la Loi souveraine et commande l'obéissance. L'important consiste à nous tenir dans la vérité par l'humilité qui résulte de la nature même des choses. Créé à la ressemblance de Dieu pour partager son bonheur, l'homme, conscient de sa destinée, accepte pleinement sa condition terrestre. "Le voyageur dans son désert, s'il est Seigneur d'une maison habitée, malgré qu'il la sache aux confins du monde, il s'en réjouit. Nulle distance ne l'empêche d'en être nourri" (St Exupéry).

L'intelligence
et la volonté en oeuvre

Ce n'est pas tant l'abondance des mets qui nourrit le corps, que leur bonne digestion. L'humilité remplacera le désir d'acquérir de nombreuses connaissances par celui de choisir parmi les connaissances offertes celles qui répondent le mieux aux besoins de l'âme et la nourrissent davantage. L'expérience prouve que l'esprit assimile avec profit beaucoup moins ce qui lui est présenté en quantité, que ce qu'il découvre lui-même par de sérieuses et lentes réflexions, par les lumières que l'Esprit de la Trinité répand sur lui selon son degré d'attention et d'amour.

L'humilité est l'une des vertus qui peut le plus favoriser l'intelligence et la volonté dans leur recherche de Dieu. Le chrétien finira par rencontrer la Trinité s'il Lui apporte un coeur grand et généreux, s'il s'abandonne avec tous ses goûts et sa liberté entière à l'action des Trois, s'il est disposé à laisser l'Esprit-Saint se servir de lui et de tout ce qui le concerne selon son bon plaisir.

Rien n'est plus puissant qu'une profonde humilité pour favoriser l'abandon total aux volontés de l'Adorable Trinité, pour dominer toute affection désordonnée et permettre à Dieu de nous dicter ce qu'Il attend de nous sans que nous permettions d'imposer nos orgueilleuses conditions. L'humilité fera comprendre au chrétien qu'il n'est d'autre sagesse ni d'autre béatitude que de chercher la volonté de Dieu et de la faire généreusement. Une telle attitude n'est pas une démission devant un plus fort que soi, mais la conséquence d'une humilité vraie qui a découvert que la Trinité est tout et que son Amour nous assiège de toutes parts.

C'est une grande chose de se décider par un acte irrévocable à ne vouloir que ce que veut la Trinité. Une telle indifférence n'a rien à voir avec l'aveuglement de l'intelligence ou le durcissement de la volonté : c'est la conséquence de l'humilité, de la simplicité surnaturelle qui fait préférer la volonté divine à tout autre bien.

L'humilité
et la Volonté de Dieu

Ce n'est pas toujours facile d'entrer dans le mystère de la volonté de Dieu et comprendre ce que la Trinité exige de nous. Cette découverte est la conséquence d'une transformation progressive où l'humilité exerce un rôle important. Les Apôtres après s'être laissé instruire au jour le jour par leur Maître ont fini par découvrir ce que le Christ attendait de chacun d'entre eux. Il faut de l'humilité pour saisir à travers l'événement extérieur sa signification intérieure et comprendre le cheminement spirituel à travers le cheminement temporel sur les routes de la vie.

Pour découvrir ce que la Trinité attend de nous, il faut assez d'humilité pour bien accepter la condition présente, ce qu'Elle exige de nous dans telle ou telle situation difficile que nous n'avons pas désirée et que nous avons peine à accepter. Il faut avoir le courage d'y sacrifier sa liberté et de renoncer à certains talents sur lesquels on comptait pour réussir. Il faut alors que nous sortions humblement de nous-mêmes pour pénétrer la Volonté des Trois. La pénible tâche qu'on nous a tracée devient alors le lieu de rencontre de l'âme avec la Trinité.

Suivre le Christ, c'est simplement adhérer au Père dans ses volontés, c'est commencer en toute humilité ce qu'il nous demande de commencer, même si un autre doit continuer le travail et en retirer les honneurs. Le Fils ne fait que la Volonté de Son Père et son adhésion à la Première Personne de l'Adorable Trinité se situe en l'acceptation humble de la situation que sollicite le moment présent. Cette inviolable fidélité au moment présent, à ce que le Christ appelle 'son heure', exige une filiale humilité. Au cours de son existence chez-nous, le Verbe Incarné n'a fait que s'enfoncer dans l'humilité. C'est cette vie de détails dans le terrible quotidien que l'humilité nous permettra de réaliser si nous sommes des chrétiens convertis, définitivement engagés.

L'humilité
et la volonté des autres

Chaque chrétien doit réaliser un aspect de la perfection totale contenue dans le Verbe Incarné. Chez le Christ, chaque moment et chaque action traduisaient et manifestaient l'acte éternel par lequel il se rapporte au Père de tout son être. Pour nous, chaque instant et chaque situation nous purifient et nous déifient progressivement, nous "trinitarisent" par l'acceptation humble et amoureuse des personnes et des circonstances que nous devons continuellement affronter.

Il faut autant d'humilité que de simplicité pour saisir Dieu dans les événements et percevoir la rencontre de l'éternel et du temporel dans l'agencement des circonstances. L'orgueil nous fait regretter les défaites du passé ou nous oriente vers les rêves d'avenir. C'est le rôle de l'orgueil de nous garder dans l'illusion. L'humilité nous aide à profiter avantageusement des expériences du passé, qu'il s'agisse d'expériences heureuses ou malheureuses; elle nous oriente en toute sagesse et abandon vers un avenir qu'on veut tout à la gloire des Trois.

Dieu se sert des événements pour nous commander, nous éprouver et nous aimer. Nous devons nous servir des hommes, nous aussi, pour prouver à la Trinité que nous L'aimons. La valeur de preuve de notre amour pour Dieu, c'est notre amour pour le prochain. Dieu gouverne, récompense et punit les hommes par les hommes, tout comme c'est par et à travers eux qu'Il les aime. Dieu humanise son amour en le faisant passer par nous. Nous devons suivre le même procédé et "trinitariser" notre amour en le faisant passer par Dieu pour rejoindre les humains.

Le nouveau dans l'amour, c'est d'aimer pour Dieu uniquement. Le signe de l'amour de Dieu, c'est l'amour du prochain. C'est dans la charité envers autrui que nous réaliserons la Volonté de Dieu passant à travers la volonté des humains qui ont charge de nous commander.

Pour le bonheur des autres

Préférer la volonté des autres à la sienne, et ceci uniquement par amour pour la Trinité, voilà certainement la plus belle pratique d'humilité qui soit et le plus sûr moyen de faire la Volonté de Dieu. "Non pas ce que je veux, mais ce que vous voulez, ô Père". Non pas ce que je veux, mais ce que veulent mes frères. Il va de soi que la pratique d'un si profond renoncement à sa volonté propre, à son orgueil et à son égoïsme, ne puisse se passer de la prudence.

Nous constatons que notre orgueil et notre égoïsme trouvent leur bonheur, leur satisfaction, leur plaisir, dans l'accomplissement de la volonté propre qui est aussi opposée à la Volonté de Dieu qu'à celle du prochain. C'est pourquoi préférer la volonté des autres, par amour pour la Trinité et en toute prudence, c'est le parfait renoncement à sa propre volonté et, du même coup, la mort à l'orgueil ainsi qu'à l'égoïsme; c'est faire plaisir aux autres plutôt qu'à soi-même, en les satisfaisant au lieu de rechercher sa propre satisfaction : en un mot, c'est mettre son bonheur dans le bonheur des autres, c'est accomplir la Volonté de Dieu en plénitude, puisque c'est là la parfaite charité et que celle-ci renferme toute la Loi.

Une longue pratique de l'humilité est nécessaire avant d'en arriver à pouvoir préférer la volonté des autres à la sienne propre, à aimer mieux plaire aux autres qu'à soi-même et à préférer rendre les autres heureux plutôt que de satisfaire son propre égoïsme. Il faut de plus chercher à comprendre que l'amour de Dieu et l'amour du prochain se sont rencontrés dès notre Baptême et qu'ils se doivent désormais de vivre ensemble. Nous avons tous charge d'âmes, une charge réelle dont chacun doit savoir s'acquitter sans égoïsme, en s'oubliant soi-même pour penser aux autres afin de leur assurer, sinon une protection inconditionnelle, du moins une protection qui n'ait que l'Amour de Dieu comme condition.

Humilité
dans la tâche du moment

Chaque moment que nous vivons comporte quelque chose de sacré, habité qu'il est par Dieu lui-même qui nous le confie pour continuer à travers et par nous son rayonnement créateur, rédempteur et sanctificateur. Chaque moment présent et chaque tâche qu'il présente sont comme autant de talents que nous avons le devoir de faire fructifier. Il ne s'agit pas de les engloutir dans la terre, mais de les faire valoir : la maladie qu'on doit accepter avec courage tout en essayant de la dominer, l'ennemi que les circonstances nous suscitent et dont il faut essayer de se faire un ami sont autant d'occasions offertes à l'utilisation de nos talents. S'il faut l'humilité pour accepter la tâche du moment, il faut aussi le courage pour dominer cette tâche et l'orienter.

Il faut autant d'humilité que de réalisme pour nous laisser sonder par Dieu à travers le temps et les circonstances lesquels sont toujours paroles divines lourdes de conséquences pour nos vies. Une foi profonde est aussi nécessaire pour accueillir Dieu dans les événements. La foi est une adhésion à des vérités qui se situent dans les personnes, dans les circonstances, dans l'espace et le temps, mais pour réaliser cet accueil, le sens de l'invisible, le sens de l'au-delà et le sens de ses limites sont indispensables.

Malheureusement, l'homme d'aujourd'hui n'a pas facilement le sens de ses limites, le sens de son caractère contingent. Pour lui, la terre est devenue uniquement 'LA TERRE DES HOMMES' sans référence à Dieu, son Créateur. Il existe au coeur de l'homme du XXe siècle un orgueil monumental qui est en train de le détruire au milieu de ses propres découvertes. Pour lui, il ne semble exister aucun mystère et il devient prisonnier des progrès qu'il réalise en tous les domaines. L'humilité fait redécouvrir à l'homme le sens d'un équilibre sain et constructif. Si seulement il accepte ses limites, il n'en comprendra que davantage son extraordinaire grandeur.

"Fais-moi connaître tes voies, Seigneur"

La morale chrétienne bien comprise consiste à répondre à l'initiative trinitaire toujours en exercice pour notre salut et à marcher dans les voies où Notre Seigneur nous précède et nous entraîne. En cette marche de retour vers la Trinité nous ne sommes jamais abandonnés à nous-mêmes, mais nous savons que nous pouvons compter sur un DIEU-PERE qui nous a généreusement pris en charge.

Les voies que nous devons parcourir sont clairement tracées devant nous et se résument en la vie du Christ que l'année liturgique fait continuellement revivre pour nous. Jésus constitue "le Chemin neuf et vivant" (He. 10, 20) devant conduire à bonne fin ceux qui s'y engagent en toute loyauté et humilité. Il s'agit simplement de nous revêtir de charité et d'exprimer dans nos actes la vie qui émane de Lui. Nous sommes créés dans le Christ-Jésus, en vue d'apporter notre pierre à l'érection du Temple destiné à glorifier la Trinité.

Pour mieux connaître les voies du Seigneur, il n'est que de Le suivre à travers ses mystères, dans le déroulement des fêtes et des dimanches où il continue de parcourir la longue carrière de son immense miséricorde. L'important est d'abord de trouver le Christ, de Le reconnaître là où Il se tient pour nous rencontrer. Le tout de notre vie c'est de trouver le Christ vivant, dans les personnes, dans les événements où il a décidé de se laisser découvrir progressivement.

Mais trouver le Christ ne suffit pas. Il faut ensuite le vivre pour que notre humanité, devenue son humanité, lui permette de recommencer ou de continuer sa destinée terrestre à travers nous. Les Trois Personnes de l'Adorable Trinité veulent s'insérer en nous pour continuer leur travail créateur, rédempteur et sanctificateur. N'est-il pas merveilleux que la Trinité veuille ainsi se servir de nous pour continuer l'oeuvre commencée? Puissions-nous assumer cette responsabilité!

ECC. 7, 40

LEV. 19, 36

PRUDENCE

JUSTICE

EPH. 6, 13

ECC. 2, 19

FORCE

TEMPÉRANCE

LES QUATRE VERTUS CARDINALES

CONSTITUENT LES QUATRE PENTURES ESSENTIELLES

AU SOUTIEN DE NOTRE VIE MORALE.

DEUXIÈME PARTIE

L'ORNEMENTATION DU TEMPLE

CHAPITRE IV   : LA TEMPERANCE — vertu du juste milieu

CHAPITRE V   : LA FORCE — au service des autres vertus

CHAPITRE VI   : LA PRUDENCE
la 'vertu-gond' par excellence

CHAPITRE VII   : La vertu royale de JUSTICE

CHAPITRE VIII   : LA TRINITE EXIGE LA FOI

CHAPITRE IX   : A la TRINITE par L'ESPERANCE

CHAPITRE X   : Au royaume de L'AMOUR

CHAPITRE XI   : Sous le RAYONNEMENT de l'ESPRIT

CHAPITRE XII   : LA PIETE nous fait
"FILS DANS LE FILS"

CHAPITRE XIII   : Le Don de CRAINTE
oriente vers la TRINITE

CHAPITRE XIV   : Le DON de FORCE

CHAPITRE XV   : L'expérience nécessaire
du Don de SCIENCE

CHAPITRE XVI   : Le Don de CONSEIL
l'impulsion trinitaire du Divin Conseiller

CHAPITRE XVII   : LE DON d'INTELLIGENCE

CHAPITRE XVIII : A la TRINITE par le DON de SAGESSE

CHAPITRE XIX   : Les BEATITUDES

CHAPITRE XX   : Les FRUITS DU SAINT-ESPRIT

CHAPITRE IV

La Tempérance

Vertu du juste milieu

Une certaine pauvreté s'impose à tous comme témoin nécessaire d'une vie consacrée à la Trinité. Le niveau de pauvreté n'est pas le même pour tous, mais chacun doit faire preuve de Tempérance, s'établir dans un juste milieu.

La Tempérance

Vertu du juste milieu

- Pour un meilleur épanouissement de la vie trinitaire
- Il ne s'agit pas de mutiler, mais de purifier
- Nature de la Tempérance
- La Tempérance oriente nos puissances
- La Tempérance face au dualisme humain
- Tempérance naturelle et Tempérance surnaturelle
- Condition préalable à la Tempérance
- La tâche de la Tempérance
- Importance de la vertu de Tempérance
- Les parties intégrantes de la Tempérance
- Tempérance et Charité
- Tempérance et Douceur
- Tempérance et Modestie
- Tempérance et Simplicité
- Tempérance et Studiosité
- Tempérance et Joie
- L'abnégation doit appuyer la Tempérance
- Le parfait modèle de la Tempérance

Pour un meilleur épanouissement de la vie trinitaire

La vie trinitaire coule en nous avec une richesse incompréhensible et si ces torrents de lumière et d'amour pénètrent nos intelligences et nos coeurs difficilement, c'est que nous ne savons tenir le juste milieu devant toutes les vanités créées que le monde nous offre. Nous avons été baptisés, mais nous sommes si peu convertis à la cause du Christ et aux exigences du Christianisme.

Vis-à-vis des Commandements de Dieu, deux comportements sont possibles : celui du fils et celui de l'esclave. L'esclave vise à être tout simplement et uniquement en règle avec la loi : c'est la ruine spirituelle. Le fils, se laissant animer par l'amour, cherche à dépasser la lettre de la loi : sa vie morale croît et s'épanouit en vie spirituelle, en vie trinitairement vécue.

Si la vie de connaissance et d'amour de la Trinité nous pénètre si peu, c'est que nous ne sommes pas réellement engagés dans le Christ et que tout notre agir demeure captif d'un 'Moi' qui ne réussit pas à se dégager comme il faudrait. Pour libérer le corps de ses esclavages, il serait nécessaire d'engager la lutte contre toutes les formes de l'amour-propre, mais une telle lutte est toujours remise au lendemain. Notre vie est livrée au désordre et nous nous refusons aux sacrifices pour lui redonner son équilibre.

Il s'agit de tendre à regagner la rectitude originelle dont le corps et l'âme jouissaient avant le péché. Un tel travail de libération qui redonne à la nature l'harmonie perdue, exige la vertu de Tempérance. Comme conséquence de notre révolte contre la Volonté des Trois, nos sens, à leur tour, se sont aussi révoltés contre notre propre volonté et contre toute nature. Nous étions bâtis pour le Ciel, mais le péché a faussé l'orientation première et nous nous sommes rivés à la terre comme si nous devions toujours y demeurer. Notre regard ne baigne plus dans la lumière des Trois et notre coeur s'est dégagé de leur Amour. Il faut se mettre à l'oeuvre pour rebâtir le Temple à la Trinité dans l'équilibre et la générosité.

Il ne s'agit pas de mutiler, mais de purifier

Pour devenir de plus en plus disponibles au Souffle de Vie qui jaillit de la Trinité vers nous, il importe de briser tout penchant excessif vers la satisfaction d'ordre corporel.

Le corps doit être traité avec respect et intelligence, c'est entendu. Ce n'est ni un mur dangereux qu'il faut démolir, ni un ennemi qu'il faut tuer, c'est admis aussi. La Trinité Créatrice a fait le corps humain pour qu'il révèle beauté et bonté. Il s'agit de favoriser la collaboration que le corps doit fournir à l'âme pour mieux servir Dieu et la société.

Tout en admettant que le corps doit être traité avec respect, il n'en reste pas moins vrai que nous devons le maîtriser, refréner fortement ses inclinations en ce qu'elles présentent de nuisible. La meilleure preuve de respect et de considération qu'on puisse donner au corps, n'est-ce pas de favoriser son orientation?

Le corps est uni, dans une seule nature et personne, à une âme humaine spirituelle, et il collabore intimement à toutes ses opérations, même les plus hautes. Ce serait désordre que de mutiler le corps. La loi chrétienne fait, au contraire, un devoir de sauvegarder la santé, de travailler au développement de l'esprit, de la volonté et du coeur.

Il n'existe pas de contradiction entre ce respect dû au corps et ce devoir que nous fait saint Paul de le traîner en servitude (1 Co. 9, 27). Le renoncement fait partie du christianisme : plus on est dans le Christ, plus on est en Croix. La vie chrétienne n'est ni un repos, ni une recherche de la jouissance. Le péché originel a introduit dans nos inclinations de graves désordres; il s'agit de maîtriser ces inclinations et d'éviter ces désordres. La docilité aux volontés de Dieu n'est pas toujours chose facile. Le Christ n'est pas venu apporter la paix, mais la guerre : cette guerre entre le bien et le mal doit accepter la vertu de tempérance parmi ses sentinelles.

Nature de la Tempérance

Depuis le péché de notre premier Père, la sensibilité exerce une vaste emprise sur la vie raisonnable. La perte de l'innocence, en effet, a soustrait nos passions à l'assujettissement de la raison. Pour résister à ces passions enjoleuses, les modérer, employer sagement leur énergie, il faut l'influence de la tempérance. Mais qu'est-ce que la tempérance?

Suivant son étymologie, le mot Tempérance signifierait modération, mesure, juste proportion ou retenue. On pourrait la définir une vertu spéciale dont l'objet principal est la convoitise et la jouissance des plaisirs du toucher ainsi que ceux du goût, et pour objet secondaire, la tristesse. C'est la vertu modératrice de l'appétit concupiscible. Elle prend pour règle les nécessités de la vie présente et pour motif principal l'honnêteté. En s'attaquant aux passions de la chair et aux raffinements du plaisir, la Tempérance combat les tendances les plus opposées à la vie spirituelle et à son progrès.

La Tempérance, quatrième des vertus morales, oblige l'homme à s'occuper de soi. Mais il se rencontre de nombreuses manières de s'occuper de soi : les unes désintéressées et par conséquent bienfaisantes, les autres égoïstes et du même coup nocives. "La Tempérance serait une conservation de soi dans l'oubli de soi".

L'intempérance, au contraire, quelque raison qu'on puisse invoquer pour la défendre, engendre la dégénérescence progressive des forces nécessaires à la conservation de soi pour aboutir infailliblement à une destruction de soi. Pour parvenir à une parfaite maîtrise dans le domaine du concupiscible, il faut d'abord accepter ses tendances pour ce qu'elles sont, savoir à quoi elles sont ordonnées et vouloir atteindre le but fixé par le Créateur. Les puissances de vie qui éclatent en l'être humain, au lieu de la détruire, doivent, d'après les prévisions divines, contribuer à son plein épanouissement. La différence est vaste entre nos besoins limités et nos désirs illimités : ce sera le rôle de la Tempérance de les bien coordonner.

La Tempérance
oriente nos puissances

De par sa nature complexe, l'homme possède en lui des puissances formidables qu'il lui faut reconnaître, accepter et orienter. A tous les étages de son être bouillonnent des énergies qui, laissées à elles-mêmes, peuvent tout ravager.

Contemplons la nature au printemps! Sur le sommet des montagnes, la région des glaciers, caressée par les chaudes effluves de l'astre de feu, commence à se transformer pour commencer une vie nouvelle. L'eau, d'abord un mince filet, suit tantôt le hasard d'une crevasse, tantôt le roc nu; mais une fois sa course commencée, rien ne pourra l'arrêter. Grossie par les torrents secondaires qui la rejoignent, elle va où le hasard la pousse, charriant tout sur son passage jusqu'à ce qu'enfin, recueillie par la plaine, elle apporte à la terre sa fécondité. Canalisée alors par l'irrigation, l'eau devient énergie productrice.

Ainsi toutes les puissances de vie, captives dans l'homme, mises au service d'un idéal ou de la Foi, peuvent transformer une vie inculte en un luxuriant jardin. Au contraire, laissées à leur pente naturelle, ces forces, devalant en furie, peuvent tout arracher et causer d'immenses dégâts. Pour s'épanouir, les puissances vitales qui résident en nous, qu'on les appelle instincts, tendances ou passions, ont besoin d'être canalisées. Sans contrôle, elles peuvent tout démolir sur leur passage. L'agent catalyseur capable de subjuguer les forces vives de l'être humain, c'est avant tout la Tempérance.

Vertu naturelle d'abord, la Tempérance requiert la Foi pour remplir entièrement ses fonctions. Le Christ n'est pas venu détruire les passions humaines, mais les harmoniser, les diviniser en les assumant par sa propre Passion. La Tempérance n'est donc pas le puissant courant du cours d'eau, mais la rive, le rempart, la digue dont la solide structure donne au courant sa marche sûre, sa pente directe et sa rapidité. La concupiscence, héritage du péché et toujours tendance au péché, nécessite la solide structure modératrice que lui offre la vertu de Tempérance.

La Tempérance
face au dualisme humain

Pour avoir, à l'origine, abusé de sa liberté, l'homme se trouve maintenant sur un plan inférieur à celui où il a été créé. Ses désirs et ses appétits se sont désordonnés; chacun cherche sa propre satisfaction, sans égard pour le bien-être de l'homme total. La nature profondément blessée est demeurée faible : l'intelligence ne peut désormais atteindre la vérité sans effort; la volonté dans sa recherche du bien supérieur a toujours à combattre le bien inférieur qui veut l'accaparer; les passions sans contrôle tendent vers ce qui est facile et répugnent à ce qui est difficile.

Pour résister à cet égarement et rétablir l'équilibre en soi, la Tempérance s'impose. La discipline de soi n'est pas le mépris de soi, ni l'asservissement de la personnalité, mais plutôt l'expression de soi, le haussement de son être jusqu'à la taille du Christ : "Si la vraie connaissance se trouve en Jésus, vous aurez appris à son école qu'il vous faut renoncer à votre vie passée et dépouiller le vieil homme que corrompent les convoitises trompeuses, pour vous renouveler par une transformation de votre pensée et revêtir l'homme nouveau qui a été créé selon Dieu dans la justice et la sainteté véritables" (Ep. 4, 21-24).

La Tempérance chrétienne n'est pas un but, mais un précieux instrument, un moyen de nous détacher des biens pour nous attacher au Bien. Cette remise en ordre de notre nature déchue exige des sacrifices d'autant plus grands que nous avons abusé davantage de nos facultés. Lorsque les passions sont maîtrisées et rangées au service de la vertu, elles engendrent le courage et l'ardeur. Par la pratique des bonnes oeuvres qu'elle suscite, la Tempérance vertueuse nous fait modérer notre appétit des richesses de même que par la pratique de l'humilité elle refrène notre ambition de paraître. L'ardeur des convoitises charnelles peut être tempérée par le rappel de la haute destinée de notre corps, temple de la Trinité, promis à la résurrection. Sur ce terrain des convoitises, la Tempérance assure la paix de l'âme, alors que le désenchantement demeure le prix de l'intempérance sous toutes ses formes.

Tempérance naturelle et Tempérance surnaturelle

La quatrième des vertus cardinales, la Tempérance, a pour objet propre la modération de la convoitise humaine dans l'usage des biens sensibles, la modération de toutes les passions.

Lorsque la Tempérance se borne à maîtriser nos appétits au nom de la raison, elle demeure une vertu naturelle dont la règle s'identifie avec celle de l'hygiène qui a trait à l'usage des biens sensibles nécessaires à l'entretien de la vie individuelle et à la propagation de cette vie. A la lumière de la raison, l'homme peut reconnaître que la transmission légitime de la vie exige les cadres d'un mariage indissoluble. Les lois de la Tempérance naturelle ne sont donc pas autres que les lois de la vie. Qui viole les lois de la Tempérance attente aux lois mêmes de la vie.

Cependant, la pratique constante de cette vertu, même sur le plan naturel, n'est guère possible, sans la grâce. Il faut alors recourir à des motifs supérieurs qui nous proposent des fins plus hautes. La Tempérance surnaturelle éclairée par la Foi et soutenue par l'Espérance théologale nous appelle à vivre comme des concitoyens des saints et les familiers de la maison de Dieu. Sans la soumission de la nature à la grâce et sans la Tempérance qu'impose cette soumission, les hommes ne tardent pas à se diviser en eux-mêmes et entre eux.

La Trinité et la possession des Trois étant notre vocation et notre fin, l'ordre naturel, l'ordre présent, n'est qu'un état transitoire et un moyen. C'est un chemin et non pas un but en soi. Or, comme la voie doit être établie en vue de la fin, il s'ensuit que tout ce qui est d'ici-bas demeure établi en vue du but surnaturel, la possession des Trois. Subordonner la poursuite des avantages d'ici-bas à ceux de l'éternité relève de la pratique de la vertu de Tempérance pour des motifs qui en font une vertu surnaturelle et méritoire. C'est à l'école du Christ que nous apprendrons le mieux à maîtriser le corps et à le réduire en servitude à la gloire de l'Adorable Trinité.

Condition préalable
à la Tempérance

La tentation permanente de l'homme, tentation qui ne fut jamais aussi accusée qu'en notre vingtième siècle, c'est l'autodéification. L'être humain veut se faire Dieu, se prendre pour le centre de l'univers, vouloir faire sa vie au lieu de la recevoir des mains de Dieu.

En se préférant à Dieu, l'homme s'estime plus que Dieu et tombe dans le désordre : il s'intéresse à lui-même de manière égoïste et s'aime d'une façon désordonnée. La condition préalable à la vertu de Tempérance sera la contrepartie de cet amour dévié, l'orientation constante et sincère de soi-même vers Dieu. Toutes les recettes, toutes les méthodes que l'on prône aujourd'hui pour développer la personnalité avortent si elles ne conduisent pas l'être humain à l'Adorable Trinité, Bien suprême de notre amour. Que nous mangions ou que nous buvions et quoi que nous fassions, tout doit s'accomplir à la Gloire des Trois. Etre homme en plénitude, ce n'est pas tendre à devenir Dieu à la place de Dieu, mais tendre amoureusement vers la Trinité : la Tempérance ne vise pas seulement à l'équilibre intérieur de l'homme, mais elle le situe encore à sa vraie place vis-à-vis de la Trinité.

La Tempérance, vertu chrétienne qui modère l'attrait au plaisir et le contient dans de justes limites, ne peut s'établir dans l'homme blessé par le péché originel qu'au moyen d'un effort sérieux et constant de maîtrise de soi, de lutte courageuse contre son moi égoïste et de mortification généreuse. Il ne s'agit pas de détruire ou de refouler les tendances naturelles, mais de les mettre à leur place, de s'opposer à leur tyrannie jusqu'en ses racines profondes. Pour atteindre cet objectif, l'éducation de la conscience s'avère indispensable. C'est là une grâce à demander à Notre-Dame de la Trinité. Avec la prière, l'utilisation des ressources surnaturelles des vertus infuses de Foi, d'Espérance et de Charité aidera à maintenir l'âme dans un calme capable de permettre à la conscience de maîtriser les mouvements de la sensibilité.

La tâche de la Tempérance

La vertu de Tempérance modère l'attrait de la jouissance sensible et ne permet pas que soient mis en échec le jugement moral et la pratique du devoir; elle modère les excès et empêche les écarts.

Les deux instincts fondamentaux ordonnés à la conservation, soit de la vie physique individuelle, soit de l'espèce, sont nettement subordonnés à une fin précise. Déviés de leur ordre, ces instincts, puissances aveugles éminemment utiles, se muent en forces destructives qui, après avoir ruiné la vie corporelle et menacé l'espèce, peuvent poursuivre leurs ravages jusque dans l'enceinte sacrée du royaume spirituel dont ils sabotent les fondements et compromettent sérieusement le salut.

LA TACHE DE LA VERTU DE TEMPERANCE sera de maintenir dans l'équilibre ces pulsions profondes et vigoureuses, de les garder à leur rang de servantes de vie individuelle et spécifique, non seulement en regard de la fin propre de ces mêmes puissances, mais encore en considération de la fin dernière que l'être humain se doit de poursuivre, son assomption en Dieu et la louange trinitaire qu'il doit Lui procurer.

Si nous la considérons dans son sens le plus général, la Tempérance devient le thermomètre qui doit mesurer tous les degrés et toutes les formes d'expression de la sensibilité et jusqu'à nos facultés de désir. Parfois, elle commande à chaque acte de se conformer à l'échelle objective des valeurs, parfois elle va jusqu'à modifier les tendances elles-mêmes par un effort d'éducation personnelle et volontaire. Aucun humain ne peut maîtriser le désordre causé en son être par le péché originel sans le secours d'une tempérance éclairée et tenace. Peu d'êtres humains sont parfaitement équilibrés parce que peu d'entre eux exploitent à fond la vertu de Tempérance. Chez un grand nombre, c'est malheureusement le corps qui garde les rênes du pouvoir en telle ou telle sensation plus ou moins avouable, en tel ou tel désir qu'on ne cherche pas à contrôler avec assez de générosité. Que certains désirs frappent à notre porte, c'est normal; l'essentiel est de les bien contrôler.

Importance de la vertu de Tempérance

La vertu de Tempérance dirige et oriente des forces extrêmement puissantes. Le besoin de manger et de boire, le désir de satisfaire l'élan sexuel naissent de la poussée indestructible vers la vie entretenue et propagée. Quand ils faussent leur orientation, ces désirs mettent en branle une force si violente qu'elle dépasse toutes les autres puissances de l'homme en capacité d'autosuggestion.

L'intempérance, une fois acceptée dans l'édifice de la personnalité, ne détruit pas seulement la beauté et le vrai bonheur du corps, l'harmonie de la chair et de l'esprit, mais brise encore l'équilibre dans la partie spirituelle qu'elle abandonne à la tyrannie des passions; par le désordre qu'elle entretient dans l'être, elle rend imprudent et, par suite, souvent injuste. Rien n'obnubile autant le jugement de la prudence que l'intempérance. L'intempérant devient esclave de ses instincts et incapable de discerner le réel : il est entièrement subjugué par un intérêt imaginaire. La jouissance immodérée des biens sensibles rend insensible aux valeurs spirituelles et le désordre des passions brise la force de la volonté comme les flots déchaînés emportent la digue qui les retenait.

Depuis la chute originelle, "une loi qui est dans mes membres lutte contre la loi de mon esprit", écrit saint Paul. Cette loi, c'est la loi de la concupiscence, des convoitises désordonnées qui cherchent leur satisfaction particulière aux dépens de l'esprit. Le règne de la concupiscence a opéré et opère la rupture de l'équilibre intérieur. L'être humain est désormais constamment aux prises avec lui-même. L'intempérant suit ses tendances dégénérées et fait ainsi obstacle à l'amour.

Le déséquilibre nous surveille tous, portés que nous sommes aux excès. La Tempérance nous est indispensable pour choisir en toute occasion le juste milieu vertueux personnel en tout ce qui plaît et pour une sérieuse adaptation de l'intelligence, de la volonté et du coeur dans le service trinitaire que Dieu attend de nous.

Les parties intégrantes de la Tempérance

La Tempérance comporte comme parties intégrantes, deux dispositions essentielles : la PUDEUR et l'HONNEUR. Ces deux dispositions constituent les éléments nécessaires à la pratique de la Tempérance. Seuls la pudeur et le sentiment de l'honneur peuvent préserver l'homme des excès de la débauche.

La pudeur semble plutôt une disposition à la vertu qu'une vertu. Elle peut se définir un sentiment de honte en présence d'une vilenie morale. La pudeur, née au paradis terrestre à la suite du premier péché : "leurs yeux à tous deux s'ouvrirent et ils connurent qu'ils étaient nus et, ajustant ensemble des feuilles de figuier, ils s'en firent des ceintures" (Gn. 3, 7-10), jette les fondements de la tempérance en inculquant dans l'âme l'horreur de toute bassesse. Une telle disposition doit demeurer l'apanage de tous, des adolescents et des enfants, comme des adultes, pour prévenir certaines audaces déconcertantes.

Au sentiment de pudeur qui fait fuir la laideur et la honte des turpitudes, correspond celui de l'honneur qui s'éprend de la beauté morale, condition d'épanouissement de la Tempérance. Chacun devrait savoir qu'on n'a le droit de rechercher les choses agréables aux sens que si elles présentent une certaine utilité et qu'on doit s'en éloigner, si agréables et utiles qu'elles paraissent, quand elles ne présentent plus pour nous un réel cachet d'honnêteté. Si tout ce qui est honnête concourt à l'utilité de quelqu'un et apporte de l'agrément à la raison satisfaite, il est malheureusement vrai aussi que tout ce qui est délectable aux sens ou tout ce qui paraît utile n'est pas honnête pour autant. Devant un choix à exécuter, un geste à poser, une démarche à entreprendre, une vraie personnalité ne se demande pas d'abord s'il s'agit d'agrément ou de profit immédiat, mais examine son devoir et sa responsabilité.

Agir comme un être humain, surtout en baptisé conscient de la vie trinitaire qu'il porte, c'est dominer et ordonner ses instincts et ses sensations par l'esprit où résident la pudeur et l'honnêteté, c'est n'accepter de la création que ce qui suffit pour satisfaire aux besoins de la vie et ne s'y porter qu'avec modération.

Tempérance et Charité

La vertu de sobriété ou de tempérance qui règle la discipline de l'âme sur le corps et ses appétits sera toujours difficile à pratiquer. Pourtant, la mesure dans le boire et le manger, la modération de la curiosité, la domination des passions dans la douceur peuvent devenir des vertus rayonnantes si la Charité les informe.

On peut modérer son régime de table pour de simples raisons de santé ou d'esthétique. Cette ligne de conduite qui s'inspire de motifs naturels relève non de la Charité, mais de l'hygiène ou de la vanité. On ne peut la comparer avec l'attitude du chrétien qui, considérant tout avec action de grâces, est disposé à jouir du boire et du manger ou à y renoncer dans la mesure où l'amour de Dieu, la charité envers soi-même ou son prochain l'exigent.

La joie chrétienne des agapes fraternelles, le bien-être ressenti par une âme sereine n'ont rien à voir avec une recherche égoïste du plaisir. Aimer son corps avec charité exige que nous le châtiions en toute prudence, afin de le rendre de plus en plus digne de sa destinée, comme temple de la Trinité, de futur habitant du Royaume des Cieux. Lutter contre ses passions déviées de leur fin, maîtriser ou guérir ses impulsions déréglées, discipliner ses instincts charnels, c'est aimer noblement son corps et le traiter avec charité.

La Tempérance, qui introduit la raison dans le concupiscible, appuyée sur la charité, rend le corps instrument de l'âme, capable de glorifier dignement la Trinité, et en fait, selon l'expression de saint Paul, "une hostie vivante, sainte et agréable à Dieu".

Le rêve de l'être humain, conscient de l'image divine qu'il porte, est d'abord de se constituer maître chez lui, mais pour réussir à établir et à maintenir cette hiérarchie des puissances qui s'agitent en lui, la Tempérance surnaturelle ne saurait suffire sans l'appui de la charité. S'exerçant dans la vérité, la Charité théologale donne le vrai sens moral dont notre vie doit s'animer (2 Th. 2, 11-12).

Tempérance et Douceur

La douceur, l'une des parties potentielles de la Tempérance, se range sous l'influence modératrice de cette dernière dans le domaine de l'irascible. La colère qui peut bien nous paraître comme une manifestation de force, peut tout aussi bien n'être en réalité qu'une manifestation de faiblesse. Il existe un rapport nettement marqué entre la modération dans l'usage des biens sensibles et la maîtrise dans les mouvements de la sensibilité contrariée. En effet, l'emportement de la colère ne manque pas de relation avec les vices de la chair puisqu'il vient du tempérament mal discipliné.

La douceur a son prix pour l'amabilité qu'elle nous donne vis-à-vis de Dieu et vis-à-vis du prochain. Roi de mansuétude, le Verbe Incarné nous exhorte sans cesse à la pratique de cette vertu : "Apprenez de moi que je suis doux et humble de coeur et vous trouverez le repos de vos âmes" (Mt. 11, 29). Il faut apprendre par des efforts constants, fécondés par la prière, à dominer ses emportements. Cette forme d'intempérance ne saurait être réprimée trop tôt. La violence, provoquée par la colère, engendre souvent la haine et peut provoquer de graves injustices.

L'habitude de la politesse qui demande tant de renoncement et de possession de soi, la modération constante de ses humeurs, la demande de pardon, voilà autant de moyens de pratiquer la douceur et partant la tempérance. Pour garder son sang-froid, n'être ni irritable ni excitable, il ne faut pas se laisser dominer par ses occupations, mais les dominer. La sérénité d'esprit est la meilleure garantie de la douceur et le fondement de la Tempérance.

La douceur est le fruit de l'Esprit et le signe de la présence de la Sagesse d'En-Haut. Sous son double aspect de calme mansuétude et d'indulgente modération, la douceur peint bien le caractère du Christ qui a proclamé bienheureux les doux. C'est cette vertu que recommande saint Paul lorsqu'il écrit aux Galates : "Même dans le cas où quelqu'un serait pris en faute, vous, les spirituels, rétablissez-le en esprit de douceur" (Ga. 6, 1). Il recommande cette même douceur aux Ephésiens pour reconquérir l'équilibre brisé (5, 29).

Tempérance et Modestie

La modestie, dont la principale manifestation est l'humilité, forme la seconde partie potentielle de la tempérance. C'est elle qui maintient l'homme dans ses limites à l'intérieur comme à l'extérieur pour assurer sa bonne tenue et son honnête disposition dans toutes les circonstances de la vie. L'humilité est ce visage de la modestie qui modère la tendance à se surestimer et à désirer une trop grande considération de la part d'autrui. Cette tempérance intérieure constitue la source première de toute tempérance.

L'éducation de l'humilité et de la modestie dresse le fondement de toute l'éducation morale. L'humilité, en gardant l'être humain dans la vérité, l'habitue à se connaître lui-même et à se mettre à sa place vis-à-vis de Dieu : "Que je vous connaisse, ô mon Dieu, et que je me connaisse". Ce souhait de saint Augustin met en présence les deux éléments de base de la perfection chrétienne. Cette recherche de la vérité sur soi et sur Dieu demeure le plus sûr moyen de maintenir son esprit dans un climat de paix, cette tranquillité de l'ordre nécessaire à toute maîtrise de la raison sur les divers mouvements passionnels que la Tempérance doit dominer.

La modestie, à son tour, maintiendra l'équilibre entre la curiosité indiscrète et la négligence à se renseigner sur les exigences de son devoir d'état. Elle enseignera la modération à l'égard du monde sensible réglant la vie quotidienne selon les lois de la prudence et de la justice, la montrant non comme un amusement, mais comme un dépassement, établissant la hiérarchie des valeurs selon les normes évangéliques : "Cherchez d'abord le royaume de Dieu et sa justice, et le reste vous sera donné par surcroit" (Mt. 6, 33).

Point n'est besoin de démontrer combien l'éducation de la modestie offre d'actualité en notre vingtième siècle où chacun est si tenté de mener un train de vie qui dépasse ses propres ressources. C'est pour nous apprendre la grande leçon de la Tempérance issue de la modestie et de l'humilité que la Seconde Personne de l'Adorable Trinité a voulu se manifester à nous dans la chair.

Tempérance et Simplicité

"Il y a quelque chose de plus haut que l'orgueil et de plus noble que la vanité, c'est la MODESTIE; et quelque chose de plus rare que la modestie, c'est la SIMPLICITÉ". Cette réflexion de Rivarol exprime la tendance de l'être humain à se déguiser, à se faire acteur. La simplicité, pourtant, traduit la force, la santé morale, la vertu.

Le mot simplicité vient de deux termes latins 'sine' et 'plicare' qui signifient 'sans pli', sans double, sans cachette, ni ruse, ni arrière-pensée. C'est le bon sens naturel, franc, ouvert; l'absence de complication et de duplicité, de malice et d'hypocrisie, de faste et de recherche. La simplicité est à la fois effet et cause de la Tempérance, vertu cardinale de sobriété, d'équilibre, de modération, qui prévient les excès dans tous les domaines : le boire et le manger, la sensualité, le train de vie, la mode, les affections, les paroles, en un mot, toute l'activité humaine.

Ni vulgaire, ni timide, ni débraillée, la simplicité, c'est tout simplement le bon naturel, la droiture, l'honnêteté personnelle, la manifestation de soi à la fois agréable et discrète. La vulgarité ne produit ni mérite, ni bon résultat. Elle vient d'une certaine paresse, d'un manque d'effort pour soigner son langage, se tenir avec distinction, se vêtir proprement et converser avec intelligence et réserve. L'homme du vingtième siècle a peine à se libérer de son double, de sa doublure, pour vivre de la vraie liberté, celle des enfants de Dieu. On aime bien un style simple, une parole simple, une décoration simple, des vêtements simples, on admire la divine simplicité de l'Evangile, mais sans consentir à y trouver une règle de conduite pour soi.

Le monde et la mode parlent plus fort que l'Evangile; le caprice l'emporte sur la raison, le plaisir sur le devoir, le corps sur l'âme et Mammon sur Dieu lui-même. Rétablir l'équilibre perdu à la faute originelle, exorciser les tendances mauvaises, soumettre la nature à la surnature et la "trinitariser" par l'amour bien compris, tel est le triomphe de la Tempérance inspirée et servie par la SIMPLICITÉ.

Tempérance et Studiosité

La Studiosité qui se définit 'la facilité à user de l'intelligence en vue d'acquérir des connaissances' peut être considérée comme vertu en tant qu'elle tempère nos mouvements vers le savoir. De tout son poids, en effet, notre esprit nous presse de tout savoir, mais nous savons par l'expérience et la foi jusqu'à quel point est vicié notre besoin de savoir, l'orientation surtout de notre désir de connaissance. Ce désordre rend très difficile, surtout sans la grâce, l'acquisition de la vertu modératrice qui permettra d'abord de contenir ce penchant à tout savoir pour l'empêcher, à la façon d'une rivière qui déborde, de faire des dégâts, puis, en second lieu, canaliser cette orientation de la connaissance.

Affecté par le péché originel et nos péchés actuels, ce penchant naturel à connaître porte nos facultés et nos sens à savoir surtout ce qui n'est ni nécessaire, ni utile. La vertu de STUDIOSITE va orienter notre désir de savoir et l'appliquer à connaître de façon ordonnée.

La Studiosité, en second lieu, corrige la paresse qui nous est tellement naturelle. C'est que l'application de l'esprit ou des sens au savoir exige une dépense d'énergie contre laquelle le corps s'insurge. Il faut, à certains moments, faire violence à son corps pour s'appliquer sérieusement à la connaissance. La paresse n'est pas tant le fait de l'esprit que la conséquence du lien avec le corps qui a tendance à alourdir l'esprit et à l'empêcher de se porter vers la connaissance.

Dire de quelqu'un qu'il est studieux, c'est affirmer d'abord qu'il applique son esprit à ce qui est principal avant de le porter vers ce qui est secondaire. L'esprit ne pouvant s'empêcher de penser, voici qu'on est studieux lorsqu'on l'applique à ce qu'il faut penser, ce qui est honnête, utile, avant ce qui est tout simplement agréable. Le vrai chrétien s'oriente vers un savoir qui le rapproche de la Trinité : connaître, c'est s'assimiler à Dieu de plus en plus. Quiconque est sincère devrait découvrir Dieu à travers ses études.

Tempérance et Joie

La pratique de la vertu de Tempérance ne serait-elle pas de nature à provoquer chez-nous une certaine tristesse? Les chrétiens ne sont-ils pas trop souvent des gens tristes précisément parce qu'ils sont tempérants et mortifiés? Est-il besoin d'une longue enquête à ce sujet pour découvrir le contraire et prouver que la Tempérance alimente la joie et conduit au bonheur?

Il faudrait, cependant, distinguer entre plaisir et joie : le plaisir c'est le bonheur du corps, la joie celui de l'âme. Le plaisir ne rassasie que rarement : il vit un moment et meurt très souvent en laissant un goût de cendres et de néant. La joie, au contraire, est spirituelle et jouit d'une saveur d'éternité. Se contenter de plaisir, c'est souvent se condamner à une certaine tristesse. Les fins de semaine, les retours de voyages où l'on se serait mal amusé, sont toujours tristes : le corps a été satisfait, mais l'âme n'y a pu trouver sa légitime satisfaction.

Le chrétien ne connaît pas cette tristesse. En même temps que le plaisir réjouit son corps, il nourrit son âme de joie et, au lieu de se détruire l'un l'autre, ces deux bonheurs se conjuguent et se complètent. Garder la juste mesure dans le jeu, dans l'usage de la nourriture et de la boisson, savoir se mortifier exige une peine, un effort, mais, une fois cette peine acceptée, c'est le règne de la joie, celle d'aimer vraiment son corps en le respectant et de glorifier ainsi la Trinité Créatrice. Même la privation totale d'un plaisir légitime, privation inspirée par l'amour, s'accompagne de joie, d'une joie proportionnée à la charité qui l'inspire.

Le plaisir n'est un mal qui si on le recherche comme une fin. Il est permis de goûter les plaisirs que Dieu offre pour égayer la route et favoriser la marche en avant, mais s'arrêter pour les rechercher soi-même et pour soi-même, c'est risquer de faire s'évanouir la joie. La vraie joie fleurit à la tige du don et le don exige un certain oubli de soi, un renoncement.

L'abnégation doit appuyer la Tempérance

L'être humain, marqué par la déchéance originelle ne peut ni acquérir ni garder la Tempérance sans une ascèse, c'est-à-dire sans une observation attentive et continue de soi et sans un travail généreux de réforme de sa personnalité. Le désordre intime de l'homme pécheur est si profond que la vertu de Tempérance n'exige pas seulement un entraînement général, une discipline méthodique, mais un renoncement aussi constant que généreux.

Pour vivre en homme et en chrétien, il faut être maître de son corps, lui refuser bien des caprices et lui demander des tâches pénibles à la nature. La Tempérance implique une double mortification, passive et active, pour avoir le courage d'accepter et d'entreprendre. Tous ceux qui veulent faire de leur vie quelque chose de grand doivent savoir commander à leur corps et lui demander de grands efforts. Pour s'équilibrer dans la sérénité du juste milieu, l'homme, entraîné par la sensualité sous toutes ses formes, a besoin de rompre volontairement parfois avec l'usage permis des biens d'ici-bas, avec la jouissance même légitime de l'activité sensuelle.

Cependant, ce n'est pas seulement pour obtenir un prix dans un concours, pour gagner une bataille, qu'un chrétien exige beaucoup de son corps, mais pour acquérir une couronne immortelle : "Ne savez-vous pas que dans les courses du stade, tous courent, mais un seul remporte le prix. Courez donc de manière à le remporter. Tout athlète se prive de tout; mais eux c'est pour obtenir une couronne périssable, nous, une impérissable" (1 Co. 9, 24-25).

Devenir homme et réaliser son christianisme, c'est recueillir toutes ses puissances, les réordonner en fonction de leur valeur respective pour finalement les soumettre à l'esprit selon les desseins de Dieu sur nous. L'équilibre de la Tempérance devient ainsi un chef-d'oeuvre difficile à réaliser. Pour doser le positif et le négatif, chacun doit d'abord connaître ses points faibles pour y porter remède. Est-il nécessaire d'ajouter que dans un domaine où la passion joue un si grand rôle, il est souvent sage d'avoir recours à un conseiller sûr qui puisse aider au dosage?

Le parfait modèle
de la Tempérance

Faire preuve de Tempérance, c'est imiter le Christ d'une manière intelligente, non pas en reproduisant tous ses gestes à la lettre et en mourant comme Lui sur une Croix, à trente-trois ans, mais en vivant son esprit, en empruntant ses dispositions d'âme, en laissant sa conduite personnelle s'inspirer de la sienne.

Le Verbe Incarné veut voir se renouveler en chacun d'entre nous sa propre vie terrestre, se continuer par nous le soin des corps et des âmes ainsi que l'enseignement du Royaume de la Trinité. Cette tâche ne peut se concevoir matériellement identique en tous, mais il est possible à tous de se demander ce que le Christ ferait concrètement à sa place, en telle circonstance donnée.

Sur le plan de la vertu de Tempérance comme sur tous les autres, le Fils du Père doit nous servir d'exemple, mais encore faut-il prendre le temps nécessaire pour Le considérer attentivement en sa vie terrestre, garder les yeux sur Lui pour apprendre ses divines leçons comme des disciples dociles à leur maître. La fréquentation assidue de l'Evangile nous mettra au courant de la vie du Christ et de ses actions, et nous en remplira l'esprit et le coeur.

Il importe surtout que nous comparions nos intentions aux intentions du Sauveur, nos actions et nos pensées aux siennes. Une telle confrontation exige la connaissance du Maître, mais aussi la connaissance de soi que donne l'examen fréquent et profond de sa conscience. Pour en arriver à cette approche progressive du divin Modèle que nous présente l'Evangile, un minimum de vie intérieure est de rigueur.

Par son comportement au milieu de la société, dans son vêtement, sa nourriture, son logement, en tout son train de vie, le Verbe Incarné nous enseigne concrètement de quelle liberté intérieure il faut jouir pour user de toute créature selon son plan divin, et l'employer à bon escient pour rebâtir le Temple qu'attend la Trinité.

CHAPITRE V

LA FORCE

au service des autres vertus

Un sérieux dynamisme d'humanisa-
tion exige l'effort pour réfléchir et
vouloir, pour contrôler son corps et
lui faire donner un rendement digne
de l'intelligence et de la volonté.

La vertu de Force

— A la poursuite d'un 'bien ardu'

— La Force est une vertu de résistance

— Vertus intégrantes à la Force

— Le champ d'action de la vertu de Force

— Vertu libératrice qu'est la Force

— La Force face aux attaches du coeur

— La Force nécessaire pour vaincre l'égoïsme

— Pour dominer le RESPECT HUMAIN

— La Force de fuir

— Merveilleux effets de la Force

— Les rôles variés de la Force

— L'action principale de la vertu de Force

— Moyens concrets pour obtenir la Force

— La Force au service des vertus

— Précieuse compagne de la Prudence

— Mille façons d'être fort

— Au service de la personnalité chrétienne

— Dans la Force de l'Eglise du XXe siècle.

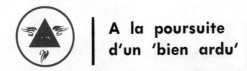

A la poursuite
d'un 'bien ardu'

La vie d'ici-bas s'écoule en pleine arène, au milieu de la lutte et du danger dont nous avons à triompher avec la grâce. Cette grâce divine, cependant, qui anime toutes les possibilités humaines pour les adapter aux diverses situations de la vie exige le concours de l'homme. Ce concours que vient perfectionner la puissance divine elle-même s'appelle la VERTU DE FORCE.

La Force se reconnaît à l'attitude immobile, tranquille, devant les dangers et en l'acceptation résolue des sacrifices qu'exige la recherche de la perfection. La force chrétienne assure la fidélité aux principes jusque dans les menus faits quotidiens. La volonté peut dévier de la droite raison soit en se laissant entraîner vers les biens sensibles, soit en reculant devant les difficultés de la sainteté. La première déviation sera corrigée par la tempérance tandis que la seconde sera empêchée par la Force.

La vertu de Force qui consiste à tenir sans fléchir peut se laisser guider par les directives de la raison : on parle alors de *vertu acquise*. Obéit-elle aux lumières de la Foi, on a la *vertu infuse*. Dans l'un et l'autre cas cependant la Force respecte les conditions humaines du sujet et ses limites. Le fort tient bon, même en face de la mort, mais il doit vaincre ses répugnances et parfois, lutter contre la peur, le découragement et toutes les autres faiblesses inhérentes à la vertu humaine laissée à ses propres ressources morales.

Tous admirent la force d'âme, mais parce qu'elle se présente une vertu difficile, peu la développent. Il faut tourner ses regards vers le ciel, vers la béatitude, ce moteur immobile qui met tout en mouvement, pour s'attaquer sans cesse aux obstacles, aux retards, aux fatigues, aux chutes parfois si fréquentes sur le chemin du Royaume.

Il s'agit vraiment du 'BONUM ARDUUM'. Qui se met à sa poursuite s'expose à des enchevêtrements de difficultés, à des exigences de sacrifices toujours plus grands; et celà à tous les âges de la vie spirituelle. C'est dans l'espérance du bonheur infini que l'âme trouve l'énergie de sacrifier une partie du bonheur fini qui lui est offert.

La Force
est une vertu de résistance

"Le Seigneur est ma force, je ne craindrai pas ce que pourrait faire l'homme contre moi. Le Seigneur est ma force, aussi mépriserai-je mes ennemis" (Ps. 125, 6-7). On peut définir la force comme une vertu que Dieu nous communique pour nous élever au-dessus de notre faiblesse naturelle et nous faire surmonter tous les maux spirituels et corporels qui nous menacent. L'une de ses principales fonctions réside dans la résistance.

Au milieu d'une mer en furie, la mer d'un monde plus agité que jamais, la Force, tel un rocher inébranlable contre lequel les vagues furieuses viennent en vain se briser en mugissant, apparaît de nature à raffermir notre âme.

La Force chrétienne doit être considérée non seulement comme une vertu particulière, mais comme une qualité commune à toutes les autres. Elle peut se considérer, d'une certaine manière, comme la vertu de toutes les vertus. Il s'ensuit que tous les vices lui sont opposés, car le vice suppose une faiblesse qui ne sait ou qui ne veut pas se protéger : faiblesse de l'intelligence qui se laisse égarer par l'illusion des passions; faiblesse du coeur qui n'ose se défendre d'attachements coupables; faiblesse surtout de la volonté qui redoute le combat de la résistance et trouve plus doux de céder que de se défendre. Aucune ne peut se vanter de se maintenir vigoureuse sans l'appui de la Force.

L'usage de la Force demeure donc un devoir de tous les moments pour la raison toute simple que notre vie comporte une lutte constante contre un courant qui nous entraînerait infailliblement dans l'abîme si nous ne faisions de continuels efforts pour le remonter et le maîtriser. Tout ce qui exige des efforts ressort du domaine de cette vertu cardinale dont la pratique devient ainsi une nécessité de tous les moments pour surmonter les tendances mauvaises et défendre le bien des vertus.

Il faut demander à l'Adorable Trinité de nous établir dans la vérité et de créer en nous une conviction inébranlable appuyée sur une Force qui nous permettra de la défendre avec paix et constance.

Vertus intégrantes à la Force

Si les êtres humains vraiment forts se font rares de nos jours, les téméraires se comptent en assez grand nombre comme les peureux. Or, c'est le propre de la Force de régler ces deux mouvements opposés que sont la crainte et la témérité comme elle règle le chagrin. C'est à la force qu'il appartient de tenir l'âme dans un juste milieu entre la crainte et l'audace.

De nos jours, surtout, pour lutter contre le respect humain, contre la crainte et la faiblesse nerveuses qui menacent l'équilibre de tant de vies, il faut beaucoup de Force.

Quatre vertus intégrantes constituent la véritable force : la MAGNANIMITE et la MAGNIFICENCE qui aident à entreprendre un projet; la PATIENCE et la PERSEVERANCE qui font supporter les contrariétés inhérentes à toute entreprise sérieuse. Le principal acte de la vertu de Force ne tient pas tant à l'art d'entreprendre qu'au fait de persévérer dans l'oeuvre entreprise. S'agit-il de prendre une vraie résolution : la magnanimité et la générosité peuvent suffire, mais pour modérer la tristesse et l'affliction causées par les contrariétés et persister dans le support de ces contrariétés, malgré leur longue durée, la patience et la constance demeurent indispensables. On ne se montre fort que si on dispose, en ses démarches, de ces quatre composantes intégrantes à la vertu de Force.

La constance et la persévérance ont la même fin. Mais tandis que la persévérance use de fermeté dans les circonstances les plus difficiles et les plus pénibles comme ce peut être le cas en danger de mort, la difficulté que doit vaincre la constance vient de tout obstacle extérieur, particulièrement de la tristesse.

Ce qui caractérise une vertu, c'est beaucoup plus sa forme que sa matière; c'est moins ce qu'elle accomplit que la manière de l'accomplir. Ce principe demeure de la plus grande importance si on ne veut pas en venir à confondre les gens vertueux avec ceux qui ne le sont qu'en apparence. Il faut en tenir compte quand il s'agit de se trouver un modèle d'apostolat.

Le champ d'action de la vertu de Force

Une fois que l'âme a pris conscience de sa situation de 'garrottée', il lui faut une bonne dose de Force pour entrer dans son champ d'action, après avoir fait sauter les liens qui la retenaient captive, et empêchaient l'influence sanctificatrice du Saint-Esprit de s'exercer en elle.

Quels sont donc les liens qui peuvent ainsi nous enchaîner? Quelles difficultés devons-nous affronter pour nous libérer et assurer un meilleur service trinitaire? Regardons d'abord l'âme à la merci de ses ambitions. On nous a peut-être confié un poste important dans une entreprise réputée : il faut y réussir à tout prix. Une recherche des moyens infaillibles de succès provoque en nous une fièvre presque brûlante. La préparation minutieuse de l'action qu'il faut entreprendre nous accapare si totalement qu'il ne reste aucun instant pour rendre service à un compagnon de travail. Faute de détente, les nerfs s'épuisent et la santé se mine insensiblement. Il faut à tout prix évincer tous les concurrents. Une promotion en perspective accapare une bonne part de l'énergie et les exigences de la vie sociale se font si onéreuses qu'on trouve à peine le temps de rencontrer Dieu dans la prière. Le devoir d'état, qu'on dit l'instrument principal de toute perfection, est invoqué pour justifier ses ambitions secrètes.

N'est-ce pas ainsi qu'en vient à raisonner l'âme qui se laisse trop facilement lier par des réussites humaines? Le rayonnement apostolique que réclame le titre de chrétien, de baptisé engagé, peut-il se limiter au cercle étroit de la prison volontaire que s'est construite l'âme dévorée de désirs insatiables et au milieu de laquelle siègent en maîtres le succès et la gloriole personnels. Parfois, c'est l'entêtement qui enchaîne l'esprit et pose des oeillères. Pour se donner raison, l'âme aux vues trop courtes invoque sa longue expérience passée et n'accepte plus aucun conseil : on se dit "spécialiste" et on en vient à ne plus percevoir les tentacules de la routine qui paralysent le véritable progrès, celui dont il faudra pourtant rendre compte un jour à la Trinité.

Vertu libératrice qu'est la Force

Les âmes sans envergure se laissent facilement saisir dans les fils d'araignée des préoccupations inutiles. Ce sont les sempiternels affairés qui pivotent sur place pour ne pas dire dans leur cage d'écureuil. A en juger à leur dépense d'énergie, leur vie aurait dû édifier un temple solide à la gloire de la Trinité, tandis qu'en réalité ils n'ont fait que déplacer les pierres qui gisent, désordonnées, sur le chantier de leurs activités.

Ces âmes ne se rendent pas compte, la plupart du temps, qu'elles piétinent sur place. Le silence et le recueillement qui leur permettraient de faire le point ne possèdent pas chez-elles 'droit de cité'. Pourtant, un peu de réflexion baignée de prière, d'une prière tantôt extérieure et communautaire tantôt personnelle et intime, pourrait faire pénétrer, par la lucarne de la prison de leur âme, la lumière trinitaire capable de leur montrer les simples fils qui les retiennent captives.

Une fois la lumière introduite dans le cachot, il ne leur reste plus qu'à s'armer de courage et de force pour s'en évader, après avoir réussi à déjouer l'infernale sentinelle qui, nuit et jour, veille à la porte des cellules. Ceintes de vérité, couvertes de la cuirasse, chaussées de l'Evangile de paix, les âmes disposent d'assez de force pour soutenir alors tout genre de combat. Pour venir à bout des adversaires, elles n'ont plus qu'à se munir du bouclier de la Foi contre lequel viennent se briser les traits empoisonnés de l'ennemi, à coiffer le casque du salut et à brandir le glaive spirituel qui est la Parole même de Dieu (Ep. 6, 11-17).

C'est ainsi que, soutenue par le Don de Crainte de Dieu, la vertu de Force redouble la méfiance salutaire que tout vrai chrétien doit nourrir à l'égard de ses propres forces, si bien que son courage s'appuie totalement sur la puissance des Trois. La Force, comme vertu infuse, dispose au sacrifice de la vie d'ici-bas pour gagner le salut éternel. Unie au Don de Force, elle rend apte à assumer volontiers les tâches pénibles, à accepter de lourdes souffrances pour le salut des âmes et l'extension du Royaume de la Trinité.

La Force
face aux attaches du coeur

Lorsque l'être humain a réussi à se libérer du côté de l'esprit, il doit rompre les attaches du coeur et délier la volonté que cherchent à asservir les passions les plus *tyranniques*.

A l'aurore de sa vie spirituelle, l'âme avait échafaudé un beau rêve d'amour. Soulevée par l'enthousiasme propre aux débutants, elle n'avait pas hésité à briser les amarres qui la retenaient au rivage pour se lancer en plein océan trinitaire mais, peu à peu, les cris de la sirène ont fait dévier l'embarcation du courant divin pour la ramener au rivage et l'y retenir fixée.

Quelles sont ces voies enchanteresses qui enjôlent ainsi les meilleures bonnes volontés? C'est d'abord la recherche de la popularité qui fait abandonner les principes sûrs de la vie spirituelle pour des compromis où la conscience, faute de vigilance, étouffe progressivement. C'est le souci de gagner l'affection particulière de telle personne, qui fait sacrifier les intérêts véritables à de simples satisfactions égoïstes. L'âme ainsi fascinée ne vit plus, ne pense plus, n'aime plus comme elle le devrait. Elle n'agit plus que par les pensées, par les jugements ou les actions de telle créature, alors que c'est la Trinité qui la convoquait à son intimité. La vie se confine à un échange réciproque de compliments flatteurs et d'idées mièvres où l'apostolat véritable finit par se dessécher totalement.

L'âme, liée par les exigences tyranniques de la passion, sent sa respiration profondément entravée. Elle voudrait bien faire tomber ses chaînes dont le poids s'alourdit chaque jour davantage, mais elle craint l'air trop violent de la liberté, habituée qu'elle est désormais à l'ambiance viciée de sa réclusion volontaire. Il lui faut le secours puissant de la vertu de force pour sortir de son état de captivité, rétablir l'échelle des valeurs et faire passer l'essentiel avant l'accidentel, en sauvegardant les volontés de l'Adorable Trinité. La Force permet alors de respecter le sens de la Vérité et de l'Amour dans la reconstruction du Temple.

La Force nécessaire
pour vaincre l'égoïsme

Par ses lourdes chaînes, l'égoïsme rive le mondain à à une vie terre-à-terre en laquelle les intérêts de la Trinité sont relégués à l'arrière-plan. Au lieu d'offrir à la Trinité un service loyal et généreux, ces âmes mesquines se servent de Dieu pour satisfaire leur moi sans cesse replié sur lui-même.

Il existe aussi de ces âmes pusillanimes, craintives, mordues par la peur de l'effort et du don de soi. Le seul mot 'RISQUER' les fait pâlir et trembler. Elles n'ont pas besoin de liens pour les retenir puisqu'elles sont figées sur place : c'est dire comme elles ont besoin de force pour secouer leur torpeur et s'avancer en plein champ de bataille.

Il se rencontre enfin des âmes défiantes, enlisées dans le péché d'habitude, incapables de se repentir, d'espérer un pardon que la Trinité, pourtant, leur accorderait avec tant de joie. Elles dorment, malgré leurs chaînes et l'insalubrité de leur prison, du lourd sommeil de la tiédeur. Si seulement ces pauvres âmes pouvaient encore nourrir leur confiance en la Force Divine! La Trinité miséricordieuse pourrait couper instantanément tous les liens qui les retiennent en esclavage. L'essentiel ne consiste-t-il pas à réaliser l'oeuvre originale que Dieu a confiée à chaque âme. Pour y parvenir, une grâce de Force est offerte à chaque instant pour centupler les énergies et féconder les efforts.

Courage donc! Rien ne serait plus néfaste au progrès de l'âme que d'alléguer la multiplicité de ses liens pour se dispenser de se mettre au travail avec générosité. L'effort continu et résolu, allié à la confiance filiale la plus entière, assurera la victoire finale. Rien n'est impossible à Dieu et c'est son plus grand désir que de nous rendre à nouveau notre liberté d'enfants, de nous faire jouir des bienfaits qu'Il procure aux âmes qui comptent sur la force trinitaire.

Il faut beaucoup de force pour apprendre à se connaître et à s'accepter tel qu'on est, pour reprendre avec courage, en plein climat trinitaire, ses raisons de vivre dans un acte continu de Foi généreuse à Dieu, à l'Eglise, à Notre-Dame de la Trinité et à soi-même, mais cette force ne fait pas défaut à qui ne manque pas de confiance en la Trinité.

Pour dominer le
RESPECT HUMAIN

Le chrétien, doué de la Force que procure la religion, peut plus sûrement s'affirmer dans la voie du devoir et de l'honneur. La Force chrétienne devient une nécessité de plus en plus urgente non seulement pour résister aux persécutions sanglantes encore possibles en notre vingtième siècle qui se pique de haute civilisation, mais encore pour tenir tête au terrible respect humain qui s'attaque à quiconque veut vivre dans la piété. Cette persécution, que presque tous les justes subissent et que les impies aiment tellement infliger, reste une persécution camouflée, encore plus dangereuse que la guerre ouverte.

Vaincu sur son propre terrain, Satan tourne contre l'Eglise une arme dangereuse encore. Les chrétiens qu'il n'a pu ébranler par les supplices, il les décourage par les railleries et les sarcasmes. Aussi, tel ou tel qui ont fait preuve de courage devant de réels dangers en viennent à rougir et à reculer quand il s'agit de braver les moqueries et le ridicule.

Pour résister aux opprobres et au mépris, la vertu de Force demeure indispensable. Appuyé sur elle, le chrétien ne craint pas ses semblables; il brave leurs discours, méprise leur calomnie et, comme autrefois les Apôtres, il se réjouit d'avoir été jugé digne de souffrir des affronts pour le Nom de Jésus-Christ.

Quand le Christ disait à la foule des Juifs : "Celui qui me confessera devant les hommes, je le confesserai devant mon Père qui est dans les Cieux", Il savait que la profession publique de la Foi aux Trois Divines Personnes de l'Adorable Trinité demandait un courage plus qu'ordinaire et que seule une vertu de Force éprouvée pouvait permettre aux chrétiens de rendre un pareil témoignage.

Un Christianisme qui se veut au moins aussi dynamique que le Paganisme doit savoir se recueillir pour rassembler ses forces, agir par l'intérieur avant d'agir par l'extérieur. Tout chrétien a besoin d'une formation solide, d'une méthode précise d'apostolat et la Force nécessaire pour en poursuivre la réalisation.

La Force de Fuir

Une fois que le chrétien s'est affermi contre lui-même en maîtrisant son respect humain et son égoïsme, il doit encore recourir à la Force pour fuir les occasions séduisantes et dangereuses.

La force de fuir : quel paradoxe! Que de combats ne faut-il pas livrer pour s'arracher aux charmes séduisants de certains lieux et à l'emprise de certaines personnes devenus occasions directes de péché! Affronter le danger dans de telles circonstances accuserait une marque de faiblesse puisque l'âme se sait vaincue d'avance. Le courage s'inspire alors de la défiance de soi. S'arrêter dès le premier pas sur le chemin de la faute, c'est une victoire que seule peut remporter la Force chrétienne.

Le juste doué d'une telle force, celle de fuir devant l'occasion dangereuse, peut espérer demeurer inébranlable quelle que soit la violence ou l'attrait de la tentation. Notre voyage de retour à la Trinité, devenu un combat ininterrompu, exige une lutte de tous les instants. Que d'ennemis nous suscite "le lion rugissant qui rôde autour de nous pour nous dévorer"! Il assiège notre coeur d'une foule de tentations : tentations du dehors où le monde nous aveugle avec ses illusions, nous attire par ses séductions, nous trompe par ses exemples; tentations du dedans où les passions tant du corps que de l'esprit nous déchirent. Tantôt, c'est la chair qui se révolte; tantôt, c'est l'esprit qui s'emporte et menace de s'égarer.

Tout semble vouloir nous solliciter au péché, nous fasciner ou nous enorgueillir. Les maux de tout genre cherchent à nous abattre ou à nous révolter. Chaque jour, chaque heure, chaque minute reste pour nous le jour, l'heure, la minute du combat. S'il convient de répéter souvent en union avec le Verbe Incarné : "Père, ne nous laissez pas succomber à la tentation", il faut aussi demander le courage de fuir généreusement certaines tentations, certaines occasions où la défaite est assurée avant même que la bataille ne soit engagée. Ceux qui ont ainsi la sagesse de craindre et le courage de fuir peuvent espérer dans le Seigneur qui sera leur aide et leur protecteur (Ps. 113, 11).

Il a fallu le Christ et son Evangile pour apporter au siècle non seulement le conseil d'un profond renoncement, mais aussi les exemples concrets et multipliés du dépouillement volontaire et absolu de toute propriété, de toute ambition démesurée.

L'éloquence énergique de Paul de Tarse faisant écho à la Parole du Maître affirme à son tour que la force d'âme permet l'acceptation paisible de la douleur et de l'infortune. Enfin, l'héroïsme des martyrs et des vierges a proclamé à la face de tous comment on peut en venir à maîtriser ses affections et ses sentiments pour le triomphe du témoignage trinitaire.

Ces merveilleux effets résultent de la vertu de Force qui se double de l'un de ces dons parfaits que le Père ne manque pas de prodiguer à ses enfants lorsqu'il les sent capables de s'en servir. Laissés à nous-mêmes, nous ne pouvons que perdre l'enjeu de ce malheureux duel dont parle saint Paul entre l'esprit et la chair, entre l'âme et la sensibilité (Rm. 7).·

Pour distinguer les chrétiens qui ont l'esprit du christianisme de ceux qui ne l'ont pas, saint Paul parle de l'homme spirituel et de l'homme animal. L'homme animal fait penser spontanément aux passions sordides qu'aucune force ne semble pouvoir contrôler. Mais n'oublions pas que l'homme animal n'a pas seulement des membres d'iniquité, mais aussi une tête enflée d'orgueil qui le sépare de Dieu plus qu'aucune autre disposition psychologique. Seuls les orgueilleux et les hypocrites semblent ne pouvoir jamais profiter de la compréhension miséricordieuse du Sauveur.

Gardons-nous de ces tristes sentiments d'orgueil et d'hypocrisie si nous ne voulons pas devenir de malheureux aveugles incapables de se conduire eux-mêmes et rejetant sottement la force que la Trinité ne manque jamais d'offrir aux humbles. Ayons confiance en la Providence des Trois qui connaît les dangers que nous courons durant notre pèlerinage terrestre et nous offre, pour en triompher, l'appui de sa force invincible et de ses effets réconfortants.

Le rôle varié de la Force

La première fonction de la vertu de Force consiste à nous détacher des vanités de la terre si prenantes, si câlines, parfois même si légitimes, pour nous retourner résolument vers la Trinité.

Pour remplir ce rôle de renoncement positif, la Force doit réprimer les sentiments d'effroi et les mouvements de répulsion que déclenche en nous l'appréhension de la souffrance et de la mort. Elle doit dominer la peur instinctive qui naît à l'idée de nous engager dans la lutte pour le bien, un bien souvent difficile et long à conquérir. Elle fournit de plus une puissance d'attaque propre à s'élever contre le mal et l'injustice pour les forcer à reculer progressivement et définitivement.

La vertu de Force cependant ne supprime pas totalement la crainte devant la souffrance ou la mort; mais de telles perspectives n'empêchent plus l'être humain de s'engager au service du bien à conquérir. L'âme en vient à redouter plus que tout d'offenser la Trinité et la crainte de la persécution personnelle diminue dans la proportion de son amour et de son désir de voir la Trinité glorifiée. Telle est l'une des caractéristiques du fort véritable.

L'apathique, insensible aux souffrances et aux contrariétés, ne peut être appelé "fort" dans le sens vertueux du mot, pas plus que le désespéré qui finit par se donner la mort. Les actes de la vertu de Force exigent l'attaque et la résistance. Le courageux s'en prend aux adversaires de Dieu pour aider et favoriser la victoire des bons sur les ennemis du Royaume. Pour assurer ce triomphe, il sait se servir d'armes appropriées et n'hésite pas, quand il le faut, à opposer la violence à la violence. Mais, en principe, il ne défendra les intérêts d'un royaume pacifique par des moyens violents que si l'ennemi en use le premier.

Notons cependant que la force ne se prouve pas seulement les armes à la main. Elle possède d'autres moyens souvent plus influents parce que plus profonds et plus équilibrés comme, par exemple, le témoignage courageux d'une lutte sur des bases intellectuelles, spirituelles, religieuses.

L'action principale
de la vertu de Force

Il arrive souvent qu'en l'Eglise de la Trinité le militant ne peut guère opposer à l'injustice qu'une courageuse patience. Cette vertu coûte souvent beaucoup plus que celles qui se déploient dans la lutte et l'offensive. Aussi, saint Thomas considère-t-il le fait de 'TENIR BON' comme l'acte principal de la vertu de Force.

La persévérance à soutenir l'épreuve exige une véritable grandeur morale et une maîtrise parfaite de soi car, à mesure que la contrariété se prolonge, la croix apparaît plus lourde et, sans l'assistance spéciale du Saint-Esprit, l'âme ne pourrait tenir longtemps au combat.

Dans notre monde désaxé et mollusque, la persévérance demeure pour le militant du royaume de la Trinité, la vertu primordiale. Le malin s'enorgueillira jusqu'à la fin de triompher par la violence, tandis que les disciples de Jésus-Christ "posséderont leur âme dans la patience" (Lc 21, 18). La victoire finale de ces fils de Dieu ne se produira qu'au-delà de la mort, après qu'ils auront su persévérer jusqu'à la fin.

Il demeure généralement plus difficile de TENIR, de DURER, de RESISTER que d'ATTAQUER. C'est même l'une des conclusions de saint Thomas (11a, 11ae, qu. 123, a. 6), que l'IMMOBILITE au milieu du danger demeure un acte de force supérieur à l'attaque. La vertu de Force, à laquelle se rattache la PERSEVERANCE, empêche ainsi la conscience de se récuser devant les difficultés de la vie morale et de capituler quand il faudrait combattre avec générosité et tenacité.

En plus d'empêcher toute exaltation intempestive ou tout épuisement inutile par la persévérance qu'elle appuie, la Force trouve son déploiement complet dans l'acte du martyre. L'acceptation de la mort comme témoignage suprême de fidélité à la Trinité suppose la perfection de l'acte de Force. Celui qui se pose des restrictions dans l'acceptation de la souffrance qu'exige la poursuite du Bien n'est pas vraiment déterminé au Bien et ne possède pas la vertu de Force en sa plénitude.

Moyens concrets
pour obtenir la Force

Le premier moyen d'obtenir la Force et le plus essentiel, c'est de la désirer avec l'ardeur qu'on déploie à poursuivre un objet vivement convoité; c'est la conquérir avec la ténacité et l'acharnement que peut fournir une passion qui guette sa proie; avec la constance qui supporte toutes les traverses; avec le courage qui affronte résolument tous les dangers.

Si tel n'est pas le fait, c'est que nous ne souhaitons pas ardemment cette vertu. D'autres désirs, nombreux et puissants, tyrannisent notre coeur et étouffent l'élan de la vertu qui pourrait les contrarier. Nous trouvons moins ardu de céder à nos tendances que de leur résister. Nous n'ambitionnons pas la maîtrise de nous-mêmes. Pourtant, si seulement nous réalisions qu'en fin de compte il y a autant de difficultés à se laisser vaincre qu'à vaincre : de même que le pécheur, une fois qu'il a étouffé le remords de sa conscience suit sa pente naturelle ainsi le juste, une fois qu'il s'est conquis, continue naturellement sa montée, aidé par la grâce qui ne lui fait pas défaut. Le terme sera la victoire pour l'un ou la défaite finale pour l'autre mais dans les deux cas la lutte s'impose.

La vertu infuse de Force, pur don de Dieu, se puise à la source de tous les biens. N'ayons pas la présomption de compter sur nous-mêmes, de nous croire la force nécessaire pour vaincre les violentes tentations qui nous assaillent. Dieu n'accorde ses dons qu'à la prière humble et suppliante.

Aux jours héroïques du début du christianisme, les fidèles se préparaient au martyre par la réception du Pain des forts. L'Eucharistie demeure la source par excellence de la Force. Cependant, se contenter d'aller chercher la Force dans le Sacrement qui la communique sans se disposer à l'accueillir en écartant ce qui lui fait obstacle et en combattant l'ennemi acharné à la perte des âmes, c'est rendre inefficace le Sacrement lui-même. Notre âme qui s'étiole dans la mollesse ne peut se fortifier que dans l'action, dans le travail, dans la fatigue et dans la lutte. La volonté supérieure doit vaincre l'inférieure par des actes, des gestes d'acier qui demeurent et qui parlent concrètement : "Ce n'est qu'au prix de combats nombreux que nous pourrons entrer dans le Royaume" (Ac. 14, 22).

La Force
au service des vertus

La Force tient son titre de vertu de l'usage qu'on en fait. Les risques du sportif ou du soldat qui n'ambitionnent qu'honneur, gloriole, avancement personnel, ne constituent pas la vertu de Force en son sens le plus précis : la vie en son orientation essentielle vaut plus que les compétitions sportives, plus que la popularité et la promotion. "L'acceptation de la mort n'est pas louable en soi, elle ne l'est qu'en vertu de son orientation au bien" (11a, 11ae, qu. 124, a. 3).

Seul l'amour d'un bien plus élevé peut exiger le sacrifice de biens inférieurs. Qui est prêt à souffrir et à mourir doit savoir ce qu'il sacrifie et pourquoi il le sacrifie. Seul l'homme qui apprécie l'amitié trinitaire plus que la vie terrestre et estime les biens célestes plus que ceux de ce monde, peut se montrer véritablement fort. Seule la Force mise au service des Trois peut être considérée comme une vertu parfaite puisqu'au jugement de saint Ambroise: "la force sans la justice ne devient qu'un levier du mal". L'amour et la justice l'emportent ainsi sur la Force car la Charité et la justice constituent des vertus par elles-mêmes tandis que le courage n'en devient une qu'en se mettant au service de cette charité et de cette justice.

Ainsi orientée, la Force apparaît comme une vertu de premier rang dont le chrétien doit plus que jamais donner l'exemple. On verra de même se justifier chaque jour davantage dans les bataillons de la milice chrétienne cette réplique que Pie XI adressait aux nazis : "L'Eglise du Christ n'a besoin de recevoir de personne des leçons sur l'héroïsme des sentiments et des actes". La trame de la vie quotidienne, la poursuite de la perfection évangélique réclament constamment de tels actes répétés d'une force héroïque en son courage et sa constance.

La Force favorise la disponibilité de toutes les autres vertus aux nombreux sacrifices de la vie d'ici-bas pour gagner le salut éternel. Unie au Don de Force, elle rend apte à supporter volontiers les tâches les plus pénibles pour la reconstruction du Temple et l'établissement du Royaume de la Trinité.

Précieuse compagne
de la Prudence

La Force ne dispense pas de la prudence. Nul n'a le droit de mettre sa vie en jeu alors qu'il peut mieux servir la justice d'une autre manière. Il importe avant d'agir de peser et la valeur de la situation à assumer et l'importance de la cause à défendre et la grandeur du danger à courir. Un jugement parfaitement prudent n'appartient qu'aux âmes foncièrement courageuses qui écartent d'un même mouvement et la témérité et la crainte.

Dans la lutte pour le bien, la Force se double d'un optimisme fondé sur la confiance en la grâce qui nous parvient sur demande, puisque la Trinité ne refuse jamais le secours nécessaire. La témérité orgueilleuse qui se jette, tête baissée, dans le danger tourne le dos au vrai courage qui joint la reconnaissance de ses propres limites à la disponibilité au service des Trois.

Le fort cependant ne craint pas d'entreprendre de grandes oeuvres, car sa vertu renferme une large part de magnanimité. Etrangère à la présomption, à l'ambition, à la vaine gloire comme à la pusillanimité, la magnanimité repose sur la véritable humilité qui est vérité, droiture et justice.

L'équilibre veut que tout être pose des actes proportionnés à sa puissance. Le présomptueux va au-delà de cette puissance et prétend à plus qu'il ne peut, alors que le pusillanime reste en deçà et se récuse devant ce qui ne dépasse pourtant pas ses forces. En ne collaborant pas, le pusillanime néglige d'activer ses puissances et pèche par omission.

La prudence de la force ne peut venir que d'une intelligence qui cherche loyalement et d'un coeur capable de donner généreusement. Si la prudence nous apparaît comme le cocher de toutes les autres vertus, elle ne peut se passer de la force pour tenir et attaquer lorsque les circonstances l'exigent. C'est le rôle majeur de la vertu de Force que de tendre les énergies de l'être humain en ces deux actes principaux, celui d'attaquer et celui de tenir, tout en modérant la peur pour qu'elle ne devienne jamais une panique et en modérant l'audace pour l'empêcher de devenir excessive et inopportune.

Mille façons d'être fort

Il existe au moins mille façons d'être faible et de paraître avoir de la force et d'en déployer... Nous interprétons même pour de la force certains de nos silences peureux, de nos complicités muettes.

Les producteurs de films ou de romans excellent à nous fournir des exemples hors-pair de la vertu de force qui porte en elle un si grand attrait. Le courage chrétien dont nous devons faire preuve n'a rien de commun avec ce courage des vedettes de la T.V. ou du cinéma. La force qu'on déploie sur ruban sonore ou sur pellicule n'a aucune commune mesure avec la vertu chrétienne de force que chacun doit déployer concrètement au cours de son existence.

Se montrer quelqu'un sur l'écran est tout différent du fait de le devenir dans la vie concrète. Nous sommes tous doués d'une personnalité en puissance, mais que de force il faut pour réaliser cette personnalité. Nous avons tous un idéal, mais il s'agit d'en bien connaître la nature et d'en apprécier la qualité pour consentir aux efforts qui s'imposent pour aller jusqu'au bout de l'entreprise. Il faut étudier, mais nous nous lassons vite de l'étude. Il faut maîtriser sa sensibilité, éduquer son coeur, son intelligence et sa volonté. Pour cela il est nécessaire de compter sur le temps autant que sur l'effort, et le temps nous fait souvent aussi peur que l'effort.

Le Christ est venu pour que nous ayons la vie, que nous l'épanouissions selon la personnalité qui nous est particulière; sans la vertu de force nous n'y parviendrons jamais. Dieu fait grandir chaque être humain en vue d'une mission spéciale, d'une vocation à réaliser. C'est Lui qui distribue ses dons, à chacun en particulier, comme il lui plaît, afin que chacun contribue, d'une façon originale à l'édification du Temple à la gloire de la Trinité. Toute vie a une signification pour l'Adorable Trinité, mais s'il faut assez d'intelligence et d'humilité pour se reconnaître tel qu'on est avec ses qualités, ses dons, ses limites, il faut aussi beaucoup de force pour réaliser pleinement le dessein trinitaire sur nous, dessein dont peut dépendre toute une éternité de bonheur.

Au service de la personnalité chrétienne

La personnalité chrétienne constitue l'un des plus merveilleux chefs-d'oeuvre de la Trinité, chef-d'oeuvre bâti par Dieu et l'être humain libre travaillant ensemble. Il n'est pas facile de savoir ce que Dieu veut de chacun, de découvrir à travers les qualités dont la Trinité nous a dotés sa mission particulière. L'essentiel est de reconnaître en toute humilité que tout vient de l'Adorable Trinité et que tout doit Lui retourner en louange de gloire.

S'il faut beaucoup de sincérité pour reconnaître l'appel que la Trinité adresse à chacun d'entre nous, il faut aussi beaucoup de force pour obéir face à cet appel. Tout ce que Dieu a fait est bon et il a établi dans un grand équilibre l'être humain créé à son image et à sa ressemblance. Il l'a fait 'roi de la création' avec pouvoir de l'orienter et de la dominer. Son intelligence était bonne et tendait vers le vrai; sa volonté était également bonne et inclinait vers le bien; les passions et le corps devaient agir sous l'autorité des facultés supérieures et servir Dieu à travers l'homme qui en jouissait.

La volonté de l'Adorable Trinité, c'était de faire de l'être humain une personnalité accomplie; pour y parvenir la créature n'avait qu'à suivre la voix de sa conscience qui est un appel au bien. Il était impossible à l'être humain de trouver le bonheur hors du plan de Dieu sur lui, mais l'homme a cessé de tendre vers Dieu et n'a cherché qu'à se replier sur lui-même. Ses passions ne furent plus au service de ses facultés supérieures. Dieu a réparé le désordre causé par l'homme et son péché; il lui a révélé une morale lui permettant de se réorienter vers son Créateur et de rebâtir le Temple. L'équilibre va reprendre, mais la force s'impose pour permettre la revalorisation et le plein épanouissement de l'être humain trinitarisé. Combien se sont jetés pleins d'enthousiasme dans la grande aventure de la vie, combien ont entrepris avec ferveur la personnalisation de leur être et ont malheureusement échoué par manque de courage pour aller jusqu'au bout. Seule une volonté généreuse appuyée sur la grâce peut bâtir avec solidité le chef-d'oeuvre voulu par la Trinité de toute éternité.

Dans la Force
de l'Eglise du XXe siècle

Le Christ est à l'oeuvre plus que jamais en notre XXe siècle où l'Eglise, qui se fait de plus en plus mondiale, nous communique à travers son renouveau liturgique des réalités tout imprégnées de divin et de trinitaire. Il faut savoir admirer cet effort ecclésial pour rejoindre plus directement la vie du monde actuel.

L'Eglise agit toujours par le "grand Sacramentum de Dieu" qu'est le Christ et par ses sept sacrements, ces réalités visibles si riches des réalités invisibles. Un effort s'impose pour faire pénétrer davantage ces influences dans le rayonnement de la vie profane pour le plus grand profit de tous. Car il est déplorable que les sacrements ne pénètrent pas plus les gestes de la vie courante de nos chrétiens, les mouvements individuels comme les mouvements d'ensemble du bloc catholique.

Le Don de Force est requis pour stimuler la Foi, l'accroître, l'enrichir, la renforcer par les efforts d'études et de recherches personnelles qui s'imposent. Il faut beaucoup de force et une vertu éprouvée pour réaliser chrétiennement l'apostolat qui nous est confié aujourd'hui dans le champ de l'Eglise paroissiale ou diocésaine comme sur le plan de l'Eglise universelle.

L'Eglise du XXe siècle est plus que jamais une Eglise de recherches, une Eglise qui consent à tous les efforts pour encourager, stimuler ses membres à la découverte du vrai intégral, du réel. Dans le rayonnement de l'esprit de notre baptême nous avons besoin de la vertu de Force pour dépister le mensonge et chercher la vérité en toute sincérité. Nulle époque avant la nôtre n'a vécu un tel brassage d'idées, d'hommes et d'oeuvres. Nous avons besoin de Force pour accomplir la vérité dans la charité. Le bilan des difficultés, sur tous les plans, religieux, sociaux, éducationnels, politiques ou économiques, se fait plus lourd que jamais. Il faut de la Force pour réaliser un sérieux équilibre entre une indolente inertie ou une intolérance qui pourrait nuire plus qu'aider.

CHAPITRE VI

LA PRUDENCE,

'la vertu-gond' par excellence

La plupart de nos erreurs jaillissent du fait que nous avons manqué de prudence. Si nous avions la sagesse de n'affronter que les situations que nous nous sentons capables de dominer avec nos forces et celles que la Trinité ne manque pas de nous accorder lorsque nous avons prouvé notre bonne volonté. . . . .

En toute prudence sur les routes
qui mènent à la Trinité

— Pour mieux nous aventurer sur la route

— Sur la route apparemment déserte

— Quand la route se fait sinueuse

— En pleine route cahoteuse

— Prudence toute de courage sur la route du midi

— En toute vitesse sur la route d'asphalte

— Prudence discrète sur la route "achalandée"

— En toute sagesse sur la grand'route

— Même sur la route en fleurs

— Avec calme sur la route montante

— "Resserrée la route qui mène à la vie..."

— Sur la route vers l'inconnu

— Sur la route descendante

— Sur la route du soir

— Sur les grands boulevards trinitaires

— La prudence au service des besoins de la route

— Pour mieux dominer les courants

— Sur la route de notre XXe siècle

Pour mieux nous aventurer sur la route

"Je suis la Voie" nous affirme le Christ (Jn 14, 5), manifestant ainsi par l'humble chose qui se dessine et se déroule sous nos pieds qu'il se propose de nous tracer notre propre itinéraire au cours de notre retour vers le Père. Fidèle à la voix de son Chef, le chrétien prend la route pour s'élancer vers la Vie, la vraie Vie, de toute la force impétueuse de sa jeunesse.

Avant de prendre la route cependant pour éviter des erreurs d'aiguillage, la Prudence s'impose. Cette vertu s'engage à fond dans le réel. Etrangère au quiétisme qui se contente des bonnes intentions, elle encourage à l'action dès le départ. En effet, c'est parce que le chrétien est un militant en marche vers le Royaume de la Trinité qu'il a besoin de Prudence. Considérer la Prudence au service du Royaume, c'est reconnaître son rôle essentiel, puisque son acte principal est de susciter la marche en avant.

La Prudence par laquelle l'être humain répond, tout au long de ses décisions, aux exigences de la route est certainement la vertu morale la plus haute puisqu'il est normal que la connaissance garantisse la fécondité de l'action qu'elle engendre dans la mesure même de son étendue, de son approfondissement et de sa perfection. Voilà pour la Prudence humaine. Quant à la vertu chrétienne de Prudence, il lui revient de discerner, à la lumière de la Foi et sous l'influence des sept souplesses de l'Esprit, les difficultés de la route où doit s'engager un amour que le Baptême a désormais marqué pour l'éternité.

La Prudence qui ordonne ainsi la raison pratique devient l'art du bon conseil et du bon guide. Elle n'est ni la précaution craintive, ni le calcul intéressé, ni la peur du risque. Pour bien discerner dans les êtres et les événements qui parsèment la route ce que la Trinité attend de chacun de ses enfants pour répondre aux exigences du Royaume, l'homme doit être muni avant tout de la vertu de prudence. Cette vertu signifie comme la prévoyance, la vue des choses éloignées. Il faut que le chrétien prévoit à l'avance ce qu'il doit faire, de peur d'avoir à se repentir après avoir agi.

Sur la route
apparemment déserte

La route déserte, toute de facilité en apparence et parfois de monotonie, n'en cache pas moins très souvent les pièges les plus hypocrites. Tout en éprouvant la sollicitation de ses séductions, le routier doit maintenir son refus de se laisser entraîner par son mirage. C'est pourquoi, avant de s'engager sur une route déserte, il convient de prendre conseil auprès de la Prudence.

Cette vertu cardinale se présente à nous comme l'intendante de la sagesse. A sa lumière, Dame Sagesse discerne la réalité du moment, la 'situation donnée' comme 'heure de grâce' et fait assumer la tâche quotidienne avec une recherche sérieuse des moyens les plus efficaces pour vivre et faire rayonner concrètement l'Amour des Trois.

La connaissance des signaux routiers, telle que la présentent la foi et la raison, éclairée par la lumière toute spéciale que Dieu ne manque pas de fournir, indique au chrétien la route générale. Seule cependant au milieu des divers imprévus souvent compliqués du voyage, imprévus parfois inextricables ou d'apparence sans importance, la Prudence peut détecter le visage conforme en ce moment à l'esprit du Christ. Pour l'homme prudent et pour lui seul, tout 'tournant' devient 'heure de grâce', heure d'engagement pour le Royaume de la Trinité.

La Prudence chrétienne, à la fois infuse et acquise, doit être aussi bien celle qui humblement écoute pour être illuminée dans la Foi, sous la conduite du Saint-Esprit, que celle qui cherche inlassablement à découvrir la voie de la réalité terrestre. L'imprudent rêve de la manière dont il servirait Dieu dans un monde autre que celui où il vit, dans un monde meilleur, et néglige l'exigence de l'heure présente. Tout à ses projets, il trace des plans en l'air, en dehors de tout réalisme, et travaille ferme à les réaliser. Il fait de grands pas, mais sur une route plus déserte que jamais puisqu'en dehors de la voie. Le prudent, lui, s'engage concrètement sur la vraie route et compte sur Dieu pour le guider.

Quand la route
se fait sinueuse

Aucune route n'est indéfiniment droite; toutes dessinent, tôt ou tard, des tournants brusques. Gare alors à celui qui n'a pas bien en mains le volant de sa voiture et qui ne ralentit pas en temps voulu pour rester maître de la direction à suivre. Ainsi, sur le plan moral, aucune vie humaine n'est vraiment rectiligne : des imprévus se présentent au moment où on s'y attend le moins, au coeur d'une amitié qu'il faut avoir le courage de sacrifier, d'une lecture qu'il faut abandonner au risque de chavirer, d'une invitation à refuser parce qu'elle pourrait nous conduire au gouffre.

Il s'agit alors d'être maître de soi, de ralentir le rythme de sa vie, d'éviter l'obstacle, en un mot, de redoubler de Prudence, même si notre manque d'audace, du moins en apparence, peut soulever la moquerie, c'est en nous que doit commencer ce combat chargé d'avenir. Ne pas affronter la lutte contre soi-même, c'est se mal préparer aux sacrifices qu'il faudra accepter pour remonter le courant d'un monde plus que jamais en proie au marasme. Il est important de vivre sous la gouverne de la volonté et de vouloir dans le concret.

La Prudence, règle de toutes les vertus, garde sur elles une réelle direction. Chaque vertu dépend de la Prudence dans la mesure où elle doit harmoniser son exercice aux circonstances. Toutes les vertus, de leur propre nature, poussent à l'action, mais la prudence seule leur fait adapter cette action aux exigences du Royaume de la Trinité, du Temple à édifier.

La Prudence a deux visages : l'un tourné vers la réalité objective, l'autre vers le bien à réaliser. Elle remplit aussi deux tâches : apprécier exactement les données concrètes de la vie, puis saisir et décider l'acte qu'à chaque moment exigent les imprévus de la route. Elle se penche vers la réalité pour la percevoir, vers la volonté et l'agir pour les commander.

La Prudence assure ainsi la paix et le recueillement des forces intérieures, même si l'âme doit faire face à des situations pénibles. Sans une telle Prudence et le secours de la prière, on a l'impression de glisser sur un pavé huileux.

En pleine route cahoteuse

Même si, ivre de grand air, le routier préfère généralement la marche rythmée et chantante, il ne peut se soustraire aux mille caprices de la route cahoteuse auxquels il se plie volontiers à la pensée du but vers lequel il tend et pour la satisfaction de l'étape franchie :

> "Si ta route est creusée d'ornières
> "Et si tu as peur de tomber,
> "Que ta voix se fasse plus fière
> "Et que ton pas soit plus léger!

Toute vie, en son ascension morale et spirituelle enregistre ainsi quotidiennement des hauts et des bas qu'il faut savoir lire sur les signaux routiers qu'indique, aux yeux attentifs, la vertu prudentielle. En tant que vertu chrétienne, la Prudence ne constitue rien d'autre pour les baptisés qu'une manière d'être docile aux inspirations de l'Esprit-Saint. Cette Prudence céleste enseigne que "celui qui perd sa vie la gagne" (Mt. 18, 39).

En tant que vertu de la route, elle saisit le sens providentiel et salutaire de chaque indication. La Parole de Dieu lui apparaît comme une Personne toujours présente qui pose une question à laquelle une réponse concrète doit être donnée. La Volonté Trinitaire qu'elle explore à la lumière de la Foi à travers la Loi divine, avec le goût affiné que lui confère le Don de Sagesse, devient par elle 'l'exigence de l'heure'.

La tâche la plus haute de la Prudence, c'est de veiller à ce que le voyageur entende bien dans sa conscience l'appel trinitaire et de faire en sorte que cette voix de la conscience qui dirige le libre choix de l'action soit une réponse valable à cet appel. Sur une route cahoteuse, un piéton prudent garde un pas régulier qui diminue sa fatigue et l'encourage à se rendre jusqu'au bout du chemin. Plus la route se fera cahoteuse, plus le vrai chrétien se conduira prudemment et discrètement sous le regard de la Trinité et des humains à travers qui se manifestera la Volonté des Trois. La justice, la droiture, la sagesse et la prudence ne manqueront jamais d'accompagner ses desseins.

Prudence toute de courage sur la route du midi

"Jésus, fatigué par la route, s'assit sur le bord du puits; il était environ midi" (Jn 4, 6). La route du midi, sous le dur soleil, est souvent des plus accablantes. C'est la voie pénible du renoncement dans un monde où le chrétien est sans cesse distendu, sans cesse écartelé entre deux univers, pèlerin sur une terre qu'il réalise de plus en plus étrangère.

La route du midi, c'est celle du détachement définitif, le détachement du coeur qui subit la rude tentation de s'installer au lieu de continuer la route : la tiédeur vient souvent une fois qu'on a réalisé quelque chose; c'est l'installation satisfaite sur une réalisation concrète, mais sans le désir d'aller toujours plus avant dans le résultat obtenu. Il faut alors avoir le courage de sortir de cette fournaise allumée par le 'soleil de Satan', selon l'expression de Bernanos, pour se laisser 'bronzer' par les rayons 'vitaminisants' du Soleil de Justice.

Pour le chrétien, l'invitation de la route n'est pas celle d'une prudence tout humaine et son idéal ne peut se contenter d'une simple harmonie au niveau de l'homme. On représente trop souvent le prudent avec une teinte de timidité, alors que la vraie Prudence ne se conçoit pas sans courage et une forte dose d'audace.

Sur la route du midi, on ne peut parfois s'empêcher de ressentir la tentation d'une vertu satisfaite, d'une réalisation contente d'elle-même, d'une satisfaction de soi qui se referme sur elle-même, du bon pharisien installé qui jeûne, mais ne se tracasse plus des autres. N'est vraiment prudent que celui qui aime et veut le bien envers et contre tout, partout et toujours. La Prudence est la noble servante des grands désirs et des durs renoncements qui ne cessent jamais. C'est pourquoi, elle ne peut agir en tant que vertu chrétienne infuse qu'à la lumière de la Foi et sous l'action informante d'une charité qui s'ouvre toujours sur le prochain, qui découvre toujours mieux la Trinité dans les autres. Elle n'est vertu au sens plein du mot qu'au service de l'option trinitaire.

En toute vitesse
sur la route d'asphalte

Sur la route d'asphalte où on peut filer à toute vitesse et, en apparence, en toute sécurité, combien tentent de dépasser la voiture qui les précède simplement pour le plaisir de dépasser. Combien aussi, enivrés par ce violent appel d'une liberté mal comprise, trouvent la mort au lieu même où ils cherchaient la vie. Ces aventuriers de la route ont manqué de prudence. Ils n'ont pas su voir et accepter leurs limites, leur condition de vie.

La Prudence s'enracine dans l'humilité, dans la reconnaissance respectueuse des données réelles et des possibilités limitées du bien. Par ailleurs, elle n'est pas seulement sensibilisée par les valeurs éternelles; c'est au coeur de la réalité concrète qu'elle s'efforce de découvrir la Volonté de Dieu tout comme c'est dans un monde concrètement existant qu'elle se doit d'orienter son action.

Celui-là seul est prudent qui s'incline devant les nécessités de l'heure, parce que cette heure est providentielle et que l'homme est inséré en elle. Celui-là seul est prudent qui assume dans l'humilité les pauvres conditions de la vie et accepte volontiers ce que Dieu lui envoie par le messager si banal de la situation concrète.

Heureux, par conséquent, le voyageur qui sait maîtriser son envie folle de vitesse. Il peut jouir de la beauté du paysage et il se met à l'abri d'une foule d'ennuis qui ne peuvent manquer de naître d'une ambition non freinée.

La Prudence, c'est l'abandon lucide par lequel on se livre en toute sécurité à l'emprise de la Trinité, c'est une sorte d'attitude préformée par laquelle on préfère la Volonté des Trois à toute satisfaction personnelle. Il faut savoir entrer avec autant de douceur que de courage dans le mystère de cette divine Volonté, accepter de cheminer lentement, même sur les routes où il semble qu'on pourrait doubler la vitesse. Pour éviter l'inattendu de certaines épreuves inutiles, il faut la prudence et le courage d'accepter la monotonie de la route.

Prudence discrète
sur la route "achalandée"

Si, sur une route "achalandée", il est normal de rencontrer parfois des amis, il ne l'est pas moins d'y affronter l'incompréhension et l'hostilité de chauffeurs aveuglés par leurs passions, par leur égoïsme : chacun semble ne regarder que pour soi. Afin de favoriser la circulation et l'ordre, des feux s'allument et se remplacent, indiquant par là que la route est libre ou qu'il faut s'arrêter.

La vraie prudence, en de telles circonstances, veille sur la pratique de la charité, et inspire, par ses conseils, un jugement sage sur les actes moraux concrets à poser. La vertu morale, en tant qu'attitude foncière d'acceptation volontaire du bien, fonde et conditionne la prudence. Mais celle-ci demeure quand même condition préalable à toute réalisation concrète de cette attitude de base.

Il existe cependant une autre prudence qui s'inspire du souci exagéré du temporel et du lendemain. C'est la prudence charnelle. Les prudents selon la chair prouvent par leur comportement que tout engagement passionné fait surgir des forces étonnantes pour découvrir les 'trucs' efficaces pour arriver au but. Une telle prudence se pose plutôt en adversaire de Dieu et ne sert guère qu'au royaume de Satan. S'adonner à elle, c'est risquer de tomber dans la mort (Rm. 8, 6), car elle empêche l'engagement total au service du Royaume trinitaire.

Un autre ennemi de la prudence est 'l'astuce' qui oriente vers le but mais en jouant des coudes. L'intrigant n'a pas cette droiture ferme que loue le Seigneur. Ce genre de ruse se range plutôt du côté du péché, même quand on croit par là servir une bonne cause.

Sur la route "achalandée" où il faut savoir respecter l'autre, le prudent garde la discrétion dans son allure. Il comprend qu'être prudent, ce n'est pas supprimer le risque, mais le réduire et le maîtriser le mieux possible. Faire preuve de prudence c'est, en ne cessant jamais de tendre vers la fin, n'employer que les moyens les meilleurs et les plus efficaces d'y atteindre.

En toute sagesse
sur la grand'route

Avant de s'aventurer sur les grands boulevards, il est sage de faire le plein d'essence et de renouveler les provisions nécessaires à sa voiture : attendre que le réservoir soit vide serait de l'imprévoyance doublée de sottise. Le garagiste profite de cette halte pour nettoyer le "pare-brise" du véhicule et fournir aux voyageurs une meilleure visibilité.

Certaines cures d'altitude et de repos, des moments de silence et de prière qui renouvellent les énergies et permettent de voir plus clair sur la grand'route qui conduit à la Trinité s'avèrent nécessaires dans notre vie de chrétiens. Savoir s'arrêter à temps pour refaire son plein d'essence, c'est user d'une sage prudence appliquée aux besoins d'ici-bas.

La fin la plus haute de l'être humain et la tâche la plus élevée de l'amour surnaturel qui doit l'inspirer consiste à aimer Dieu filialement, à vénérer la Trinité, à reconnaître sa toute-puissance, sa sainteté, son souverain domaine sur tout le monde créé. C'est le rôle de la Prudence de diriger l'amour en cette proclamation active du Royaume de la Trinité.

Le manque de considération et parfois même de respect pour les Trois Personnes de l'Adorable Trinité provient souvent d'une profonde ignorance et du manque d'amour qui en résulte avec, comme conséquence, de malheureux retards en l'extension du Royaume de Dieu sur la Terre des hommes; mais on ne peut s'empêcher de remarquer en cette lenteur une déplorable négligence de la vertu de Prudence dont le rôle consiste à accepter les risques en vue de propager partout le Règne de la Trinité.

Le vrai chrétien se doit d'estimer et d'aimer la Prudence tout autant qu'il devrait aimer et estimer son devoir le plus grand, celui de manifester et d'accroître dans le monde la Gloire du Père, du Fils et du Saint-Esprit. Sur la 'grand'route' la Prudence prévoit les conséquences possibles d'une omission et fait agir en voyageur avisé.

Même sur la route en fleurs

Notre siècle nous fournit plaisir sur plaisir et de tous les côtés à la fois. Les communications sont si faciles qu'il suffit de s'arrêter pour pouvoir se satisfaire à plein. Le paganisme semble en gagner un peu tous les jours sur le christianisme. On n'est bien que dans le plaisir et on passe de l'un à l'autre sans même se tracasser d'éviter l'excès, que ce soit dans la boisson ou les jeux, dans les danses ou les sports. On se préoccupe à peine de choisir entre plaisirs nuisibles, plaisirs utiles et plaisirs nécessaires.

La vertu de Prudence pourtant ne fleurit que dans une conscience saine, une personnalité en harmonie avec elle-même, un cœur tempérant qui sait choisir le juste milieu vertueux en tout ce qui lui plaît. Mais nous sommes tous un peu "détraqués" ressemblant à de perpétuels convalescents qui doivent sans cesse adapter leur corps, leur cœur et leur esprit au milieu des plaisirs mondains, tant défendus qu'anodins.

Sur la route fleurie, il s'agit de bien orienter ses choix et son amour. Aucune formation à la Prudence n'aboutira si l'amour ne l'anime et ne la régit. Quand l'amour divin remplit le cœur, celui-ci triomphe des inclinations mauvaises qui cherchent à troubler le jugement de la Prudence dans le choix de la route du salut.

La vertu chrétienne de Prudence se soumet humblement et activement aux appels de Dieu et aux indications de la Grâce. Elle rappelle à l'âme que "l'essentiel est invisible pour les yeux". L'imprudent qui ne sait pas discerner la voie qui mène au vrai bonheur s'engage aveuglément sur cette route fleurie où les épines se dissimulent à tous les tournants.

Lorsque le Seigneur envoie ses disciples "parmi les loups", il les avertit d'être "prudents comme des serpents" et non comme des loups qui font loi en ce monde; qu'ils doivent juger et se guider avec la "simplicité de la colombe" (Mt. 10, 16). Cette prudence du serpent ne réside pas en l'homme qui ne se confie qu'en lui, mais en celui qui se confie aussi en Dieu (Mt. 10, 50).

Avec calme
sur la route montante

"Sur la route dure qui monte
"Nos pas en cadence
"Rythment le silence.

Sur la route montante il faut savoir respecter le rythme de la Providence des Trois et aller tout simplement au train de Dieu. Cette route montante conduit vers des sommets où il fait beau et bon, mais avant de respirer à pleins poumons l'air apaisant des cimes, il faut goûter à la fatigue, subir le poids de la chaleur, éprouver un creux à l'estomac, sentir son gosier sec. Là-haut cependant quel panorama splendide! À perte de vue, des forêts sombres trouées de clairières, le tout baigné dans le soleil et le chant des oiseaux, avec comme fond sonore le bruit sauvage d'une chute d'eau.

C'est ainsi que toute peine, tout effort accompli avec prudence s'épanouit en paix sereine et en joie exaltante. "O Nuit!, chante saint Jean de la Croix, nuit plus aimable que l'aurore. O Nuit qui joignit l'Aimé avec l'Aimée, l'Aimée transformée en l'Aimé". La route montante nous transforme comme toute idée que l'on creuse longuement, amoureusement, comme toute image que l'on contemple et qui finit toujours par nous modeler selon sa forme.

La tâche primordiale de la Prudence se résume à veiller à ce que l'être humain entende bien dans sa conscience l'appel de Dieu tel qu'il s'exprime dans la réalité, à chaque instant de l'existence, et de faire en sorte que la voix de la conscience qui dirige le libre choix de l'action soit une réponse valable à l'appel d'En-Haut.

La facilité affective dans l'exercice de cette vertu cependant reste encore affaire d'effort personnel : chacun doit l'acquérir "à la sueur de son front". Pour s'exercer avec aisance, la Prudence se fait accompagner de la circonspection qui tient compte de toutes les circonstances dans lesquelles se déploie notre activité et de leur incidence morale; elle inclut aussi la précaution qui prépare à vaincre les obstacles inévitables sur la route montante de la vie. Il faut savoir y céder au devoir beaucoup plus qu'au désir.

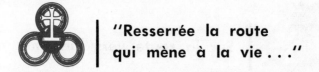

"Resserrée la route qui mène à la vie..."

"Entrez par la porte étroite, car large et spacieuse est la route qui mène à la perdition et il en est beaucoup qui la prennent; mais étroite est la porte et resserrée la route qui mène à la vie, et il en est peu qui la trouvent" (Mt. 7, 13-15).

Il est coûteux de s'engager sur la voie étroite lorsque la route spacieuse offre les séductions de son confort, mais à mesure qu'on avance dans cette voie, on s'aperçoit que le renoncement libère, que c'est un fardeau qu'on a quitté. Aussi, dès les temps apostoliques, les chrétiens avaient-ils compris que la route vers la Vie passe par le portail sévère des renoncements généreusement consentis et de la mort courageusement affrontée.

Pour cheminer vaillamment sur la route étroite, chacun doit s'attacher à cultiver l'aspect de la Prudence qui a le plus d'intérêt pour lui faciliter le voyage. La nature n'a pas également doué chacun des vertus qui font l'homme prudent, mais tous ceux qui vivent en état de grâce possèdent la prudence suffisante pour acquérir la vie éternelle et s'ils doivent prendre conseil d'autrui, ils savent discerner, dans les normes reçues, le bien du mal.

Plus l'être humain se fait prudent, plus facilement il accepte les conseils des autres et sait les appliquer à sa vie concrète. C'est l'un des secrets de la réussite que de savoir associer à sa propre expérience celle d'autrui. Mais en même temps que le chrétien s'ouvre aux expériences de ses compagnons de route, il lui faut aiguiser sa perspicacité et son discernement, pour ne placer qu'à bon escient sa confiance et ne pas s'égarer avec des conseillers imprudents, car il existe une ascèse du renoncement dont on ne peut brûler les étapes qu'au détriment de valeurs supérieures. Le prudent authentique fait preuve d'un discernement qui s'appuie sur des motifs autant surnaturels que rationnels. L'expérience demande un point de départ réaliste, une poursuite de la fin équilibrée qui respecte la mesure de chacun.

Sur la route vers l'inconnu

Le risque et la prudence ne comportent aucune contradiction : ils se complètent. La prudence n'existe qu'en fonction du risque. Etre prudent, ce n'est pas supprimer le risque, mais le réduire et le maîtriser. Toute fin ne comporte-t-elle pas un certain risque? Etre prudent, c'est atteindre sa fin par les meilleurs moyens.

Voyageur condamné à avancer sans cesse et sans retour possible, appelé à se frayer une route qu'il doit inventer, porté par l'élan de la vie qui l'entraîne et le séduit, tout être humain qui a de l'idéal devient le héros d'une aventure dont il a à la fois tout à craindre et tout à espérer. Que sait-il de lui-même et quelle lumière éclairera sa route?

La Prudence, cet art de la discrétion en toutes choses, devient sa boussole. Le Don de conseil qui collabore à toute activité parfaite de la vertu de Prudence lui donne cette souplesse, cet 'art de se taire et d'écouter' qui garde l'âme ouverte aux avertissements les plus délicats de la Volonté de l'Adorable Trinité.

N'oublions pas cependant que la Prudence est aussi la vertu de l'initiative et de la responsabilité, la vertu du risque humain, celle qui dirige et va de l'avant, celle qui ouvre la route. La raison revêtue de Prudence : voilà l'éclaireur qui doit reconnaître la route et veiller continuellement.

Ce que la raison ne dicte pas naturellement et spontanément, c'est de quelle façon pratique et par quelles actions circonstanciées l'homme parviendra à assurer sa marche avec un équilibre raisonnable. Un tel discernement demeure la fonction de la vertu de Prudence. La vertu morale peut viser de façon générale le juste milieu raisonnable, mais il revient à la clairvoyance de la Prudence de désigner ce qui convient à la fin vertueuse, de dicter l'action qui réalise pratiquement le juste milieu raisonnable à garder sur la route qui mène vers l'inconnu.

Sur la route descendante

"Un homme descendait de Jérusalem à Jéricho" (Lc 10, 30). Voici comment Sévère d'Antioche interprète ce passage. L'humanité, par suite de la prévarication d'Adam, quitta le jardin enchanteur, calme et sans souffrance, le merveilleux jardin du Paradis nommé à bon droit Jérusalem, puisque son nom signifie "la Paix de Dieu" et descendit vers Jéricho, pays vallonneux et bas où la chaleur se fait écrasante. Jéricho, c'est la voie fiévreuse de ce monde, voie qui sépare les âmes de la Trinité, voie qui tire en bas et qui produit l'étouffement du coeur et l'épuisement des forces par la violence des plaisirs les plus honteux.

Depuis que l'humanité s'est détournée du bon chemin vers cette voie, qu'elle s'est traînée du haut vers le bas et qu'elle dévale la pente du mal, une troupe de démons sauvages l'attaquent, à la manière d'une bande de brigands. Ils la dépouillent des vêtements de la perfection et cherchent à ne lui laisser aucune trace de la force d'âme, de la pureté, de la justice, de la prudence, de tout ce qui caractérise la divine image de l'Auguste Trinité déposée en elle au début du monde. Ils la frappent par les coups répétés des divers péchés et l'abattent jusqu'à la laisser à demi-morte.

Pour relever cette humanité tombée, la Prudence apporte son cortège de bienfaits. Elle la détourne des chemins du péché pleins d'erreurs et d'astuces; elle la prémunit contre la séduction de la flatterie et la garde de toute perdition. Dieu n'a qu'un mystère, sa nature. Ce qu'il a créé pour lui-même et uniquement pour lui-même doit de quelque façon retourner à lui. Même les errements des péchés ne peuvent déranger le plan divin, car celui-ci domine tous les mouvements et les conduit vers la fin, tant ceux des causes libres que des causes nécessaires.

En tout ce travail de réorientation, la Prudence a son rôle à jouer. La vie trinitaire continue de couler vers nous avec une richesse incompréhensible. La Prudence favorise la pénétration de cette vie des Trois en maîtrisant le corps et l'âme sur la route descendante.

De toutes les lumières qui éclairent notre route au soir de chaque journée, en attendant le soir définitif de notre retour à la Trinité, la joie apparaît la plus certaine, pourvu qu'elle soit totale : joie de l'effort accompli qui nous grandit; joie de notre liberté qui s'exerce et se révèle créatrice; joie de ces instants où tout nous sourit et nous comble; joie de l'affection généreusement donnée et reçue; joie du sacrifice consenti et de la réussite méritée; joie de l'oeuvre bien faite, de l'esprit soudain illuminé par l'intelligence; joie aux mille visages qui, comme des signes irréfutables, par-delà nos limites et nos privations, nous comble de ces biens auxquels nous aspirons sans trop oser les espérer.

Autour de ces clartés cependant et de ces évidences si encourageantes, que d'incertitudes et de ténèbres! Que d'ombres se glissent jusque dans ces lumières qui semblent ne devoir jamais nous parvenir totales et pures. Fugitives et instables, elles nous échappent dès que nous croyons les saisir. Fascinantes, elles sont souvent trompeuses et ne laissent parfois derrière elles qu'un goût de cendre.

Il appartient en propre à la Prudence de trouver à travers ce clair-obscur la bonne manière de profiter de chaque instant, de dicter à ces joies que nous réserve la Providence des Trois le juste milieu vertueux, concret et précis.

Les réussites pratiques de la vertu morale ne naissent pas spontanément de la nature. On ne naît pas vertueux, mais on le devient. Si la raison conçoit naturellement l'obligation de la vertu dans ces lignes générales et si tout homme raisonnable est incliné à la désirer, cela ne veut pas dire qu'il la pratiquera effectivement. Pour déterminer, au concret, la vertu, c'est-à-dire les réalisations vertueuses, la raison prudentielle est requise. Sur la route du soir qui fixe de plus en plus la vocation et l'élargit à ses dimensions définitives, la Prudence favorisera les dernières réalisations.

Sur les grands boulevards trinitaires

Au bord de la route qui s'ouvre sur l'infini se dresse la Croix et c'est là la voie que nous devons suivre puisque c'est le Christ qui nous l'a tracée. Avant de connaître la joie et le triomphe de la résurrection, en effet, le Seigneur a dû traverser l'épreuve de la mort. Et depuis avant de déboucher sur la vie, le chemin de la résurrection passe par le Calvaire.

Pourquoi toute cette préface de mort sur la route qui mène à la vie? C'est qu'il n'existe qu'un chemin pour retourner au Père, le chemin qu'a voulu suivre le Verbe Incarné pour nous donner l'exemple et la force d'en faire autant. Le Christ n'est pas seulement derrière nous, mais il est aussi et surtout 'devant' nous, comme une espérance, un appel : "Je suis la route, le chemin, un chemin vivant qui demande à être suivi, une route de salut, une route de joie".

Le christianisme est essentiellement une marche en avant, une poussée vers une perfection à réaliser. Toute perfection cependant présuppose une Prudence parfaite qui sache apprécier correctement le bien général comme le bien particulier de chaque vertu. La bonne disposition de l'être humain vis-à-vis les principes universels ne suffit pas : la Prudence, au concret, c'est la droite raison appliquée à un acte particulier, sur telle route, tel boulevard et dont l'objectif reste toujours la louange, la reconnaissance, la glorification à l'endroit de la Trinité.

Sur les grands boulevards trinitaires, la Prudence se présente comme le cocher des autres vertus. Celui qui pèche contre la Prudence manifestement, délibérément, ne peut prétendre parvenir à l'objectif que Dieu lui a fixé, car la sainteté véritable comprend l'exercice de toutes les vertus dont la première, sur le plan moral, demeure la Prudence. Le temple que nous devons élever à la Trinité en chacune de nos âmes doit nécessairement se bâtir sous la direction de la sagesse et se fonder sur la prudence.

La prudence au service des besoins de la route

L'adolescent au seuil de la vie cherche constamment à prendre possession de son 'MOI' et à tout mettre en relation avec 'LUI'. Nous sommes tous, plus ou moins à nos heures, semblables à ces êtres instables qui se laissent guider avant tout par leurs sentiments et leurs instincts.

Dieu n'a pas oublié cette psychologie humaine quand il s'est agi de présenter les sacrements qui font s'insérer et s'épanouir en nous la vie de l'Adorable Trinité par une mise en route vers la maison du Père.

La Prudence demande à l'être humain d'accepter librement la route du salut, de s'y engager de façon personnelle pour devenir un membre adulte dans la communauté des croyants. Le Baptême et la Confirmation placent sur la route à parcourir le nouvel enfant de Dieu; la Pénitence remet sur la voie le pécheur qui a eu le malheur de s'en écarter et l'Eucharistie le réconforte pour lui permettre d'aller jusqu'au bout du chemin. Le long du trajet, des vies se nouent pour propager au sein de la caravane humaine le grand signe de l'Amour incréé, soit, par l'amour humain dans le mariage, soit dans une alliance plus merveilleuse encore : l'union au Christ dans le sacerdoce ou la vie religieuse. Enfin, lorsqu'ayant accompli l'itinéraire prévu de toute éternité par Dieu, le pèlerin fidèle, soutenu par tout un peuple en marche, sera parvenu à l'ultime étape du voyage, la prudence chrétienne sera encore là pour ouvrir toutes grandes les portes de l'éternité par le signe sacramentel de l'Onction des malades.

Cette entrée dans une vie nouvelle, la vie de fils de Dieu, héritiers du Royaume trinitaire, et la persévérance dans cette voie, exige une prudence nouvelle, une prudence poussée pour orienter vers la plénitude ce que le Baptême a donné en germe. L'Esprit a fait de nous des fils de Dieu, un peuple de prêtres et de prophètes, pour qu'au cours de la route nous travaillions à nous refaire sans cesse et à refaire l'humanité.

Ainsi le monde de Dieu et le monde des hommes au lieu de se couper l'un de l'autre s'uniront de mieux en mieux, et réaliseront avec une prudence consommée le rapprochement définitif de l'homme et de la Trinité.

Pour mieux dominer les courants

Le marxisme, le matérialisme athée, le matérialisme occidental, le scientisme, le libéralisme, l'existentialisme : voilà autant de courants d'idées qui s'infiltrent, sans que nous nous en rendions compte, dans nos conversations, notre agir, notre vie. Il faut beaucoup de prudence pour prendre conscience de l'influence que prennent sur nos vies ces divers courants de pensée, et pour discerner les valeurs des non-valeurs que présentent ces diverses doctrines.

Contrôler leur présence et leur infiltration ne suffit pas cependant si on veut préserver la vraie liberté de leurs forces insinuantes qui nous parviennent par tous les moyens de diffusion : télévision, théâtre, radio, presse. Car toutes ces influences extrêmement fortes conditionnent à notre insu le plus souvent, notre psychisme du XXe siècle. Nous sommes des chrétiens encerclés par tout un monde matérialiste, surtout nous de l'Occident, des chrétiens sensibilisés à certaines réalités sociales ou religieuses certes, mais aussi hypersensibilisés à d'autres auxquelles nous donnons plus d'importance qu'il ne faut, insensibilisés par ailleurs à quelques-unes auxquelles nous ferions mieux d'accorder une plus grande attention.

En tous ces domaines, la prudence chrétienne doit guider notre sens de discernement, notre sens de l'accueil aux événements de la vie. C'est elle qui nous fera mieux apprécier le travail, moteur de tout progrès dans le monde, et l'orientera sûrement vers son ultime signification : la LOUANGE DE GLOIRE A LA TRINITE. La spiritualité de co-créateur qui doit nous animer en toutes nos entreprises, la pénétration des profondeurs de l'intelligence créatrice ne peut se passer des règles de la prudence. Autrement on assiste au déploiement d'une force à double tranchant qui, si elle ne conduit pas à la 'PLENITUDE DU CHRIST', pourrait fort bien produire la destruction de l'humanité.

Si le Christ est à l'oeuvre plus que jamais en notre XXe siècle, il faut reconnaître que d'autres sources d'influence jaillissent de partout et nous marquent aussi plus ou moins profondément. Aujourd'hui plus que jamais il nous faut autant de prudence que de jugement pour acquérir l'art de choisir, d'assimiler, de critiquer, d'atteindre l'ultime profondeur des choses, les valeurs absolues, la vérité intégrale.

Une fois réalisée la perception intelligente, lucide, clairvoyante du but final de notre agir, c'est la prudence qui doit intervenir pour orienter sagement cet agir. Autrement comme le jeune homme riche, on voudra poursuivre un noble idéal, mais on ne pourra consentir à tout laisser, à tout risquer. Quel mal y a-t-il à être riche? Avec du 'fric' on va de l'avant, alors qu'autrement rien ne fonctionne ...

L'éclairage que nous fournit Notre-Seigneur dans la charte chrétienne que constitue le Sermon sur la Montagne nous invite à la prudence pour nous aider à devenir les maîtres de nos corps au lieu de n'en être que les pauvres locataires ou les malheureux esclaves. Il faut apprendre à saisir avec le regard de Dieu, ce qui doit être saisi dans les richesses et les ressources de nos corps comme de nos intelligences et de nos volontés.

Nous vivons dans une civilisation fortement orientée vers les plaisirs, les loisirs, les sports, les richesses qui favorisent tout un déploiement de luxe. Ces réalités peuvent avoir leur résonance chrétienne si l'on sait s'en servir avec prudence et sagesse. Autrement, au lieu de diriger ces valeurs, l'homme se fait aveuglément diriger par elles. Une personnalité profondément chrétienne tient compte de cette mentalité et des valeurs profondes qu'elle exprime, mais elle sait aussi en distinguer les non-valeurs et les rejeter dès que le sens chrétien doit en souffrir.

CHAPITRE VII

La vertu royale de Justice

A l'heure où le monde essaie de s'orienter vers l'unification, le fossé s'élargit de plus en plus entre nations riches et nations pauvres : il importe donc de préciser les sages aspirations de cette vertu royale qu'on appelle la JUSTICE.

La vertu royale de Justice

— Importance et grandeur de la Justice
— Justice commutative et Justice distributive
— La Justice et les vertus morales
— Le vaste terrain de la Justice
— Le sens biblique de la Justice
— Respect des droits et devoirs de chacun
— L'ennemi de la Justice
— Justice et injustice se côtoient
— Justice nécessaire au Chef
— Quand justice et sainteté se confondent
— Collaboration de la justice avec la charité
— Le Don de Piété pour une Justice mieux comprise
— La justice au coeur de la Trinité
— Notre justice vis-à-vis la Trinité
— Face au Souverain Juge
— Besoin universel de justice
— Une science qui favoriserait la justice
— La Justice relie l'homme à la Trinité

Importance et grandeur de la Justice

En un siècle où tout se situe sur le plan de l'échange, la pratique de la vertu de justice devient extrêmement importante pour assurer la paix dans les âmes et maintenir, dans un équilibre constant, le double plateau des droits et des devoirs de chacun. La justice considère comme son domaine et sa matière propre tout ce qui se rapporte, se réfère à autrui. Aussi ne cherche-t-elle pas son point d'équilibre dans les intentions de chacun, mais dans l'accord ou le désaccord avec l'ordre moral.

La justice ne se situe pas au plan de la simple bienveillance pour établir l'harmonie des coeurs par des dons provenant d'un débordement d'amour, mais elle se base sur des droits pour régir l'ordre des biens, des services et des valeurs matérielles.

Déjà, aux temps lointains, Aristote louangeait la vertu de justice : "Elle brille entre toutes les vertus morales d'un éclat d'autant plus vif que son objet, le bien commun, revêt un caractère quasi divin. Ni l'étoile du matin, ni celle du soir ne peuvent être comparées en beauté à la justice". Sa perfection lui vient encore de ce qu'elle siège dans la volonté, la partie la plus noble de l'âme et qu'elle recherche avant tout le bien d'autrui et étend ainsi au loin son action rayonnante.

Si saint Thomas d'Aquin déclare la justice la première des vertus cardinales, la plus importante des vertus morales, c'est qu'il concentre sur elle toute la Loi et qu'il la considère comme la vérité en action, la science des autres vertus, le pain quotidien du peuple et de la société en général, le lien sacré et le fondement inébranlable des Etats. Si la pratique de la justice entraîne avec elle de grands mouvements de joie, elle en comporte aussi de tristesse profonde, puisque s'il est doux d'exercer cette vertu quand on la possède, on peut souffrir cruellement lorsqu'on la sent méprisée par ceux mêmes qui devraient la respecter dans le service qu'ils doivent rendre à Dieu et à la Société.

Justice commutative
et Justice distributive

La Justice commutative, c'est tout simplement l'honnêteté ordinaire, entre particuliers, dans le train-train de la vie quotidienne : échanges, contrats, achats, ventes. C'est un champ très vaste qui s'étend aussi loin que le droit de propriété, droit nécessaire au bonheur et à la continuité de la famille. Le Créateur, maître absolu de tout, a concédé aux hommes un droit privé, inviolable, auquel répondent les obligations des autres et envers les autres. Le mien et le tien voisinent dans la nature, tout comme ils se fusionnent parfaitement dans la Trinité : il ne doivent jamais se faire ennemis, mais toujours fraternels, bons voisins, bons appuis l'un de l'autre. La vie pourrait devenir si belle si les vivants réussissaient à maîtriser leurs sentiments d'égoïsme!

Les droits de chacun, objet propre de la justice, se classent en trois espèces : droit à la vie personnelle, aux biens du corps et de l'esprit; droit aux biens mixtes comme la réputation, l'honneur, la liberté; droit aux biens extérieurs, aux biens de la fortune. La justice commutative respecte tous ces droits et s'ordonne à la sauvegarde du bien propre à chacun.

On peut pécher contre cette justice commutative de multiples façons, par exemple dans la manière de traiter ses employés, d'accorder sans raison des préférences marquées à certaines personnes au détriment d'autrui, de passer aux autres les besognes les plus rudes, de ruiner les bonnes renommées plus précieuses que l'or.

La Justice distributive, elle, équilibre les apports de la société aux citoyens. Elle distribue à chacun la part qui lui revient des avantages de la vie communautaire. Elle répartit, selon le mérite, les honneurs et les charges. La Justice commutative règle donc les échanges de biens entre les individus, alors que la justice distributive en assure la sage répartition.

La Justice
et les vertus morales

La Justice générale s'étend aux actes des autres vertus cardinales, à l'acte de force quand la loi oblige à rester au poste malgré le danger, à l'acte de tempérance chaque fois qu'elle se doit de nous interdire la débauche, à l'acte de prudence quand cette vertu nous défend les occasions de péché.

Il peut bien nous sembler facile de distinguer ce qui relève, d'une part, de la force, de la prudence ou de la tempérance et, d'autre part, de la justice qui ne règle que la volonté pure, mais il se fait plutôt rare que l'être humain pose ainsi des actes de volonté pure. L'acte de justice exige ordinairement la participation des trois autres vertus morales : l'acte existentiel est toujours complexe, composé d'éléments divers qui relèvent de plusieurs vertus.

Trois traits caractéristiques, cependant, distinguent assez nettement la justice des autres vertus :

— LE CARACTERE PRECIS D'OBLIGATION : alors que les rapports de charité laissent une marge de subjectivité qui correspond aux forces de chacun, le domaine de la justice, du moins en principe, demeure objectivement délimitable; on y distingue plus facilement la norme traditionnelle du 'MEDIUM REI', du juste milieu.

— LE CARACTERE DES BIENS, OBJETS DE LA JUSTICE : au sens large, tous les biens de l'homme, y compris le droit à la vérité, à la fidélité, à l'honneur, relèvent de la justice, mais, au sens strict, ce sont les biens matériels qui en sont l'objet premier.

— LA POSSIBILITE DE FAIRE OBSERVER LE DROIT PAR LA FORCE : en beaucoup de cas, une vraie responsabilité morale est seule à pouvoir estimer la portée de la justice et de ses diverses obligations. Les lois ne peuvent pas toujours les préciser complètement. La conception chrétienne de la justice sociale surtout exige une autorité adulte et pleinement consciente de ses responsabilités pour faire respecter partout et toujours les droits et les devoirs de chacun.

Le vaste terrain de la Justice

En notre XXe siècle, malgré tous les succès extraordinaires obtenus dans le champ de la maîtrise de la matière, l'homme s'avère encore impuissant à maîtriser les conditions de l'échange entre travail et rémunération, entre produit et profit.

L'histoire du monde continue de se solder par les échecs humains qui s'additionnent sans cesse les uns aux autres, comme si l'homme ne devait jamais tirer des leçons pratiques de son passé. L'humanité, avide de vérité, pourrait s'épanouir dans une coopération fraternelle pour maîtriser le monde et se le partager honnêtement, mais les hommes semblent vouloir continuer de préférer les ténèbres à la lumière et vivre dans l'ignorance, la cruauté et la cupidité. Ces attitudes, si contraires à l'esprit de justice, sapent dans ses fondements mêmes la moralité naturelle, car il n'y a aucun dû plus profond et plus universel que le dû exigé par la justice légale. Le bien commun, son objet premier, demeure le mobile le plus fort dont l'être humain puisse subir l'influence.

La justice légale, dont la sphère d'influence s'étend à tous, prend sa mesure sur les lois et vise à l'insertion de l'individu et des associations dans la société politique. A l'heure où se multiplient les syndicats et les groupements homogènes, il est nécessaire de rappeler au monde les principes immuables qui doivent protéger la dignité individuelle tout en travaillant à la promotion du bien général. Sa Sainteté Jean XXIII n'a pas manqué de les souligner dans son Encyclique "Pacem in terris", vraie charte des droits et des devoirs des individus autant que des sociétés.

La Justice doit présider encore aux ententes entre pays afin que soient respectées les nations faibles et que les grandes puissances sachent mettre un frein à leurs ambitions. Les lois internationales n'ont-elles pas trop souvent glorifié la force aux dépens des intérêts des petites nations?

La vertu de Justice a un rôle immense à jouer dans tous les domaines. Aristote avait bien raison de lui donner un caractère royal et de considérer le juste comme celui qui accomplit toute vertu.

Le sens biblique de la justice

Du point de vue biblique, il faut considérer, en premier lieu, la sainteté et la justice de Dieu, ensuite la justice telle que conférée à l'homme par le Créateur lui-même, enfin le devoir d'amour de l'être humain à l'égard de la Trinité, devoir fondé strictement sur la justice à tous les points de vue. La justice des humains entre eux n'intervient qu'après toutes ces considérations et elle n'est correcte que si elle s'exerce en référence à Dieu et toujours dans le sens biblique.

Le juste est considéré comme l'ami de Dieu : "Entre dans l'arche, toi et ta famille, car je t'ai vu seul juste à mes yeux parmi cette génération" (Gen. 7, 1). Noé est ainsi sauvé à cause de sa justice. David, délivré de ses ennemis, rend gloire à Dieu en ces termes : "Yahvé me rend selon ma justice, selon la pureté de mes mains me rétribue, car j'ai gardé les voies de Yahvé sans faillir loin de mon Dieu" (Ps. 18, 21-22).

Le mot hébreu qui désigne la justice vient d'une racine qui signifie "être droit", par opposition à ce qui est tortueux. L'arbre de la justice se dresse dans la lumière pour présenter sa riche frondaison aux chaudes effluves de l'astre de feu. L'injustice, au contraire, fait courber vers la terre son tronc noueux manquant de vigueur et de sève, préférant l'ombre à la lumière, la dissimulation à la droiture.

Cette conception de la justice traverse toute la Bible. Dès avant la période de l'exil, la justice désigne l'observance de la Loi, le respect des préceptes divins. N'est-ce pas à cette vertu que pensait le Précurseur du Messie lorsqu'il annonçait : "Les chemins tortueux deviendront droits"? Les routes qui mènent à Dieu ne s'embarrassent pas de détours. Ouvertes sur l'infini, elles invitent les pèlerins du Royaume à poursuivre jusqu'au bout le long itinéraire de la vie d'ici-bas : "Dans le sentier de la justice est la vie et dans le chemin qu'elle trace l'immortalité" (Pr. 12, 28).

**Respect des droits
et devoirs de chacun**

Pour accomplir la rude traversée que comporte notre retour individuel et collectif à la Trinité, chaque voyageur doit accepter sa part de responsabilité à bord du navire géant de l'humanité. Au cours de ce voyage unique, chacun se doit de contribuer, selon ses aptitudes, au bon fonctionnement du palais mouvant sur lequel la qualité de touriste ne peut être reconnue. Il revient à la JUSTICE, la seconde des vertus cardinales, d'y assurer la sécurité par une loyale répartition des tâches, des droits et des devoirs.

La Justice est cette disposition qui incline la volonté à rendre aux autres ce qui leur est dû et à accepter, pour autant, sa part de responsabilité dans la tâche commune. A la différence des autres vertus morales, elle porte sur les opérations et non sur les passions. Elle siège dans la volonté et, comme un bon capitaine, commande toutes les opérations qui dépendent d'elle en regard du bien commun. L'habile manoeuvre qui en résulte permet au navire de fendre les flots fermement et avec constance.

Tournée vers l'être humain, la Justice le considère ou dans sa singularité ou dans ses attaches à la communauté pour reconnaître à chacun le droit qui lui revient. Par 'DROIT', saint Thomas comprend ce qui est dû, selon l'égalité proportionnelle, à la dignité et aux capacités de chacun : il ne faut jamais oublier qu'en toute vie morale, le pouvoir et le devoir, les talents et la responsabilité, les droits et les obligations se répondent.

L'acte propre à la vertu de Justice consiste à rendre à chacun ce qui lui revient, à rectifier nos opérations à l'égard d'autrui et selon l'exacte mesure de ce qui lui est proportionné, n'oubliant jamais que le bien commun doit toujours l'emporter sur le bien particulier, comme le bien de la ruche l'emporte sur celui de chaque abeille. Vertu morale, la Justice règle les habitudes; vertu cardinale, elle respecte les autres; vertu surnaturelle, elle se laisse diriger par la Foi et aider par la Grâce. Si la Justice n'acceptait pas de se laisser contrôler par le théologal, elle risquerait de s'engager sur les pierres tranchantes d'une excessive rigueur.

L'ennemi de la Justice

Le grand ennemi de la justice, c'est la cupidité qu'a dénoncée en termes très énergiques Sa Sainteté le Pape Pie XI en son encyclique "Caritate Christi compulsi". N'est-ce pas, en effet, cette avidité de biens matériels que le poète païen appelait déjà dans sa juste indignation "aura sacra fames" qui continue de présider trop souvent aux relations individuelles et sociales? N'est-ce pas ce sordide égoïsme, cette cupidité sous toutes ses formes, qui continue d'entraîner le monde aux excès que nous constatons et déplorons?

De cette cupidité naissent la mutuelle défiance qui stérilise les relations des humains entre eux, l'odieuse jalousie qui fait considérer comme un dommage pour soi tout avantage d'autrui, le mesquin individualisme qui utilise et subordonne tout à son avantage propre, sans se tracasser des autres, en foulant même leurs droits les plus sacrés.

N'est-ce pas de cette cupidité, ennemie numéro un de la justice, que jaillissent ce désordre et ce déséquilibre injuste par lesquels on voit les richesses des nations accumulées entre les mains de quelques individus qui règlent selon leur caprice le marché mondial pour l'immense dommage des masses? Une telle cupidité est vraiment mère de toutes les injustices : c'est par intérêt, par un désir mal contrôlé des richesses, qu'on s'emploie sans pitié à spolier son prochain, à le tromper de la manière la plus honteuse.

La cupidité est un vice enraciné tout au fond de notre être. Seule une réforme intérieure, au coeur de chacun, amènera le règne en ce monde de la justice et de la vérité. Une première victoire sur les ennemis du dedans permettra de poursuivre et de vaincre avec plus d'efficacité et comme il se doit les ennemis du dehors. L'établissement de la justice sur la Terre des Hommes exige que nous commencions par nous libérer de nous-mêmes en livrant une guerre généreuse et constante à toute forme d'amour-propre et de cupidité. Nos sens révoltés contre notre raison doivent réapprendre à se soumettre.

Justice et injustice
se côtoient

La justice générale est une vertu bien nettement marquée dont l'essence est spécifiée par son objet propre : le bien commun. De même l'injustice est un vice spécial, défini par son opposition radicale au bien commun qu'elle lèse et qu'elle méprise.

Ici-bas justice et injustice se côtoient sans cesse. Il arrive même que là où la justice devrait fleurir davantage, ce sont les injustices qui foisonnent. Au milieu de ces malaises qui vont s'aggravant se préparent très souvent de violentes réactions qui jetteront à bas nos institutions sociales le jour où le pauvre et le faible se croiront irrémédiablement à la merci des riches et de leurs injustices.

L'injustice dans les affaires où l'on trompe, où l'on intimide, où l'on abuse hypocritement de l'ignorance et de la bonne volonté peut fort bien présenter un contrat valide selon la loi, mais tout à fait injuste selon la conscience. Et pourquoi toutes ces fraudes si ce n'est que l'argent est considéré comme le premier et le plus important de tous les biens?

Que de drames parfois autour de certains testaments, drames qui ruinent les familles sur tous les plans : argent, charité fraternelle et charité chrétienne. On y porte comme le deuil de la vertu de justice qui avec sa disparition, semble avoir englouti toutes les joies.

N'est-ce pas malheureux et injurieux pour l'être humain, que les États se voient contraints de décréter les salaires raisonnables, de vérifier les balances, de légiférer sur tout, à une époque où l'on prône sur tous les tons le sens social, l'altruisme, la philantropie et la charité? C'est même à se demander si certaines législations modernes ne sont pas aussi corrompues que les privilèges féodaux qui amenèrent la révolution française : l'aristocratie des châteaux-forts n'a-t-elle pas cédé la place à celle de certains coffres-forts qui permettent de s'immiscer dans tous les domaines avec tous les droits. A lire les comptes-rendus de certains procès, c'est à se demander si certains hommes de loi ne vont pas finir par légaliser l'injustice.

Justice nécessaire au Chef

Etre juste, c'est la première qualité que chacun réclame de quiconque détient l'autorité. Ce sentiment de justice est tellement enraciné au coeur de l'être humain que toute injustice chez autrui déçoit, révolte et provoque le mépris. On peut pardonner beaucoup de choses à un chef, telles sa sévérité, ses exigences, ses faiblesses personnelles, mais on lui pardonne très difficilement sa déloyauté, son manque de justice.

Toute manoeuvre injuste de la part d'un supérieur déclenche, un jour ou l'autre, chez ses subordonnés de l'aigreur, de l'amertume et fait naître dans les coeurs de ceux qui en sont les victimes un sourd mécontentement qui pourra se transformer en une haine terrible.

Un chef juste sait distribuer à bon escient les louanges aussi bien que les blâmes; il discerne le vrai mérite et sait récompenser tout effort sérieux; il rétribue chacun selon l'équité et partage avec ses collaborateurs les honneurs qui lui reviennent; il utilise ses talents pour assurer le bonheur de ceux dont il a la charge, s'ingénie à faire produire à chacun sa pleine mesure, se montre impartial à l'égard de tous et fait toujours honneur à ses promesses.

'Un parfait esprit de justice, appuyé sur une loyauté entière, assure au chef un prestige constant et le fait jouir d'une influence bienfaisante. Un vieil adage dit que "la meilleure façon d'être adroit, c'est d'être droit". Quiconque se veut droit se doit ne de nas biaiser avec la justice. Il sait demeurer sourd aux vaines flatteries sans se laisser guider ni par les sympathies ni par les antipathies. Les assoiffés de politique, sur un plan ou sur l'autre, qui veulent vivre avant tout des revenus ou des honneurs qu'on leur réserve, qui veulent se servir eux-mêmes plutôt que de servir les autres, feraient bien de réfléchir sérieusement aux écrasants devoirs qui leur incombent. Ils en devront rendre compte un jour au Souverain Juge et aucune des fonctions qu'on leur avait confiées ne sera laissée de côté.

Quand justice
et sainteté se confondent

La pratique de la Justice parfaite embrasse toute la vie humaine. Prises en bloc, les exigences de cette vertu reviennent à la justification, à la sainteté. La justification, au sens théologique du mot, c'est l'opération par laquelle Dieu nous rend justes de cette justice dont parle l'Evangile; c'est l'effet en nous et pour nous de cette opération sanctifiante.

Lorsqu'au psaume 119, David fait l'éloge de la Loi, il ramène tout à la justice : "Apprends-moi le bon sens et le savoir, car j'ai foi dans tes commandements" (v. 66). "Justice éternelle, par ton témoignage, fais-moi comprendre et je vivrai" (v. 144). Si nous sommes justes, nous sommes tout, mais, injustes, nous ne sommes que déchet, réprobation, apostasie. "Abraham crut à Dieu et cela lui fut imputé à justice", écrit saint Paul (Rm. 4, 22). Saint Joseph ne reçoit d'autre éloge que celui d'homme juste. Le Christ lui-même qui a loué la soif de la justice, proclamé juste au prétoire par la femme de Pilate et sur la croix par le centurion, est mort "JUSTUS PRO INJUSTIS". Le Verbe Incarné fut réellement le Juste parce qu'Il sut jusqu'au bout accomplir toute justice en mourant pour réparer le péché et glorifier Son Père. Le Père lui-même ne recevra pas de plus beau titre de son Fils, dans l'affectueuse prière sacerdotale de la Cène que celui de "PERE TRES JUSTE".

Justice et sainteté peuvent donc se confondre. La sanctification de l'âme est appelée à bon droit 'justice' parce qu'elle met en règle, en ordre, et rend juste vis-à-vis de Dieu: "Bienheureux ceux qui ont faim et soif de la Justice". Avoir faim et soif de la justice, c'est désirer la Volonté des Trois, s'en faire une nourriture constante; c'est redresser sa vie dans tous les détails et accepter de tout perdre afin de gagner le Christ. La justice résume la Loi et les Prophètes : juste, justifié, sanctifié, tous ces termes constituent une seule et même réalité. Il s'agit actuellement de la vraie justice qui dépasse celle des scribes et des pharisiens (Mt. 5, 10).

Collaboration de la justice avec la charité

Le devoir de pratiquer la justice s'impose même avant celui de la charité quand il s'agit d'établir l'ordre, d'ajuster les engrenages, de redresser les torts de refréner les forts afin que tous les rouages de la société civile s'emboîtent parfaitement. Ensuite vient la charité, l'huile bienfaisante pour adoucir les mouvements bien ajustés de la machine sociale. Sans ce lubrifiant, les rouages grinceraient, l'appareil s'échaufferait et fonctionnerait au ralenti. Avec la justice et la charité règnent l'ordre et la paix.

La justice, en effet, s'épanouit dans le rayonnement et dans le service des vertus théologales, notamment de la charité. La perfection évangélique dont la condition essentielle réside en l'accomplissement de toute justice dépasse cependant cette justice stricte sur bien des points. Si tout chrétien se doit d'accomplir "dans un esprit de charité" ce que la justice exige de lui, il ne doit pas conclure pour autant qu'il a accompli un acte de très haute charité lorsqu'il s'est contenté de donner avec amour ce qu'il devait en justice.

La charité ne s'en tient pas toujours au minimum du devoir, mais elle s'aligne volontiers sur les besoins du prochain. Quand celui-ci a, par sa faute, perdu tous ses droits, la charité l'aide encore, à l'imitation du Dieu qui fait "luire son soleil sur les méchants comme sur les bons", qui continue à nous donner sa grâce alors que nous l'avions gaspillée volontairement.

La charité est toujours disposée à renoncer à son droit en faveur des autres, surtout s'il s'agit de droits qui peuvent être abandonnés sans préjudice pour la communauté ou pour le salut de l'âme (Mt. 5, 38-42). La justice qui ne consentirait pas à se laisser seconder par la charité, ne pourrait aller très loin : elle présenterait un aspect de rigidité que seule la charité peut assouplir en tenant compte davantage des personnes tout en ne nuisant pas à la légalité qui relève de la vertu de justice.

Le Don de Piété pour une Justice mieux comprise

Le Don de Piété vient en aide à la Justice, d'elle-même si impuissante et si limitée, surtout quand il s'agit de promouvoir la paix. Il nous fait voir en Dieu le Père de tous et en chaque humain le frère universel. Celui qui en vient à saisir le sens de cette Paternité infinie regarde toute l'humanité comme une grande famille dont les membres sont liés entre eux par le lien le plus étroit, un lien fraternel qui unit toute la famille au même Père.

Si nous voyons des frères en ceux qui cheminent avec nous, nous adoucirons vite nos relations humaines qui deviendront plus ouvertes et plus respectueuses. Quand nous aurons compris plus à fond, expérimenté et goûté la Paternité divine et la fraternité commune dans le Père, les conflits disparaîtront entre les nations comme entre les classes de la société et la question sociale trouvera progressivement toutes ses solutions.

La justice naturelle, légale, distributive et commutative, qu'on s'attend à rencontrer chez tout être humain qui n'a pas étouffé la loi de nature, et la justice surnaturelle, vertu chrétienne étayée sur la Foi et la Grâce, perfectionnée par le Don de Piété, devraient toujours nous être chères comme des héritages et des moyens puissants de conquête. Elles nous servent autant dans la répartition des biens temporels que dans l'acquisition des biens éternels, but et récompense des commandements vécus avec amour, de la vie saine, de l'équilibre moral et social.

Il existe entre les peuples une justice qui devrait les aider à se partager la terre à eux confiée par leur Père, un peu à la manière des enfants de la même famille humaine. Les guerres nous font malheureusement toucher du doigt et de bien des façons à quoi aboutit l'apostasie du monde, le reniement du Père de l'Humanité : c'est toujours la chicane entre faux-frères, le droit du plus fort qui l'emporte, le déchaînement des loups, la triste démolition des uns par les autres. Puisse l'Esprit de Piété nous faire mieux comprendre le grand plan d'amour du Père.

La justice au coeur
de la Trinité

Surabondante et souverainement créatrice en Dieu, la Justice ne peut que répandre le bien. Chaque être reçoit, avec l'existence, le talent nécessaire pour jouer sa note personnelle dans le vaste concert de louanges qui doit monter de l'Humanité à la Trinité. Tous les êtres, quels qu'ils soient, sont assurés des secours divins suffisants pour garantir leur salut éternel.

En la Trinité, la Justice n'a d'équivalent que la miséricorde lesquelles "se précipitent l'une vers l'autre pour échanger un amoureux baiser" (Ps. 84, 11). La plus étonnante des oeuvres de la Justice divine ne réside-t-elle pas au coeur même de la justification du pécheur? Les Prophètes ont depuis longtemps proclamé que, par ses jugements, Dieu sauve et justifie, qu'Il rend juste celui-là même qui, tout en manifestant une certaine bonne volonté, ne s'en était pas moins rendu digne des plus grands châtiments.

L'Ecriture Sainte ne cesse d'abonder en affirmations sur la justice de Dieu (Ps. 10, 8). L'Ancien Testament rappelle constamment que Dieu bénit et récompense la justice et l'ordre, tandis qu'il châtie celui qui viole les commandements : Adam, Caïn, Noé, Joseph, Moïse, Saül et David en fournissent autant d'exemples (Dt. 10, 17; 27, 12-28; 32, 4). Le Christ nous montre en Dieu le juste rémunérateur des bons, sanctionnant au dernier jour ce qui se fait ici-bas en secret, rendant à chacun selon ses oeuvres (Mt. 5-7; 16-27; Rm. 2, 6).

Dans tous ces textes de l'Ecriture, la Justice divine nous apparaît comme la volonté constante de rendre à chacun ce qui lui est dû, en raison de sa condition, de ses mérites ou démérites, en raison aussi de l'ordre établi et des promesses qu'Il a faites. La mort du Christ sur la Croix en vertu de laquelle l'injuste devenu croyant peut espérer la justice salvifique constitue la révélation tout ensemble la plus terrifiante et la plus exaltante de la Justice divine qui se manifeste dans le jeu très saint d'une incompréhensible Charité.

Notre justice
vis-à-vis la Trinité

Quand saint Thomas d'Aquin écrit sur la justice, il la déclare vertu cardinale et première des vertus morales. Il ramène à cette vertu les dix commandements de Dieu ni plus ni moins : le Décalogue prescrit les devoirs, les choses dues, les dettes, donc les affaires de justice. Les trois premiers commandements énoncent les actes de la religion (le dû à Dieu), la plus excellente et la première de toutes les parties de la justice; le quatrième a pour objet l'acte de la piété filiale (le dû au parents), seconde partie de la vertu de justice. Quant aux six autres, ils ont pour objet les actes de la justice communément dite, la justice ordinaire (le dû aux égaux).

Prise en bloc, la Justice totale revient pratiquement à la justification, à la sainteté, puisqu'en somme être juste consiste à se bien conformer à la Volonté des Trois et à ne se servir de toute créature que selon les desseins providentiels de l'Adorable Trinité. Etre juste envers Dieu, c'est l'aimer de tout son coeur, de toute son âme et tout faire converger vers lui, puisque tout vient d'En-Haut.

Etre juste envers Dieu, c'est non seulement lui accorder la préséance dans son coeur, son esprit, son âme et son travail, mais aussi aimer le prochain comme soi-même par amour pour Dieu. La justice sociale, ou distributive, ou commutative, constitue alors le cadre communautaire où chacun a droit à un jugement favorable, à un préjugé sympathique. En face de Dieu, le chrétien, bien entendu, ne se réclamera pas de ses droits et ne craindra pas que le Tout-Puissant se rende suffisamment justice à ses bonnes actions et à ses mérites. Il sera heureux, au contraire, de se reconnaître pour l'éternité en dette de gratitude vis-à-vis de son Seigneur, et cette persuasion même lui fera voir comme mille fois dus de sa part le plus ardent amour, le plus profond respect et la plus vive reconnaissance. Plus on parvient à aimer et à révérer la Trinité, plus on se sent en dette vis-à-vis des Trois Personnes.

Face au Souverain Juge

A la fin des temps un Jugement sévère s'exercera sur tous, sur ceux qui commandent comme sur ceux qui obéissent. S'ils ont abusé de leur pouvoir, les puissants n'en seront que plus sévèrement châtiés, alors qu'aux petits on pardonnera plus facilement. Le Souverain de tous ne reculera devant personne, car il a fait les grands et les petits et il s'occupera des uns comme des autres. Les puissants devraient s'arrêter souvent à songer qu'ils seront soumis à une épreuve plus ou moins rigoureuse, selon la mesure même du gouvernement à eux confié et des jugements qu'ils se devaient de proférer en toute prudence.

La religion ne peut être considérée comme une étrangère dans la société, mais comme une inspiratrice, un guide, un stimulant pour le bien. La religion qui régit les moeurs doit avoir un mot à dire dans la politique et on doit reconnaître son droit. Jacques Maritain l'expose en rappelant que des mesures malhonnêtes ne peuvent créer le bonheur. La politique étant chose intrinsèquement morale, une iniquité devient une faute religieuse en même temps que politique.

Un jour chacun devra rendre compte de l'emploi des talents reçus, de l'influence exercée, du bien omis et du mal commis : on n'a pas deux âmes, une pour la semaine ou pour la vie profane et l'autre pour le dimanche ou pour la vie publique. Les maîtres de la justice distributive, ceux qui gardent les barrières du mieux-être de tout un peuple, de toute une patrie, ne devraient jamais oublier ces lourdes vérités.

La présomption méprise la justice divine qui punit les pécheurs et s'oppose à la magnanimité qui cherche à établir le juste milieu dans l'espoir humain. Pourtant la foi au jugement divin demeure une donnée fondamentale tout au long de la Bible : Dieu régit le monde des anges et des hommes; il sonde les reins et les coeurs. Celui qui veille sur les droits et les devoirs de chacun, qui demeure le Maître des humains et de toutes les circonstances où ils évoluent, donnera au dernier jour en toute justice à chacun ce qui lui revient.

Le profond besoin de justice qui se fait partout sentir appelle d'une part l'esprit de justice pour inspirer les rapports aussi bien entre les humains, qu'entre les institutions sociales et politiques qui les font naître, et d'autre part, une autorité aussi ferme que sage pour veiller à l'application des lois qui assurent le maintien d'une telle justice.

Toute société qui ne cherche pas à favoriser le libre épanouissement de la personne chez tous les membres qui la constituent, est une société injuste où tous souffrent de l'injustice des relations sociales, tant les opprimés que les oppresseurs. La société en laquelle nous vivons déplore particulièrement la mauvaise orientation de la justice. Dans certains pays occidentaux, les forts jouissent d'une liberté quasi sans limites tandis que les faibles sont mal protégés ou le sont de façon paternaliste. La situation n'est guère plus enviable en certains pays orientaux où les personnes sont injustement opprimées au profit de l'Etat qui détient tous les pouvoirs. C'est entre ces deux extrêmes que la justice devrait pouvoir trouver une puissante expansion.

Il est du devoir de chacun de chercher à constituer une société profondément humaine, une société marquée par la justice, une société qui donne à tous les citoyens la possibilité de s'épanouir en assurant le respect de leurs droits comme de leurs devoirs. Ce qui compte encore avant tout en notre société, c'est trop souvent le progrès technique, alors que ce devrait être la promotion de la personne humaine. Les lois sociales, politiques et économiques, ne seront ce qu'elles doivent être que lorsqu'elles s'orienteront vers un réel humanisme qui respecte l'homme, ses droits et ses devoirs.

Nous vivons au coeur d'une humanité insatisfaite où chacun donne l'impression de se sentir gêné et frustré. Tous désirent des conditions de vie plus humaines, plus épanouissantes, une démocratie personnalisante où la justice soit respectée, bien que tous ne soient pas prêts à payer de leur personne.

Une science
qui favoriserait la justice

Cette science aurait pour objet la connaissance psycho-biologique des lois sociales de la personnalisation humaine. Elle exigerait des techniciens capables de se concentrer sur les potentialités de l'effort humain et surtout sur l'orientation des activités de l'homme face aux découvertes nouvelles et à la multiplicité de leurs applications pratiques.

S'il convient que l'humanité continue à se pencher sur l'infiniment petit aussi bien que sur l'infiniment grand de la matière, il s'avère encore plus nécessaire que se poursuivent des travaux de recherche sur le potentiel énergétique dont peuvent disposer l'esprit et la volonté de l'homme. Dans l'univers où nous vivons, s'il faut des codes juridiques bien déterminés pour qu'évolue la société, ce qui s'impose surtout, c'est la conception d'une justice personnalisante qui forme les consciences au discernement du bien comme du mal, qui s'appuie sur la morale psycho-biologique de la personne, pour découvrir les besoins humains universels et les faire respecter.

La morale de la nature humaine débouche sur un droit naturel que les derniers Papes ont bien mis en évidence, mais que les juristes ne semblent pas vouloir reconnaître. Il leur faudrait sans doute une profonde conversion de mentalité. La justice en regard de l'humain dépasse l'application pure et simple d'une loi théorique et formaliste. Elle implique une sage intervention de l'intelligence et du coeur qui apporte à la personne concernée compréhension et sympathie.

Souhaitons que se rencontrent plus nombreux, dans nos gouvernements, de ces hommes humainement et surnaturellement justes, capables de défendre la vie de nos sociétés humaines, des hommes ingénieux à prévenir les mouvements de violence qui éclatent de tous côtés, des hommes qui considèrent le pouvoir non pas comme un privilège, mais comme une nouvelle obligation de servir dont ils auront à rendre un compte sévère à la Trinité!

La Justice
relie l'homme à la Trinité

L'appel à l'amour, le besoin d'amour chez les êtres humains, l'éveil à l'amitié et à la liberté chez les jeunes deviennent comme le véhicule de l'appel trinitaire aux âmes. Pour les jeunes comme pour les moins jeunes, le bonheur, le 'SALUT' consiste à pouvoir aimer d'une amitié vraie, libre et sincère. C'est pour combler cette aspiration que la Trinité invite les humains à partager son amitié. Toute la pédagogie biblique se résume à guider cette montée jusqu'au niveau d'existence de la Trinité, la soif humaine de vivre, de connaître et d'aimer.

Reliés à la Trinité par le Verbe Incarné qui nous a pris en charge, il revient à la vertu de Justice de nous faire respecter nos dimensions chrétiennes, de nous garder dans l'Amitié trinitaire si chèrement reconquise par le Rédempteur et d'y inviter tous les hommes. La culture de cette Amitié vaut infiniment le sacrifice de la poursuite de quelques intérêts temporels et le prix de tous les efforts.

La Justice demande que nous travaillions à notre enracinement toujours plus profond dans l'amitié trinitaire, que nous acceptions de vivre d'amitié les uns pour les autres, les uns avec les autres : "Ce que vous aurez fait au plus petit d'entre les miens, c'est à Moi que vous l'aurez fait". Dieu nous a aimés au point de nous rendre réellement ses fils. Il est normal qu'en stricte justice non seulement nous vivions dans un climat constant de profonde gratitude, mais que nous prouvions à la Trinité cette gratitude par une grande fidélité aux exigences que comporte le mystère de notre salut. L'essentiel c'est la réussite de la vie de chacun selon le plan trinitaire. Chaque humain est appelé à donner son plein rendement naturel et surnaturel. Ce ne sont pas des esclaves de la loi que le Seigneur veut à son service mais des amis qui le servent dans la joie. La vocation universelle de l'homme c'est de s'apprivoiser à la vie de sa famille adoptive, à l'esprit de la famille Trinitaire. Ce qu'il y a de plus grand dans l'univers ce n'est pas la majesté de la voûte étoilée, ni le féérie du soleil couchant, ni l'impressionnante immensité de la mer, c'est la personne humaine dans sa relation d'amour avec la Trinité.

FOI ESPÉRANCE

CHARITÉ

NOTRE APPARTENANCE DÉFINITIVE A LA TRINITÉ
exige un FIAT LIBRE généreusement consenti dans
la FOI, nourri d'ESPÉRANCE et rayonnant de CHARITÉ . . .

CHAPITRE VIII

La Trinité exige la Foi

L'essentielle orientation des vertus théologales est d'ouvrir entre la Trinité et l'être humain un dialogue vivant qui commence dans le temps et l'espace pour s'accomplir et s'achever définitivement dans l'éternité bienheureuse.

La Trinité exige la Foi

- LA FOI : mystère de base à l'union trinitaire
- La Vision au ciel et la Foi sur la terre
- Attitudes très diverses devant la Foi
- L'équilibre de notre Foi théologale
- La Foi et la Charité s'influencent mutuellement
- La Foi sous le signe de l'Espérance
- Foi en la Parole qui agit
- La Foi en Jésus-Christ est à la base de tout
- La Foi exige l'engagement total
- Foi et témoignage trinitaire
- Relation de Foi et non d'évidence
- Développer sa Foi : voilà ce qui importe
- La Foi signifie confiance en la Trinité
- La Foi se prouve par des actes concrets
- Notre devoir de communiquer la Foi
- Notre Foi se concrétise en l'Eglise
- Notre-Dame de la Trinité et sa vie de Foi
- Pour réaliser la démarche de Foi

LA FOI : mystère de base à l'union trinitaire

Le mystère de notre communion trinitaire au coeur du Royaume des Trois ne s'accomplit sur terre que par l'entremise des vertus théologales, ces vertus suprêmes, supérieures aux vertus morales, supérieures même aux Dons du Saint-Esprit dont le rôle consiste à perfectionner les vertus morales et les trois vertus théologales : la FOI qui oriente vers le Royaume, l'ESPERANCE qui entraîne toujours plus avant vers l'objet indiqué par la Foi et la CHARITÉ qui atteint le double objet et de la Foi et de l'Espérance.

Vivre théologalement devient donc une nécessité, puisque ce régime des vertus théologales fait l'accord sur terre de notre volonté avec 'la volonté des Trois' et que la perfection chrétienne, préparée par la FOI et l'ESPERANCE, nous unit à la Trinité dans la CHARITE. La Foi, fille aînée de la famille théologale, se présente comme une vertu infuse, surnaturelle, informée par la Charité qui doit sans cesse l'actuer. C'est l'argument de ce que nous ne voyons pas et la substance de notre espérance.

L'objet de la Foi, c'est la Trinité tout d'abord, la Vérité suprême, la Vérité par essence, le Dieu qui est et ne doit qu'à lui-même son essence et son existence. Cette Vérité qu'est DIEU-TRINITE emprunte deux voies : la voie de la connaissance suprême qu'est le Verbe au coeur de la Trinité et la voie de la parole qu'est l'Evangile.

La Foi-connaissance cependant ne peut se borner à l'Evangile; elle jouit d'un champ plus vaste et cherche la Vérité dans l'unité des deux Testaments. Rien n'est plus merveilleux que de revivre ce cheminement tout simple de la Foi sur terre à dater du début de l'humanité jusqu'à nos jours, en tenant compte du pont gigantesque jeté par le Verbe pour unir l'Ancien et le Nouveau Testament. L'objet de la Foi porte aussi sur les vérités qualifiées, suprasensibles, mystérieuses qu'il faut traiter comme telles afin de ne pas les diminuer en cherchant à les expliquer maladroitement. C'est pourquoi la Foi, vécue dans une grande pureté de coeur, demeure le mystère base de notre vie trinitaire.

La Vision au ciel et la Foi sur la terre

La vie de la Trinité, est une vie de connaissance et d'amour. Par la Grâce, nous participons à cette vie c'est-à-dire que nous pouvons connaître Dieu comme il se connaît et l'aimer comme il s'aime. La Vision au ciel et LA FOI SUR TERRE deviennent notre participation à la connaissance divine, alors que la Charité nous fait entrer dans l'amour divin, dans l'union extatique.

Cette démarche de la Foi comporte un geste d'abandon et de confiance filiale, puisque nous sommes divinisés à titre de fils dans le Verbe Incarné. Croire, c'est ne plus compter sur soi pour ne s'appuyer que sur Dieu le Père, c'est dépasser les limites ou les objections de la raison pour faire siennes les affirmations trinitaires du Christ. Croire, c'est renoncer à sa propre force pour revêtir la force des Trois et se livrer à leur influence.

En résumé, croire c'est transposer sa vie en la Vie des Trois en s'identifiant au Verbe pour voir toute chose avec son regard filial et aimer toute chose avec son amour filial. La Foi c'est l'oeil du Christ "greffé" sur notre oeil humain pour voir avec Lui, en Lui et par Lui.

Toute la révélation du Fils nous invite à la recherche du Royaume dans un climat de Foi. De même que l'amour est le fruit de l'Esprit, ainsi la Foi découle du Verbe Incarné venu sur terre pour s'emparer de la création et la replacer dans le plan trinitaire afin de lui permettre de participer avec nous à ses mystères de connaissance et d'amour.

Croire c'est aussi emprunter l'optique du mystique, du saint, optique rendue plus puissante par le Don d'Intelligence; c'est faire sienne la vision du croyant, vision bien supérieure à celle du savant malgré sa connaissance prodigieuse des mystères de la création et des explorations interplanétaires qui demeurent tout de même aussi dangereuses qu'extraordinaires. La vision du jeune croyant dépasse la vision myope du savant athée cette pauvre vision du soir sans aube trinitaire. Croire, c'est enfin communier à l'intelligence trinitaire.

Attitudes très diverses devant la Foi

Certaines attitudes se remarquent à leur indifférence devant la vie chrétienne ou toute vie supraterrestre : la religion semble n'avoir aucun rapport concret avec la vie réelle toute faite de technique et de problèmes qui ne cherchent leurs solutions que dans l'humain et par l'humain sans que Dieu n'ait à y intervenir.

D'autres attitudes dépassent cette indifférence passive, c'est l'indifférence pratique qui dispense de tout effort, de tout esprit de sacrifice au service du Christ et de l'Eglise. De telles attitudes s'appuient sur une doctrine qui veut expliquer l'univers sans Dieu et l'homme par l'homme. On se moque alors de ce qu'on appelle l'infantilisme des chrétiens et l'influence rétrograde de l'Eglise. On devine jusqu'à quel point une telle attitude règne au coeur du marxisme et de l'agnosticisme scientifique.

Certaines âmes veulent bien croire en un être suprême, mais elles ne peuvent concevoir de relations personnelles avec cet être transcendant, surtout, nulle relation marquée par un amour quelconque. Il s'agit alors d'une bonne vie religieuse toute naturelle qui ressemble un peu à celle des primitifs à qui on n'avait pas encore parlé du Dieu-Trinité.

Dans la constitution "LUMEN GENTIUM" sur "les principes catholiques de l'oecuménisme", les Pères du Concile Vatican II ont présenté une classification des différentes attitudes devant la Foi qui peuvent se ramener à deux : l'attitude des croyants évangéliques qui acceptent Jésus-Christ et l'Evangile, mais qui divergent d'opinion avec nous sur la fonction et le mystère de l'Eglise, et l'attitude des catholiques traditionalistes qui adhèrent à la Parole divine, mais se contentent d'une vie spirituelle plus négative que positive.

Souhaitons des chrétiens plus convaincus, à la Foi adulte et militante, des chrétiens capables de prendre concrètement part à la vie ecclésiale pour rebâtir le Temple à la Trinité.

L'équilibre
de notre Foi théologale

Une vie spirituelle s'appauvrit si elle n'est pas trinitaire et essentiellement basée sur la Foi. Ainsi la vie au coeur des Trois ne peut se concevoir dans un climat de sentiment religieux, pas même sur le plan de la raison. Le plan trinitaire s'appuie sur le plan intellectuel de nos idées pourvu que ces idées s'épanouissent dans la Foi. Il faut se méfier de la tendance rationnelle de l'homme qui ne cherche que des évidences ou de celle assez caractéristique de la femme qui pourrait confondre la vie sensible ou la vie sentimentale avec la vie spirituelle.

La Foi ne se comprend bien que dans un climat d'autorité qui n'exclut en rien le climat d'amitié établi entre Dieu et l'homme. On n'interroge pas la Trinité. Déjà, en l'Ancien Testament, nous voyons Abraham se fier totalement à Yahvé et, plus près de nous, Marie et Joseph, accepter d'emblée l'autorité de Dieu sans trop comprendre le pourquoi de certains événements.

La vie trinitaire vécue sur terre comporte normalement de l'obscurité : l'intelligence peut nous fournir de belles idées sur la Trinité et la sensibilité de nombreux sentiments, mais c'est la Foi qui nous fera adhérer au Dieu d'Abraham, de Marie et de Joseph. Plus on s'approche de la Trinité, plus on s'enfonce dans le mystère et mieux se bâtit la vie d'intimité avec le Père, le Fils et l'Esprit, et s'établit le 'climat d'amitié' qui doit servir de base à la Foi tout autant que le 'climat d'autorité'.

Un climat d'amitié, en effet, doit commander et inspirer notre vie de Foi. Sans nous éloigner du Dieu des honnêtes gens et des philosophes, nous pénétrons l'impénétrable en acceptant amoureusement l'indivisible Trinité pour participer à sa vie d'amour dans le Fils Incarné. Ce climat d'amitié nous convoque à une vie nouvelle avec des yeux neufs et un coeur jeune comme celui de la Trinité qui consent à nous livrer les mystérieux secrets de sa vie intime et personnelle. Pour croire en profondeur, le principe d'autorité ne suffit pas; il faut y joindre l'amour, un amour profondément vécu en climat trinitaire.

La Foi et la Charité s'influencent mutuellement

La Foi doit s'unifier dans l'Amour par une vie intime avec la Trinité. Autrement, il serait facile d'imaginer qu'aller à la messe tous les dimanches suffit pour se considérer comme un excellent chrétien ou qu'être matériellement fidèle à ses exercices de piété constitue une vie religieuse saintement vécue. Croire et aimer invitent au "dépassement", évitent le "conformisme" rassurant ou "l'anti-conformisme" suffisant.

Chaque être porte en soi une inclination, un "poids d'amour" qui dégage de soi. La Trinité réalise, en son éternelle paix, ce "pondus naturae", ce "poids de nature" fait de connaissance et d'amour. Les regards diffèrent selon les amours et les amours selon les regards. Chaque être porte ainsi un regard très individuel suivi d'un appétit, d'une tendance qui lui est propre.

Chez l'animal, l'instinct précède l'amour. Chez l'homme, connaissance et amour doivent travailler ensemble. Si l'amour est bien éclairé par une foi vivante, tout ira à merveille, mais s'il demeure en son aveuglement, ce pourrait être une catastrophe.

La synthèse de tous les amours vient se concentrer en l'être humain, mais c'est supérieurement qu'il lui faut vivre l'amour. Autrement, s'il se laisse uniquement stimuler par sa passion, l'animal fou et déchaîné qu'il porte en lui pourrait bien prendre le dessus. L'être humain n'atteint Dieu-Trinité sur la terre qu'au moyen d'un amour profond guidé par une foi vivante et agissante.

Quand se développe la vie de la Grâce, cette vie du Christ reprise en chacun d'entre nous, dans la même proportion se développe en notre âme la vertu de Foi, le regard du Verbe se continuant à travers nous. Cette vertu de Foi nous ouvre toute grande la route sur l'aventure trinitaire, dans un climat de confiance et d'espérance. Où doit nous conduire cette route? C'est là le risque trinitaire de l'aventure. L'essentiel est de savoir qu'il ne s'inspire que de l'amour et doit nécessairement retourner à l'Amour.

La Foi
sous le signe de l'Espérance

"Voici la demeure de Dieu avec les hommes. Il aura SA DEMEURE AVEC EUX; ils seront son peuple et lui, DIEU-AVEC-EUX, sera leur Dieu. Il essuiera toute larme de leurs yeux : de mort, il n'y en aura plus; de pleur, de cri et de peine, il n'y en aura plus, car l'ancien monde s'en est allé. (. . .) Voici que je fais l'univers nouveau. (. . .) CES PAROLES SONT CERTAINES ET VRAIES" (Ap. 21, 3-6).

La Foi illumine l'intelligence chrétienne et lui dévoile un monde nouveau. "Bienheureux ceux qui croient sans avoir vu". C'est la Foi qui donne aux justes l'espérance d'une généreuse récompense, fruit de leurs souffrances et de leurs combats, poids de connaissance, d'amour et de gloire pour l'éternité; c'est elle qui fait espérer la Jérusalem céleste, brillante de gloire et descendant d'auprès de Dieu, toute parée comme une épouse pour son époux.

Saint Paul écrit aux Ephésiens (1, 17-23) : "Daigne le Dieu de notre Seigneur Jésus-Christ, le père de la gloire, vous donner un esprit de sagesse et de révélation, qui vous le fasse vraiment connaître! Puisse-t-il illuminer les yeux de votre coeur pour vous faire voir QUELLE ESPERANCE VOUS OUVRE SON APPEL, quels trésors de gloire renferme son héritage parmi les saints, et quelle extraordinaire grandeur sa puissance revêt pour nous, les croyants, selon la vigueur de la force qu'il a déployée en la personne du Christ . . ."

La Foi nous inspire et nous fait désirer le parfait accomplissement du mystère rédempteur, l'achèvement définitif du Christ mystique, du Christ total. "Voici que le Fils de l'homme va venir dans une nuée avec puissance et grande gloire" (Lc 21, 27). "Le salut est maintenant plus près de nous qu'au temps où nous avons cru. La nuit est avancée. Le jour est tout proche" (Rm. 13, 11-12). Il faut commencer à croire sur terre et dans le temps pour pouvoir contempler au ciel et dans l'éternité. La Grâce sanctifiante doit se développer dans la Foi, et la venue en nous des Trois Personnes s'accomplira dans la mesure du désir allumé par une Foi qui ne trompera pas notre espérance.

La Parole de Dieu est à la fois historique, vitale et progressive. La Trinité s'est révélée progressivement tout au cours de l'histoire de l'humanité, se reliant sans cesse à nos problèmes de vie et aux événements qui marquent chacune de nos existences comme à ceux qui déterminent l'orientation de l'humanité. La Foi s'impose pour suivre cette élaboration progressive réalisée par la Trinité sur la terre des hommes, pour distinguer les points d'appui qui permettent à la Trinité d'insérer sa vie de connaissance et d'amour au coeur de l'humanité.

La Trinité s'est introduite dans notre Histoire pour favoriser notre éducation constante dans la Foi et nous conduire à une intimité toujours grandissante avec Elle. Dieu cependant respecte la liberté de l'être humain en l'invitant aux dépassements nécessaires pour réaliser l'amitié trinitaire, l'amitié de l'homme avec les Trois. Il faut beaucoup de Foi en la Parole qui agit pour accepter certains renoncements nécessaires à une plus grande place à Dieu dans notre vie, pour sacrifier certaines perspectives humaines qui permettent un approfondissement dans la Foi, l'Espérance et l'Amour.

La Foi doit pénétrer notre étude de la Bible, nos contacts avec la liturgie qui veut favoriser notre prière et notre état de réceptivité aux mystères dans le coeur même d'une communauté dont nous voulons faire partie activement et concrètement. La Foi s'impose aussi à l'endroit des dogmes que nous présente l'Eglise et qui garantissent l'authenticité des langages biblique et liturgique.

Le langage de l'Eglise qui s'exprime par des signes doit aussi recevoir sa lumière de la Foi afin de tout interpréter dans le sens trinitaire. Aux divers langages par où s'exprime la Parole; langages biblique, liturgique, dogmatique, ecclésial, il faut ajouter le langage des événements qui fournissent des signes de l'action trinitaire dans le monde. Il faut aussi un certain degré de foi dans le sens de ces événements.

La Foi en Jésus-Christ est à la base de tout

"Celui qui voit le Fils et croit en Lui aura la vie éternelle" (Jn 6, 40). Croire au Verbe Incarné constitue notre premier pas en la vie trinitaire, la première attitude que nous devons entretenir en nos relations avec les Trois.

Tout contact vital avec le Christ doit s'établir par la Foi qui nous ouvre l'intelligence sur les richesses cachées du Verbe Incarné. C'est parce que les Apôtres ont crû au Sauveur, son Fils, que le Père les a aimés. Le Christ vient par la Foi; c'est le plan trinitaire et nous devons nous y adapter pratiquement. Par la Foi nous accédons à la filiation divine.

La conviction profonde que le Christ est Dieu et qu'il nous a été donné pour nous ramener au Père contient en elle toute notre vie trinitaire. Vivant, le Verbe Incarné exigeait la foi; mort et maintenant ressuscité, il l'exige toujours : sa gloire réclame que nous le servions dans la Foi, et plus vive se manifestera cette vertu théologale plus nous plairons à l'Adorable Trinité.

Croire en la divinité du Christ, c'est croire à toute la Révélation. Sur terre, cette divinité s'est voilée sous l'humanité. Le christianisme exige l'acceptation, en toutes ses conséquences doctrinales et pratiques les plus lointaines, de cette divinité du Verbe en son Incarnation. Dieu qui fait irruption dans le monde pour nous parler, le fait si discrètement qu'il ne dérange pas l'ordre des choses naturelles afin d'alimenter notre foi.

La Foi est une source de lumière qui nous fait participer à la science même du Christ et à tout son agir. Plus vivante s'affirmera notre Foi au Christ, plus vraie et plus lumineuse s'exercera notre vie intérieure, en même temps que plus sûre et plus féconde. Notre vie deviendra ainsi l'écho de la vie même du Père qui exprime éternellement tout son être et son agir en cette Parole infinie qu'est son Verbe, son Fils. La Foi profonde et agissante en cette Parole substantielle et éternelle devient ainsi le principe de base de tous nos progrès spirituels.

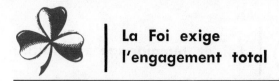

La Foi exige l'engagement total

L'amour de bienveillance et de bienfaisance pour le Verbe Incarné se manifeste en l'action apostolique qui rencontre son principe de base, sa forme, sa source et sa pierre de touche dans la Foi. L'amour des âmes n'est parfait que s'il s'enracine en cette Foi profonde en la Personne du Christ : c'est l'engagement définitif de toute la personne au service du Maître à travers les fils adoptés par le Père.

Un apostolat bien compris et bien orienté exige et suppose un Amour plein de foi pour la Personne de Jésus-Christ, malgré l'apparente opposition et la difficile harmonie entre l'amour de Dieu et la charité envers le prochain. Il faut lire et relire à ce propos la profession d'amour de Pierre qui termine l'Evangile de saint Jean, profession qui prouve bien jusqu'à quel point la Foi exige l'amour, l'engagement total et définitif : "Simon, fils de Jean, m'aimes-tu plus que ceux-ci?" (Jn 21, 15-19) A nous aussi le Seigneur demande si nous l'aimons plus que les autres ne l'aiment, car c'est bien le sens de la question du Maître et nous avons le devoir d'examiner la valeur de notre charité apostolique.

Notre Foi exige comme valeur de preuve l'engagement de toute notre personne aux âmes pour l'unique gloire de l'Adorable Trinité. C'est bien intentionnellement que Notre-Seigneur a voulu faire appel à la personne totale de Pierre et c'est dans la même intention qu'il fait appel à notre personne tout entière, qu'il exige le sacrifice de toutes les valeurs de l'apôtre.

Pour être parfait, l'amour des âmes ne doit jamais se décourager à cause des infidélités passées que l'amour et le dévouement peuvent racheter. Pierre qui avait si malheureusement trahi, précisément parce qu'il avait gardé la Foi, n'a pas lâché et Paul, au milieu de ses tribulations, avouera qu'il sait en qui il a cru. L'engagement exige une lumière dans l'esprit, la Foi; un élan dans le coeur, la Charité; un ressort dans la volonté, l'Espérance.

Foi et témoignage trinitaire

L'apostolat secondé par la prière, avec le salut des âmes comme objectif, pour mieux glorifier la Trinité, tel est le témoignage vital réclamé par une Foi vivante et profonde et dont doit profiter toute la société. Notre apostolat deviendra alors une réelle valeur de preuve de notre Foi amoureuse. De plus, la vraie Charité, née d'une Foi sincère, fera battre les coeurs à l'unisson du Coeur du Christ : croire au Verbe Incarné et l'aimer, c'est partager son idéal de sauver l'humanité.

Le témoignage de la Foi se donne surtout par l'exemple; il entraîne dans un climat de renoncement et de béatitude pour que chaque âme en vienne à donner sa pleine mesure avec joie et enthousiasme. Tous les matins, au cours de l'examen de prévoyance, que chacun devrait s'imposer en se levant, cette mentalité d'une Foi agissante nous invitera à nous demander comment nous vivrons et communiquerons la Trinité autour de nous, à l'occasion de tel cours, de telle visite, en telle circonstance et à telle personne.

Le témoignage concret de notre vie de Foi doit se prouver par un AMOUR-DON, un amour profondément trinitaire. Le danger de se reprendre morceau par morceau existe toujours. A vingt ans, on s'est donné dans la JOIE et tout d'un BLOC; la Trinité nous demande de continuer à donner durant toute la vie dans la Foi mais PIECE PAR PIECE, avec beaucoup de déchirements; le démon essaie de briser et la joie et la foi pour en arriver à naturaliser la Grâce et détruire tout climat trinitaire dans l'âme.

C'est pourquoi tout apostolat trinitairement pénétré et coloré doit se centrer sur cet esprit de Foi aussi dynamique que profond, capable de garder le témoin de la Trinité à son poste et jusqu'à la fin, qu'il s'agisse de l'apostolat des "allongés" ou des "assis" aussi bien que celui des travailleurs "debout". Pour continuer de rayonner le message trinitaire du Christ, pour bien transmettre le témoignage des Trois, il faut savoir porter sa croix avec amour dans un apostolat conditionné et envisagé sous l'éclairage de la Foi.

Religion de Foi
et non d'évidence

La religion chrétienne n'est pas une religion d'évidence, mais de Foi et d'Amour. Dieu aurait fort bien pu marquer dans le ciel en immenses lettres de feu tout le contenu du dogme et forcer ainsi notre adhésion. Non. L'acte de foi se présente comme une vision plus douce, meilleure et plus ferme que ne pourrait l'être toute vision miraculeuse : "Nous tenons plus ferme la parole prophétique (Pierre parle ici de l'Ecriture Sainte) : vous faites bien de la regarder comme une lampe qui brille dans un lieu obscur, jusqu'à ce que le jour commence à poindre et que l'astre du matin se lève dans vos coeurs" (2 P. 1, 19).

Il existe au coeur de la Foi, en cette nuée lumineuse analogue à celle du Thabor, simultanément obscurité et clarté : une obscurité qui découle de son objet et une clarté qui lui vient de son motif. D'où cette impression singulière produite en l'esprit. La Foi c'est, sans évidence et au milieu de l'obscurité, une conviction absolue, un parfait acquiescement à la vérité et le repos de tout son esprit dans le consentement qu'on y donne. Cette invincible fermeté vient de la Révélation infaillible.

Déjà, en l'Ancien Testament, Dieu traita Abraham selon la fermeté de sa foi, lui faisant quitter le pays où il était puissant pour l'établir sur une terre où il ne trouva d'abord qu'une famine mortelle qui le contraignit à courir mille hasards parmi des peuples étrangers, sans y trouver d'autre consolation que de savoir qu'il y était par l'ordre de Celui à qui sa Foi avait rendu un si prompt TEMOIGNAGE D'OBEISSANCE. Dieu le récompensa en devenant son protecteur en toute occasion.

La Foi nous oblige à marcher parfois comme à tâtons, au sein de la nuit la plus sombre. Lorsque Thérèse de Lisieux connaissait de tels moments elle se tournait tout spontanément vers la Sainte Famille : "Jamais je n'ai si bien compris la peine amère de la Sainte Vierge et de Saint Joseph cherchant à travers les rues de Jérusalem le divin Enfant Jésus". La Foi exige qu'on traverse le désert.

Développer sa Foi :
voilà ce qui importe

La vie trinitaire doit l'emporter en nous sur les autres vies : végétative, animale ou intellectuelle. La foi surnaturelle doit capter notre attention. Bon nombre de chrétiens vivent bien matériellement de surnaturel. Une fois la semaine, par leur messe dominicale, suivie sans trop d'attention, ils prouvent jusqu'à quel point leur vie trinitaire dans la Foi fait défaut. On semble s'être attardé au développement des facultés naturelles sans s'être occupé convenablement de l'éducation de la Foi et des vertus théologales. Le monde donne quelque peu l'impression d'un cadavre, d'un corps sans âme, sans faculté et sans principe de vie trinitaire.

La vie surnaturelle présuppose des dispositions d'âme particulières, car l'esprit humain est bien limité et les vérités de la Révélation restent très mystérieuses. Ces vérités suprasensibles n'en demeurent pas moins des éléments tout aussi réels, plus réels même que toute autre réalité. Ces vérités de la Révélation, parce que sublimes, exigent la simplicité, l'humilité du coeur, et parce que leur contenu se situe en l'ordre suprasensible, elles exigent la libération des passions qui pourraient noyer l'âme dans un épais nuage, telles la luxure, la sensualité, l'avarice, la vanité, la jalousie, l'ambition, le goût du monde.

La vie qui nous est propre en tant qu'humains trouve satisfaction dans les évidences : c'est la vie proprement intellectuelle. La vie de la Foi, en remplissant notre âme des vérités du plus haut degré de certitude et de rectitude, ne fait qu'accroître ce climat de véracité. Le commerce d'amitié avec la Trinité nous rend tellement plus vrais. Si la vérité dans l'intelligence se construit sur la conformité de l'esprit avec les choses, la vérité de la vie s'établit sur la conformité de nos actes avec les vérités surnaturelles, avec les vérités trinitaires. Les lumières de la Foi doivent pénétrer jusque dans les détails de notre vie pratique pour les redresser et les ajuster. La Réalité Trinitaire doit mesurer toutes les réalités humaines et surnaturelles de notre vie.

La Foi signifie confiance en la Trinité

La Foi, c'est la confiance en la Trinité regardée, admirée, aimée et imitée. Le regard de la Foi dit confiance aux Trois, du mot latin "confido" qui annonce une foi concrète en quelqu'un. Ce quelqu'un pour nous, c'est le Verbe Incarné qui a capté notre confiance, qui nous a "pris", tout comme saint Paul qui avoue avoir été empoigné par Lui. Le Christ cependant n'a voulu nous saisir que pour nous reconduire au Père.

Faire confiance à la Trinité, c'est lui donner notre Foi la plus entière, c'est nous engager sur la route du dépassement que le Christ a bien voulu nous tracer par son exemple, et aider le prochain, tout comme Il l'a fait pour nous, à remonter vers le Père. Cette confiance en la Trinité ne peut qu'engendrer en nous l'abandon le plus entier. La Foi provoque la confiance et l'adhésion aux exigences à notre endroit de l'Adorable Trinité.

Faire confiance à la Trinité, c'est croire au message déconcertant, du moins en apparence, que le Christ a bien voulu nous transmettre, un message plus ou moins compréhensible, mais que j'accepte en son entier parce qu'il me vient de la Trinité par l'entremise de la Deuxième Personne venue s'incarner pour me le communiquer. Je ne me contenterai pas de croire au message, mais je prouverai le sérieux de ma Foi par une étude sérieuse, approfondie.

Avoir foi en la Trinité, c'est non seulement croire en Elle et lui faire confiance, mais c'est surtout Lui être "fidèle". Foi et fidélité viennent de la même origine latine et ont absolument le même sens. Les chrétiens sont appelés fidèles : fidèle veut dire croyant avant de vouloir dire pratiquant. Etre fidèle trinitairement, c'est vivre en accord avec sa Foi en la Trinité.

La Foi en la Trinité signifie donc fidélité de vie à l'imitation des Trois, dans l'esprit créateur du Père, rédempteur du Fils et sanctificateur de l'Esprit. C'est cette Foi vivante en la Trinité qui va nous sanctifier le plus sûrement et nous aider à poursuivre le témoignage d'un apostolat concret fait de prière et d'abnégation jusqu'au Calvaire, jusqu'à la Croix.

La Foi se prouve
par des actes concrets

Notre Foi profonde en la Trinité doit pénétrer toute notre vie personnelle : c'est la racine de l'arbre et sans elle tout se flétrit, tout se dessèche et tout meurt. Il ne suffit pas de réfléchir sur des sujets de Foi, toute notre vie trinitaire doit en subir l'influence. S'il est déjà terrible d'être aveugle, il l'est bien davantage quand on nourrit l'illusion qu'on voit tout à travers un tel aveuglement.

Quand la Foi chemine sans la Charité, on l'appelle vertu informe ou morte. La vertu de Foi n'est donc pas suffisante pour communiquer la vie; il faut y ajouter L'ACTE DE FOI. Faire acte de foi, c'est donner l'assentiment surnaturel de son intelligence, assentiment libre et certain par lequel nous croyons une vérité révélée par Dieu à cause de l'autorité de la Trinité. Cet assentiment de foi n'a rien d'un mouvement aveugle, puisque rien n'est plus rationnel que de s'en remettre à la Parole de Dieu. Cet assentiment est un acte libre et salutaire où la grâce a sa place essentielle et, avec la grâce de Dieu, le consentement et la coopération de l'homme.

En L'ACTE DE FOI, l'intelligence et la volonté doivent travailler ensemble. Si nous croyons, c'est en vertu de ce mouvement d'amitié qui doit exister entre l'âme et la Trinité, d'où l'importance de l'acte d'amour en l'acte de foi. L'acte de charité se présente comme absolument nécessaire à la perfection de l'acte de Foi. Il faut prendre garde à ne pas trop chercher l'explication de ce que la Trinité nous demande de croire; n'oublions pas les deux éléments qui constituent la Foi, l'obscurité qui lui vient de son objet et la clarté qui jaillit de son motif.

"Seule vaut la Foi agissant par la charité" (Ga. 5, 6). Quelle magnifique formule nous fournit ici saint Paul! Il nous y présente toute une mystique d'action, une Foi sans rien d'extraordinaire, qui se contente tout simplement de travailler sous l'impulsion de l'amour : "Fides quae per caritatem operat". Toute foi vécue est un témoignage. "Quand j'aurais une foi à transporter les montagnes, si je n'ai pas la charité, je ne suis rien" (I Co. 13, 2).

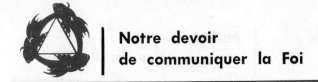

Notre devoir de communiquer la Foi

Le problème de l'ignorance demeure toujours le problème fondamental de la société actuelle. Les chefs d'état le constatent et réalisent bien que c'est l'idée qui mène le monde, d'où l'importance qu'ils attribuent aux écoles et aux systèmes idéologiques. L'école, c'est toujours la matrice du monde et, actuellement, l'intelligence s'accuse la grande malade de l'humanité.

L'Eglise, vigilante gardienne de la Foi, constate aussi avec angoisse jusqu'à quel point l'ignorance religieuse sape la vie chrétienne de ses enfants. Pie X, ce moraliste génial, ce héros de la pastorale, l'a souvent signalé. Pie XI, son successeur, ce merveilleux scientiste, a cherché à finaliser les sciences modernes. Pie XII, ce génie intellectuel, y est sans cesse revenu et a touché tous les problèmes de l'heure. Jean XXIII a déclaré à son tour que la vérité est ce dont le monde a le plus faim. Enfin Paul VI, qui vient d'accéder au trône de Pierre, a affirmé ouvertement son intention bien arrêtée de marcher sur les traces de ses prédécesseurs et de pousser jusqu'au bout les gigantesques travaux du Concile, afin de remédier à ce mal universel qu'est l'ignorance.

La Foi doit se trouver à la racine de tout et doit pénétrer tous les milieux : les milieux intellectuels où se rencontrent d'admirables savants malheureusement bornés par leur athéisme; les milieux artistiques qui peignent un Christ athlète ou un Chemin de Croix qu'il faut numéroter pour y reconnaître le sujet de chaque station; les milieux ouvriers, pour apaiser les passions et faire comprendre et respecter les droits et les devoirs réciproques de chacun. L'Eglise accomplit sagement sa mission évangélique dans le monde par ses chefs qui distribuent la lumière et ses missionnaires qui propagnent la Foi sur tous les continents. Nous devons consentir à tous les sacrifices pour favoriser cette propagation de la Foi, pour tout finaliser dans la Foi, car toute vérité doit ainsi conduire à l'unique Vérité qu'est Dieu-Trinité. L'Eglise doit pouvoir compter sur nous en cette rude tâche d'évangélisation trinitaire.

Notre Foi
se concrétise en l'Eglise

Notre Foi au Christ doit se poursuivre à l'endroit de l'Eglise. Comment concevoir une vie religieuse authentiquement chrétienne si ce n'est dans l'Eglise et par l'Eglise. Ecouter l'Eglise, c'est écouter le Christ et la mépriser, c'est aussi mépriser la Maître. Inutile de vouloir imaginer une vie spirituelle intense, une vraie vie trinitaire, sans cette participation à la vie de l'Eglise.

Pour trouver le Père, il faut avoir trouvé le Christ qui, désormais, ne se rencontre qu'à travers l'Eglise par Lui fondée et dont le rôle consiste à nous transmettre et à nous expliquer son message trinitaire. Nous avons le devoir d'écouter, de croire et de nous conformer aux exigences de l'Eglise. Quand Pierre, les Apôtres, le Pape, les Evêques prêchent, c'est toujours le Christ qui prêche par leur entremise. Quand les prêtres baptisent, absolvent, donnent le Corps du Christ, confèrent l'Extrême-Onction aux malades, c'est toujours le Christ qui agit à travers les prêtres.

Puisque la vie trinitaire nous parvient par l'Eglise, son enseignement et ses sacrements, puisque c'est dans l'Eglise et en elle seulement que nous communions au Christ, et dans le Christ à la Trinité, nous devons conclure que l'Eglise est notre mère et que nous devons la respecter et l'aimer comme telle.

Aimer et respecter l'Eglise comme des fils aimants respectent et aiment leur mère, c'est croire en elle, partout et toujours, c'est l'aider à se garder toujours jeune au milieu de toutes ces contrariétés qui lui surviennent de tous les côtés à la fois. Nous devons exercer et développer en nous le "sens" de l'Eglise, nous habituer à vivre dans l'Eglise, avec le regard de l'Eglise, à aimer toutes choses dans l'Eglise et avec l'Eglise. Pour y parvenir, nous devons nous exercer à cette vue habituelle de la Foi en multipliant les actes de Foi envers la Trinité, envers le Christ, envers l'Eglise et à l'endroit de chaque membre de l'Eglise.

Notre-Dame de la Trinité et sa vie de Foi

Par sa Foi profonde en la Parole éternelle, l'Immaculée Vierge Marie a attiré sur Elle les regards de l'Adorable Trinité; Elle a mérité d'être élevée à l'extraordinaire dignité de Mère de Dieu. "Bienheureuse êtes-vous d'avoir cru, parce qu'en vous se sont réalisés les desseins du Seigneur", lui dira Elisabeth.

Notre-Dame de la Trinité nous devient ainsi le plus parfait exemplaire de la vie de Foi, la Croyante parfaite, la chrétienne adulte. La Grâce a pleinement réussi à la faire correspondre à toute sa vocation de Foi, à réaliser sur terre, en sa pleine liberté personnelle, l'éternelle pensée de la Trinité sur Elle. Dans ses desseins éternels, la Trinité avait destiné l'Immaculée à devenir la mère humaine du Verbe éternel et tout ce mystérieux plan d'amour ne rencontra chez Marie que la plus docile acceptation.

Chez Notre-Dame de la Trinité, la Foi s'inspire toujours de la plus profonde Charité. Voyez-La à Cana où son intervention toute de Foi et d'Amour tire si bien d'embarras les deux jeunes époux profondément gênés. Déjà, en la Nuit de Noël, que de Foi il lui avait fallu pour voir ainsi Dieu se faire petit enfant entre ses bras. Elle voit l'infiniment Puissant devenu faiblesse, l'infiniment riche naître dans la pauvreté d'une grotte. Elle verra bientôt le Maître du ciel et de la terre fuir devant un roi persécuteur puis, quelques années après, travailler de ses mains pour les aider à gagner le pain de chaque jour, lui qui un jour multiplierait les pains avec tant de facilité.

Chaque événement de la vie de Jésus fournissait à Notre-Dame de la Trinité une nouvelle occasion de témoigner sa Foi en la Trinité. Son FIAT dans la Foi est constant et dit toute sa vie faite de l'abandon le plus entier au bon plaisir du Père. Ce FIAT LIBRE complètement consenti dans la Foi au Père Eternel doit aussi inspirer tous nos "FIAT" à la Trinité. Comme la Trinité attendait le FIAT de Marie, Elle continue d'attentre le nôtre pour accomplir en nous et par nous ses desseins de Création, de Rédemption, de Sanctification.

Pour réaliser
la démarche de Foi

La démarche de Foi nécessite un sérieux approfondissement, une éducation constante de cette importante vertu : c'est une démarche vitale et concrète qui engage tout l'être vis-à-vis de la Trinité et des hommes chez qui Dieu veut désormais nous rencontrer.

Croire ne consiste pas à se soumettre simplement au fait objectif de l'intervention historique de Dieu sur la terre des hommes pour nous révéler son mystère intime de connaissance et d'amour. C'est surtout adhérer à la Parole révélatrice liée à l'action trinitaire et se décider à marcher sur les traces du Verbe Incarné, la Parole révélatrice du Père.

Adhérer au fait objectif, c'est du même coup, dans une Foi bien éduquée ou qui s'éduque sérieusement, correspondre à un fait subjectif rivé au coeur de l'être humain où la Trinité veut pénétrer pour combler une attente toute légitime qui correspond à la 'bonne nouvelle' de bonheur que vient nous communiquer l'Evangile.

Se soumettre et correspondre à l'Evangile, c'est s'engager vitalement dans l'Eglise, dans la réalisation du projet trinitaire, en dépassant son propre point de vue personnel pour s'insérer dans une oeuvre plus vaste qui rejoint la Trinité à travers l'Eglise et la société. L'être humain doit désormais travailler au salut de ses frères et à la construction du Corps Mystique du Christ. Il n'a pas le droit de se contenter d'être le bénéficiaire de l'Amour des Trois, mais il doit se réaliser comme le responsable et le dispensateur de cet Amour à travers l'humanité.

L'éducation de la Foi doit nous conduire à une attitude concrète, un courageux engagement de vie au coeur de l'Eglise et de la société. Une attitude de passive soumission à la Trinité ne suffit pas : il s'agit de vivre la présence en soi de la Trinité, de communiquer cette présence comme un amour tout personnel et très près de nous, d'engager cette présence et cet amour dans un apostolat qui invite au dépassement pour réaliser le projet de la Trinité sur l'Humanité.

CHAPITRE IX

A la Trinité par l'Espérance

"Nous sommes à une heure grave de l'histoire de l'humanité et de l'histoire de l'Eglise. Heure de mutation exceptionnelle, où tout peut recommencer, selon notre espérance. Plusieurs spirituels de notre temps annoncent après une crise extrême une "Pentecôte d'amour" où le Christ deviendrait le lien synthétique d'une humanité en lui renouvelée".

A la Trinité par l'Espérance

— L'Espérance du peuple d'Israël

— Orientation nouvelle de l'Espérance

— L'Espérance du peuple chrétien

— LA TRINITE : objet de notre Espérance

— Fondements de l'Espérance :
           Bonté, Puissance et Fidélité des Trois

— Aux deux bouts de la chaîne

— Une Trinité théologale : Foi, Espérance et Charité

— L'Espérance ouvre sur la Charité

— Confiance partout et toujours

— L'Ecriture Sainte : source de confiance

— Appuyer sa vie sur l'Espérance

— Confiance pour le passé, le présent et l'avenir

— L'Espérance est bonne éducatrice

— L'esprit chrétien est essentiellement fait d'Espérance

— Par l'Espérance jusqu'au sommet de la perfection

— L'Espérance active motive l'histoire

— Dans l'Espérance d'un univers prometteur

— L'Espérance : vertu d'engagement et de dépassement

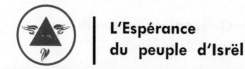

L'Espérance
du peuple d'Isrël

Bien qu'il portât en lui-même une espérance transcendante, le Messianisme juif se présentait, en ses perspectives immédiates, comme une eschatologie plutôt terrestre. L'objet de cette espérance dont le Christ constituait la mesure, le pôle, le point de rencontre, reposait sur un Royaume temporel qui revêtait l'aspect d'une cité, Jérusalem; d'une maison, le Temple.

Le Royaume désigne une collectivité qui s'élargit progressivement pour aboutir aux cent quarante-quatre mille "SIGNATI" de l'Apocalypse, chiffre symbolique du nombre complet de la multitude des élus : l'Israël définitif, l'achèvement de la Promesse dans la gloire.

L'Ancien Testament oppose constamment le nomadisme d'Israël à l'état de stabilité. Les Juifs, qui font sans cesse l'expérience du caduc, du périssable, s'orientent vers la notion d'un Royaume qui n'est pas d'ici-bas, d'une Jérusalem céleste qui s'avère comme définitive (Ap. Ch. 21). La marche au désert, durant quarante ans, favorisa chez les Hébreux cette espérance collective d'un Royaume à venir.

Dans l'Ancien Testament, l'espérance s'allume sur une perspective de résurrection collective. Le relèvement messianique d'Israël se pose sur la conception d'une résurrection d'ensemble : "Tes morts vivront, leurs cadavres ressusciteront! Réveillez-vous, chantez, vous qui gisez dans la poussière, car ta rosée est une rosée de lumière; et du sein de la terre les ombres renaîtront" (Is. 26, 19).

Dans ce Royaume où les morts revivront, DIEU sera présent. Il ne s'agit pas encore d'une union proprement dite telle que nous la laisse entrevoir le NOUVEAU TESTAMENT, mais nous soupçonnons déjà cette union avec la Trinité à travers ce phénomène social que nous présentait alors ce mouvement collectif du messianisme. Nous comprenons beaucoup mieux, depuis la venue du Christ, la signification de la Jérusalem céleste, de la Maison du Père, du Temple, de la Cité, du festin messianique d'Israël (Is. 25, 6-9).

Orientation nouvelle de l'Espérance

Dans le Nouveau Testament, la présence de la **Trinité** en nous s'accomplit comme un fait personnel, une communion de Personnes divines au coeur de notre pauvre personne humaine. Cette notion jouissait de peu d'importance à l'époque du messianisme où le mouvement collectif semblait plutôt dominer. Nous remarquons, cependant, en ce messianisme terrestre, du moins en ses perspectives immédiates, un fond spirituel où la notion de personne devrait se développer.

Pour ce qui est de l'immortalité à laquelle on croit généralement, les uns la font consister en une union personnelle à Yahvé, alors que les autres s'arrêtent tout simplement à une rétribution sur une base de justice : c'est la double manière de penser des âmes saintes d'une part, et des âmes qui se contentent de s'appuyer sur la sagesse, d'autre part. Avec les Psaumes surtout, se dessine un désir de présence de Dieu et d'union à Lui. Certains d'entre eux présentent même une note très personnelle, qu'il s'agisse de la Maison de Dieu, de son Visage ou de toute autre comparaison : "Mon Dieu, j'aime la beauté de ta Maison, le lieu où réside ta Gloire" (Ps. 26, 8); "Cherchez Yahvé et sa force, cherchez constamment SA FACE" (Id. 4).

De plus en plus se précise donc une aspiration concrète vers la présence de Dieu et l'union à Lui. Avec la résurrection généralement admise, on adhère au jugement par Yahvé en même temps que grandit la foi en sa justice et en sa bonté. De plus en plus s'enseigne l'autonomie de la Personne humaine qui, seule, répond de ses actions et reçoit ici-bas sa récompense ou son châtiment. Avec le Livre des Proverbes et davantage avec celui de la Sagesse, moins d'un siècle avant le Christ, l'orientation de l'espérance se précise avec une certitude de résurrection, d'immortalité et de possession de Dieu dans l'amour : Dieu a tout créé pour la vie : Il a créé l'homme pour l'immortalité et l'a fait à l'image de sa propre nature.

Les deux premiers chapîtres de la Sagesse nous renseignent bien sur le sens de cette destination éternelle, de cet immortel amour dont Dieu couvre ses créatures.

L'Espérance
du peuple chrétien

Plus que l'Ancien, le Nouveau Testament insiste sur le caractère divin de notre espérance, sur le caractère surnaturel de notre éternelle Béatitude : "Bienheureux les coeurs purs, car ils verront Dieu" (Mt. 5, 8). La pureté est nécessaire pour "contempler la Face de Dieu". En cette sixième Béatitude, comme dans les Psaumes onzième et dix-septième qu'elle prolonge, c'est la pureté intérieure qui est requise.

La sixième Béatitude perfectionne l'idée que se faisaient les Juifs quand ils parlaient de "voir Dieu", de "contempler sa Face". C'est toujours l'idée de service, mais d'un service qui s'accompagne désormais d'un réel sentiment de bonheur, résultat d'une présence divine qui se concrétise toujours davantage. Les coeurs purs verront Dieu, non pas d'une vision intellectuelle, mais dans cette intimité de présence où l'âme trouve joie et paix.

Avec le Nouveau Testament se réalise cette élection que Pierre appelle "notre participation à la nature divine" (1 P. 1, 4). Saint Jean va plus loin : c'est une participation à la vie du Christ, une communion vitale avec le Père et l'Esprit (Jn 14, 20; 17, 20-26; Ap. 22, 1-5). L'espérance du peuple chrétien oriente donc vers une réelle communion au Fils et à l'Esprit qui, dans saint Paul, nous constitue fils adoptifs du Père et héritiers de sa gloire (Rm. 8, 14-24; Ga. 4, 4-7; Ep. 1, 5).

Enfin, la vision de Dieu, le fait de "le voir tel qu'Il est" marquera l'achèvement et la parfaite révélation de cette filiation divine. Cette vision nous transformera, nous transfigurera (2 Co. 3, 18). Notre espérance doit s'orienter désormais vers une réelle réciprocité de connaissance parfaite entre l'homme et la Trinité. Notre espérance débouchera sur la connaissance d'un Dieu que nous avons reconnu et que nous avons choisi, d'un Dieu à qui nous nous sommes donnés dans la Foi comme Il s'était donné à nous dans l'Amour. Notre espérance nous guide vers l'Unité dans la Trinité et la Trinité dans l'Unité, au coeur d'une contemplation éternelle qui nous rassemblera tous dans la joie et l'amour.

LA TRINITE :
objet de notre Espérance

Envisagée comme attitude naturelle de l'âme, l'espérance se présente comme l'une des onze passions humaines. Mouvement de l'appétit irascible, elle tend vers un bien futur, un bien possible certes, mais ardu à conquérir.

Mais, l'Espérance est aussi une vertu surnaturelle, au sens propre du mot. Alors, son objet matériel se fixe en la béatitude éternelle et son objet formel en la toute-puissance auxiliatrice de la Trinité, en tant qu'une telle puissance suppose la bonté, la miséricorde et la promesse divine, d'où l'on peut définir l'espérance : une vertu infuse par laquelle nous attendons de notre Père du Ciel, par l'entremise du Verbe Incarné et l'intervention de leur mutuel Esprit, une participation du Royaume des Trois et les grâces nécessaires pour y parvenir.

Si la Trinité constitue la source de notre espérance, son jaillissement se doit d'être infini : l'effet se proportionne à sa cause et la puissance trinitaire de Dieu ne peut que conduire à un bien trinitaire, donc infini. Et puisque ce bien infini ne peut être que la jouissance de Dieu Lui-même, il s'ensuit que la vie éternelle est l'objet de notre espérance, d'où le caractère surnaturel de cette vertu qui nous permet d'atteindre la Trinité de Qui on ne peut espérer qu'un bien à Elle proportionné, car la bonté par laquelle Elle communique ses biens aux créatures n'est pas moindre que son essence.

De même que normalement on ne devrait pouvoir espérer surnaturellement aucun bien que la Béatitude surnaturelle, ainsi ne devrait-on considérer aucune créature comme cause première pouvant conduire à cette Béatitude. Si nous plaçons notre espérance dans les humains, dans les saints, c'est en tant qu'ils jouent le rôle d'agents secondaires en la recherche de l'éternelle Béatitude, de l'éternelle résurrection fondée sur la Résurrection même de l'Un des Trois qui est venu s'incarner pour nous "trinitariser" et nous remettre dans l'Amour qui Les anime.

Fondements de l'Espérance : Bonté, Puissance et Fidélité des Trois

"Approchons-nous de Dieu et Il s'approchera de nous" (Jc. 4, 8). N'espérer que dans le secours de l'Adorable Trinité, c'est l'heureuse disposition de l'être humain qui "ne fait plus de la chair son bras" (Jr. 17, 5), mais qui dit à Dieu : "Soyez notre bras dès le matin" (Is. 32, 2). Ne jamais désespérer, à l'exemple de Job, demeure l'essentiel. "Quand même il me tuerait, j'espérerais en Lui" (Jb 13, 15).

La valeur de l'espérance repose sur la bonté et la puissance de Dieu; c'est son motif. Abraham espère "contre toute espérance" et il s'en va au Moriah pour immoler son fils, pensant bien que "Dieu est assez puissant pour ressusciter ce fils d'entre les morts" (Hé. 11, 19). Puissance et bonté ne peuvent se séparer : appuyés sur elles, nous croyons à la charité que Dieu a pour nous (Jn 4, 16).

La bonté ne suffit pas à elle seule pour engendrer la confiance. Nous espérons en la Trinité parce qu'elle est infiniment bonne, oui, mais ce n'est pas tout. Nous connaissons sa Toute-Puissance et nous savons qu'Elle peut nous porter secours. La protection toute-puissante du Dieu-Trinité appuie notre espérance. Il faut espérer, ne jamais douter, puisque notre secours est de Dieu et en Dieu (Ps. 120, 2).

Si Dieu est bon et puissant, Il est aussi fidèle : "Une mère peut-elle oublier son enfant, n'aura-t-elle pas pitié du fruit de ses entrailles? Eh bien! quand même les mères oublieraient, moi je ne vous oublierai jamais" (Is. 49, 15; 54, 10). Nous sommes au service d'une Trinité bonne, puissante et fidèle. Toute la création est son oeuvre et manifeste bien ses attributs. Pour les mieux mettre en lumière, Dieu le Père envoie Son Fils sur la terre pour nous en donner de nouvelles preuves.

La Trinité a raison de nous faire un devoir de nourrir en Elle une confiance absolue, puisqu'Elle nous enveloppe, avec tant de fidélité, de sa puissance et de sa bonté miséricordieuse.

Aux deux bouts
de la chaîne

Pour obtenir une espérance pure, surnaturelle, parfaite, il faut d'abord se dépouiller d'une sotte confiance en soi. Les fondements de l'édifice de notre espérance théologale s'appuient sur l'humilité, la connaissance vraie et profonde de notre néant, de notre impuissance, de nos misères. La confiance de Thérèse de l'Enfant-Jésus était toute pénétrée d'humilité et la conscience de sa faiblesse fut son plus grand motif d'espérance. C'est même en sa petitesse et ses misères qu'elle puisait les principaux motifs de sa confiance.

La connaissance de soi par l'humilité construit une première base à la confiance. Dieu tient l'orgueilleux en horreur. Sans la Trinité, nous ne pouvons former une pensée qui puisse Lui plaire. Elle seule peut nous donner cette défiance de nous-mêmes, défiance excellente, si elle est bien comprise, puisqu'elle sert de fondement à la confiance que nous devons nourrir à l'endroit de Dieu; une telle défiance est toute différente de celle qu'inspire Satan dont l'objectif est d'orienter l'âme vers l'inquiétude et le découragement. L'humilité vraie se juge à ses fruits au nombre desquels n'apparaît nullement cet abattement du coeur.

La connaissance de Dieu par une foi vive et un ardent amour nous apparaît comme la seconde base de l'Espérance. Sainte Thérèse de Lisieux jouissait d'une connaissance étonnante des divines perfections et, en particulier, de cette charité miséricordieuse qu'elle a si bien su chanter. Peu d'âmes ont scruté aussi loin les profondeurs de l'Amour Miséricordieux, et goûté la douceur de l'abandon confiant.

La crainte inspirée par la connaissance de notre faiblesse doit toujours être tempérée et dominée par une inébranlable confiance en la Trinité. La crainte et l'espérance ne peuvent se développer l'une sans l'autre : la crainte sans l'espérance livre sa victime au désespoir et l'espérance sans la crainte oriente vers la présomption. La défiance alliée à la confiance constituent deux précieux gages de victoire dans le combat spirituel.

Une trinité théologale :
FOI, ESPERANCE et CHARITE

De la Foi qui nous révèle la Trinité et les biens par Elle promis procède l'Espérance qui marque vraiment un pas en avant. Saint Thomas la définit un mouvement vers le bien. Saint Paul dit qu'elle s'avance jusqu'au-dedans du voile (Hé. 6, 19). L'espérance, accompagnée de sa soeur, la foi, nous transporte au-dessus de nos rêves, au-dessus de nous-mêmes, pour déboucher dans une vision de paix toute céleste.

L'Espérance indique aussi une attente. La connexion se fait puissante entre elle et la Foi. Pour espérer, il faut croire. Faire pénétrer un peu de foi dans un coeur découragé, c'est comme injecter un peu de sang dans un corps qui se meurt. L'acte de Foi et l'acte d'Espérance s'unifient dans l'acte de Charité, le plus important de tous.

Rien n'est plus logique que cette vie théologale : pour avoir confiance en quelqu'un, il faut croire en lui et pour croire, il faut lui avoir donné sa confiance, tout comme il faut aimer pour mériter l'amour d'un autre. L'Amour retrouve donc la Foi et l'Espérance comme ses principales conclusions, tout comme il les avait acceptées pour bases, bases qui se sont solidifiées de plus en plus au contact de son feu.

Le naturel ne s'oppose pas au surnaturel. La grâce perfectionne la nature au lieu de chercher à la détruire. Le monde a plus que jamais besoin d'une saine espérance, d'une confiance vraie qui ne se trouve qu'en l'Espérance théologale. Si ce manque de confiance vient souvent d'un mal psychique, il résulte aussi d'une absence de Foi avec, comme conséquence, tout l'opposé de la Charité.

Les vertus théologales établissent un courant direct entre la Trinité et l'âme. L'objet de la direction spirituelle est de maintenir ce courant, d'enlever les obstacles qui empêchent l'âme de saisir le fil chargé d'électricité surnaturelle. Rien ne doublera nos efforts et nos puissances d'aimer comme ces deux éléments indispensables : La Foi et la Confiance.

L'Espérance
ouvre sur la Charité

L'amour comporte l'espoir d'une union, une tendance vers l'unité, le désir de s'unir à un autre et de le tenir pour soi-même. Les conséquences de cette union d'amour se manifestent dans le désir et l'espérance d'obtenir pour l'être aimé le même bien que l'on convoite pour soi-même. Tout comme d'une même vertu on aime Dieu et le prochain, ainsi par la seule espérance, on espère pour soi et pour autrui. L'Espérance s'ouvre ainsi sur la charité tout autant que cette vertu favorise le développement de l'Espérance.

L'espérance cependant reste inférieure à la charité puisqu'en cette dernière on aime la Trinité pour Elle-Même, ce qui est plus parfait que de L'aimer pour soi comme c'est le cas pour la deuxième vertu théologale. Bien que postérieure à l'espérance dans l'ordre de la génération, la charité l'emporte sur elle dans l'ordre de la perfection. C'est cette charité, plus forte que l'espérance, qui faisait dire à une petite âme confiante : "Quand bien même vous me tueriez, Seigneur, j'espérerais encore en Vous".

Le sentiment qui précède le dévouement désintéressé s'exprime en un désir de perfectionnement suprême qui constitue l'espérance théologale : c'est un sentiment surnaturel qui oriente vers le dégagement de soi et l'engagement au service des Trois. L'amour de soi est très imparfait, mais quelque peu dans l'ordre, surtout dans les débuts de la montée spirituelle. Cette orientation vers Dieu, non encore entièrement dépouillée d'égoïsme, n'est d'ordinaire qu'un acheminement vers un attachement plus désintéressé qui finira par se préciser à l'endroit de la Trinité.

Dans l'amitié humaine, n'est-il pas quelque peu normal que nous soyons attirés d'abord par un avantage escompté. Ainsi, Dieu force l'attention de l'âme qui, ayant la foi et l'espérance, ne possède pas encore la charité. Ces vues intéressées s'épurent par le fait d'une bonne volonté persistante. Un moment vient où l'attrait victorieux de la grâce tourne le coeur à aimer la Trinité pour Elle-même. Il ne faut jamais désespérer de voir ce moment décisif se réaliser.

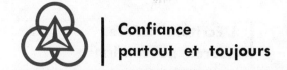

Confiance
partout et toujours

Le découragement après une faute est l'ennemi le plus terrible de l'âme. C'est un bloc de plomb qui nous précipite au fond du gouffre. Ce n'est pas tant de nos fautes que Satan se réjouit comme de l'abattement où elles nous jettent. Le mal qu'on a accompli est peu en comparaison de celui qu'on se fait par le manque de confiance en la Trinité, qui défend qu'on se décourage jamais à la vue de ses misères.

Un grand motif de confiance réside dans le fait de savoir et de croire que Dieu veut exterminer le péché, mais nullement le pécheur. S'il en vient à S'attaquer au pécheur, ce n'est qu'à cause de la faute. Il fait tout pour séparer le péché du pécheur et pour anéantir celui-là en sauvant celui-ci, ne se décidant à abandonner le coupable que lorsque l'obstination de sa libre volonté pécheresse, ne permettant plus à Dieu d'exterminer le péché dans le pécheur, Le force, pour ainsi dire, à laisser le pécheur à son péché.

De plus, si nous osons nous permettre semblable considération, n'est-ce pas un peu à nos péchés que Marie doit l'accroissement indéfini de sa gloire au coeur de la Trinité? Serait-Elle Mère du Rédempteur en l'absence de nous tous, pauvres pécheurs à racheter? D'une manière fort mystérieuse n'avons-nous pas contribué à procurer à cette Vierge bénie le bonheur d'être désormais Notre-Dame de la Trinité, la Mère du Sauveur de l'humanité? Le divin Médecin serait-il descendu des cieux si la maladie du péché n'avait existé sur terre? Or, ce Médecin divin n'abandonne jamais ses malades, quelles que soient leurs rechutes.

Le manque de confiance demeure souvent, malgré sa fréquence et sa gravité, le péché dont on s'accuse le moins. Ce manque de confiance marque l'état de ces âmes qui tournent en rond, de ces âmes qui piétinent en leur vie chrétienne plutôt que de prendre leur envol vers les hautes sphères où la Trinité les appelle. La confiance est le point d'appui sur lequel doit s'appliquer le levier puissant de notre bonne volonté pour soulever notre âme jusqu'aux plus hauts sommets trinitaires.

L'Ecriture Sainte :
source de confiance

L'Ecriture Sainte présente bien des faits, et des plus riches, pour augmenter notre confiance. Non seulement l'Evangile, mais tout l'Ancien Testament nous invite à découvrir cette merveilleuse influence de la confiance. Arrêtons-nous cependant sur certaines scènes de l'Evangile.

Au lac de Génésareth, un véritable lac à surprises, le Maître dit à Simon : "Pousse en eau profonde et jette les filets pour pêcher". Simon répond spontanément : "Nous avons peiné toute la nuit "per totam noctem" sans rien prendre." Quelle idée, de faire jeter les filets en plein jour! Ne sait-il pas que la nuit est le moment propice pour la pêche? Il jette quand même les filets . . . et voilà qu'ils se remplissent à se déchirer. La confiance de Pierre a reçu sa récompense. Jésus en profite pour lui dire : "Désormais, tu seras pêcheur d'hommes" (Lc 5, 1-12). Quelle merveilleuse invitation au dépassement!

La marche du Seigneur sur les eaux témoigne aussi en faveur de l'espérance théologale. Ce miracle qui, du moins à première vue, nous semble très peu utile, pourrait même, si on le séparait de l'Evangile et de son contexte, nous paraître un coup de théâtre sans grande portée. "Pourtant, la leçon que nous pouvons tirer de ce récit présente tant de richesses.

La barque des Apôtres est battue par les flots qu'un vent contraire soulève violemment. Jésus vient alors et marche sur le Lac. La première réaction des Apôtres est l'effroi : Ils croient voir un fantôme. "Courage! C'est Moi, dit Jésus, n'ayez aucune peur". Matthieu nous raconte comment Pierre, imitant le geste du Maître, se lance, lui aussi, sur les eaux. Aussi longtemps qu'il regarda le Christ, il demeura en surface, mais dès qu'il jeta les yeux vers la mer, aussitôt il commença à enfoncer; "Homme de peu de foi, pourquoi as-tu douté?" lui dit Jésus, en lui reprochant son peu de confiance. "Et quand ils furent montés dans la barque, le vent tomba" (Mt. 14, 22-33). Admirables exemples qui nous font placer notre confiance en Jésus.

Appuyer sa vie sur l'Espérance

La confiance doit briller en notre vie comme le soleil dans la nature. De même que la plante meurt sans soleil, ainsi l'âme finit par s'éteindre sans espérance. Au moment où l'être humain cesse d'avoir confiance dans les principes vitaux qui agissent en lui, les éléments destructeurs l'atteignent et le dépriment.

Ne laissons-nous pas un peu entraver notre espérance par la vieille doctrine que l'homme est dépravé par nature, alors que la vérité se présente tellement différente? Aucune dépravation irrémédiable n'existe en l'être humain tel que créé par l'Adorable Trinité. Il importe beaucoup plus d'insister sur la filiation divine que de s'appesantir sur la chute de l'humanité. Un prince qui a du sang royal dans les veines doit manifester son rang avec fierté, virilité, dignité et assurance. L'être humain n'est pas l'esclave de Dieu, mais le fils du Père Eternel, le frère du Verbe Incarné. Le découragement ne doit jamais faire l'apanage de l'être qui a découvert le côté divin de sa nature et le sentiment intime de sa communion avec la Très Sainte Trinité.

Bâtir sa vie sur l'Espérance, c'est avoir confiance en soi pour ensuite transmettre cette confiance aux autres, mais une confiance en soi qui va chercher ses racines dernières au coeur de la Très Sainte Trinité. Cette confiance doit naître au coeur de ses pensées avant d'en venir à s'exprimer dans les actes. Avant de créer une opinion chez les autres, il est essentiel de commencer chez-soi, dans son âme propre.

Entretenons constamment la pensée de ce que nous souhaitons devenir éternellement au coeur de la Trinité. Les pensées sont des puissances qui finissent par modeler et façonner toute notre vie. Nourrissons notre âme d'une pensée pure, loyale, grande, d'une pensée toute trinitaire, et nous finirons par nous "trinitariser" de la manière la plus merveilleuse. Nous ne sommes pas créés pour l'insuccès, mais pour un succès qui doit aboutir et trouver son achèvement au coeur des Trois Divines Personnes.

Confiance pour le Passé le Présent et l'Avenir

CONFIANCE POUR LE PASSE qui nous invite à tout espérer de la puissante miséricorde de l'Adorable Trinité. Ne gaspillons pas notre temps à nous inquiéter, à nous demander si nous sommes en état de grâce. Si nous le sommes, restons-y! Si nous ne l'étions pas, demandons à Dieu de bien vouloir nous y établir par une confession humble et sincère où nous croyons à une véritable absolution; puis, allons de l'avant. C'est manquer de perspective que de vouloir juger du passé sans la lumière bienfaisante de la miséricorde trinitaire. S'inquiéter sans cesse du passé, c'est s'enfermer dans une chambre de plomb, pour y tourner en rond comme l'écureuil dans sa cage.

CONFIANCE POUR LE PRESENT dont Dieu seul est le Maître et sachons le bien employer! Nous ne savons de quoi sera bâti notre lendemain, mais profitons bien de la minute présente que la Trinité met à notre disposition! A chaque jour suffit sa peine. A l'exemple de Thérèse de Lisieux, répétons avec calme et abandon : "Rien que pour aujourd'hui". Ce procédé de conférer une valeur éternelle à l'instant présent perfectionne tellement la qualité de notre espérance.

CONFIANCE POUR L'AVENIR! Si Dieu revêt les lys des champs et fournit aux oiseaux toute la nourriture nécessaire, à plus forte raison prendra-t-il soin de nous, ses enfants, nous qu'Il a créés par amour et à son image afin de nous laisser participer à sa joie et à son bonheur. Abandonnons-nous généreusement à la Trinité qui sait tellement mieux tout ce dont nous avons besoin.

Notre espérance semble un peu comme la mesure que nous présentons à l'Adorable Trinité pour La libérer ou La limiter dans ses prévenances et ses dons à notre endroit. On obtient généralement de la Trinité autant qu'on en espère. La confiance est la voix d'un fort courant intérieur qui nous tient en communion constante avec la toute-puissance des Trois. Dieu est là, tout au centre de notre vie, et un jour nous réaliserons en qui nous nous sommes confiés. Ne craignons donc plus d'être déçus.

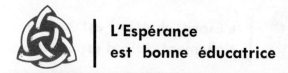

L'Espérance
est bonne éducatrice

Une réelle éducation à base de confiance commence en soi-même et s'allume au désir de ne jamais battre en retraite, de brûler généreusement tous les ponts derrière soi pour briser l'indécision, la tendance au découragement. Il importe de se créer une mentalité gaie, joyeuse, une mentalité de conquête qui engendre le courage nécessaire pour continuer la route quand tout paraît noir et que se dressent, nombreux, les obtacles en apparence les plus insurmontables.

Méfions-nous de la fausse tristesse, car Dieu n'aime pas l'esclave qui sert d'un un air maussade : "Hilarem datorem diligit Deus", nous dit saint Paul. Si Dieu aime celui qui donne librement et avec joie, prenons bien garde d'imiter ces pessimistes dont les ailes semblent à jamais brisées et appuyons notre vie sur une pensée riche et forte, une pensée toute centrée sur le puissant motif d'espérance qu'est la Toute-Puissance des Trois!

Toujours regarder en haut et toujours en avant, telle semble bien la consigne favorable à l'épanouissement d'un climat de confiance. C'est quand nous nous appesantissons trop sur nos misères, nos faiblesses et nos fautes que nous perdons pied et bifurquons vers le désespoir. Si nombreux et si graves que soient nos péchés, il faut nourrir une pleine confiance en la Trinité dont la miséricorde ne connaît aucune borne et dont la plus grande gloire semble s'enrichir par l'engloutissement de nos fautes au coeur de son Amour Miséricordieux.

Sachons jeter l'ancre en plein océan trinitaire et fixer en toute confiance la Bonté et la Miséricorde des Trois Personnes de l'Adorable Trinité qui ont si sagement et si généreusement collaboré à notre salut. Cette confiance en la Trinité ne manquera pas de doubler nos forces et nous conduira au succès dans l'apostolat que la Providence a bien voulu nous confier. Le Sang du Verbe Incarné, versé jusqu'à la dernière goutte, nous invite à nous jeter en toute confiance dans les bras du Père.

L'Esprit chrétien est essentiellement fait d'espérance

Rien n'est plus néfaste que de détruire la confiance chez quelqu'un la confiance en lui-même et l'Espérance en Dieu. La confiance est l'éclaireur qui prépare le chemin. Une seule qualité sérieuse, mais étoffée de beaucoup de confiance, l'emporte sur un amoncellement de talents dépouillés de cette vertu.

La Trinité veut nous traiter comme ses enfants, avec beaucoup de bonté, de respect et de magnanimité. Pour en profiter, il faut savoir s'éduquer soi-même à la confiance, nourrir toutes les pensées d'amour, d'espoir, de courage qui jaillissent de ce climat trinitaire profondément compris. Si les flèches mortelles des paroles décourageantes qu'on n'a pas su maîtriser s'enfoncent de plus en plus avec les années, les pensées pessimistes qui n'ouvrent pas sur l'avenir n'en présentent pas moins de danger. L'espérance soulève tout; le désespoir écrase tout.

La lutte doit s'engager contre toute idée noire, toute pensée d'écrasement. De quels avantages ne jouit pas celui qui est parvenu à se maîtriser suffisamment pour sourire intérieurement et extérieurement, même dans les situations les plus sombres! Quel merveilleux programme de vie que de chercher à montrer toujours et partout une âme joyeuse, un visage rayonnant la gaieté! Si le Père nous a donné son Royaume et ses richesses, c'est bien pour répandre la joie et non la tristesse.

Surveillons notre vie spirituelle, notre mentalité intérieure pour ne jamais devenir les esclaves de ces idées sombres et déprimantes. Gardons notre équilibre humain pour mieux protéger notre équilibre surnaturel, notre équilibre trinitaire! Il ne dépend que de nous de réaliser un paradis au sein de nos familles ou de nos communautés. Le va-et-vient de nos pensées prépare généralement ou un abîme d'amour, ou un abîme de haine ou un abîme d'indifférence. Vivons donc de l'esprit chrétien essentiellement fait de confiance et de paix!

Par l'Espérance jusqu'au sommet de la perfection

Lancé dans la vie sans connaître son lendemain définitif, comment le voyageur humain n'éprouverait-il pas une certaine angoisse? Inquiet de sa destinée, de l'au-delà qu'il connaît si peu, inquiet plus immédiatement de la vie matérielle, de la famille, du pain quotidien, à quel roc lui faut-il accrocher son ancre d'espérance pour jouir d'une réelle assurance?

L'Evangile fournit la réponse à tous ces points d'interrogation. Réfléchissons, par exemple, sur la tempête apaisée! Le Christ, humainement dormant mais divinement en éveil, sait qu'Il peut calmer toutes les tempêtes, apaiser toutes les craintes aussi bien à l'état de veille que quand Il semble dormir. Au milieu de nous, dans le silence du Tabernacle, Il nous laisse parfois dans le noir, le doute et l'inquiétude, nous donnant un peu l'impression d'être absent alors qu'Il nous est plus présent que jamais. Quand son heure aura sonné, Il saura bien commander au vent et calmer la tempête : "Silence! Calme-toi!" Et tout s'apaisera.

Quand une âme désire sincèrement sa perfection, la Trinité oriente toutes les circonstances d'ici-bas afin que cette âme parvienne à une mort mystique qui favorisera la réalisation d'une vie trinitairement vécue. Tous les mérites du Sauveur travaillent au service de l'âme qui cherche Dieu, en sorte qu'un climat de grande confiance établit la relation entre la puissance infinie des Trois et l'impuissance humaine d'en-bas. Cette confiance fournit la force pour dominer les obstacles inévitables sur le chemin d'une réelle perfection.

Pour bien réussir en la montée trinitaire, il faut développer cette vertu théologale de l'Espérance. L'âme craint tout de sa faiblesse, mais espère tout de la bonté du Père, de la souffrance et de la mort du Verbe Incarné, de l'amour si prévenant et si délicat de l'Esprit. L'Espérance devient source d'une activité très féconde par le brûlant désir qu'elle engendre de posséder Dieu-Trinité et de ne travailler désormais qu'à sa plus grande gloire dans le temps et pour l'éternité.

L'Espérance active
motive l'histoire

L'être humain désire le bonheur et veut progresser pour le réaliser. Une espérance active l'oriente sans cesse vers l'avenir : Il veut bâtir au profit de sa famille, au profit de la société. L'espérance lui fait accepter les peines de l'existence, toujours avec cette encourageante perspective que tout finira bien par se placer et que tout ira mieux demain.

Nous vivons dans un univers excessivement rapide en transformations sur tous les plans, un univers où les dynamismes successifs provoquent une vision toujours changeante du monde. Le statique cosmos du passé, où l'avenir consistait plutôt à regretter de vieillir, a depuis longtemps fait place à un dynamisme où les structures changent continuellement et deviennent de constantes et fluctuantes structurations.

Les temps actuels semblent plus chargés d'espérance que l'époque précédente où l'on se contentait de vivre simplement, où le fils succédait à son père en attendant de laisser la succession à ses propres enfants sans avoir à s'adapter à un progrès constant dans lequel l'humanité se sent de plus en plus engagée?

Les temps que nous vivons sont des temps prometteurs, des temps créateurs, des temps lourds de craintes et de dangers peut-être, mais plus encore chargés d'espérances. Nous avons tous un rôle concret à jouer dans la marche de l'histoire et nous devons vivre dans l'espérance de bien remplir ce rôle assigné par la Trinité à chacun d'entre nous. Ce serait dommage de s'endormir dans un pessimisme chagrin qui se contente de regretter le passé et de craindre la mort, au lieu de s'engager en toute confiance au service d'une humanité que nous devons orienter vers Dieu.

Une Espérance active motive l'histoire et devrait nous stimuler à redonner à l'univers et au monde leur véritable orientation. Plus que jamais l'Eglise s'intéresse au progrès du monde moderne, dans un climat de confiance et d'espérance. Nous devons partager cette confiance et collaborer pour que l'univers réalise son hymne de gloire.

Dans l'espérance
d'un univers prometteur

Depuis l'avènement de l'ère technique on constate qu'un lourd pessimisme, basé sur la conviction que tout va mal et que tout va continuer de mal fonctionner, assombrit les fronts. On oublie trop que c'est l'homme qui est cause de ce malaise et on a sûrement raison de se demander quelles orientations vont prendre demain toutes ces nouveautés techniques, nucléaires, économiques et même politiques qui naissent chaque jour.

Ceux-là se trompent qui voient dans la technique la réponse à la recherche de bonheur de l'humanité. Sans doute le progrès scientifique peut améliorer les conditions de vie de l'homme sur terre; mais il n'atteindra ce but qu'en respectant l'ordre des valeurs créées et en favorisant l'ascension de l'homme vers sa fin ultime : l'éternelle possession de Dieu. C'est pourquoi toutes les réalités, qu'elles soient techniques, politiques, économiques, culturelles, ou autres, doivent avant tout répondre aux exigences de la personnalité humaine et respecter sa dimension d'éternité.

Il faut vivre dans l'espérance réaliste d'un univers prometteur où l'homme, conscient de sa destinée surnaturelle, pourra s'y exprimer librement, en marchant avec assurance, à la suite du Christ, vers la maison du Père. La cité terrestre ne comporte en soi aucune valeur d'absolu : au lieu de la déifier, il importe de l'aménager selon les vues de son Créateur dont le dessein d'amour dépasse tout ce que l'homme peut espérer.

Dieu veut que les biens matériels soient mis au service des personnes, qu'une chrétienne solidarité se réalise sur tous les plans et entre tous les peuples, que la cité terrestre continue à se développer, mais dans le respect constant de sa relation à la Trinité Créatrice. Or, la grande tentation du monde moderne c'est d'ériger une cité terrestre sans Dieu, une cité où la personne est sacrifiée au profit de la collectivité, une cité où le monstre sans entrailles du matérialisme tue l'idéal et barre l'horizon des âmes de son plafond d'acier. Et un monde où la Trinité n'a plus sa maison devient toujours plus inhumain et indigne de l'existence que Dieu consent quand même à lui conserver.

L'Espérance : vertu d'engagement et de dépassement

Croire n'est pas savoir. La Foi est une certitude de l'esprit, mais une certitude qui résulte d'un engagement personnel et qui, en conséquence, n'est pas directement communicable en elle-même. Un missionnaire peut bien dire aux Noirs d'Afrique par exemple qu'il a rencontré Dieu dans la prière, dans la réception des sacrements, mais eux qui ne l'ont pas rencontré doivent lui faire confiance pour le croire. Je dois ainsi faire confiance au Christ dans la révélation qu'Il me fait de Son Père et de l'union extraordinaire qui marque leur vie d'intimité.

Faire confiance au Verbe Incarné, c'est s'appuyer sur Lui, c'est espérer qu'il comblera notre vif désir de bonheur, et nous aidera à reconstruire le monde qui a tant besoin de l'architecte divin. Bien que parfois nous ayons la tentation de nous désolidariser, d'abandonner notre responsabilité en face de l'orientation de l'univers, il vaut mieux entretenir un optimisme lucide qui sait que le Créateur aura le dernier mot dans la tournure des événements.

Nous vivons dans un monde de progrès où se multiplient les dynamismes dont nous devons favoriser les bons fonctionnements. Notre réussite dépendra de la lucidité de nos engagements profondément humains et surnaturels. L'histoire comptera encore des échecs à travers sa rapide évolution; mais l'Espérance, comme vertu d'engagement et de dépassement, soutiendra nos efforts pour préciser et orienter la louange cosmique de notre univers.

Dans un climat riche d'espérance, poursuivons l'achèvement de la création, essayons d'en faire un temple digne de la Trinité, grâce au Christ Mystique dont nous sommes un membre vivant. C'est à l'être humain, au bénéficiaire de l'amour des Trois, qu'il revient de bâtir ce Temple, de préparer la Jérusalem céleste où l'humanité sera définitivement restaurée dans le Christ, à la plus grande gloire de l'Adorable Trinité.

CHAPITRE X

Au royaume de l'Amour

Créé à l'Image et à la ressemblance des Trois, dans l'Unité et pour la Trinité, l'être humain a besoin de concentration et de relations : un tel besoin ne trouve sa solution que dans l'amour.

Au royaume de l'Amour

— La rencontre de trois Amours
— L'orientation équilibrée des trois Amours
— La Charité n'habite pas dans le concupiscible
— La Charité est pur don de la Trinité
— La Charité : forme des vertus
— Pas de véritable vertu sans la Charité
— La Charité l'emporte sur la Foi
— La Charité renforce la Foi et l'Espérance
— Supériorité de la Charité qui possède la Trinité
— La Charité s'exerce en climat de liberté
— Evolution qualitative de la Charité
— Bienveillance et bienfaisance vis-à-vis de la Charité
— Besoin universel d'aimer et d'être aimé
— L'amour appelle l'amour
— Pour mieux apprendre à aimer le Père
— Aimer la Trinité, c'est lui obéir
— L'amour ne varie pas chez Dieu
— L'amour est le dernier mot de tout

La rencontre
de trois Amours

C'est l'amour diffusif de Dieu qui a tout créé; et tout doit lui faire retour dans l'amour. La Trinité veut que l'homme soit heureux; mais ce dernier se rend malheureux en ne maintenant pas dans l'ordre les trois amours qui l'emportent à tour de rôle. Car, trois amours habitent l'homme, chacun à sa façon ou avec ses manifestations propres.

Au sommet ou, si l'on veut, dans la partie supérieure de l'âme, réside l'amour spirituel, tendance de la volonté, sous un nom bien connu : l'amitié. La vie trinitaire, pour le signaler en passant, celle-là même à laquelle Dieu veut nous associer pour l'éternité, qu'est-elle, en somme, sinon une amitié vécue, le plus spirituelle, la plus pure, la plus indéfectible?

A un niveau moins élevé, celui de la sensibilité et de ses retentissements jusque dans notre coeur de chair, réside l'amour sensible. Déjà plus mêlé ou moins pur que le précédent, cet attrait du sensible ne s'exerce pas sans bien des risques et de réelles mésaventures. D'où l'importance, comme on dit couramment, de la garde du coeur.

Enfin, plus engagé et même enfoncé dans l'épaisseur de notre matérialité, il y a l'attrait des sexes.

Or, avant le péché d'Adam, ces trois tendances faisaient bon ménage, pour ainsi dire, et ce, grâce à l'empire incontesté qu'exerçait la volonté sur toutes les puissances inférieures. Aucune rébellion ne naissait de celles-ci : c'était l'ordre, l'harmonie, la justice originelle. Malheureusement la faute d'Adam a entraîné la rupture de ce bel équilibre. Rien ne va plus facilement; la vertu, du moins la vertu à longueur de vie, ne se maintient que dans l'héroïsme le plus courageux et le plus surnaturel. Souvent les impératifs de la volonté le cèdent aux impulsions des sens. Tantôt sourde, tantôt ouverte, c'est la guerre, à la vie, à la mort. La maturité vertueuse ne se réalise que dans la synthèse de ces trois amours. Un chrétien ne devient adulte en sa foi que dans la mesure où il réussit à soumettre ces valeurs à l'influence mystérieuse de l'Amour trinitaire qui les mène progressivement à l'unité.

L'AMOUR SEXUEL, tel qu'entendu ici, dessert plus directement la fonction de la génération. La sexualité est une réalité que Dieu a créée avec amour, qu'il ne faut pas mépriser mais bien considérer avec respect pour la mieux orienter. L'influence de cet amour profondément humain comporte trop de conséquences pour qu'on puisse l'ignorer.

L'AMOUR SENSIBLE subit forcément l'influence de l'amour précédent en ses conditions physiques et psychiques. L'orientation de la sexualité et de la sensibilité est différente, tout en étant interdépendante. La sexualité cherche un contact physique tandis que le sensibilité s'oriente plutôt vers le contact moral. L'amour sexuel l'emporte en vigueur chez l'homme, alors que l'amour sensible domine chez la femme.

L'AMOUR INTELLECTUEL travaille à bien intégrer dans la personne humaine les deux amours précédentes. La richesse d'une personnalité dépend de la hiérarchie bien réalisée de ces trois amours, l'amour intellectuel maîtrisant le plus parfaitement possible l'amour sexuel par l'entremise de l'amour sensible.

L'INFLUENCE TRINITAIRE doit rayonner sur ces trois sphères d'activité hiérarchisées : *la sphère de la sexualité* qui couvre le domaine de la génération, *la sphère de la sensibilité* qui réside dans les dispositions physiques et psychiques résultant de l'action de la sexualité sur le reste de la personne, *la sphère de l'esprit* qui comprend l'intelligence et la volonté dont le rôle est d'ordonner la sensibilité et la sexualité, ou mieux de maîtriser la sexualité à travers la sensibilité.

Les époux sincèrement chrétiens, capables de comprendre toute la beauté de leur communion de vie comme un don de la Trinité, en arrivent à intégrer leur amour sexuel et leur amour sensible dans un amour d'ordre intellectuel et volontaire qui les ouvre toujours davantage aux Trois Personnes de la Trinité qui se constituent l'une par l'autre en leurs relations éternelles de connaissance et d'amour.

La Charité n'habite pas dans le concupiscible

L'amour théologal n'habite pas dans la partie sensible de l'être. C'est en la partie supérieure de l'âme que la Trinité infuse sa Charité. Une initiation sérieuse à la vie spirituelle exige qu'on tienne compte de ce principe pour ne pas se surprendre outre mesure de l'évolution de cet amour mystérieux qui peut se développer tout autant dans la sécheresse, sinon plus, que dans la consolation.

Ce serait une fausseté d'affirmer que toute joie spirituelle doive être rejetée, car la Trinité peut sûrement permettre de grandes consolations, voire même les faire naître, mais il n'en demeurerait pas moins dangereux de considérer la vie surnaturelle comme une sorte de sentimentalisme religieux et d'émotion perpétuelle. On ne pratique pas sa religion parce qu'elle nous procure des consolations sensibles.

L'objet de la Charité, c'est le bien trinitaire dont l'amabilité nous est révélée non par les sens et l'imagination, mais par l'intelligence qu'éclaire la Foi, que nourrit la Révélation. En tant qu'amour spirituel, cette vertu ne trouve sa vraie place qu'en notre faculté d'aimer spirituellement, en notre volonté humaine.

La Charité cependant n'exclut pas toute sensibilité. Sans doute, l'amour sensible de Dieu reste une impossibilité radicale, puisque Dieu ne tombe pas sous les sens, mais il arrive que le sentiment spirituel s'adjoigne l'émotion sensible par voie de conséquence, étant donné l'unité du composé humain, de l'enracinement de nos facultés en l'essence de l'âme. La faveur de notre charité peut rayonner en notre sensibilité, mais cette résonance émotive est purement accidentelle et n'ajoute rien à notre degré d'amour pour la Trinité.

Certaines âmes connaissent parfois une impassibilité presque totale. Malgré une charité très intense et une volonté fermement unie à la Trinité, elles ne réagissent guère ou pas du tout dans leur affectivité inférieure. La paix et la joie, deux effets intérieurs de la charité, inondent surtout ces âmes qui n'éprouvent que des sentiments spirituels sans accompagnement de consolations sensibles.

La Charité
est pur don de la Trinité

La Trinité qui distribue ses dons comme il Lui plaît ne regarde ni au génie ni à l'ignorance. La hiérarchie des valeurs humaines n'est pas du même ordre que celle des valeurs surnaturelles trinitaires et la charité ne se mesure pas toujours aux capacités naturelles des êtres.

En notre volonté existe une tendance à aimer Dieu naturellement, mais cet amour naturel reste infiniment éloigné de cette charité essentiellement surnaturelle qui demeure un pur don de la Trinité. Aimer Dieu comme il s'aime, qui donc le réalise mieux que l'Esprit-Saint qui forme dans la Trinité le lien d'amour entre le Père et le Fils? Prototype et exemplaire de l'amitié qui nous unit à la Trinité, il en est aussi le fondateur et l'animateur. Si la grâce exprime en nous une participation privilégiée à la vie trinitaire, c'est par la Foi que nous adhérons à la connaissance du Verbe et par la charité que nous communions à l'Esprit-Saint, l'Amour au cœur des Trois.

L'échange amical de la Charité n'appartient pas au plan de la nature, mais de la Grâce. Considérer Dieu comme créateur, législateur, c'est rester sur le plan naturel. Qu'est-ce que cette connaissance auprès de l'amitié et de la charité qui nous associent à la vie trinitaire et à sa béatitude? Une pareille entrée dans le monde des Trois dépasse nos forces, même nos désirs naturels. Seule la grâce, ce don gratuit de Dieu, peut nous hausser à ce niveau surnaturel.

C'est en ce milieu trinitaire que notre charité fraternelle, ce mystère de la Trinité projeté dans le temps, doit aller puiser son inspiration. L'âme qui exerce la charité reproduit le geste du Père et celui qui en bénéficie partage le sort du Fils. Ainsi le service rendu avec bienveillance et reçu avec reconnaissance unit les âmes dans une réalité d'amour qui fait penser au Saint-Esprit.

La Charité :
forme des vertus

EN LUI-MEME Dieu est amour subsistant ou par essence; en outre, POUR NOUS particulièrement et pour tout ce qui est de Dieu, il est AMOUR DIFFUSIF. Ainsi L'AMOUR évoque ou définit Dieu sous tous les rapports. C'est la lumière de cet Amour infini qui nous fait comprendre la manière d'agir de la Trinité dans le monde, spécialement dans le monde des âmes, car l'Amour est à la source de tous les attributs divins.

Cette même charité fait resplendir la sainteté des amis de la Trinité d'abord par sa propre perfection, puis par la perfection qu'elle communique aux actes vertueux qu'elle commande. Elle est une volonté ardente qui se porte amoureusement vers Dieu; une forme supérieure de vouloir qui informe les vertus et transforme les actions vertueuses en autant d'oeuvres d'amour.

La forme d'un être, c'est ce qui le caractérise en propre, ce qui le distingue de tout autre. La forme d'un acte volontaire lui vient du but, de l'intention que la volonté se propose d'atteindre. La fin voulue donne à une action sa forme morale; elle la spécifie : si je veux être fort dans une phase difficile de ma vie, tous les actes que je déploie dans ce but et qui, matériellement, peuvent être divers, deviennent des actes de force.

Par l'intermédiaire de la prudence infuse, la charité informera toutes les vertus. La Charité pose la fin sur laquelle la prudence se rectifie et le discernement prudentiel dicte les actes mesurés sur cette fin et ordonnés à cette fin. Ainsi tous nos actes vertueux, d'abord qualifiés moralement par leur objet immédiat, reçoivent cette qualité première et essentielle d'être des actes de charité : en effet, devant la Trinité, c'est l'amour et l'intensité de l'amour qui comptent. La Charité se présente donc comme la forme des vertus et l'agent principal de toute sanctification.

Pas de véritable
vertu sans la charité

Ici nous nous plaçons sur le plan de la conscience surnaturelle. La vertu ordonne au bien et la Trinité constitue le terme premier et dernier de toute puissance de bien. Nous unissant à la Trinité, la charité oriente vers Elle tous nos actes et les principes de ces actes que sont les vertus.

Les vertus naturelles laissent l'être humain sur le plan terrestre : elles peuvent faire un honnête homme, mais non un saint. Les vertus morales gardent leur valeur, mais il n'en reste pas moins que, mises en face de notre béatitude trinitaire, elles ne sont pas de véritables vertus si elles demeurent privées de charité.

Si nous raisonnons humainement, faisant abstraction de l'ordre surnaturel, nous pouvons parler de vertus humaines parfaites. Cependant avons-nous le droit, dans la vie pratique, de nous borner à cet ordre humain? A ce moment, les vertus n'étant plus ordonnées à la Trinité, l'âme n'atteint pas sa dimension totale, et brise l'équilibre de son être qui ne pourra se refaire que par le recours à la charité. Les vertus morales infuses sont appelées, avec raison, parfaites parce qu'elles sont informées par la charité et unifiées par l'amour théologal.

Si, dans l'ordre naturel, c'est la prudence qui unifie les vertus morales acquises en les orientant vers leur fin, dans l'ordre surnaturel, c'est la charité théologale qui domine, commande, dirige toutes les autres vertus, y compris la prudence, en vue de la fin surnaturelle de chacune des actions humaines : c'est cette charité qui forme, informe et transforme les vertus. "Dieu a enfermé tous les hommes dans la désobéissance en vue de faire miséricorde à tous" (Rm. II, 32). Toute notre vie porte la marque de cette désobéissance initiale et de même que désormais la miséricorde trinitaire nous enveloppe, ainsi l'amour de gratitude doit imprégner chacun de nos actes et chacune de nos vertus pour la plus grande gloire des Trois.

**La Charité
l'emporte sur la Foi**

Nous évoluons sur deux plans de réalités connues et voulues, le plan des réalités qui ne dépassent pas le niveau naturel de l'intelligence et de la volonté et le plan des réalités qui dépassent ce niveau.

AU PREMIER PLAN, l'intelligence atteint les choses créées sous un mode supérieur à celui de la volonté, du fait que l'intelligence transpose les choses matérielles en son mode immatériel, sous forme de concepts, d'idées, de lois universelles. La volonté, au contraire, tend vers les réalités telles qu'elles sont elles-mêmes, pour les désirer, les aimer en leur singularité même. On n'aime pas dans l'abstrait, mais dans le concret, dans le réel. D'où il reste que l'intelligence atteint les réalités créées selon un mode plus parfait que le mode selon lequel la volonté les atteint pour autant qu'un mode d'être ou d'exister dans l'abstrait et l'universel présente plus de perfection qu'un mode d'être concret et particulier.

Au SECOND PLAN, la Volonté, revêtue de charité, prend sa revanche et atteint les objets surnaturels plus parfaitement que l'intelligence. En effet, la Foi, greffée sur l'intelligence, ne nous donne qu'une connaissance incomplète et amoindrie des réalités divines qu'elle nous livre en formules mystérieuses. Tout amour va au delà des raisons d'aimer, pour s'unir à ce qu'il aime, dans sa réalité individuelle et totale : il se donne tout entier à celui qu'il aime, présent ou absent, connu totalement ou partiellement, contemplé à découvert ou à peine entrevu sous le voile du mystère. Tel nous apparaît le cas de la Charité qui déborde, chez l'enfant de la Trinité, la connaissance qu'il peut avoir du Père, du Fils et de l'Esprit-Saint. Le coeur franchit le mystère de la foi et aime la Trinité en toute son inexprimable réalité.

Notre esprit, illuminé par la Foi, n'a donc qu'un rôle : faire connaître l'amabilité de la Très Sainte Trinité, mais c'est la Charité qui nous unit aux Trois Adorables Personnes. Par cette Charité, l'amour joint immédiatement notre âme aux Trois et noue le lien d'une union spirituelle et indissoluble.

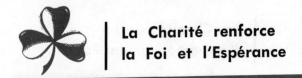

La Charité renforce
la Foi et l'Espérance

La Charité marque un moment décisif, un réel sommet, une transfiguration de la conscience surnaturelle dont elle est le principe vital et le mobile souverain. Il ne s'agit pas ici de cet amour imprécis, médiocre, qu'on peut appliquer à n'importe qui ou n'importe quoi, mais d'un AMOUR-CHARITÉ qui atteint à la noblesse d'une amitié vécue avec la Trinité, la plus noble et la plus parfaite dilection dont soit capable le coeur humain.

Notre conscience, mise en éveil par la Foi au DIEU-TRINITE que la raison ne peut saisir par elle-même, donne son assentiment aux vérités que nous apporte la Révélation, telles la vie intime des Trois et notre future béatitude surnaturelle dans la vision face à face. Cependant, comme l'affirme saint Paul, la Foi opère par la Charité (Ga. 5, 6), et cette même Charité vient appuyer la certitude de la croyance. On croit spontanément en ceux qu'on aime. Notre amour pour la Trinité renforce notre assentiment aux vérités qu'Elle nous révèle. Vivifiant ainsi la Foi, elle en fait une vertu parfaite et agissante.

La Foi théologale nous ouvre les plus heureuses perspectives. Les encourageantes certitudes trinitaires qu'elle met en nos esprits nous tiennent en appétit de la fin suprême qui nous est désormais offerte. Nous escomptons ce bonheur avec les Trois et nous faisons confiance à la promesse des secours nécessaires pour y parvenir.

L'amour qui se rencontre au principe de l'espérance n'est qu'un amour imparfait si on le compare à l'amour parfait de la vraie charité car l'Espérance procède plutôt d'un amour de convoitise. C'est en la rendant plus spontanée que la charité renforce l'espérance. La promesse qui nous vient d'un intime nous fait espérer avec plus de fermeté que celle qui nous est donnée par un pur étranger. La Foi en laquelle, sur terre, nous cheminons vers la Trinité doit servir de support à notre espérance qui nous fait jeter l'ancre en toute confiance au coeur des Trois : cette attitude confiante de l'Espérance, c'est la Charité surtout qui lui donne sa valeur.

Supériorité de la Charité qui possède la Trinité

La charité théologale l'emporte sur les vertus morales qui ne nous mettent en règle qu'avec la raison, cette pauvre petite étincelle jaillie de l'intelligence divine. Par la charité, qui conquiert la Trinité, tout devient offrande d'amour et preuve généreuse de fidélité.

Cette charité trinitaire l'emporte non seulement sur les vertus intellectuelles, mais même sur ses soeurs, les vertus théologales de foi et d'espérance : la charité qui possède Dieu fait aimer la Trinité dont la foi révélait la bonté et dont l'espérance attendait la possession. C'est à ce point de vue de notre APPROCHE TRINITAIRE et de notre UNION AVEC LES TROIS que la charité dépasse la foi et l'espérance.

La foi nous donne de connaître quelque chose de la Trinité et n'engage vis-à-vis d'Elle que notre intelligence. L'Espérance nous fait envisager le bénéfice d'un bonheur trinitaire et ne concerne, en somme, que notre désir d'être heureux. La charité est supérieure à l'une et à l'autre parce qu'elle nous établit en permanence au coeur des Trois de qui nous restons encore distants par la foi et l'espérance.

La charité nous attache à la Trinité pour Elle-même, pour l'absolu de son amabilité dans l'abandon et l'extase du coeur, dans la compénétration de notre volonté en la Volonté Une des Trois. La foi entrevoit mystérieusement la Trinité, l'espérance la désire, la charité la possède, puisque l'amour vrai est captif de ce qu'il aime et qu'il s'identifie dès lors aux Trois pour les mêmes raisons d'être et d'agir.

Dieu qui prend le nom de Seigneur quand il veut être craint, celui de Père quand il désire provoquer le respect, revendique celui d'Epoux quand il veut se voir aimé de ses créatures et se nomme 'TRINITE' quand il désire être imité dans sa connaissance et son amour, les deux éléments qui constituent sa vie intime et dont l'organisme humain "trinitarisé" doit se laisser pénétrer s'il veut goûter le MYSTERE DE DIEU.

**La Charité
s'exerce en climat de liberté**

Cette profonde réalité qu'est la Charité théologale existe en notre âme et c'est la Trinité qui la produit. Comme la Grâce ne détruit pas la nature, mais la perfectionne, nous continuons d'agir librement, bien que sous l'impulsion du Saint-Esprit.

Le principe de liberté conserve toujours son importance en la vie trinitaire. L'amour pour les Trois ne se satisfait pas de formalisme. Il attend une option spontanée, volontaire. Au sein d'une vie intérieure régie par la Charité, il y a place pour la liberté dont l'exercice raisonnable assure l'équilibre harmonieux du psychisme. Notre amour pour la Trinité constitue alors l'acte le plus élevé, le plus vital et le plus personnel, celui qui régente et imprègne toute notre vie spirituelle et morale.

Saint Thomas réclame pour la Charité ce qu'il considère comme essentiel à l'amitié. Selon lui, l'amour vrai ne songe pas à s'imposer par la force, mais se donne de lui-même en pleine liberté. Nos dons n'ont de prix qu'en autant que nous y mettons de notre personne. C'est ce qui nous appartient en propre, que la Trinité réclame. Comment pourrait-Elle apprécier une immolation forcée?

Il faut que notre acte de charité à l'endroit de la Trinité soit non seulement volontaire, libre et marqué au coin de la spontanéité, mais encore MÉRITOIRE, car la charité s'installe au principe même du mérite : la charité n'est méritoire que par sa liberté et ne rend méritoires nos actes vertueux informés ou inspirés par elle qu'en raison même de la liberté exigée.

Si les obstacles à la charité imposent parfois des contraintes mortifiantes et douloureuses, il n'en reste pas moins que la charité elle-même, comme tout amour vrai, demeure allègre et rayonnante. Chez les saints, cette jubilation atteint son apogée. Aucune vertu, autant que la charité théologale, ne jouit d'une inclination aussi vive à son acte et ne s'y livre avec autant de joie.

Evolution
qualitative de la Charité

Amour d'ordre spirituel, la Charité ne se développe pas comme la science par une extension continue vers des conclusions qui se déduisent les unes des autres. Ce n'est pas en quantité, par addition, que grandit la charité. Dès le premier tressaillement de cette vertu, si nous pouvons nous exprimer ainsi, c'est la Trinité en sa totalité qui se donne à aimer. La plus minime charité a le même objet que la charité la plus intense.

Tracer l'évolution de la charité, c'est tracer celle de la vie spirituelle où le mode de croissance s'accomplit par intensité progressive. C'est par une meilleure assimilation dans un enracinement plus profond que se fait l'accroissement de la charité. La vertu prend une possession toujours plus grande de la faculté où elle réside. Aussi la charité marque-t-elle une concentration progressive de notre volonté sur la Trinité.

Cette influence de la charité sur la volonté fait que l'esprit lui-même est atteint par cette fixation extatique, cette contemplation assidue de la Trinité. D'ailleurs, ce sont toutes les puissances qui s'en ressentent selon la loi de connexion des vertus dans la prudence et la charité. Cette dernière cependant n'a pas de limites : elle croît insensiblement et augmente comme s'intensifie un amour. Tout acte de charité dispose à l'augmentation de cet amour trinitaire et mérite cette augmentation.

Nous sommes des voyageurs en marche vers une pénétration toujours plus profonde de la Trinité. C'est la charité qui effectue cette pénétration : elle constitue l'âme du voyage, son moteur entraînant, son principe inspirateur. Au cours du trajet, la charité doit toujours se maintenir en capacité de progrès; elle ne s'immobilisera qu'au ciel, en la pleine lumière de gloire. Cette image de la route, un peu forcée peut-être, jolie tout de même, consacre bien le fait expérimental de L'ÉVOLUTION QUALITATIVE DE LA CHARITÉ. Souhaitons que notre charité croisse de plus en plus et s'épanche en cette vraie science qui nous donne de discerner le meilleur (. . .) pour le Jour du Christ! (Ph. 1, 10).

Bienveillance et bienfaisance vis-à-vis de la Charité

Distinct de l'amour de concupiscence qui s'aime plus qu'il n'aime, qui recherche en tout son propre intérêt et n'a de relations avec l'être aimé qu'en autant qu'à son contact il s'évite toute peine, tout travail et tout effort, l'amour de bienveillance donne sans compter et ne recherche que l'avantage et le bonheur de la personne aimée. Toute faite d'un sincère dévouement, cette bienveillance désire pour l'être aimé tous les succès, toutes les couronnes, toute la gloire possible.

La charité théologale exige cette bienveillance : pour réaliser le bien qu'elle voudrait et souhaite à la Trinité, l'âme marquée d'un amour aussi puissant consentirait volontiers aux sacrifices les plus lourds et aux blessures les plus crucifiantes.

Distincte aussi de la bienfaisance qui doit DONNER pour mériter son nom, notre bienveillance, même si nous ne pouvons rien donner à la Trinité qu'Elle ne possède déjà, n'en reste pas moins réelle puisque ce premier élément de la sincère amitié consiste plus dans le désir de donner que dans le don lui-même. La connaissance du bonheur et de l'infinie bonté de la Trinité réjouit l'âme bienveillante et, si elle en avait la faculté, elle désirerait non seulement défendre ce bonheur mais l'augmenter.

D'ailleurs, l'âme qui aime la Trinité d'une charité théologale et non de sentiment ressent pour Elle et Lui manifeste de mille façons la bienveillance la plus profonde et la plus réelle. Elle aime et fait tout le bien qu'elle peut, uniquement pour plaire à la Trinité. Tous ses attributs la font surabonder de joie : elle se réjouit à la pensée de son infinie simplicité, de sa perfection et de sa miséricordieuse bonté, de son infinité et de son immensité, de son immutabilité et de son unité. Elle souhaite voir la Trinité vivre et régner dans les âmes, dans le monde entier; l'Evangile, propagé par toute la terre; et partout respectées, la Pensée et la Volonté du Père : c'est sa manière à elle de prouver sa bienveillance et sa bienfaisance.

Besoin universel d'aimer et d'être aimé

Pour l'être humain, exister c'est aimer et être aimé, c'est harmoniser la vie à travers une multitude de contingences pour aimer les autres et les aider à s'aimer. L'amour est un don créateur qui comporte le besoin de donner autant que celui de recevoir, un don qui permet de centrer sa vie sur quelqu'un, de la centrer sur soi au besoin pour la mieux *"décentrer"* des autres, et la *"surcentrer"* sur un modèle, une personne aux ailes vastes et dont nous essayons d'imiter le vol et la montée.

Ce besoin d'aimer et d'être aimé doit être orienté sagement car il s'agit d'aimer comme Dieu a aimé. Il peut y avoir danger à aimer les autres plus ou moins que soi-même : d'un côté, c'est de l'altruisme qui tombe dans un excès de largesse; de l'autre c'est de l'égoïsme qui peut provoquer l'indifférence ou la haine. Pour garder la note juste, il faut que l'amour humain maintienne sa référence à l'amour surnaturel, à l'amour idéal i.e. à l'amour de Dieu qui motive l'amour du prochain.

En son optimisme constructif, Teillard de Chardin écrivait que nous vivons dans *un univers chargé d'amour dans son évolution.* Il est dommage que nous nous trompions sur le sens de ce mot, confondant volontiers l'amour le plus spirituel avec ce qu'il y a de plus charnel ou d'érotiquement passionné. Pour restituer à l'amour sa vérité, il faut l'envisager au coeur des Trois.

Ce n'est qu'à l'école de la Trinité que les humains apprendront à aimer, à s'aimer les uns les autres comme il convient. Autrement l'amour peut courir le risque de s'orienter vers un dangereux automatisme où les sentiments du coeur et du corps ne rejoignent plus ceux de l'esprit, ne rejoignent surtout plus le dessein de Dieu. L'amour est un engagement sérieux et difficile qui exige qu'on en respecte les conditions. Si la Parole, le Verbe, est une personne, l'Amour aussi est une personne et mérite qu'on le traite comme tel.

L'amour appelle l'amour

Rien ne pousse à l'amour comme de se savoir et de se sentir aimé. L'amour entre les humains, malheureusement n'appelle pas toujours l'amour, puisque bien des êtres souffrent d'aimer sans être aimés. Ce sont là de tristes anomalies dues aux défauts de l'amant et de l'aimé et à l'imperfection de leur vertu. L'amour qui nous relie à la Trinité échappe à ces infirmités et à ces déceptions.

Notre amour doit cependant se mesurer sur l'Amour Trinitaire. C'est pour nous exprimer l'essence d'un tel amour, et nous aider à combler l'infini besoin que nous ressentons d'aimer et d'être aimés que le Verbe a voulu s'incarner. C'est par l'entremise du Christ que notre pauvre amour pourra se mesurer à celui de la Trinité.

La mission du Verbe Incarné ne consiste pas seulement à faire descendre vers nous l'amour du Père, mais aussi à faire monter le nôtre vers le Père. Le Christ est tout amour pour nous et nous dit tout l'amour du Père pour chacun d'entre nous. S'il est tout amour pour l'humanité, il l'est encore plus pour son Père et il permet à toute âme qui s'unit à lui d'aimer le Père comme lui, avec lui, par lui et en lui : "Per Ipsum et cum Ipso et in Ipso..."

Faire toujours ce qui plaît à l'être aimé jusqu'à en mourir, c'est en même temps la preuve du plus parfait amour, celle que Jésus a voulu donner à son Père : "Le Christ s'est fait obéissant jusqu'à la mort de la croix" (Ph. 2, 8). Grâce à ce généreux dévouement du Verbe Incarné, l'amour du Père et notre amour, attiré l'un vers l'autre, peuvent désormais se fusionner.

Une obéissance parfaite et de tous les instants à la Volonté du Père, entretiendra cette union et permettra à l'âme de rendre à la Trinité AMOUR POUR AMOUR. Ce ne sont pas ceux qui crient : Seigneur, Seigneur, qui aiment la Trinité, mais ceux qui le Lui prouvent par leur obéissance à la manière du Maître.

Pour mieux apprendre
à aimer le Père

La vie et l'enseignement du Verbe Incarné nous conduisent pour ce qui regarde notre amour filial au coeur même de la Première Personne de l'Adorable Trinité. Cette vie et cet enseignement ne sont cependant que la traduction externe du mystère de son union hypostatique. Pour bien comprendre l'amour filial du Christ, il nous faudrait pénétrer jusqu'à la racine de son être.

L'humanité de Jésus appartient, dès le premier instant de sa conception, à la deuxième Personne de la Sainte Trinité; elle est la propriété personnelle du Fils de Dieu, en sorte qu'une telle humanité possédée par le Verbe Eternel ne souffre d'aucun souci égoïste. Cette humanité est toute donnée au Verbe et totalement livrée à son emprise. Elle devient ainsi PURE RELATION à la Personne du Fils de Dieu, ne subsiste qu'en elle et pour elle.

D'autre part, en la Très Sainte Trinité, le Fils est aussi entièrement donné au Père et n'a de personnalité qu'en RELATION AVEC LE PERE. Il est un regard filial vers le Père où, hormis sa filiation, il cède tout ce qu'il est, c'est-à-dire tout son amour de Fils. Totalement donné au Fils qui est entièrement donné au Père, le Christ, en tant qu'homme, n'est que RELATION VIVANTE A DIEU, pur élan d'amour vers lui.

Le Père n'a, lui aussi, de personnalité propre que celle qui lui vient de sa relation avec le Fils. Il est un élan perpétuel vers lui, à qui, hormis sa paternité, il donne entièrement tout ce qu'il est, c'est-à-dire son amour de Père. Pur élan d'amour, Jésus-Homme, parce qu'il est le Fils de Dieu, s'élance si bien vers Dieu, et Dieu s'élance si bien vers l'Homme-Jésus parce que cet Homme-Jésus est son Fils, que la fusion d'amour entre Dieu et l'homme est enfin réalisée : Dieu et l'homme, en Jésus-Christ, se donnent l'un à l'autre. L'ordre de l'amour qui suppose le don mutuel total et qui se réalise éternellement au sein de la Trinité se concrétise ainsi dans le temps en la Personne du Fils de Dieu fait Homme pour réaliser sur terre la plus réconfortante harmonie de connaissance et d'amour.

Aimer la Trinité, c'est lui obéir

Pour le Christ, aimer Dieu, c'est lui obéir : "Il faut que le monde connaisse que j'aime le Père et que j'agis selon le commandement que mon Père m'a donné" (Jn 14, 31). Cette parole de Jésus, prononcée quelques heures avant sa mort, caractérise parfaitement l'amour qu'il a eu pour son Père durant sa vie. Sans doute il se complaisait sans cesse dans la gloire de son Père et il a cherché, plus souvent que l'Evangile ne nous le rapporte, à se retirer loin de tous pour se livrer plus à l'aise à cette contemplation. Même si Jésus nous apparaît comme l'homme de la gloire de son Père, il faut convenir que cette gloire, il la procure surtout par son obéissance.

Le Père apparaissait au Christ comme un amour sans cesse agissant : "Mon Père agit sans cesse" (Jn 5, 17); comme une volonté qui, après avoir créé le monde, veut le sauver et rétablir ainsi sa gloire : "Dieu a tellement aimé le monde qu'il a donné son Fils unique, afin que tout homme qui croit en lui ne périsse pas, mais qu'il ait la vie éternelle. Car Dieu n'a point envoyé son Fils dans le monde pour le condamner, mais pour que le monde soit sauvé par lui" (Jn 3, 16-17).

Le Verbe Incarné a cherché, durant toute sa vie terrestre, à prouver au Père un amour de bienveillance et de bienfaisance, mais il ne l'a fait qu'en épousant sa volonté et en amenant les hommes à lui obéir : "Si vous gardez mes commandements, vous demeurerez dans mon amour, comme moi-même j'ai gardé les commandements de mon Père et que je demeure dans son amour" (Jn 15, 10).

Cette obéissance du Christ à son Père, cette dépendance de volonté fut sa nourriture, sa respiration et toute sa vie. Ce fut son sentiment marquant à l'Incarnation, au Calvaire, tout comme à la résurrection. Si nous aimons sincèrement la Trinité, nous vivrons ainsi continuellement en union de pensée et de volonté avec les Trois pour leur permettre de continuer à travers nous et par nous les oeuvres entreprises pour leur gloire et le salut de l'humanité.

L'amour
ne varie pas chez Dieu

Ce qui étonne merveilleusement le profane qui aborde les Saintes Ecritures, c'est la découverte de la bonté du Dieu qui se tient si proche des hommes. Dès les premiers chapitres du Deutéronome, nous lisons en effet : "Quelle est la grande nation dont les dieux se fassent si proches que Yahvé notre Dieu l'est pour nous chaque fois que nous l'invoquons" (Dt. 4, 7).

Ce qui porte Dieu à se pencher sur ses faibles créatures si misérables pour les enrichir de sa plénitude ce n'est rien d'autre que son amour : "Tu aimes tous les êtres et tu n'as de dégoût pour rien de ce que tu as fait. Tu épargnes tout parce que tout est à toi, Maître ami de la vie" (Sg. 11, 24, 26). C'est ainsi que sa bienveillance répond à la détresse de l'âme et déclenche l'amour : "J'aime, car Yahvé écoute le cri de ma prière" (Ps. 116, 1), s'écrie le psalmiste réconforté.

Cette attitude d'amour ne varie pas chez Dieu, car elle est gratuite et sans retour : "Oui bon est Yahvé, éternel est son amour, d'âge en âge sa fidélité" (Ps. 100, 5). L'âme peut toujours compter sur Lui, car "Yahvé aime le droit, il n'abandonne pas ses amis" (Ps. 37, 28). Afin d'entretenir avec Dieu cet échange d'amour, rien de plus efficace que de se mettre à l'école de la Sagesse elle-même : "Tous ceux qui la servent rendent un culte au Saint et ceux qui l'aiment sont aimés du Seigneur" (Si. 4, 14). Rendre amour pour amour, voilà la vocation personnelle à laquelle chacun est appelé de par son baptême : "Yahvé ton Dieu circoncira ton coeur et le coeur de ta postérité en sorte d'aimer Yahvé, ton Dieu, de tout ton coeur et de toute ton âme, afin que tu vives" (Dt. 30, 6). Le plus beau fruit de l'amour, c'est la vie et la vie nous vient de la Trinité et doit lui retourner. La charité étant un amour volontaire et libre, la vie qui en découle doit volontairement et librement s'orienter vers la Trinité. C'est grâce à ce climat d'amour et de liberté que Dieu peut nous réadopter pour ses enfants dans son Fils.

L'amour
est le dernier mot de tout

"Si quelqu'un m'aime, dit le Christ, il fera ma volonté", donc il renoncera à la sienne. En vertu de notre finalité, nous avons notre raison d'être en la Trinité : notre règle de vie c'est la loi de Dieu à qui nous devons fidélité. Volonté et désirs de Dieu, tel est l'objet de notre obéissance éclairé par la conscience. Pour faciliter l'obéissance et inspirer l'horreur du péché, rien n'est plus puissant que l'amour. Un seul désir devrait jaillir de l'amour : substituer Dieu à son "EGO" pour qu'en chacun de nous se réalise l'homme nouveau, l'homme spirituel.

Jésus lui-même, dans son amour pour son Père, nous en donne l'exemple, car toujours il ne cherchait que la Volonté de son Père : "Que votre volonté soit faite et non la mienne, disait-il toujours. Non pas ce que je veux, mais ce que vous voulez". Nous n'aimons quelqu'un que lorsque nous cherchons à faire sa volonté : "A ceci nous reconnaissons que nous aimons les enfants de Dieu : quand nous aimons Dieu et que nous pratiquons ses commandements" (1 Jn 5, 2). Renoncer à sa volonté propre pour faire celle d'un autre est certainement un signe d'amour sincère et de véritable affection. "Aimez-vous les uns les autres, nous redit le Maître, et l'on vous reconnaîtra pour mes disciples à cet amour que vous aurez les uns pour les autres".

Dieu qui ne se laisse jamais vaincre en générosité par sa créature laisse son amour pour l'être humain dépasser toute mesure : "Oui, Dieu a tant aimé le monde qu'il a donné son Fils Unique pour que l'homme qui croit en lui ne périsse pas, mais ait la vie éternelle" (Jn 3, 16). Et cet amour infini demeure d'âge en âge et nous suit pas à pas : "Nous savons qu'avec ceux qui l'aiment, Dieu collabore en tout pour leur bien, avec ceux qu'il a appelés selon son dessein" (Rm. 8, 28). Car Dieu est Amour et l'amour seul conduit à la suprême béatitude (Jn 12, 25).

CRAINTE
PIÉTÉ
FORCE
CONSEIL
SCIENCE
INTELLIGENCE
SAGESSE

Délicat, tendre, clairvoyant, fort, bon conseiller, intuitif et unitif, **L'AMOUR TRINITAIRE** veut qualifier de ces mêmes attributs **L'AMOUR HUMAIN TRINITARISÉ** : tel est le rôle des dons de crainte, de piété, de science, de force, de conseil, d'intelligence et de sagesse.

CHAPITRE XI

Sous le rayonnement de l'Esprit

"Vous êtes la lumière du monde. Une ville bâtie sur une montagne se voit de loin. On n'allume pas une lampe pour la mettre sous la mesure à grains, mais on la pose sur un lampadaire pour qu'elle éclaire tous ceux qui sont dans la maison. Que la lumière de vos vies éclaire ceux qui sont autour de vous. En voyant votre conduite, ils seront inclinés à aimer votre Père du Ciel."

(Mt. 5, 14-16)

Sous le rayonnement de l'Esprit

Au royaume des Dons

— A la source même des Dons du Saint-Esprit
— Un réel hypnotisme trinitaire
— Un principe pour comprendre le panorama
— La Trinité nous adapte à sa vie propre
— Intelligence spéculative et intelligence pratique
— Hiérarchie des Dons d'ordre intellectuel
— Trois Dons d'ordre essentiellement pratique
— Le double registre de notre agir
— Le Don de Sagesse au service de la Charité
— Le Don d'Intelligence illumine la Foi
— Le Don de Science fortifie l'Espérance
— Le Don de Force accompagne la vertu de Force
— Le Don de Conseil se marie avec la Prudence
— Le Don de Piété s'apparente à la justice
— Le Don de Crainte s'ajuste à la Tempérance
— Pour mieux réaliser nos liens trinitaires
— Pour un meilleur hommage à la Trinité
— Au service de l'amour de Dieu et de nos frères

A la source même
des Dons du Saint-Esprit

Sept Flammes allumées en nous au baptême dirigent vers la Trinité leur éclat et leur vivacité : ce sont les Dons du Saint-Esprit qui reçoivent directement de la Trinité leur inspiration et leur règle. Nées du souffle de l'Esprit, ces flammes se distinguent à leurs moeurs trinitaires. Leur mode d'agir a gardé l'empreinte de leur origine. Sous cette influence des Dons, l'activité de l'être humain participe à la manière de penser et de vouloir de la Trinité et, ses actes, mûs par l'Esprit de Dieu, revêtent un mode "triniforme", se modelant sur l'agir divin. L'Esprit-Saint exerce ainsi son action simultanément sur l'intelligence pour l'illuminer et sur la volonté pour la mouvoir.

Présent au fond de l'âme qui réalise son devoir de "trinitarisation", l'Esprit du Père et du Fils, par sa présence d'amitié, agit continuellement en elle par son action illuminatrice et motrice, avec des interventions spéciales, chaque fois qu'une telle intervention est nécessaire pour le salut ou pour l'ascension d'une âme vers une vie spirituelle plus parfaite, selon les desseins de la Trinité. Ces actes jaillissent de nous, grâce à Celui qui les produit par nous et plus que nous.

Après avoir parlé du mode surhumain des Dons, saint Thomas a mesuré leur activité sur l'activité même de la Trinité qu'il considère comme l'exemplaire suprême de notre vie spirituelle parvenue au sommet de la perfection réalisable ici-bas. Il a saisi que ce mode éminent d'agir vient de la Trinité et assimile l'activité morale de l'être humain, divinisé par la Grâce et devenu "Fils de Dieu", à la manière de vivre du Verbe Incarné, d'un Dieu cheminant par nous sur la terre et vivant au milieu de ses frères d'une manière trinitaire.

Sous l'action des Dons, c'est la Trinité Elle-même qui se met, pour ainsi dire, à la tête de notre agir, tandis qu'au régime des vertus, sous le mode humain, c'est l'homme, avec le concours de la Cause Première évidemment, qui prend lui-même l'initiative de ses actes. Avec les Dons, la Trinité vient plus immédiatement au-devant de notre âme pour Se faire connaître et aimer d'elle.

En vue de nous sanctifier, la Trinité dépose dans nos âmes, pour ne pas les violenter, *une disponibilité* à son influence. Cette disponibilité à l'influence trinitaire, cette souplesse, cette docilité à recevoir, à discerner et à suivre l'instinct du Saint-Esprit s'appelle *le Don du Saint-Esprit*. Tous les Dons du Saint-Esprit ont cette commune caractéristique d'être une docilité particulière, une souplesse, une disponibilité vis-à-vis du moteur trinitaire. Tout ce qui meut une autre chose doit commencer avant de la mouvoir par *l'assujettir,* c'est-à-dire l'adapter à sa motion.

La définition classique des Dons, d'ailleurs, nous les présente comme des dispositions intérieures, permanentes, à titre de véritables "habitus réceptifs et opératifs" mettant l'être humain sous la motion personnelle de l'Esprit de Dieu, élevant son intelligence et sa volonté à une activité déiforme, analogue à l'activité intellectuelle et volontaire de Dieu Lui-même, dans la Lumière du Verbe et dans l'élan d'Amour de l'Esprit-Saint.

En de telles dispositions, l'âme, sous l'emprise de l'Esprit, subit en quelque sorte un *hypnotisme spirituel.* De dispersée qu'elle était, elle devient ordonnée, équilibrée, balancée. Chez-elle, l'humain et le divin ne font plus qu'un, rejoignant l'unité de nature dans la Trinité des Personnes.

Sous l'influence de la Trinité, l'âme devient pour ainsi dire encore plus humaine, plus compréhensive. Elle a revêtu une teinte spéciale qui la fait communicatrice des grâces reçues durant cet état d'union. Sa volonté est totalement prise par la Volonté Trinitaire, de sorte qu'elle ne veut plus, ne désire plus, ne choisit plus que *le bon plaisir des Trois.* Enfin, c'est tout l'être humain avec toutes ses facultés qui est ainsi mû par l'Esprit-Saint dont l'action diffuse en son âme une charité capable de la libérer du péché et la rendre totalement victorieuse de toute concupiscence. Cet *hypnotisme spirituel* ne trouvera son parfait épanouissement que dans la Vision du Verbe, quand Dieu sera tout en tous, dans une docilité parfaite de tous les esprits à l'Adorable Trinité.

Un principe pour comprendre le panorama

Les Dons du Saint-Esprit sont souvent comparés aux vertus, et ce sont les vertus morales surtout qui nous fournissent de quoi connaître les Dons du Saint-Esprit. Les vertus morales ne sont pas autre chose qu'une disponibilité, une docilité dans les *appétits inférieurs,* qui rend ceux-ci réceptifs de la lumière spirituelle, qui les rend prêts à suivre les indications des facultés supérieures d'intelligence et de volonté.

Tout comme il y a, à l'intérieur de l'homme, des dispositions stables qu'on appelle les vertus morales qui rendent l'être humain, dans ses parties inférieures, obéissant à la partie supérieure par une souplesse toute prégnante d'agrément, de la même manière, il convient qu'il y ait, dans les facultés humaines, de quoi rendre l'homme souple, assujetti à l'égard du grand moteur trinitaire. Les Dons du Saint-Esprit sont des dispositions stables dans les facultés humaines, qui les rendent réceptives de l'influence trinitaire, dans le mouvement que Dieu prend l'initiative d'imprimer à ces facultés pour les faire travailler au bonheur de l'homme en sa recherche trinitaire.

Le *principe de transcendance* permet de réduire la multitude des vertus à sept modes supérieurs qui assurent l'activité morale de notre agir, sous la motion de l'Esprit de la Trinité. On pourrait formuler ainsi ce *principe de transcendance :* plus un principe d'action est élevé, plus il s'étend à une foule d'activités qui exigent, chacune dans son domaine, des principes d'action plus limités : ainsi l'intelligence atteint tout le champ de nos connaissances et la volonté celui de nos affectivités.

Saint Thomas, avec son regard d'aigle, nous découvre, comme en un magnifique panorama, les hauts sommets de la vie spirituelle dominés par les *sept Dons* du Saint-Esprit qui suffisent à diriger, inspirer, promouvoir toutes les formes supérieures de notre agir "triniforme", sous l'influence de plus en plus constante et dominatrice de l'Esprit de la Trinité. Cette classification thomiste du septénaire traditionnel nous révèle le sens profond de l'organisme surnaturel de la Grâce, des vertus et des Dons au service de l'épanouissement de toutes les vertus chrétiennes, morales ou théologales.

La Trinité
nous adapte à sa vie

Il pourrait bien nous sembler que les vertus surnaturelles devraient suffire pour notre salut. Sans doute, les vertus surnaturelles, et tout spécialement les vertus théologales, sont-elles incomparablement supérieures à toutes les vertus purement humaines. Cependant, ces vertus supérieures, l'être humain les possède moins bien que les vertus inférieures qui sont naturellement plus adaptées à sa nature.

Les vertus simplement acquises étant le fruit de l'activité humaine, l'homme les possède mieux et les domine davantage; il peut en user par son initiative personnelle, sans exclure cependant le concours divin ordinaire, qui reste absolument requis dans l'activité de n'importe quelle créature.

Quand on considère les vertus infuses que la Trinité Elle-même verse en nous, on se rend compte que ces vertus étant bien supérieures aux vertus naturelles échappent à notre pouvoir. L'homme les domine difficilement à cause de leur trop grande richesse : ce sont des instruments trop parfaits pour sa faiblesse.

La Trinité ne se contente pas, par les vertus théologales et par les autres vertus morales infuses, de s'adapter à nous, de nous donner de quoi agir d'une façon surnaturelle en vue de la vie trinitaire partagée avec nous mais, en plus de ces vertus théologales, Elle met dans nos âmes de quoi nous rendre réceptifs de son influence absolument nécessaire pour que nous usions convenablement de ces instruments surnaturels que sont les vertus infuses.

On peut dire en toute réalité que, par les vertus, la Trinité s'adapte à nous. Par la Foi, Elle nous fait participer à sa lumière; par l'Espérance, Elle nous communique sa force; par la Charité, Elle nous fait goûter sa bonté; tandis que, par les Dons, *la Trinité nous adapte à Elle,* en vue d'un excellent usage de la Foi, de l'Espérance, de la Charité et de toutes les autres vertus infuses. Dans cette perspective, il nous sera plus facile de distinguer les Dons les uns des autres et de les mieux apprécier.

Intelligence spéculative et intelligence pratique

L'intelligence se divise, selon ses deux grands modes d'action, en intelligence spéculative et en intelligence pratique, suivant qu'elle vaque à l'une ou à l'autre de ces deux occupations.

L'intelligence spéculative s'occupe de contempler des choses qu'elle n'a pas à accomplir. Elle se contente de regarder la vérité toute faite pour la juger, en admirer l'ordre, la contempler et, à travers la vérité créée, prendre plaisir à considérer les vestiges de la Vérité trinitaire, de la vérité incréée. Le mot "spéculatif" vient du verbe latin "speculare": regarder. L'intelligence est spéculative quand elle se contente de regarder. Nous sommes créés pour découvrir et admirer le beau, et le beau n'est pas autre chose que le bon qu'il est toujours agréable de contempler.

L'intelligence pratique est dite ainsi à cause de son genre d'activité qui porte sur l'utile. Elle est au service de tout l'humain; elle apprécie les actions et les choses, les ordonne en vue du bien-être spirituel et corporel de chacun, et juge les activités humaines pour les rendre conformes aux exigences de la raison et de la foi.

Pour décider d'une action qui réponde à toutes les exigences d'une créature, l'intelligence ne cherche pas à connaître pour connaître, mais pour appliquer sa connaissance à la vie. L'intelligence pratique observe aussi l'activité humaine dans ses effets extérieurs. C'est elle qui choisit les moyens de maîtriser la matière en vue d'augmenter le bien-être.

Cette activité de l'intelligence aboutit à toutes les techniques et c'est pour cette raison qu'on l'appelle l'intelligence pratique. La Trinité qui ne veut que perfectionner la nature va donc adapter ses dons à cette disposition native de l'intelligence vis-à-vis des choses à organiser, comme Elle le fera vis-à-vis du vrai à contempler, ce qui revient à l'intelligence spéculative.

Hiérarchie des Dons d'ordre intellectuel

Tant du côté spéculatif que du côté pratique, l'intelligence doit commencer par saisir la vérité, avant de la juger pour l'ordonner. Pour saisir la vérité trinitaire, l'intelligence spéculative doit être souple, docile à l'influence du Saint-Esprit. Elle est rendue ainsi, en vue de juger de la vérité divine pour l'apprécier dans toute la richesse de son ordre, par le *Don de Sagesse,* le don royal de la contemplation et de l'action au service de l'épanouissement de la vie théologale, surtout de la Charité. Par ce Don, le Dieu-Trinité est expérimenté comme présent et, à sa lumière, tout le reste de l'univers resplendit.

L'intelligence pratique doit découvrir elle-même ce qui convient avant de le juger pour l'ordonner. Pour saisir ainsi ce qui convient, dans toutes les circonstances concrètes de la vie et à la lumière surnaturelle de la Trinité, pour saisir ce qu'Elle pense d'une situation particulière, il faut à l'intelligence le *Don de Conseil* qui lui suggère les principes supérieurs de la conduite.

Ce n'est pas tout de saisir ce qui convient, il faut encore juger de l'opportunité des moyens en vue de les appliquer : Le Don de science y pourvoit en jugeant de l'enchaînement et du libre jeu des causes créées. Cette vision s'élève des créatures jusqu'à la Trinité, mais comme une vue d'en bas, tandis que le Don de Sagesse juge de tout d'en haut, à la lumière de Celui qui est Père, Fils et Esprit, à travers tous les attributs de leur indivisible unité.

En tout ce travail évolue sans cesse le Don d'Intelligence, qui pénètre l'ensemble des vérités accessibles à l'être humain, vérités sur Dieu et vérités sur l'univers rectifié sous l'influence du Verbe Incarné. Ce Don d'intelligence est le second des dons intellectuels, le plus important après le Don de sagesse. Ces quatre dons intellectuels forment quatre visions complémentaires qui assimilent l'homme à la vie contemplative de l'Adorable Trinité. Il est intéressant de remarquer que le Bon Dieu dépose ses dons en majorité dans l'intelligence. Cette réalité se comprend assez facilement quand on songe que les Trois Personnes de la Trinité meuvent tout notre être par sa partie supérieure, l'intelligence.

Trois Dons d'ordre essentiellement pratique

Les quatre Dons d'ordre intellectuel dont nous venons de parler ne suffisent pas. Le chrétien doit être mû par la Trinité dans les actes extérieurs par lesquels il communique avec les autres. L'homme a besoin d'avoir le sens du Saint-Esprit pour devenir suffisamment empressé, par motif surnaturel, de rendre à chacun ce qui lui revient et, particulièrement de rendre à *Dieu le culte qui Lui est dû*. Ce Don déposé dans la volonté, parce que c'est la volonté qui dispose des actions extérieures en faveur des autres, ce Don s'appelle la Piété et rend la volonté souple à l'inspiration du Saint-Esprit dans les devoirs à rendre aux autres, spécialement à l'endroit de Dieu dans *l'exercice de la religion surnaturelle*.

Il reste encore en nous des appétits inférieurs à dominer : l'irascible et le concupiscible. Dieu nous a donné la vertu de *Force* pour conforter l'appétit irascible et la *Tempérance* pour le concupiscible. L'irascible est, pour ainsi dire, sensiblement raisonnable i.e. plus proche de la raison que l'appétit concupiscible.

Quand il s'agit de souffrir un mal en vue d'un bien d'ordre surnaturel, l'être humain a besoin de la vertu surnaturelle de force dont il ne peut se servir que maladroitement, à moins que ne lui parvienne l'assistance extérieure de l'Esprit-Saint. Le *Don de Force* qui accomplit cette tâche est une disponibilité qui rend l'appétit irascible, réceptif de l'assistance extérieure du Saint-Esprit, en vue de soutenir le mal sans se laisser écarter du bien, dans la patience chrétienne.

La tempérance surnaturelle infuse dont nous avons besoin pour modérer l'emprise du bien sensible sur notre appétit concupiscible demeure aussi un instrument difficile à manier. Il nous faut l'assistance extérieure du Saint-Esprit pour employer comme il convient cette vertu merveilleuse qui nous fait user des biens sensibles comme Jésus en userait à notre place. C'est le *Don de Crainte* qui nous rend réceptifs de l'influence trinitaire, en cette faculté inférieure qu'est le concupiscible, pour rendre surnaturellement raisonnable la force d'attraction sensible qu'elle exerce.

Le double registre de notre agir

Les rapports des Dons aux vertus ne manquent pas : puisque les Dons nous sont offerts pour favoriser l'exercice des vertus. Tout notre agir joue ainsi sur un double registre : l'un caractérisé par le mode humain des vertus, l'autre se définissant par la docilité immédiate de toutes nos facultés à l'action dynamique de l'agir trinitaire lui-même. Participée par nous selon une gamme indéfiniment variée d'imitations possibles de la vie de Pensée, d'Amour et d'Action des Trois Personnes Divines, cette harmonisation touche au côté le plus intérieur, le plus intime de notre propre vie de pensée, d'amour et d'action.

Le Saint-Esprit a deux façons de nous conduire : d'abord par les inspirations et alors nous gardons la maîtrise, la conduite de notre vie; ensuite, par ses Sept Dons et alors nous devenons dans ses mains comme de simples instruments, instruments intelligents n'ayant plus que la seconde place dans la direction de la conduite.

L'action des Dons du Saint-Esprit ne diffère pas de l'activité des vertus par la matière dont elle s'occupe, mais par la manière dont elle l'atteint, i.e. par le souffle du Saint-Esprit : au lieu d'agir selon notre propre initiative, nous nous comportons comme des instruments; mais ce double régime ne constitue cependant qu'une seule vie chrétienne et, partant, qu'une seule vie religieuse.

La matière de nos actes reste la même; seul l'esprit avec lequel on agit diffère. La touche de l'Artiste Divin ne ressemble en rien au travail de mineur que nous sommes obligés de faire nous-mêmes habituellement, i.e. détacher chaque jour, bloc par bloc, dans l'obscurité de la foi, tout ce qui s'oppose à l'union divine, à notre participation aux joies de connaissance et d'amour des Trois Divines Personnes de l'Adorable Trinité.

Le Don de Sagesse
au service de la Charité

Sous l'inspiration du Saint-Esprit, le prophète Isaïe nous présente la hiérarchie des Dons quand il décrit la venue du Fils de Dieu fait homme comme la fleur sortie de la branche virginale issue du tronc de Jessé : "Un rejeton sort de la bouche de Jessé, un surgeon pousse de ses racines : sur lui repose l'esprit de Yahvé, esprit de *Sagesse* et d'*Intelligence,* esprit de *Conseil* et de *Force,* esprit de *Science* et de *Crainte* de Yahvé" (Is. II, 2-3).

Cette hiérarchie spécificatrice des Dons se retrouve donc intégralement dans l'âme du Christ. En Lui, c'est la *Sagesse* qui illumine tout de sa splendeur d'éternité, tandis qu'en nous c'est le *Don de Crainte* qui entre d'abord en activité pour nous rendre conscients de notre fragilité et de notre néant en présence de l'infinie grandeur trinitaire. La sagesse du Christ lui fait juger de tout comme au sein de la Trinité à partir de la cause première. Chez le chrétien, le coeur doit dire ce que l'intelligence ne peut communiquer; les Dons lui donnent un instinct divin des choses célestes.

Le *Don de Sagesse,* qui nous fait juger et ordonner toutes choses en regard de la vérité *souverainement bonne à regarder,* se marie spontanément à la *Charité,* pour la raison bien simple que le premier effet d'une sincère amitié pousse les amis à vouloir se rencontrer, se regarder, se fusionner. La perfection chrétienne a son fondement naturel dans le désir de voir Dieu, désir naturellement inefficace, mais rendu surnaturellement efficace par la Révélation.

La Sagesse qui nous fait goûter la vérité divine s'unit naturellement à la charité théologale dont la présence dans nos coeurs nous fait aimer la Trinité par une connaturalité affectueuse qui excite notre désir de voir sans voile les Trois Personnes. Le *Don de Sagesse* est bien choisi pour nous aider à pratiquer cette *Charité,* et à savourer la Trinité sur terre en attendant de le faire en pleine Lumière de Gloire.

Le Don d'Intelligence illumine la Foi

C'est au Don d'Intelligence qu'on attribue le rôle de nous secourir en l'existence de notre Foi. Pour bien s'exercer cette vertu théologale ne doit se teinter d'aucun subjectivisme, et sa perfection consiste à bien discerner ce que la Trinité nous enseigne par le Christ ou par l'Eglise de ce que certaines doctrines pourraient nous présenter.

Le Don d'Intelligence, qui nous est accordé pour saisir la vérité trinitaire telle qu'elle est, a de quoi nous faire lire à l'intérieur de la Révélation qui nous semble d'abord compliquée, pour nous faire rejoindre la simplicité infiniment riche de la vérité enseignée. Le Don d'Intelligence nous fait pénétrer l'écorce de la Révélation pour nous faire goûter jusqu'à la moëlle. Il perçoit le sens du trinitaire non seulement dans les créatures, mais dans la Révélation et la doctrine de l'Eglise.

Ce Don est d'une intuition pénétrante qui scrute à fond la vérité et comble l'insatisfaction que la Foi peut causer en nous, en attendant la Lumière de Gloire. Il dépasse la Foi et l'illumine par une secrète vertu de l'Esprit de la Trinité. Cette intelligence cordiale, cette sympathie, ce sens familial pour les mystères que nous présente la Trinité, cette sorte d'affinité ou de connaturalité pour les vérités de la Foi diffère tout à fait de l'habitus du théologien dont l'optique est plutôt celui de l'esprit, de l'intelligence, alors que celui du Don d'Intelligence semble être le coeur, l'intelligence du coeur qui sent plus qu'elle ne voit.

Sous l'influence du Don d'Intelligence, l'âme expérimente Dieu avec les yeux du coeur, elle entre à l'intérieur du mystère trinitaire en autant que peut se réaliser une telle pénétration sur la terre. Le goût divin que communique ce Don permet d'avancer jusqu'aux dernières limites connaissables du mystère de l'Adorable Trinité. Si l'âme pouvait dépasser de telles proportions de connaissances, ce serait la vision en pleine lumière, au coeur du Verbe, dans la Pensée même du Père.

Le Don de Science fortifie l'Espérance

Alors que le Don d'Intelligence nous permet de jouir dès ce monde comme d'un avant-goût de la félicité trinitaire, le *Don de science,* lui, nous prépare à cette voie contemplative en nous faisant juger de la valeur des choses créées en vue de les ordonner vers la Trinité. Ce Don aide à saisir la vérité pratique. Il nous fait apprécier la Trinité comme un bien à atteindre par des moyens concrets et nous fait juger ces moyens, leur disposition plus ou moins correcte, plus ou moins rigoureuse, à la lumière de cette fin trinitaire.

L'*Espérance* a pour premier objet de nous faire apprécier la Réalité Trinitaire comme le souverain bien, avant de nous faire nous appuyer sur Elle pour retourner vers Elle. Le *Don de Science* vient nous faire pratiquer l'Espérance en préférant la Trinité aux autres biens et en nous orientant vers Elle par les moyens qui peuvent plus facilement nous y conduire. Le Don de Science se présente comme une perfection de l'Espérance qui détourne la raison de la séduction des créatures et l'aide à trouver en elles un chemin vers la Trinité. Ce Don conserve un calme profond dans l'âme qui, déjà sous l'influence du Don d'Intelligence, goûte et pénètre l'Ecriture Sainte, l'enseignement de l'Eglise et le divin bienfait des sacrements.

Nous avons ainsi une *Espérance équilibrée,* capable d'un travail sérieux qui s'appuie surtout sur ce que l'humain lui offre de divin, sur l'aspect trinitaire des choses inférieures, dans l'unique but de réaliser la louange au Père, à la manière du Fils et dans l'Esprit. Le Don de Science nous fait travailler en comptant sur la Trinité, en discernant, dans les moyens dont nous devons faire usage, ceux qui répondent le mieux à la réalisation du plan des Trois Personnes sur nous. Il nous aide à transformer le monde en Dieu, à le "trinitariser". Si la création a été assujettie à la vanité, c'est avec l'espérance qu'elle aussi sera affranchie de la servitude de la corruption, pour avoir part à la liberté et à la gloire des enfants de Dieu (Rm. 8, 20-21).

Le Don de Force
accompagne la vertu de Force

L'humanité du Verbe Incarné est le type surnaturel de la nôtre et ce que l'Esprit de la Trinité a opéré en elle pour la sanctifier doit, toute proportion gardée, avoir lieu en nous. Pour se développer en paix sous l'influence des *Dons intellectuels* de Science , d'Intelligence et de Sagesse, les puissances supérieures de notre âme, notre intelligence avec notre Foi, notre volonté avec l'Espérance et la Charité, ont besoin des *Dons pratiques* pour établir et conserver notre monde intérieur dans la paix.

Le premier de ces *Dons pratiques* est le *Don de Force* qui vient seconder la *vertu de Force* dont l'exercice à son sommet se réalise dans le martyre. Tous cependant ne peuvent mourir martyrs dans le sens strict du mot. Dans le sens large pourtant, les élus qui jouissent au Paradis de l'Adorable Trinité ont été martyrs. Le Ciel est l'Eglise triomphante et la terre l'Eglise militante, l'Eglise du combat. Il n'y a pas d'âmes qui entrent en la Trinité définitivement sans avoir dû pratiquer l'héroïsme d'une manière ou d'une autre, soit durant leur vie, soit sur leur lit de mort ou au purgatoire. On est toujours surpris cependant d'avoir à souffrir pour conquérir ou se laisser conquérir par les Trois. Est-il besoin d'insister pour prouver que c'est sous l'influence du *Don de Force* que s'endure dans l'amour le martyre quotidien?

En notre vie concrète, le Don de Force s'adapte à notre patience qui contrôle l'administration de trois vertus très importantes, la persévérance, la longanimité et la constance. Ces trois vertus peuvent se rapporter à la patience qui travaille sous la vertu de Force pour affronter les difficultés, affronter le mal même afin de le vaincre. Le Don de Force nous adapte à l'influence de l'Esprit-Saint qui nous assiste dans le support généreux, persévérant et constant de la souffrance, dans l'oeuvre difficile de notre sanctification. Il rend les âmes à la hauteur du but que la Trinité leur a proposé. La *magnanimité,* la première forme que prend la vertu de Force, caractérise ces âmes calmes et décidées à tout pour que s'étende sur terre le Règne de la Trinité.

Le Don de Conseil se marie avec la Prudence

La Force ne saurait être laissée à elle seule : il lui faut un élément pour l'aider et la diriger. Dans les diverses circonstances où nous pouvons nous trouver et les résolutions que nous devons prendre, une voix-guide est nécessaire : c'est par le *Don de Conseil* que cette voix trinitaire nous parvient pour seconder notre vertu surnaturelle de *Prudence*. La *Prudence* incline l'intelligence à choisir, en toute circonstance, les meilleurs moyens pour atteindre les fins à poursuivre, et les subordonner à notre fin dernière qui est de *connaître, aimer, servir* la Trinité et *partager son bonheur* dans le temps et l'éternité.

Cette Prudence doit discerner, dans les moyens, ceux qui sont proportionnés, à la fois, à la fin poursuivie et à l'état où se trouve celui qui poursuit cette fin. C'est ainsi qu'il serait peut-être imprudent de donner comme pénitence à un pauvre malheureux qui revient à la Trinité une trentaine de Chemins de Croix. C'est encore une pénitence bien minime si je considère la gravité du péché en soi, mais le risque n'en demeure pas moins que ce soit une pénitence très mal adaptée au converti.

Le *Don de Conseil* permet à la Trinité de nous assister Elle-même dans l'exercice de la prudence surnaturelle qui discerne les moyens et les organise en vue de les rendre efficaces en la poursuite du bien honnête sur le plan devenu pratique de la vie trinitaire qu'on a adoptée parce que mieux comprise. Un moyen doit être proportionné à la fois aux deux termes : la situation d'où l'on part et la situation où l'on va. C'est la Prudence surnaturelle qui, s'éclairant des principes de la Foi, illumine de lumière naturellement raisonnable les diverses matières de l'activité humaine pour mieux orienter dans le grand courant trinitaire.

N'oublions jamais que l'Esprit de la Trinité ne consentira à devenir notre *Conseil* que si nous cessons de nous croire sages à nos propres yeux pour nous dégager de nos idées et nous engager totalement en sa vive lumière qui agira sur notre intelligence comme le Don de Force agit sur notre volonté.

Le Don de Piété
s'ajuste à la Justice

La Justice harmonise nos actes avec les droits de la Trinité et ceux du prochain. *La Religion,* partie principale de la Justice, nous fait rendre notre dû à la Trinité et nous établit dans la paix à son égard. *La Piété,* partie de la vertu de Religion, met dans cette vertu un accent de tendresse et reconnaît un "Père" et un "Frère" au coeur de la Trinité. L'Esprit vient enfin nous aider à combattre l'égoïsme qui présente l'un des plus puissants obstacles à notre union aux Trois.

Le *Don de Piété* s'ajuste très bien à la *Religion* et aux vertus qui s'y rattachent. Le religion surnaturelle nous incline à poser avec un délicat empressement les actes qui conviennent pour reconnaître, non seulement le souverain domaine du Créateur, mais surtout l'excellence paternelle de la Première Personne de l'Adorable Trinité.

La Paternité divine, si souvent mise en évidence par Notre-Seigneur dans l'Evangile, caractérise le Don de Piété : c'est l'équivalent de toute Religion. On peut considérer la vertu de Religion comme la principale, la plus importante après les vertus théologales : elle est comme le coeur de l'esprit qui nous fait vivre en véritables fils du Père, d'un seul et même Père. Le Don de Piété nous assouplit pour nous rendre plus attentifs dans nos pratiques religieuses et nous assiste dans l'exercice des autres vertus infuses afin de nous incliner à reconnaître toute supériorité dans les créatures comme autant de bienfaits dérivés de la Paternité divine.

L'âme, initiée par le Don de Piété, désire constamment la Gloire de la Très Sainte Trinité et fait tout en son pouvoir pour amener les humains à célébrer cette louange de gloire. Sa plus grande joie est de constater le progrès des âmes dans l'amour trinitaire et le dévouement qu'inspire un tel amour pour le Père. Remplie d'une soumission profondément filiale pour ce Père universel, elle est prête à toutes ses volontés et elle se résigne généreusement aux dispositions de sa Providence. Ce dévouement au Père fait naître en elle une réelle affection pour toute créature : de là naît la vraie fraternité humaine et chrétienne.

Le Don de Crainte
s'apparente à la Tempérance

Même si nous ne parlons du *Don de Crainte* qu'en dernier lieu, il n'en reste pas moins qu'il marque le commencement des dons : c'est lui qui nous oriente vers les splendeurs du Don de Sagesse. La Trinité commence à régner dans une âme dès que cette âme est sous l'inspiration de ce Don qui joue, comme *l'humilité,* par "mode de disposition", un rôle de premier plan dans notre vie spirituelle. Il opère dans l'âme un détachement beaucoup plus radical que l'humilité elle-même, établissant en nous cette parfaite "pauvreté d'esprit", exaltée par les mystiques, réalisatrice de la plus haute disponibilité entre les mains de la Trinité.

Il ne s'agit pas ici de la peur, ni de la crainte des serviteurs, mais de la *Crainte filiale,* de cette crainte toute d'amour qui fait qu'on a peur d'être indigne de la perfection de son Père du Ciel. C'est le premier don dans l'ordre du perfectionnement de l'âme, la remise entre les mains du Saint-Esprit qui, par des ascensions successives, la conduit jusqu'à la Sagesse.

Certains assignent au Don de Crainte le rôle de faire pratiquer convenablement l'espérance, parce que le Don de Crainte inspirerait à l'homme ce qu'il faut pour l'empêcher d'être téméraire. La crainte et l'espérance ne peuvent sans doute exister l'une sans l'autre : la crainte sans l'espérance, c'est le *désespoir* et l'espérance sans la crainte, c'est la *présomption.* La crainte de Dieu est donc nécessaire pour éviter les dangers de la présomption et du désespoir.

Il n'en reste pas moins que le Don de Crainte s'adapte surtout à la Tempérance. Les péchés contre la tempérance ne sont pas ordinairement aussi grave que les fautes contre la charité ou la foi, telles la haine de Dieu ou l'hérésie. Ce sont quand même des péchés qu'on a de la difficulté à ne pas commettre. Si donc on aime la Trinité sincèrement, on craint davantage de L'offenser en la matière même où l'on est plus fragile : voilà pourquoi le Don de Crainte s'apparente à la vertu de Tempérance; il nous fixe dans un profond esprit de Foi qui se trouve au principe même de cette crainte.

Dieu n'a rien d'un comptable pointilleux sans cesse occupé à éplucher notre vie pour faire le compte de nos bonnes et de nos mauvaises actions, de nos mérites et de nos démérites, comme si à notre naissance surnaturelle au Baptême, la Trinité nous fixait deux colonnes pour y totaliser notre actif et notre passif, et nous y dresser finalement un bilan positif ou négatif qui déciderait de notre éternité de bonheur ou de malheur.

Les Dons du Saint-Esprit nous éloignent d'une telle imagination qui nous montre en Dieu un fonctionnaire tracassier, un percepteur chargé d'administrer avec ses huissiers le Royaume des Cieux. Dieu n'est pas plus un comptable qu'il n'est un guerrier sans cesse au combat à la tête de troupes qu'il se serait formées, un chef qui poursuit ses ennemis avec acharnement pour les détruire les uns après les autres. Même si saint Paul a comparé la vie chrétienne à un combat (Ep. 6, 13-17), il ne faut pas pour autant considérer le Temple à rebâtir comme une forteresse guerrière ou le Royaume à développer comme un Royaume belliqueux avec le Christ à sa tête.

Les Dons du Saint-Esprit nous font découvrir l'Ami qu'est Dieu et l'amour qu'il nous porte à tous et à chacun. Sous le rayonnement de l'Esprit, nous cesserons de considérer la Trinité comme lointaine et impersonnelle. Nous vivrons en compagnie d'un Dieu personnel, tout proche de nous, qui s'intéresse à chacun, qui habite et vit dans le ciel de notre âme, qui attend que notre charité corresponde chaque jour davantage à son amour infini.

Cet aspect personnel de l'amour trinitaire évitera de conduire à une piété sentimentale ou individualiste. C'est l'Esprit de la Trinité qui nous fera saisir qui est Dieu et de quel amour d'amitié il ne cesse de nous entourer. Nous sommes de la Grande Famille des Fils de Dieu, une Famille ouverte à toutes les bonnes volontés.

Pour un meilleur hommage à la Trinité

Les Dons du Saint-Esprit permettent de rendre à la Trinité un honneur toujours plus grand, toujours plus absolu, de mieux saisir l'appel de Dieu et d'y répondre plus dignement, de bien distinguer entre la DEVOTION et les dévotions, de centrer ces dévotions, quelles qu'elles soient, sur l'essentiel i.e. sur une vie de prière et de service en hommage de gloire à l'Adorable Trinité.

Ce qui importe davantage lorsque nous prions, ce n'est pas tant nos gestes ou nos mots que la Foi et l'Amour qui s'expriment par ces gestes ou ces paroles. Les Dons du Saint-Esprit nous aident à dépasser les cadres, à enfoncer les mots pour rejoindre plus concrètement la Trinité, dans une conversation avec le Père, dans le Christ, par l'Esprit qui les unit et nous unit à Eux.

Etre chrétien, c'est croire en Jésus-Christ, mort et ressuscité pour les humains, c'est s'efforcer de mettre en pratique dans sa vie ce qu'il nous a enseigné. C'est la Foi et l'Espérance au Christ qui nous sauvent, pourvu que ces vertus, pénétrées par la Charité, illuminent notre vie et lui donnent un sens concret. Notre Foi en la Trinité fait de nous des êtres nouveaux destinés à une vie nouvelle de connaissance et d'amour au coeur des Trois.

Sous le rayonnement de l'Esprit, l'âme chrétienne apprend à vivre la célébration des mystères du Christ, célébration qu'elle considère comme primordiale et essentielle. C'est toujours le Temple de Dieu qui se construit comme il se construisait au milieu de ces foules que nous présente l'Evangile, foules qui évoquaient toutes celles qui devaient surgir au cours des siècles pour entendre à leur tour, de la bouche de successeurs des Apôtres, la Bonne Nouvelle de l'Evangile, la Bonne Nouvelle du Temple à rebâtir individuellement et collectivement.

Aujourd'hui encore, les Dons du Saint-Esprit sont plus à l'oeuvre que jamais dans l'Eglise en rénovation au sein du Concile. Un souffle nouveau passe sur la chrétienté appelée à vivre "en plein vent" sur le plan humain comme sur le plan trinitaire. Aux problèmes nouveaux, l'Esprit de la Pentecôte suscite des solutions nouvelles.

Au service de l'amour de Dieu et de nos frères

Il arrive malheureusement trop souvent qu'à la foi chrétienne se mêlent des croyances qui semblent relever de la superstition. La religion n'a rien à voir avec la magie. Les pratiques de certaines âmes qui se disent profondément chrétiennes n'ont rien de commun avec la Foi chrétienne. Le Christ n'a rien d'un magicien et ce serait se tromper que de considérer l'Eglise comme une société secrète réservée à quelques initiés.

En certains milieux et chez certaines personnes on dirait qu'un vieux fonds païen semble avoir résisté à l'influence de l'Evangile. Il est malheureux qu'on se soit fait des fétiches, des porte-bonheur avec des médailles, des crucifix, des chapelets, des images, qu'on se soit servi de certaines prières chrétiennes comme formules magiques ou incantatoires. L'Eglise a toujours lutté contre de telles superstitions. Dans un monde où le culte des vedettes semble prendre toute la place, on ne se surprend peut-être pas autant de ces maladies spirituelles, mais elles n'en demeurent pas moins néfastes et dangereuses.

A la lumière de l'Esprit de la Trinité, nous comprenons que ces dévotions n'ont aucun sens si elles n'augmentent pas en nous l'amour de Dieu et l'amour de nos frères. Ce serait dommage si la multiplicité des formes de dévotions offertes aujourd'hui aux chrétiens leur faisait perdre l'essentiel de la religion qui se résume à aimer comme le Christ nous l'a enseigné : "Tu aimeras le Seigneur ton Dieu de tout ton coeur, de toute ton âme, de tout ton esprit. Voilà le premier, le plus grand commandement. Mais il y en a un deuxième qui lui est semblable : Tu aimeras ton prochain comme toi-même. Sur ces deux commandements s'appuie la religion" (Mt. 22, 36-40). "Je vous donne un nouveau commandement : Aimez-vous les uns les autres. Comme je vous ai aimés . . ." (Jn 13, 34-35). La charité attentive est exigeante. Pour un vrai chrétien envahi par l'Esprit, elle est plus qu'une démarche mais une préoccupation constante. La consigne de saint Paul : "Portez vos fardeaux les uns les autres" est encore plus d'actualité de nos jours où la charge de la vie est plus lourde à porter pour un grand nombre.

CHAPITRE XII

Le don de piété

La piété nous fait "fils dans le Fils"

"Lorsque vous priez, ne faites pas comme les hypocrites qui, pour se faire remarquer, s'installent bien en évidence, dans les lieux de culte aux carrefours des rues... Toi, lorsque tu veux prier, entre dans ta maison, ferme la porte, et prie ton Père qui est là, en secret. . . ."

(Mt. 6, 5-6)

Le Don de Piété

La piété nous fait "fils dans le Fils"

- La Piété sous la Première Alliance
- La Piété sous la Nouvelle Alliance
- Dieu est notre Père
- La découverte du Père et de notre filiation
- Le double objectif du Don de Piété
- Le Don de Piété ouvre l'âme sur le Père
- Relation du Don de Piété avec le Verbe
- La force secrète de l'Esprit-Saint
- Pour le bon fonctionnement du Corps Mystique
- Le Don de Piété : source d'apostolat
- La pleine mesure du Don de Piété
- Le Don de Piété nous convie à une spiritualité trinitaire
- La "théologalisation" que favorise le Don de Piété
- La Piété au coeur d'une double espérance
- Piété, Justice et vertu de Religion
- Quelques types concrets marqués par la Piété
- Quelques effets bienfaisants du Don de Piété
- Pour mieux satisfaire notre besoin d'être

La Piété
sous la Première Alliance

Dieu a toujours été Père. Cependant pour en venir a le considérer véritablement sous cet aspect, un secours surnaturel spécial nous demeure indispensable. Un tel secours, l'Esprit-Saint nous le prodigue par cette disposition intime qu'on appelle le Don de Piété qui incline l'âme à témoigner à Dieu, comme conséquence d'un amour trinitairement personnifié, une affection filiale.

Même si les Dons de l'Esprit semblent n'être devenus notre partage qu'à partir de la Nouvelle Alliance, Dieu n'a pas attendu cette époque pour révéler son Coeur de Père. Nous en découvrons des preuves irrécusables déjà dans Jérémie où il est écrit : "Convertissez-vous donc, enfants rebelles et revenez vers votre Père! (...) Pour moi, je l'ai dit, je vous considérerai comme mes enfants et vous m'appellerez votre Père" (Jr. 3, 14-19). Dès les temps prophétiques, par conséquent, Dieu a pris l'initiative de se révéler comme un Père aimant qui s'émeut devant l'ignorance de ses enfants.

Ailleurs, c'est Isaïe qui nous révèle en Dieu une tendresse de Père : "Une mère peut-elle oublier son enfant au point de ne ressentir aucune compassion sur les misères de celui qu'elle a porté dans son sein? Hé bien, même si une mère pouvait tomber dans un tel oubli, moi, je vous l'assure, je ne vous oublierai jamais, car voici que je vous ai écrits dans mes mains pour penser toujours à vous" (Is. 49, 15-16). Un Père n'oublie pas ses enfants et sa pensée ne les quitte pas; ainsi sommes-nous toujours présents dans le champ de conscience de la Trinité.

A son tour, le Roi David n'hésite pas à chanter cette bonté paternelle de Dieu; "Comme un père a compassion de ses enfants, ainsi le Seigneur a eu pitié de ceux qui le craignent, car il sait, lui, la boue dont nous sommes pétris. Il s'est souvenu que nous ne sommes que poussière" (Ps. 102, 13-14). Le Père aime ses enfants dans leur faiblesse et à cause de cette misère qui lui donne une meilleure occasion de pouvoir les combler. Malachie place, à son tour, cette parole dans la bouche de Dieu : "Un fils honore son père... Si donc je suis votre Père, où est l'honneur qui m'est dû? (Ml. 1, 6)

Encore voilée sous la loi de crainte, l'affirmation de la Paternité de Dieu, entrevue surtout au coeur de la Trinité, ne sera mise en pleine lumière que sous la Nouvelle Alliance. C'est le Verbe, le propre Fils Unique du Père, qui se chargera de nous révéler toute la tendresse qui réside au coeur de Dieu et qui préside à tous ses gestes. Aussi, le Verbe Incarné se donnera-t-il pour première mission de nous révéler un nom nouveau, celui de Son Père. De plus en plus, il nous fait comprendre qu'il n'est jamais seul, qu'il vit avec "QUELQU'UN D'AUTRE" par qui il fut envoyé, devant qui il est, pour qui il vit, en qui il est constamment : C'EST SON PERE.

Le Christ nous donne le Père, le partage, pour ainsi dire, avec chacun d'entre nous, puisqu'il veut désormais vivre en nous sa propre vie filiale. Nous sommes engendrés par le Père et engendrés en Jésus : nous devenons en toute vérité FILS DANS LE FILS. Vivant en nous sa vie filiale, Jésus partage aussi avec nous son coeur filial, ses sentiments de FILS. Il nous invite à devenir parfaits comme son Père est parfait (Mt. 5, 48). Nous invite-t-il à prier? C'est encore à son Père qu'il nous conduit : "Quand vous prierez, vous direz : Notre Père qui êtes aux cieux . . ." (Mt. 6, 9)

Dans tous nos besoins, c'est au Père qu'il faut s'adresser : "Ne vous inquiétez donc pas au sujet de la nourriture et du vêtement car VOTRE PERE céleste sait que vous avez besoin de tout cela" (Mt. 6, 32). C'est le Père également qui détient la clé des pardons que nous sollicitons: "Si vous remettez aux hommes les torts qu'ils vous ont faits, votre Père céleste vous remettra aussi vos péchés" (Mt. 6, 15).

Non seulement le Christ nous a révélé le Père, mais il s'est toujours conduit lui-même en FILS AIMANT. Toute sa vie nous dicte notre propre attitude filiale et nous invite, à son exemple, à faire de la Volonté du Père notre nourriture quotidienne. Cette piété filiale conduit le Christ au culte le plus parfait qu'il pouvait rendre à son Père, le culte de l'Abandon total jusqu'à l'héroïsme, jusqu'à la mort. Tout le mystère du Christ peut être appelé à juste titre LE MYSTERE DE LA PIETE PAR EXCELLENCE.

Dieu est notre Père

"Quand vous priez, dites : Notre Père, qui es dans les Cieux, que ton nom soit sanctifié, que ton règne arrive, que ta Volonté soit faite, sur la terre comme au ciel. Donne-nous aujourd'hui notre pain quotidien. Pardonne-nous nos offenses comme nous avons pardonné à ceux qui nous ont offensés. Ne nous soumets pas à la tentation. Délivre-nous du mal" (Mt. 6, 9-13).

Dieu est notre Père et veut notre bonheur : "Dieu a tellement aimé le monde qu'il a donné son Fils Unique pour que tous ceux qui croient en lui ne meurent pas, mais vivent toujours . . ." (Jn 3, 16). "Le Père veut que celui qui voit le Fils et croit en lui ait la vie qui ne finit pas" (Jn 6, 40).

En son dessein profondément pédagogique, le Christ n'a révélé que progressivement sa messianité et sa filiation surnaturelle. Il ne voulait pas éblouir les esprits, mais les introduire délicatement dans le plan de la Trinité. Le Sauveur ne s'est pas révélé avec éclat, mais il a préféré révéler progressivement le secret de sa personne.

L'Evangile n'est pas une propagande, mais la proposition d'un mystère qui se déchiffre par grâce lorsque Dieu illumine les yeux du coeur (Ep. 1, 17-18). Une fois éclairés les yeux du coeur, l'âme saisit que si Dieu a voulu se faire "fils de l'homme", c'est pour que nous devenions "fils de Dieu", pour communiquer à ceux qui croient en lui le pouvoir et les moyens de devenir enfants de Dieu, de naître de lui par une naissance "qui ne vient ni de la chair, ni de la volonté d'un homme, mais toute spirituelle, de l'eau et de l'Esprit-Saint, condition et principe de notre admission dans le royaume, dans la famille et l'héritage du Père" (Jn 3, 5).

C'est le Don de Piété qui nous fait garder l'esprit d'adoption trinitaire dont nous sommes désormais enrichis, l'esprit qui convient à des enfants de Dieu. Ce que nous faisons doit correspondre à ce que nous sommes.

La découverte du Père et de notre filiation

Puisque Dieu se dit vraiment notre Père, c'est qu'il nous considère comme ses vrais fils : "Nous sommes de la race de Dieu" (Ac. 17, 28). "Nous sommes nés de lui" (Jn 1, 13). Ce mystère de filiation arrachait au disciple bien-aimé un long cri d'admiration : "Voyez quelle charité le Père nous a témoignée en nous accordant non seulement d'être appelés mais d'être en réalité les enfants de Dieu" (I Jn 3, 1). Aussi, est-ce ce titre d'enfant de Dieu qui forme le noeud central de la première épître de saint Jean et ce même privilège que l'Apocalypse met si bien en relief.

Cette filiation adoptive en Jésus-Christ dessine aussi la trame de la plupart des épîtres pauliniennes : "Béni soit Dieu, le Père de Notre-Seigneur Jésus-Christ, qui nous a, dans son amour, prédestinés à être ses fils adoptifs par Jésus-Christ", écrit aux Ephésiens le converti de Damas (I, 3-5). S'adressant aux Romains, le même Apôtre renchérit : "En effet, nous n'avons pas reçu un esprit de servitude pour être encore dans la crainte, mais nous avons reçu un esprit d'adoption qui nous permet de dire à Dieu : Abba, Père! Cet Esprit lui-même rend témoignage à notre esprit que nous sommes enfants de Dieu" (8, 15-16).

Notre situation d'enfants de Dieu paraît donc un fait bien reconnu. Dieu le Père, dans son infinie bonté, nous a introduits dans sa famille divine, nous qui lui étions étrangers par nature et, qui plus est, ennemis par nos péchés. La réponse de l'être humain à cette démarche divine n'exige rien moins qu'une reconnaissance sans borne, une action de grâce continuelle. Saint Paul veut exprimer ces sentiments quand il écrit : "Béni soit Dieu et le Père de Notre-Seigneur Jésus-Christ, qui nous a comblés dans le Christ de toutes sortes de bénédictions spirituelles et célestes, nous ayant élus en lui, avant la constitution du monde, afin que nous fussions saints et immaculés devant lui, dans la Charité. Par une faveur toute gratuite, il nous a prédestinés à devenir ses fils adoptifs, par Jésus-Christ, pour la gloire et le triomphe de sa grâce, par laquelle il nous a rendus agréables à ses yeux, en son Fils bien-aimé" (Ep. 1, 3-6).

Le double objectif du Don de Piété

Tout ce qui se rapporte à notre vie spirituelle s'effectue sous l'influence divine du Paraclet par le moyen de ses dons. Ces dons sont comme les qualités de l'Amour trinitaire dont Dieu dote notre amour. Parce qu'il est l'amour personnifié et que l'amour éprouve spontanément de la tendresse pour l'être aimé, l'Esprit-Saint rend notre coeur, sous l'influence du Don de Piété, capable de capter l'inspiration par laquelle il lui insinue une AFFECTION FILIALE pour Dieu, en nous le faisant considérer comme notre Père, et une AFFECTION FRATERNELLE pour nos semblables, en nous les faisant considérer comme nos frères.

Il faut bien comprendre l'orientation que nous communique le Don de Piété. Alors que la *vertu de Religion* nous porte à remercier Dieu de ses paternelles libéralités et nous oriente vers le culte dû au Souverain de notre être et de notre agir, le Don de Piété dépasse ces bornes et ne se proportionne pas à la munificence des dons reçus. Le Don de Piété s'inspire simplement de cet Esprit d'adoption qui nous porte à nous adresser à Dieu comme à un Père. Nous sommes devenus les enfants de Dieu et, sous l'impulsion de l'Esprit de Piété, nous jouissons de travailler uniquement pour l'honneur et la gloire du Père. Par la vertu de religion nous honorons le Souverain en Dieu; par le Don de Piété nous aimons et travaillons pour le Père.

Ce désintéressement filial finit par pénétrer nos relations fraternelles qui doivent jouir elles aussi de cette poussée merveilleuse du Don de Piété. Le jour où, mu par l'Esprit-Saint, François d'Assise embrasse un malheureux lépreux, cette grâce lui est communiquée de comprendre que Dieu se trouve dans le prochain, que l'humanité du Christ a voulu recommencer en notre humanité sa destinée terrestre. L'Esprit de Piété s'insère dans notre vie pour mieux nous faire saisir le fonctionnement mystérieux du Corps Mystique du Christ qui s'organise et travaille toujours à la plus grande gloire de l'Adorable Trinité. Le Don de Piété nous aide à découvrir la Trinité en tout et en tous pour La mieux aimer et La mieux servir.

Le Don de Piété
ouvre l'âme sur le Père

Le tout de notre vie est de trouver le Christ Vivant et, à travers Lui, le vrai Visage du Père. C'est par étapes successives que le Christ se fait découvrir et qu'il nous découvre Son Père. L'âme, ornée du Don de Piété, ne voit plus seulement en Dieu une majesté redoutable devant laquelle tremblent les "Vertus des cieux" et que les Séraphins adorent la face contre terre. Elle ne considère plus seulement sa justice inflexible dont la seule pensée glace de terreur; mais elle découvre en Lui une paternité toute pétrie de bonté condescendante qui l'excite à la confiance et lui enflamme le coeur d'amour.

L'âme s'abandonne désormais à Dieu, son Père, avec une entière assurance. Elle le voit lui ouvrant les bras avec tendresse et l'invitant à venir s'y blottir comme un oiseau frileux. Dès lors, son coeur se dilate par la confiance et l'amour. Toute rassurée, l'âme peut s'écrier avec Isaïe : "O mon Dieu, vous êtes mon Père!" (44, 8)

Sous l'impulsion secrète du Don de Piété, l'âme éprouve un ardent désir d'aimer ce Dieu-Père et de lui prouver cet amour jusque dans ses moindres actions. Ce désir devient parfois comme une passion irrésistible : "Plaire à Dieu et puis mourir", s'écriait saint Alphonse. Ce qui afflige par-dessus tout une âme animée d'une telle piété, c'est la vue de tant de péchés qui se commettent à travers le monde : le meilleur des Pères est outragé et son amour méconnu tout comme sa bonté ne reçoit d'échange autre que l'ingratitude. L'âme brûle alors du désir de réparer toutes ces offenses faites au Père Eternel.

L'Esprit-Saint, par le Don de Piété, oriente l'âme vers un dévouement filial de plus en plus désintéressé qui la pousse à redire sans cesse, avec un brûlant désir d'être exaucée, les premières demandes de la prière du Verbe Incarné : "Notre Père, que votre Nom soit sanctifié, que votre Règne arrive, que votre volonté soit faite". L'âme félicite Dieu le Père de ce qu'Il soit si grand et si puissant, non pas pour recevoir quelques bienfaits, mais simplement parce qu'elle est une âme bien née et trinitairement fixée sur le Père, à la manière du Fils Unique.

Relation du Don de Piété avec le Verbe

Toute notre vie réside dans le Christ : il s'agit de Le trouver pour Le laisser passer dans notre existence concrète et Le communiquer aux autres. Le Don de Piété est puissant pour favoriser l'âme qui réalise l'obligation de se laisser saisir par le Christ. Ce n'est pas nous qui choisissons la manière dont nous allons rencontrer le Christ, mais c'est Lui qui vient à nous et c'est Lui qui nous prend. Le Don de Piété nous permet de voir plus clair en tous ces points et jette la lumière sur les personnes et les circonstances qui doivent nous manifester le Verbe Incarné.

L'Esprit de Piété s'insère en nous pour nous mieux permettre de découvrir le Christ souffrant sous les espèces de tel ou tel malheureux et lui communiquer le secours que Jésus lui-même ne manquerait sûrement pas de lui procurer. C'est beaucoup plus notre vie que nos paroles qui montre le Christ aux autres : aussi l'Esprit de Piété pénètre-t-il notre vie dans le sens de cet *amour-don* qui nous fait servir la Trinité dans le prochain.

Une solide piété se puise particulièrement dans l'étude et la contemplation de Jésus-Crucifié. Les plaies du Sauveur sont les fournaises ardentes d'où jaillit la céleste flamme du divin Amour, de cette flamme qui purifie le chrétien de toutes scories et réalise en lui cette pure transparence de l'Amour des Trois, l'Amour du Père pour son Fils immolé à l'avantage de tous ces autres enfants que la Trinité veut racheter pour l'éternité.

Grâce à ces portes de vie que sont les saintes plaies du Crucifié, les saints ont eu la force de s'immoler généreusement, de sacrifier leur chair avec toutes ses convoitises pour conquérir la vie éternelle. Un coeur animé par l'Esprit de Piété ne peut demeurer insensible en présence des douleurs insondables endurées par le Sauveur : aussi fait-il de la méditation de la Passion l'une de ses occupations essentielles. Par le Don de Piété, l'Esprit de la Trinité répand dans les âmes qu'il pénètre la soif de s'unir à la Victime du Calvaire pour effacer les péchés et procurer au Père la gloire qui lui revient. C'est la rencontre du Christ souffrant avec le désir sincère de souffrir et de mourir avec Lui.

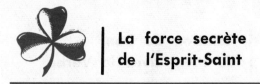

La force secrète de l'Esprit-Saint

Si ce n'est pas nous qui choisissons la manière dont nous rencontrons le Christ dans le prochain ou le Père dans nos supérieurs, quels qu'ils soient, c'est quand même nous, sous la bienfaisante lumière de l'Esprit-Saint, qui finissons par Les y découvrir l'Un et l'Autre. L'Esprit-Saint nous pénètre comme une force secrète, non seulement pour nous faire découvrir partout le Père et Son Fils, mais aussi pour nous faire devenir spirituellement le Fils et Son Père, pour que toute notre vie en vienne à montrer concrètement l'agir du Père et du Fils.

Il faut que nous nous rendions compte que trouver le Christ et le Père en Lui ne suffit pas. Il faut surtout les vivre tous les deux et les communiquer à l'univers entier. C'est dans ce sens que l'Esprit de Piété peut surtout nous inspirer en nous pénétrant des sentiments du Fils et du Père, sentiments que la nature se reconnaît impuissante à produire.

Comment un étranger, admis tout à coup dans une famille à titre d'enfant adoptif, pourrait-il éprouver les sentiments, formuler les pensées qu'exige cette nouvelle situation? Peut-il, comme le fils légitime, ressentir au fond de son coeur cet amour filial, cette tendresse, cette douce confiance que la nature, aidée du temps, imprime dans le coeur des enfants à l'égard de leurs parents?

Nous qui étions non seulement des étrangers pour la Trinité, mais même ses ennemis, comment pourrions-nous concevoir les sentiments qui conviennent à une si mystérieuse condition, une fois découverte et comprise cette élévation par la grâce à la dignité d'enfants de la Trinité?

Telle est bien cette qualité nouvelle que l'Amour Divin insère en nous par le Don de Piété. Dieu s'affirmant notre vrai Père et nous ses vrais enfants, un nouvel ordre de rapports devait nécessairement s'établir entre Dieu et l'homme. Ces nouvelles relations, d'une douceur et d'une suavité infinies, la Trinité seule pouvait les créer et les établir : telle est l'oeuvre de l'Esprit de Piété.

Pour le bon fonctionnement du Corps Mystique

Lorsque, sous la motion mystérieuse de l'Esprit de Piété, l'âme saisit la Paternité divine, elle perçoit en même temps le sentiment de fraternité qui existe entre les humains. L'âme en vient ainsi à trouver la Trinité en tout et en tous, à L'aimer et La servir en tout, en tous et toujours. Ainsi le Don de Piété nous oriente vers le prochain en qui le Père et Son Fils ont bien voulu se cacher : désormais l'âme voit et vit le Christ et le Père dans l'âme de son prochain, sur le plan de la fraternité ou de l'autorité.

Le Don de Piété s'étend ainsi, à titre secondaire, à tous les membres du Corps Mystique du Christ, d'un Corps Mystique toujours en travail, communiquant aux enfants de la Trinité les sentiments fraternels qui animaient l'âme du Christ dans ses rapports avec les humains. Si la Charité atteint Dieu et les hommes sous l'aspect de l'amour, le Don de Piété règle nos relations avec eux, selon l'équité, en pénétrant toutes ces relations de justice et d'esprit fraternel profondément désintéressé. On devine l'importance majeure et les incalculables conséquences pour l'humanité entière d'un ressourcement à l'esprit évangélique, à cette heure de conflits mondiaux entre les races et les classes sociales.

Le Don de Piété nous amène à voir un frère en tout être humain, à y rencontrer le Christ toujours vivant, comme François d'Assise rencontre le Christ brisé dans un lépreux, alors qu'il ne cherchait que l'honneur sur les routes de l'aventure. C'est après avoir rencontré le Christ, l'avoir reconnu, que le chrétien authentique en vient à vivre dans le Christ, à vivre le Christ. L'Esprit de Piété est indispensable pour entrer dans l'intérieur de la vie du Christ qui est vie dans le Père, tout comme il l'est pour adoucir toutes les relations humaines à tous les paliers. C'est la précieuse goutte d'huile qui assouplit les fibres du coeur, détend les rouages, arrête la dureté des chocs et prévient souvent le feu qui allait jaillir des frictions si rapides de nos pauvres passions humaines parfois si mal contrôlées.

Le Don de Piété :
source d'apostolat

Le tout de notre vie et de notre apostolat est de trouver le Christ et, en Lui, le Père, de Les trouver tous les deux là où Ils ont décidé de Se placer pour nous rencontrer, dans les personnes, les choses et les événements, puis de Les communiquer, de Les faire rayonner au milieu des êtres humains *d'aujourd'hui*. Si nous vivons dans le Christ, c'est pour le personnifier, le concrétiser, le réaliser, le communiquer.

Le Don de Piété dispose pour nous d'une énergique puissance pour nous aider à vivre ce Mystère du Christ et du Père dans l'*humanité d'aujourd'hui*. Pour l'exercice d'un apostolat vraiment efficace, il ne faut rien moins que la puissance du Verbe Incarné et la merveille de cet Amour du Saint-Esprit qui oriente le retour filial vers le Père et tourne les *Hommes d'aujourd'hui* les uns vers les autres pour se découvrir dans la Trinité et découvrir la Trinité en tous et en chacun.

Un véritable apôtre ne doit nullement ressembler à un intendant purement fonctionnaire, mais à un fils de la Trinité qui travaille pour le Père, comme le Fils, dans l'amour de l'Esprit-Saint. L'âme qu'envahit le Don de Piété ne recherche, en toutes ses activités apostoliques, que la Gloire des Trois. C'est Thérèse de l'Enfant-Jésus qui veut conduire toute l'Eglise aux pieds du Père, où sa piété l'a depuis longtemps orientée. C'est Elisabeth de la Trinité qui rejoint l'univers entier par l'intérieur, sur les ondes mystérieuses de la communion des Saints. Dans le Ciel de son âme s'accomplit le merveilleux échange des grâces qui circulent à travers le Corps Mystique. Son action auprès d'autrui s'alimente directement à la source trinitaire et c'est au coeur même de cet Océan de Vie qu'elle rejoint tous ses frères.

La Trinité veut que l'apostolat soit l'affaire de tous et l'Esprit de Piété en rend la pratique douce et facile aux missionnaires par le zèle évangélique, aux chrétiens ordinaires par la prière et le renoncement. Quels que soient les moyens employés, l'essentiel reste à la Charité qui tourne les humains les uns vers les autres pour une rencontre fructueuse du Christ et de Son Père.

La pleine mesure du Don de Piété

L'âme, sous l'influence de l'Esprit de Piété, devient *louange de gloire* à la Trinité uniquement à cause d'Elle-même; "gratias agamus Tibi propter gloriam Tuam", au-delà de toute la mesure des dons créés qu'elle a reçus ou reçoit toujours. Le motif propre d'un tel Don n'est pas le bienfait communiqué, mais l'excellence des Trois.

Le Don de Piété ne prend pas pour mesure notre dette à l'endroit de Dieu, mais sa grandeur infinie. Comme pour tous les autres Dons, il faut une mesure déiforme : aussi prend-il comme norme divine la *glorification incréée* que le Père trouve en Lui-même dans Son Verbe, au sein de la Trinité où les Trois Grands se servent à eux-mêmes une glorification propre et complète. Cette définition du Don de Piété par sa causalité exemplaire divine constitue la clé de la théologie de ce Don et nous touchons ainsi à la conception la plus fondamentale des Dons de l'Esprit-Saint. La pensée humaine ne peut guère aller au-delà, à moins de consentir à se "théologaliser" pour en venir à comprendre et à aimer comme Dieu.

L'oraison qui s'exerce sous cette influence déborde d'affection et de désintéressement. L'âme ne cherche pas sa propre satisfaction, mais uniquement la *Gloire de Dieu,* la Gloire du Père dans et par le Fils... Si elle n'y rencontre que sécheresse et aridité, elle ne s'en trouble pas et ne s'en plaint jamais : le Père le veut ainsi; cela lui suffit. C'est assez pour l'âme de savoir que la Trinité la veut dans cet état.

Le Don de Piété constitue ainsi comme le don par excellence de la vie d'oraison. Même dans les plus grandes sécheresses, l'âme se sent heureuse en l'intimité du Père en qui elle épanche tout simplement son coeur et à qui elle raconte ses peines comme ses joies, ses craintes et ses espérances, lui fait part de ses difficultés et lui expose ses besoins avec une confiance toute filiale pour finir par s'en remettre entièrement aux exigences de Son Bon Plaisir. Même si, aux prises avec le doute, l'âme subit les angoisses d'une réelle agonie, elle s'abandonne, et l'Esprit de Piété triomphe en elle.

Le Don de Piété nous convie à une spiritualité trinitaire

Rencontrer le Christ Vivant dans son prochain, Lui parler, Le toucher, Le communiquer, c'est un peu là tout le domaine de la Pastorale, une Pastorale agissante dont l'efficacité se prouvera par l'engagement qu'elle suscite. Il s'agit d'établir sur la terre le Royaume de la Trinité malgré la puissance tragique d'une force occulte qui manifeste son triste rayonnement dans les personnes aussi bien que dans les sociétés.

Notre pastorale doit s'appuyer sur la présence réelle et actuelle du Christ dans le monde, sur la présence du Père dont le Sauveur n'est que la transparence. Si le Don de Crainte a fait aboutir l'âme à un divorce radical avec le péché, c'est pour lui permettre de contracter, par l'Esprit de Piété, une union ineffable avec le Père par le Christ. Ce Don est des plus précieux pour toute âme qui a pris sa vie chrétienne au sérieux et désire la vivre en plénitude afin de mieux donner le Christ au monde.

L'âme, sans cette Piété, même si elle n'est pas l'ennemi de la Trinité, Lui reste un peu comme étrangère. Pour devenir enfant de la Famille Trinitaire, un esprit nouveau est exigé, une mentalité de fils et non plus de mercenaire, de fonctionnaire. Ne serait-il pas de mise de marquer ici la différence qui sépare la filiation personnelle de Jésus, le *Fils Unique du Père,* de notre filiation par grâce qui s'adresse à toute la Trinité, en sorte que nous sommes devenus non seulement les *fils du Père mais les fils de la Trinité tout entière.*

C'est à une réelle spiritualité trinitaire que nous convie l'Esprit de Piété. L'âme sincèrement pieuse baigne dans un climat d'amour où elle oublie son indignité pour partager les amabilités de la Famille des Trois dont elle ne peut que savourer les précieuses orientations. Par ce Don de Piété, l'âme n'en vient à adorer la Trinité que dans ce climat de la Paternité, de la Filiation et de l'Amour, plus extasiée devant la grandeur et la gloire des Trois que devant les bienfaits qu'elle en pourrait tirer. Tout y est marqué par la plus fine délicatesse.

La "théologalisation" que favorise le Don de Piété

Par son objet principal que constitue le culte rendu aux Trois, le Don de Piété devient, par affinité, l'un des plus précieux auxiliaires des vertus théologales. D'où son rôle essentiel non seulement dans notre vie d'oraison, mais dans toute la vie chrétienne qu'il pénètre de sens filial s'il s'agit de nos rapports trinitaires et de sens fraternel vis-à-vis les humains au coeur de qui la Trinité habite, sans distinction de race ni de milieu : Dieu le Père fait lever indistinctement son soleil sur les bons comme sur les méchants.

Vivre le Don de Piété, c'est donc "théologaliser" sa vie et son agir. Le culte, animé par un profond esprit filial, exprime bien, si on cherche à saisir le sens du langage paulinien, l'influence de la Foi qui opère par la Charité : ceux qui accueillent le Verbe Incarné dans la Foi deviennent *"fils de Dieu*. Le Don de Piété diffère de la vertu de Charité, puisque cette dernière a Dieu lui-même pour objet alors que le Don de Piété se rapporte à l'honneur qui lui revient; mais c'est la Filiation divine, que l'Esprit de Piété nous fait comme expérimenter dans la Foi, qui nous enracine et nous fixe en Dieu qui est Charité.

Le titre *d'enfants de Dieu* confère à l'âme une entière confiance en l'avenir. Convaincue que son Père l'aime et qu'Il lui enverra fidèlement son secours, elle n'a guère qu'une préoccupation, celle d'aimer la Trinité, de veiller à son honneur, de Lui offrir tout ce qu'elle peut pour qu'Elle soit exaltée et que sans cesse grandisse sa gloire dans l'univers.

Le Don de Piété marque notre charité fraternelle tout comme elle caractérise notre charité pour la Trinité. Tandis que la charité nous fait aimer le prochain pour Dieu, le Don de Piété nous le fait aimer plutôt comme *"enfant de Dieu"*. Dès que le Saint-Esprit nous fait entrer par la grâce dans la Famille des Trois, il nous donne le véritable esprit de famille qui fait qu'en aimant Dieu comme notre Père nous en venions aussi à aimer tous les humains comme nos frères.

La Piété au coeur d'une double espérance

L'univers religieux où nous vivons déborde les frontières du monde physique où nous évoluons : il comprend un au-delà qui nous semble bien mystérieux, mais qui n'en est pas moins réel et de la plus haute importance puisque c'est là que doit se réaliser notre salut définitif. Le bien parfait ne se trouve parfaitement situé qu'au-delà de l'horizon terrestre, dans une foi vivante qui engendre en nous une espérance, une attente essentielle à la vie surnaturelle.

La conscience chrétienne s'anime d'une double espérance : l'une qui s'éveille spontanément au coeur de tout être humain et qui porte sur les biens d'ici-bas, une autre qui s'accroche au climat théologal pour tendre vers Dieu à la lumière de l'Evangile, dans la foi au Christ qui nous sauve et nous donne la vie éternelle : "Celui qui croit vivra toujours" (Jn 6, 47); "Vraiment, je vous l'assure, celui qui croit ce que je dis ne mourra jamais" (Jn 8, 51); "Je suis la Résurrection et la vie. Celui qui croit en moi, même s'il est mort vivra, et celui qui vit en croyant en moi ne mourra jamais" (Jn 11, 27).

Même si ces deux espérances sont nettement distinctes par leur objet, elles ne sont pas tellement indépendantes l'une de l'autre. Le développement de l'espérance terrestre peut nuire à celui de l'espérance qui porte sur l'au-delà; mais l'espérance terrestre ne peut que gagner à se mettre au service de l'espérance qui porte sur le divin de notre être.

Le Don de Piété seconde l'effort de l'esprit qui veut échapper aux attirances des biens terrestres. Le vrai fils du Père ne méprise pas l'activité technique et ses développements; mais il oriente tout pour mieux servir la Providence des Trois, dans un esprit d'abandon confiant qui lui fait réaliser que si l'homme s'agite, c'est toujours un Dieu-Père qui mène tout au profit de ses enfants. Sous l'influence du Don de Piété, les vrais fils de Dieu comprennent l'orientation du monde et fournissent une meilleure collaboration pour servir cette orientation.

Piété, Justice et vertu de Religion

Il n'est pas toujours facile d'exercer tous nos devoirs envers nos semblables, d'être à la fois justes et affables, de souligner d'une surnaturelle délicatesse tous nos rapports avec eux. A cette fin, pour nous aider, la vertu cardinale de justice groupe sous elle plusieurs vertus, telles la gratitude à l'endroit de nos bienfaiteurs, la piété filiale pour nos parents, la justice ordinaire pour nos créanciers, la vertu de religion en nos rapports avec Dieu. Toutes ces vertus ont leur objet et leur fonction spéciale pour nous guider dans nos rapports avec la Trinité et le prochain où Elle se cache.

Le Don de Piété s'étend à toute cette matière vertueuse et couvre toutes les formes de la justice. Cependant, ce Don joue plus spécialement pour conduire la vertu de religion à sa perfection en pénétrant d'un esprit plus profondément senti tous nos rapports avec la Trinité. Sans ce Don de Piété, nos actes de religion demeureraient inachevés et imparfaits.

Cependant, il est bon d'insister sur ces distinctions, le Don de Piété se différencie de la vertu de religion à des degrés divers, selon que cette vertu est acquise ou infuse. La vertu acquise se contente de rendre à Dieu le culte qui lui est dû en raison de son titre de Créateur et de Premier Principe des bienfaits dont jouissent les créatures : c'est l'objet de la religion naturelle.

Quant à bien saisir la différence spécifique entre le Don de Piété et la vertu infuse de religion, la difficulté s'accentue. La vertu infuse considère Dieu non seulement comme Auteur de la nature, mais aussi comme Auteur de tous les bienfaits prodigués dans le monde de la grâce, y compris le titre si surprenant de *fils de Dieu.* Par la vertu infuse de religion, tout comme par le Don de Piété, on atteint la Paternité spirituelle de Dieu sur nous, mais sous des rapports différents : comme *souverain Principe de domination* sur toutes les créatures, même dans l'ordre de la grâce quand il s'agit de la vertu; *en raison même de la Paternité divine* nous communiquant l'esprit filial de l'âme du Christ envers son Père quand il s'agit du Don.

Quelques types concrets marqués par la Piété

Jésus, le *Fils Unique du Père,* présente le type idéal pour illustrer parfaitement les effets du Don de Piété. Son attitude filiale a marqué non seulement ses sentiments intimes envers son Père, mais toutes ses démarches, tous ses gestes d'adoration et de rédemption. C'est à bon droit qu'on peut l'appeler *"le Pieux"* par excellence et considérer tout son mystère comme *"le mystère de la Piété".* Dans le Verbe Incarné, la piété trinitaire réalise son dessein de salut et la piété chrétienne y puise sa source et son modèle.

Nous savons maintenant que le Don de Piété diffère de la vertu de Charité qui a Dieu lui-même pour objet alors que le Don se rapporte à l'honneur qui revient à Dieu, même si cet honneur lui est rendu par la Charité en laquelle tout vient forcément s'enraciner. Lorsqu'un jour saint Ignace de Loyola choisit pour devise : *"Pour la plus grande Gloire de Dieu",* il agissait sûrement sous l'influence du Don de Piété qui veille sur l'honneur dû à la Trinité et consent à toute entreprise qui puisse l'exalter et la glorifier.

A la suite du Maître, brille d'un éclat particulier, en nos temps modernes, celui qu'on a surnommé *le docteur de l'adoption divine,* Dom Marmion. C'est l'Esprit de Piété qui semble l'avoir le plus marqué : "Depuis quelques temps, je ressens de plus en plus un attrait spécial vers le Saint-Esprit. J'ai un grand désir d'être guidé, conduit, mû en toutes choses par l'Esprit de Jésus. Notre-Seigneur, en tant qu'homme, ne faisait rien que sous l'impulsion du Saint-Esprit et sous sa dépendance."

L'Esprit-Saint a créé en Dom Marmion le climat de piété filiale qu'il sollicitait avec tant d'ardeur : "Priez bien pour moi, afin que Jésus devienne le maître suprême de mon intérieur et que je vive de plus en plus dans une grande dépendance de son Esprit. Je vois que c'est là ma voie et que, malgré ma grande misère, si je parviens à ce point, Jésus voudra m'employer *pour sa gloire".* *"A la plus grande Gloire de l'Adorable Trinité"* : telle semble bien avoir été l'orientation dernière de Dom Marmion, sous l'influence du Don de Piété.

Quelques effets bienfaisants du Don de Piété

Le Don de Piété, parce qu'il prend sa source dans la charité, au coeur de l'Esprit des Trois, ne connaît pas de limites, d'étroitesses, comme ce peut être le cas pour certaines vertus. Ce Don veut rompre tous les liens qui pourraient le retenir et les âmes qui le possèdent à plein développement se sacrifient et consentent à tout pour la Gloire des Trois et pour le salut de l'humanité.

La vraie piété représente ainsi l'un des fruits les plus doux de l'Amour divin. Mûrie au chaud soleil de la grâce, cette vertu nourrit l'âme de l'aliment solide d'une dévotion profondément incarnée et l'éloigne de plus en plus de l'appât trompeur des convoitises terrestres. La piété s'exhale de l'âme pure comme un parfum suave qui embaume tous ceux qui l'approchent. Elle attire, elle entraîne, elle soulève jusqu'à la Trinité tout ce qu'elle captive.

La piété s'offre encore comme une huile qui adoucit le coeur et rend la vie heureuse par les relations intimes qu'elle établit entre l'âme et la Trinité, par les bénédictions qu'elle répand sur les coeurs, par les promesses de vie éternelle qui en constituent le précieux gage.

La Sainte Eglise chante avec raison, au jour de la Pentecôte : "Envoyez-nous votre Esprit, Seigneur, et vous renouvellerez la face de la terre". Cet Esprit vivificateur, n'est-ce pas avant tout l'Esprit de Piété qui fait fléchir nos raideurs, réchauffe nos froideurs, redresse ce qui paraissait tortueux et change notre coeur de pierre en un coeur de chair?

Le Don de Piété semble canaliser l'énergie trinitaire pour la mieux diriger dans les coeurs bien disposés afin de les sensibiliser à la Trinité et les rendre de plus en plus sensibles aux ondes de l'Au-delà. L'âme marquée par le Don de Piété ne s'accroche plus aux choses d'en-bas, mais tend constamment vers les cimes où le chaud soleil de la grâce qui nous fait *"fils dans le Père"* l'inonde de ses rayons bienfaisants pour qu'à jamais triomphe partout la Gloire de l'Adorable Trinité.

Pour mieux satisfaire
notre besoin d'être

Comment le Don de Piété peut-il nous aider à mieux satisfaire notre intense besoin d'être? En nous invitant tout simplement à devenir ce que nous sommes devant Dieu et devant les humains, en édifiant notre être chrétien pour mieux développer notre être social. Le Don de Piété nous fait choisir la Trinité comme inspiratrice de notre être et de notre agir.

L'homme souffre d'un désir fou de se grandir, et trop souvent, en cédant à ce désir, il se dénature égoïstement dans et par son orgueil. Le Don de Piété au contraire nous invite à un climat de filiation divine où l'âme consent à se perdre en Dieu pour se mieux retrouver en Lui. Rien n'est plus efficace que le Don de Piété pour nous situer à notre vraie place. Tout être humain possède un puissant ressort vital à double mouvement : naturel et surnaturel. Le Don de Piété nous permet de répondre aux exigences de ces deux mouvements se fusionnant sur le plan personnalité. Saint Thomas, en effet, fait de la Grâce Sanctifiante une "LOI DE STRUCTURE", une loi nouvelle qui doit marquer la loi naturelle.

En cette structure nouvelle, nous sommes devenus les enfants de Dieu, ce que le Don de Piété nous aide à réussir concrètement. La sainteté, nous le savons, c'est la pureté, la stabilité dans l'ordre de l'être et dans l'ordre de l'opération. Dans l'ordre de l'être, l'Humanité du Christ, notre modèle, reçoit de la Divinité une onction spéciale qui unit substantiellement l'Humanité à la Divinité. C'est pourquoi, dans l'ordre de l'opération, cette Humanité du Verbe Incarné jouit de la vie surnaturelle en plénitude.

Nous satisferons donc à notre besoin d'être par une meilleure compréhension de notre vie d'enfants de Dieu, en obéissant à ce que nous sommes, à ce qu'est Dieu et aux exigences qui en découlent. Il ne s'agit pas de nous déshumaniser, mais de nous humaniser plus sagement en demeurant dans le climat trinitaire qui nous demande d'aimer Dieu comme des fils.

CHAPITRE XIII

LE DON DE CRAINTE

oriente vers la Trinité

"La miséricorde de Dieu s'étend d'âge
en âge sur ceux qui le craignent."
(Lc. 1, 50; Ps. 103, 17)

Le Don de Crainte oriente vers la Trinité

- La Crainte dans les deux Testaments
- La crainte mondaine qu'il faut éviter
- La crainte servile face à la Charité
- La crainte initiale marque un début
- La crainte filiale procède de la charité parfaite
- Une crainte qui bannit la peur
- La Crainte : le don du départ
- La Crainte : don de l'équilibre
- Le vaste champ du Don de Crainte
- Une crainte constructive
- Le Don de Crainte et l'humilité
- Crainte et Confiance doivent se compléter
- L'orientation du Don de Crainte
- Le mal qu'il faut craindre
- Excellence Du Don de Crainte
- Le Don de Crainte chez les vrais chrétiens
- Moyens d'acquérir et de conserver la Crainte
- Dans la crainte du monde qui nous entoure

La Crainte
dans les deux Testaments

On caractérise souvent l'Ancien Testament comme une loi de crainte et le Nouveau comme une loi d'amour. Cette formule qui laisse tomber toute nuance ne peut être qu'approximative. S'il est vrai, d'une part, que la crainte tient une place importante en l'Ancienne Alliance, la loi d'amour y pousse quand même de très profondes racines. D'autre part, la crainte n'est nullement prohibée par la loi nouvelle puisqu'elle constitue le fondement de toute attitude religieuse authentique et la base de nos relations avec le Père, le Fils et l'Esprit-Saint.

C'est un fait d'expérience que, devant certains phénomènes grandioses, inhabituels, terrifiants, l'être humain éprouve spontanément le sentiment d'une présence qui le dépasse et devant laquelle il ne peut que s'abîmer en sa petitesse. En l'Ancien Testament, ce sentiment de frayeur s'équilibre pourtant avec la connaissance authentique du Dieu Vivant qui manifeste son amour en même temps que sa grandeur redoutable à travers les signes de sa création. Si le sentiment d'Israël devant la théophanie du Sinaï (Ex. 20, 18s) a d'abord été la crainte causée par la majesté du Dieu Unique, comme ce fut le cas de Moïse devant le buisson ardent (Ex. 3, 6) et pour Jacob après sa vision nocturne, on ne peut affirmer pour autant que l'amour de Dieu ait été totalement absent de ces événements.

Pour les humains qui se reconnaissent pécheurs, pécheurs sauvés, repentants, qui ont confiance en la grâce justifiante accordée par le Père, méritée par le Fils et distribuée par l'Esprit-Saint, le Nouveau Testament a inauguré une attitude nouvelle : la crainte d'esclave a cédé la place à l'esprit de fils adoptifs du Dieu-Trinité, à cette disposition d'amour intérieure qui bannit la crainte servile et provoque la crainte filiale et fraternelle, la crainte de n'être pas suffisamment docile à l'Esprit. C'est en ce sens que le Nouveau Testament devient une loi d'amour. Au temps de l'Ancien Testament cependant, il se rencontrait déjà des humains qui vivaient sous la loi d'amour, tout comme il en existe encore de nos jours qui n'ont pas dépassé la loi de crainte. Seule la crainte bien comprise marque le commencement de la sagesse.

La crainte mondaine qu'il faut éviter

La notion de crainte se présente sous de multiples aspects. Elle peut être filiale, initiale, servile ou mondaine. Cette dernière, qu'on appelle encore "mercenaire", redoute la peine, la souffrance, la contrariété; pour éviter les ennuis, les malheurs temporels possibles, elle préfère ignorer la Trinité pour n'avoir pas à se tracasser du service qu'Elle exige. Cette crainte mondaine acceptera le péché plutôt que de se soumettre aux difficultés que nécessite la fuite du péché.

La crainte mondaine procède de l'amour du monde comme d'une racine mauvaise, de l'amour d'un monde qui capte toute l'attention de l'être humain au mépris même de l'Adorable Trinité. Comment ne pas juger mauvaise une telle crainte si entachée de péché? L'argument reste simple: toute passion suppose l'amour, et la crainte ne fait pas exception à cette loi, puisque généralement on ne craint de perdre que ce qu'on aime. Si donc la crainte suit un amour mauvais, il faudra conclure, en vertu du principe que tout mouvement appétitif est spécifié par sa fin propre, que la crainte mondaine est mauvaise, puisque l'amour du monde, l'amour du créé sur lequel elle s'appuie comme sur son unique fin, sans relation à la Trinité, est un amour mauvais.

Nous n'avons pas le droit de céder devant une créature en opposition avec Dieu. Il faut avoir le courage de se séparer de tout ce qui se présente comme un mal. Fuir tout mal, quelle que soit son apparence de bien, c'est engager la lutte, une lutte entretenue dans l'âme et soutenue par une audace modérée qui préserve de la présomption et développe la véritable crainte, don de l'Esprit-Saint. La crainte mondaine vit donc aux antipodes du Don de Crainte et doit être combattue; elle nuit à la piété, alors que le Don de Crainte lui vient sans cesse en aide : elle détruit la Prudence que le Don accentue; elle ruine la Tempérance que la vraie Crainte établit dans tout notre être et notre agir. La crainte mondaine n'a rien d'une attitude religieuse, mais comporte tout pour rendre effroyable notre fin dernière (Hé. 10, 31).

La crainte servile
face à la Charité

Quand un être humain finit par se tourner vers la Trinité, mais ne le fait qu'en raison de ce qu'on appelle le "MAL DE PEINE", le mal du châtiment, il n'agit alors que sous la motion d'une crainte servile. Il redoute la peine due au péché et ne s'oriente vers la Trinité que pour ne pas tomber en enfer. Cette crainte servile cependant n'est pas une faute, même si ne la provoque qu'une foi informe et peu consistante : on ne la trouve guère qu'au coeur du pécheur dont la confession ne comporte qu'une contrition imparfaite.

Cette crainte servile demeure bonne, puisqu'elle va jusqu'à la faute, jusqu'à la "COULPE", pour la faire éviter, mais elle n'en demeure pas moins très incomplète. Elle estime un bien, il est vrai, mais c'est son propre bien plus que la gloire de la Trinité.

La crainte servile s'inspire de "L'AMOUR DE SOI" qui, dans ses rapports avec Dieu qui est Charité, peut offrir trois positions : ou se trouver en contradiction avec cette Charité Trinitaire ou s'inclure en Elle, ou enfin se tenir bien distinct d'Elle sans toutefois s'y opposer. La crainte servile, inspirée par un amour de soi contraire à cette Charité de la Trinité n'est pas acceptable puisqu'elle place la fin ultime en dehors de Dieu. Quant à l'amour de soi qui se laisse pénétrer de plus en plus par la Trinité, il rend la crainte progressivement filiale. Enfin, bien que distinct de la Charité vraie qu'exige la Trinité, l'amour de soi peut donner l'impression de vouloir travailler avec elle et la crainte servile qui en résulte, parce qu'elle ne cherche pas Dieu pour Lui-même mais recherche en Lui une satisfaction humaine, ne peut pas encore être considérée comme cette CRAINTE CHASTE que la Trinité exige de notre part.

La crainte servile verra donc sa servilité progressivement supprimée par l'intensification généreuse d'une Charité profondément trinitaire : on craindra d'autant moins la peine qu'on aimera davantage les Trois et qu'on donnera plus d'attention à leur gloire qu'à son propre bien et sa propre satisfaction. Rien de plus puissant que l'amour pour bien orienter la crainte.

La crainte initiale
marque un début

L'amour qui croupit dans les bas-fonds de la crainte servile donne l'impression d'une trahison : agir par amour pour soi, c'est agir de soi-même, servilement, sans trop se soucier des intérêts de Dieu, sans cette vraie liberté qui caractérise la crainte filiale des enfants de la Trinité. La crainte INITIALE dont il est ici question tient le milieu entre la crainte servile qui ne fait d'un être humain qu'un vulgaire instrument et la crainte filiale qui oriente vers L'AMOUR-DON : certaines nuances de la crainte servile s'y mêlent encore, mais l'âme cherche de plus en plus à éviter le péché qu'elle reconnaît comme une offense à Dieu, à un Dieu peut-être encore très vaguement personnel, mais qui apprécie cependant le climat de délicatesse où baigne déjà cette crainte initiale.

Que la crainte initiale se rencontre, à des degrés divers, chez les commençants où la charité demeure encore à l'état imparfait, c'est une situation normale au début de la vie spirituelle. Peu à peu l'amour parfait chassera les restes de servilité ou d'intérêt égoïste qui caractérisent cette crainte pour faire définitivement place à la seule crainte qui domine au coeur des vrais enfants du Père, des fils dans le Fils : "FILII IN FILIO".

Les bases de la vie spirituelle s'appuient quand même sur cette crainte initiale, crainte caractéristique des débutants qui se recherchent encore et craignent plus pour leur peau que pour la Trinité. Cette crainte initiale est à la crainte filiale ce que la charité imparfaite est à la charité parfaite. Les âmes qu'anime ce genre de crainte se recherchent encore elles-mêmes en leur charité, mais on remarque en elles une crainte qui se partage entre la faute qui attriste la Trinité et la peine ou le châtiment qui en résulte.

Cette crainte des débutants ne suffit pas, mais doit faire appel au Don de Crainte qui permet à l'âme de mieux imiter les délicatesses de l'Amour Trinitaire : le véritable amour prend garde de ne blesser en rien l'objet de son amour trinitairement personnifié.

La crainte filiale
procède de la charité parfaite

La Crainte filiale ne redoute qu'une réalité, celle de déplaire à Dieu-Trinité. Elle ne craint le péché que pour l'unique raison qu'il contient une injure, une offense à l'infinie bonté des Trois Adorables Personnes de la Très Sainte Trinité. Vertu toute chaste et profondément révérencielle, pure de tout alliage imparfait, la Crainte filiale conserve vis-à-vis des Trois une attitude de respect et de déférence qui n'a cependant rien de rigide.

La Crainte filiale considère Dieu avant tout comme un Père débordant de miséricorde et d'amour. Seule, cette Crainte filiale constitue le Don qui porte ce nom. Elle ne vise directement ni la modération des passions comme la TEMPERANCE, ni la maîtrise d'un sentiment trop vif de sa propre excellence comme L'HUMILITE. Elle ne s'attaque pas aux passions d'une façon immédiate, mais procède plutôt d'une attitude de profonde révérence envers la Trinité et de fuite énergique de tout ce qui pourrait s'opposer à ses éternels desseins.

Sans cesse tournée vers la Trinité et religieusement respectueuse de cette majesté divine considérée comme infiniment redoutable aux pécheurs, la Crainte filiale prend de plus en plus conscience de sa misère et de son propre néant: elle devient alors génératrice d'humilité, de renoncement et de délicatesse, toujours attentive à ne jamais contrister l'une ou l'autre des Trois Personnes de la Sainte Trinité.

L'Esprit aux sept Dons s'unit plus facilement à l'âme aimante et sainement craintive. Il lui infuse si profondément et si efficacement la peur et l'horreur de s'éloigner un tant soit peu de la Trinité qu'Il la conduit à demander la générosité de tout accepter pourvu qu'elle obtienne de demeurer en étroite union avec les Trois. Cette crainte filiale, jaillie des régions les plus profondes de l'amour, engage l'âme sur la voie de l'abandon, de la "DISPONIBILITE LA PLUS TOTALE" au bon vouloir trinitaire. Là, elle devient sincèrement "VOLONTE DE LA TRINITE" et son acceptation généreuse de tout sacrifice la transforme en une non moins parfaite "HOSTIE DE LA TRINITE" et une "LOUANGE DE GLOIRE AUX TROIS".

Une crainte
qui bannit la peur

Notre Foi en la Trinité devient la source d'une assurance qui bannit jusqu'à la simple peur humaine. Aux Apôtres qu'attend la persécution, Jésus dit de ne pas craindre ceux-là mêmes qui tuent le corps (Mt. 10, 26-31). Appuyés sur une crainte toute débordante de confiance en la Trinité, les vrais croyants bannissent toute anxiété de leur coeur (Ps. 23, 4; 27, 1).

Bien saisir le sentiment qui jaillit du Don de Crainte, c'est en venir à l'identifier à la religion tout court, c'est l'associer, comme le faisait déjà le Deutéronome, à l'amour de Dieu et au service dégagé qui en découle (Dt. 2; 5, 13). Alors qu'Isaïe voit dans cette crainte l'un des fruits du Saint-Esprit (11. 2), les Sages la considèrent selon le principe même de savoir (Pr. 1, 7; Ps. 111, 10).

L'idée du Jugement continuera de faire trembler les pécheurs, mais la pensée que Dieu "récompensera ceux qui craignent son nom" (Ap. 11, 18), rassure les justes. Si le Don de Crainte peut s'entendre d'un sentiment de révérence d'où n'est pas absente une certaine appréhension du Dieu-Juge, il se définit surtout comme l'étonnement émerveillé de l'enfant qui découvre de plus en plus le mystère insondable de la tendresse de son Père. "Dieu ne fait pas acception des personnes, mais en toute nation celui qui le craint et pratique la justice lui est agréable" (Ac. 10, 34-40).

Le Don de Crainte engendre la confiance et une joyeuse assurance; le vrai disciple de la Trinité appuie sa fidélité sur la fidélité des Trois et travaille avec cette conviction que la grâce divine achèvera l'oeuvre commencée (Ac. 20, 32; 1 Co. 1, 7-10). Cette crainte marquée d'une confiance inébranlable donne aux témoins de la Trinité une assurance joyeuse et fière, dépouillée de tout sentiment de peur servile : ils savent qu'ils ont accès au Royaume de la Trinité dont la voie leur est ouverte par le Sang du Verbe Incarné (Hé. 3, 6-14; 10, 19).

La Crainte :
le don du départ

Le voyageur qui décide de prendre la mer doit rompre les amarres qui l'attachent à la rive et s'abandonner aux caprices des flots. Ainsi l'âme, résolue à se lancer dans la grande aventure de la perfection sur le plan trinitaire, doit détacher son coeur de tout bien périssable pour se livrer à l'action mystérieuse de l'Esprit.

Ce pas décisif ne peut s'accomplir que sous l'influence du don divin de la Crainte qui provoque en nous une haine irréductible de toute attache au péché. A l'âme qui entreprend généreusement le grand ouvrage de sa sanctification, cette Crainte de Dieu apparaît comme primordiale : "Ceux qui craignent le Seigneur prépareront leur coeur et ils sanctifieront leur âme en sa présence" (Si. 2, 20).

La première transformation opérée par le Saint-Esprit dans une âme généreuse et libre dont Il entreprend la sanctification "à la manière du Père", c'est cette rénovation radicale qui s'appelle la vraie et solide conversion, celle qui bannit résolument le péché, ce qui s'accomplit surtout sous l'influence du Don de Crainte.

Pour fournir les preuves d'une vraie et sincère conversion, il ne suffit pas cependant d'avoir banni le péché de sa vie; il faut encore que la Crainte de Dieu, comme une sentinelle vigilante, en tienne l'âme toujours éloignée. Si parmi tant d'êtres qui donnent l'impression d'une réelle piété dans le monde ou parmi ceux qui ont embrassé la vie parfaite, il en est si peu qui pratiquent la vertu solide et parviennent à la sainteté, c'est que, n'ayant pas assez usé du Don de Crainte, ils ont quitté trop tôt les exercices de la voie purgative. L'âme doit sans cesse affermir sa conversion en s'entretenant dans l'humilité et en acceptant tous les moyens pour ne plus retomber. Rien ne semble plus efficace pour lui inspirer de tels sentiments que le Don de Crainte. Cette première manifestation de la vraie sagesse dispose l'âme à recevoir le message de l'Envoyé du Père et l'entretient dans le choix des moyens pour le mettre efficacement à exécution. L'âme découvre de plus en plus qui est le Christ, et pour elle se réalise mieux la rencontre du Père.

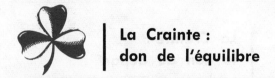

La Crainte :
don de l'équilibre

La crainte véritable s'alimente aux sources lumineuses et tonifiantes de la charité trinitaire qui, tout en éclairant l'âme sur sa propre faiblesse, sur sa fragilité, lui apprend à chercher son secours en Dieu son Père et à se jeter dans ses bras puisqu'Il n'est que salut et miséricorde en son Fils, par son Esprit.

La crainte établit l'équilibre entre deux pôles extrêmes : le néant de l'être humain et le Tout de Dieu. Aux "riens" de saint Jean de la Croix, elle allie toujours le "JE PUIS TOUT en Celui qui me fortifie" de saint Paul. L'âme, animée par l'Esprit de Crainte, met en la Trinité sa force et son espoir. Tant qu'elle se gardera rivée aux Trois, c'est en vain que l'enfer se déchaînera contre elle. Il ne pourra la ravir à cet Amour du Père et du Fils. Le Coeur du Verbe Incarné lui assure un refuge toujours ouvert : sa Croix prend sa défense, sa Parole lui sert de lumière; sa Vie, de règle et sa Grâce de soutien.

Forte de sa faiblesse même, l'âme craintive affronte ses plus mortels ennemis avec courage, sûre de la victoire finale qui lui vaudra la couronne de gloire : le Seigneur est sa Lumière et son Salut; qui pourrait-elle craindre désormais en dehors de la Trinité?

L'âme qui se nourrit de la Crainte de Dieu se défie d'elle-même, veille sur les sens de son corps et maîtrise les passions de son coeur. Comprenant que, seule, elle ne peut rien, sentant le besoin de Dieu, elle fuit les occasions de péché, recourt à la prière, à l'oraison mentale, à la méditation des grandes vérités du salut, à la confession et à la communion fréquentes. Elle ne néglige aucun des moyens de préservation et de sanctification qui lui sont donnés. Elle s'est laissée conduire par l'Amour des Trois et ce puissant Amour ne peut qu'engendrer la crainte filiale qui évite tout ce qui pourrait contrarier les plans du Père, les réalisations du Fils, les projets de leur mutuel Amour. C'est une crainte à la fois filiale et fraternelle, une source profonde d'apostolat, une preuve concrète du travail de déification, de "trinitarisation", qui s'accomplit dans l'âme.

Le vaste champ du Don de Crainte

La crainte révérencielle demeure toujours le réflexe normal des vrais croyants devant les manifestations de l'Adorable Trinité. Son champ d'action est universel et couvre tout mal, tout danger sans exception. Grâce au précieux secours que lui fournit l'Espérance théologale, cette crainte, toute faite de respect, jette l'âme, de plus en plus consciente de sa fragilité, dans les bras de Dieu avec une confiance toute filiale et un abandon total à sa Bonté de Père.

Pour offrir une parfaite sécurité, le Don de Crainte se met au service de la Tempérance et de la Chasteté : l'être humain a tellement besoin de ce climat de crainte révérencielle pour ne pas succomber aux tentations les plus violentes de l'ambition et de la chair.

L'objet adéquat de la vraie crainte filiale s'étend à la fuite de tout "mal de coulpe", de tout péché, de toute imperfection qui pourrait porter atteinte à la Trinité : d'où le rôle si important de ce Don dans la vie spirituelle. La Crainte revêt les chrétiens sincèrement donnés, ouverts sur le Christ dans leur prochain, de cette délicatesse d'âme si propice à la haine du mal et au désir d'une pureté d'intention qui ne peut que protéger et assurer le succès d'un tel apostolat.

Les âmes que travaille parfaitement le Don de Crainte parviennent à un si grand désintéressement qu'elles s'oublient totalement pour ne plus désirer que la Gloire et le Bon plaisir des Trois, au point même de se sentir toutes disposées à souffrir en enfer durant toute l'éternité, pourvu que ce soit là le Bon Plaisir des Trois et qu'il en jaillisse, si une telle chose était possible, plus de gloire pour la Trinité. N'est-ce pas le raisonnement qu'un jour nous présentait Thérèse de Lisieux?

D'une certaine façon, ce Don peut être considéré comme primordial pour lancer l'âme sur la voie trinitaire, pour vivre le Christ de plus en plus et permettre à l'Esprit du Père et du Fils de s'insérer solidement dans notre être et dans notre agir.

Une crainte constructive

La vision du chrétien qui devient 'fils du Père' doit se faire la plus vaste de toutes les visions. Le chrétien n'est pas seulement le bénéficiaire de l'amour infini des Trois, mais il est aussi l'instrument du rayonnement de cet amour dans le monde. Si le chrétien jouit d'une promotion merveilleuse, il est aussi porteur des responsabilités que pareille promotion implique. Si l'être humain, de par son Baptême, a été transformé en foyer d'amour trinitaire, c'est pour révéler l'amour, non pas un amour fermé, un amour clos, retourné sur lui-même, mais un amour ouvert sur l'Humanité, l'Amour des Trois Personnes divines aussi parfaites et généreuses l'une que l'autre.

Le Don de Crainte nous garde respectueusement dans les vraies dimensions de l'homme et de l'humanité selon le grand plan de la Trinité. Un désir intense de renouveau chrétien en profondeur se fait partout ressentir. Il s'agit de bien s'insérer dans les dimensions de l'univers, dans le déroulement de l'histoire et dans le développement de la vie pour que nos élans deviennent de plus en plus conscients et réalisent dans le Christ l'orientation éternellement conçue par la Trinité.

La pleine réalité de l'humanisme ne se constitue que dans le dépassement de l'être humain, mais dans un dépassement qui rejoint la Trinité. L'homme déchiffre constamment le livre de la nature. Il prend conscience des dimensions spatiales et temporelles de l'univers. Au milieu de toutes ses recherches, s'il se découvre comme un roseau bien minime, il n'en demeure pas moins le roseau pensant qui transcende toute réalité matérielle.

Par la création, Dieu nous a donné de communier à son propre Mystère. La Trinité Créatrice nous a tirés du néant pour nous combler du rayonnement de sa bonté. Le Don de Crainte va nous aider à vivre dans le rayonnement et le respect de cette bonté trinitaire que le Don de Piété nous a aidés à mieux approfondir.

Le Don de Crainte
et l'humilité

Le principal obstacle au bien en chacune de nos âmes provient de l'orgueil foncier de notre nature déchue. Ce penchant, demeuré si vivace en nous depuis la chute originelle, nous porte à résister aux avances trinitaires pour nous replier sur nous-mêmes et placer notre fin ultime en nous-mêmes. Seule l'humilité peut nous sortir de cette impasse, et cette vertu naît du Don de Crainte que l'Esprit-Saint se plaît à répandre dans l'âme fidèle pour lui faire reconnaître et accepter son rang et l'empêcher de se rebeller contre les exigences du Père.

La Crainte de Dieu repose sur l'idée que la Foi nous suggère de la majesté divine, de sa sainteté infinie, de sa perfection de connaissance et d'amour en présence de laquelle nous ne sommes que néant, indignité et souillure. Elle nous remet sans cesse en mémoire le jugement souverainement équitable que la Trinité exercera sur nous au sortir de cette vie et le danger d'une chute toujours possible si nous résistons à la grâce.

Le salut de l'homme doit s'opérer "dans la crainte et le tremblement" (Ph. 2, 12), mais cette crainte, don de l'Esprit d'Amour, ne peut ni ne devrait chercher à nous jeter dans l'épouvante à la pensée des châtiments éternels. Son rôle consiste avant tout à nous maintenir dans la componction du coeur, même si nos péchés ont tous été engloutis dans l'océan de la miséricorde. La crainte bien comprise nous empêche d'oublier que nous sommes pécheurs, faibles et misérables, que nous devons tout à la miséricorde du Père, par Son Fils, dans Leur Amour, et que nous ne sommes encore sauvés qu'en espérance, une espérance qui tient compte de notre fidélité.

La vraie crainte, inspiratrice d'humilité, maintient dans le chemin du salut en disposant l'âme à recevoir et à faire fructifier la grâce qui l'accompagne à chaque pas. En nous faisant rentrer dans l'ordre et la modération, le principe supérieur et divin de la Crainte de Dieu nous rend plus profondément conscients de notre propre misère et nous vaut du même coup une paix si profonde qu'elle ne peut venir que de la Trinité personnellement présente en nous.

Crainte et Confiance
doivent se compléter

S'il importe de savoir que la crainte filiale est excessivement importante, il faut se souvenir aussi qu'elle ne sera parfaite que si elle sait s'appuyer sur la confiance, sur la vertu théologale d'Espérance.

Il serait faux de prêcher la confiance avec l'intention de chasser toute crainte : la crainte filiale doit sans cesse nous accompagner sur terre. Le véritable enfant de Dieu doit toujours craindre de voir diminuer la gloire de son Père du Ciel. Une importante connexion relie la crainte à la confiance et les âmes qui vivent dans l'espérance filiale de voir leur Père n'en nourrissent que davantage cette peur de lui causer le moindre chagrin, de l'offenser de quelque manière que ce soit.

Si l'humilité demeure la vertu de base de l'édifice spirituel, la crainte en constitue le don de base. C'est pourquoi la crainte et l'espérance ne peuvent pas vivre séparées l'une de l'autre. Ce sont deux soeurs qui, pour marcher avec assurance et d'un pas régulier sur la voie du salut, doivent se tenir constamment par la main. La crainte sans l'espérance reste figée sur place. A quoi bon vouloir avancer seule? L'espérance sans la crainte, privée du frein qui retenait son exubérance, va s'écraser sur le premier obstacle qu'elle rencontre.

Ce qui rend si intéressante la religion de l'Ancien Testament, n'est-ce pas un peu cette connexion entre l'espérance et la crainte? La crainte du Peuple de Dieu, du Peuple d'Israël, ne s'oriente pas vers l'angoisse, mais elle est accompagnée de désir, de confiance et d'amour de Dieu. Ces sentiments de crainte et de confiance sont souvent mis en évidence par les Prophètes : si Dieu est un roi qui inspire la crainte, il est surtout un Père aimant qui mérite la confiance, le respect et l'amour (Ml. 1, 6; Dt. 10, 12).

Le Nouveau Testament emploie moins souvent le mot crainte que ne le faisait l'Ancien, mais la crainte a toujours son rôle à jouer puisque "tant que nous vivons dans ce corps, nous pouvons tomber" (I Co. 10, 12). Au coeur des deux Alliances, la crainte et l'espérance engendrent une même inspiration.

L'orientation du Don de Crainte

Dans la vie spirituelle, les dons doivent se développer en même temps que les vertus. Ils ont pour but de rendre l'âme de plus en plus souple aux mouvements du Saint-Esprit, et par là, de rendre toujours plus "divine" la pratique même des vertus.

Le Don de Crainte, bien que le dernier des dons du Saint-Esprit dans la hiérarchie des valeurs, joue dans notre vie spirituelle, par mode de disposition, un rôle de premier plan, un peu comme l'humilité vis-à-vis des autres vertus. Cependant il opère dans l'âme un DÉTACHEMENT BEAUCOUP PLUS RADICAL que l'humilité puisqu'il établit en nous la parfaite "PAUVRETÉ SPIRITUELLE", réalisatrice de la plus haute disponibilité et de la plus grande docilité à Dieu. Cette pauvreté spirituelle, exaltée par les mystiques, c'est la remise de l'âme entre les mains du Saint-Esprit afin que, par des ascensions successives, Il la conduise jusqu'à la Sagesse. Dieu-Trinité commence à régner dans une âme lorsqu'elle agit sous l'inspiration du DON DE CRAINTE qui perfectionne la TEMPÉRANCE en exerçant un meilleur contrôle sur ses désirs spirituels ou sensibles.

L'Ame, animée de crainte, éprouve ce sentiment de révérence qui reconnaît la transcendance, la majesté de la Trinité. Elle craint la "MACULA", la malice du péché et considère Dieu comme un Père avec cette nuance d'amour qui ressent l'indélicatesse du moindre péché véniel, de la moindre imperfection. Rien mieux que la crainte ne fait redouter la séparation d'avec la Trinité. Pour vivre sous la tutelle d'une telle crainte, une profonde simplicité est requise.

La CRAINTE, c'est aussi le don qui nous fait prier humblement, filialement et nous inspire le plus parfait abandon. Il nous rappelle le néant d'où nous sommes sortis pour nous faire passer de l'abîme de l'humilité dans l'Abîme de grandeur et d'amour de la Trinité. Ce don enseigne l'art d'être délicat sans scrupule et de se repentir sans découragement en face de la perspective d'une conversion toujours plus grande à opérer, d'une conversion que Satan cherche à retarder par tous les moyens pour mieux contrecarrer tout rayonnement apostolique.

Le mal qu'il faut craindre

La Trinité ne peut tolérer le péché, c'est entendu. Tout péché cependant peut se considérer sous deux aspects : l'aspect physique et l'aspect moral. L'aspect physique auquel se réfère le mal de la peine n'est pas un mal absolu, mais relatif à nous. Dans le péché originel, par exemple, on distingue ce que les théologiens appellent le PECCATUM ORIGINANS, l'acte de nos premiers parents, de l'état qui en est résulté pour l'ensemble de la nature humaine (PECCATUM ORIGINATUM). En cet état qui nous marque tous, le PECCATUM ORIGINATUM, on distingue le mal de la faute, le mal de la coulpe (REATUS CULPAE) qui consiste en la privation de l'état de justice, du mal de la peine (REATUS POENAE) qui consiste dans la perte des privilèges préternaturels comme l'exemption de la souffrance et de la mort.

Si le mal de la peine n'est pas un mal absolu, un mal en soi, il peut être voulu par la Trinité puisque, restant en dépendance de notre fin ultime, il demeure un bien en lui-même tout en présentant l'aspect d'un mal relativement à chacun d'entre nous. Dans le plan rédempteur, puisque la souffrance doit devenir notre partage, ce mal de la peine pourra nous paraître comme un bien réel, un bien qui peut nous profiter.

Ce n'est donc pas ce mal de la peine (REATUS POENAE) que l'on doit craindre par rapport à la Trinité, mais le mal de la faute (REATUS CULPAE) qui seul est un mal absolu puisqu'il exclut l'ordination à la fin ultime et ne comporte vis-à-vis de cet ordre aucun bien annexe que Dieu puisse vouloir, en sorte que le péché ne peut avoir aucune audience auprès des Trois.

Ce n'est pas tellement la crainte du mal qui animait l'âme du Christ comme sa REVERENCE FILIALE envers son Père. Aussi, le Don de Crainte ne vise pas le mal avant tout, mais la Trinité, Dieu le Père, le Bien Suprême en son éminente grandeur, si rassurante pour le pécheur repentant, mais si redoutable pour tant de malheureux qui ne veulent ni du pardon ni de la pénitence. Le Don de Crainte qualifie l'amour personnifié d'une profonde délicatesse.

Excellence
Du Don de Crainte

Les Pères de l'Eglise ont célébré à tour de rôle les merveilles opérées dans les coeurs par le Don de Crainte. Lumière de l'intelligence, force de l'âme, espérance du salut, ce Don se présente comme une tour inexpugnable qui protège le coeur et l'affermit contre les attaques sournoises de la concupiscence.

Les ennemis jurés des âmes ont beau se déchaîner; le monde peut se présenter avec ses maximes alléchantes et ses charmes trompeurs; les passions peuvent gronder, se révolter, rien ne peut ébranler celui qui craint Dieu-Trinité. Au milieu des plus grandes épreuves, il demeure fidèle à toutes les volontés trinitaires.

Saint Ambroise avait raison d'appeler la crainte : la base sur laquelle repose la grâce; saint Jean Chrysostôme : le bouclier avec lequel elle se défend; saint Cyprien : le soutien contre lequel elle s'appuie. Sans cette base, ce bouclier sûr et ce soutien c'est, à brève échéance, la ruine de toute la vie spirituelle; car "là où manque la crainte, il n'y a que perdition et abondance de crimes", d'affirmer saint Isidore.

De plus, la crainte filiale, au dire de la Sainte Ecriture, loin de n'être que le commencement de la sagesse, comme c'est le cas pour la crainte du châtiment et des jugements divins, en est véritablement la plénitude et le couronnement. Au lieu de jeter le moindre trouble dans l'âme, cette crainte la comble au contraire d'une paix profonde : elle lui devient comme un "paradis de bénédiction" et rien ne saurait lui être préféré.

Bienheureuse l'âme qui connaît cette crainte en laquelle tout s'inspire des Trois Personnes de l'Adorable Trinité, cette délicatesse du véritable amour qui consent à tout pour ne jamais perdre cette présence trinitaire, ne jamais la blesser de quelque manière que ce soit et faciliter sans cesse son accroissement. Il nous faudrait encore parcourir les gestes que nous offre la vie des saints pour mieux comprendre l'excellence du Don de Crainte et réaliser jusqu'à quel point cette énergie mystérieuse de l'Esprit-Saint peut provoquer, animer et développer la délicatesse, la peur de déplaire en quoi que ce soit.

Le Don de Crainte
chez les vrais chrétiens

La crainte qu'entretenaient certains saints à l'égard de tout ce qui portait atteinte à la majesté des Trois se manifestait avec une acuité vraiment extraordinaire. Les gestes presque inconcevables qu'elle pouvait parfois provoquer chez-eux et qui resteront longtemps incompréhensibles aux chrétiens ordinaires ne peuvent être que l'effet de l'Esprit-Saint.

Lorsqu'il se confessait, saint Louis de Gonzague versait sur ses manquements des larmes amères : vues dans la lumière du Don de Crainte, ses fautes lui apparaissaient monstrueuses et l'accusaient de la plus noire ingratitude à l'égard de son Bienfaiteur et Ami. Il découvrait que tout mal, si minime soit-il, éloigne de la Trinité et, comme un coeur aimant se déchire à la seule pensée d'avoir à quitter un ami, son coeur se brisait de douleur en constatant que, par ses négligences, il s'était éloigné du Père, du Fils et de l'Esprit-Saint. C'est ce même Don de Crainte qui fit souhaiter à bien d'autres saints "la mort plutôt que la souillure".

Un tel état de crainte trouve très peu de compréhension chez les chrétiens médiocres, puisque nous ne sommes plus, à ce moment-là, sur le terrain humain, mais sur le terrain divin : cette crainte n'est pas le fruit de nos efforts, mais la récompense trinitaire promise à nos efforts, le fruit de l'intervention spéciale du Saint-Esprit qui produit dans les âmes une si grande et si vive horreur du péché qu'elles ne craignent rien tant que l'offense à la Trinité et qu'elles choisissent, sans aucun genre de restriction, tous les moyens les plus aptes pour adhérer plus étroitement aux Trois Personnes.

La crainte de ces âmes sincèrement chrétiennes est d'autant plus vive et plus agissante qu'elles sont plus unies à la Trinité dans leurs pensées, leur apostolat, leur "AMOUR-DON". L'âme, gouvernée par ce Don de Crainte, ne recherche plus les avantages terrestres; un seul bien lui semble désirable : l'union trinitaire; pour en jouir, elle sacrifie volontiers tout le reste et s'afflige profondément de tout ce qui, à son insu, aurait pu ou retarder cette union ou l'en détourner.

Moyens d'acquérir
et de conserver la Crainte

A son premier degré, le Don de Crainte engendre l'horreur du péché et la force de vaincre les tentations. Aussi, un premier moyen pour créer en soi un climat favorable à la Crainte réside en l'esprit de pénitence portant sur nos fautes et sur celles de l'humanité. Quel meilleur préservatif pourrions-nous trouver contre la rechute que le souvenir douloureux et habituel de ces fautes qu'on regrette sincèrement parce qu'elles peuvent nous séparer à tout jamais de la Trinité?

A son second degré, l'âme ne fuit pas seulement le péché, mais elle se rapproche de la Trinité pour s'en laisser de plus en plus pénétrer. Aussi la contemplation lui fournit-elle un second moyen d'acquérir et de conserver la Crainte, une contemplation qui ne méprise pas pour autant les grandes et encourageantes vérités du salut, telles la mort, le jugement, l'enfer, le paradis, l'éternité : "Souvenez-vous de vos fins dernières et vous ne pécherez pas!" (Si. 7, 40)

Notre méditation pourra s'arrêter encore avec avantage à se représenter telle ou telle âme qui, après avoir été longtemps fidèle à la Trinité, a connu le malheur de tomber et de rouler dans l'abîme. Ce malheur ne pourrait-il pas nous arriver? "Que celui qui est debout prenne garde de tomber" (1 Co. 10, 12). Il n'est guère de péché commis par un être humain qu'un autre ne puisse commettre si la grâce de Dieu ne le soutient.

A son troisième degré, le Don de Crainte détache totalement des choses terrestres et produit ces PAUVRES EN ESPRIT à qui appartient le Royaume des Cieux, comme nous l'enseigne la première béatitude (Mt. 5, 3). Comment ne pas être heureux si nous sommes tellement liés à la Trinité que le monde n'exerce plus sur nous la moindre fascination? Aussi, aimer de plus en plus les Trois Personnes, Les invoquer et Leur demander le Don de Crainte constituent autant de moyens essentiels à l'acquisition, à la conservation et au développement de cette première forme du Don de l'Esprit. Plus on aimera les Trois Personnes, plus on craindra de Leur déplaire et mieux on Les servira. C'est l'amour qui vient désormais seconder la crainte pour doubler ses prévenances et ses délicatesses.

Dans la crainte
du monde qui nous entoure

Le monde est dans un équilibre sans cesse menacé, sans cesse recouvré. Chacun de nous fait son apprentissage de l'univers, un apprentissage plus ou moins brillant ou grossier selon les circonstances et les milieux où nous évoluons. Depuis plus de cent ans la nature nous livre ses secrets avec une libéralité qui peut provoquer, au moins chez les sages, un certain sentiment de crainte.

Il y a à peine deux cents ans, les humains se contentaient de labourer le sol pour en tirer les matériaux nécessaires à leurs besoins. Depuis, les découvertes se succèdent à une cadence de plus en plus accélérée. Le voile de la nature se déchire progressivement sous l'influence de nouvelles sciences qui s'élaborent avec toujours plus de certitude. L'univers des savants, qui prennent conscience des vraies dimensions des éléments du "cosmos", nous ouvre de nouveaux horizons sur les galaxies et les supergalaxies dont nous sommes entourés. Les scientistes de l'atome nous font voir chaque jour de nouvelles possibilités d'utilisation de l'énergie nucléaire et provoquent au coeur de l'humanité une peur qui n'est pas sans fondement.

Le sentiment que l'homme éprouve à la pensée des catastrophes qui peuvent surgir de ces découvertes se distingue, bien entendu, de la crainte religieuse, surtout du Don de Crainte et des nobles sentiments qui l'inspirent. Cependant au milieu de tous ces phénomènes fantastiques, le chrétien éprouve le sentiment profond d'une présence qui le dépasse et devant laquelle il s'abîme en sa petitesse.

Le Don nous situe au coeur d'une crainte révérencielle, d'une crainte filiale qui s'équilibre avec la confiance pour acheminer l'être humain vers une foi plus profonde qui saisit la parole de Dieu : "Ne crains pas!" (Lc 1, 12-30) Une Providence toute paternelle veille sur l'homme comme sur le "cosmos". Les hommes peuvent se heurter aux hommes et la nature continuer de se révolter. La Trinité ne cessera de protéger son oeuvre.

CHAPITRE XIV

Le Don de Force

"Animés d'une puissante énergie par
la vigueur de sa gloire, vous acquer-
rez une parfaite constance et endurance".

(Col. 1, 11)

Le Don de Force

— Le Don de Force n'est pas un instrument de luxe

— Les enfants de la Trinité doivent être des forts

— La vraie vie n'appartient qu'aux forts

— Impossible d'être chrétien à fond sans le Don de Force

— La puissance de résistance et d'attaque du Don de Force

— La puissance généralice du Don de Force

— Plusieurs vertus, mais un seul Don

— Le Don de Force collabore avec les vertus théologales

— Crainte et Force ne s'opposent qu'en apparence

— Le Don de Force assure la possession de soi-même

— Les trois degrés du Don de Force

— La Force au service des autres

— La tâche et les trophées de l'Esprit de Force

— Le Don de Force chez les saints

— "Avec assurance au nom du Seigneur"

— Dispositions que requiert de nous l'Esprit de Force

— La Force dans la faiblesse

— "Je puis tout en Celui qui me rend fort"

Le Don de Force n'est pas un instrument de luxe

L'être humain tire de son amour, comme de la vertu naturelle et surnaturelle de force, une grande puissance d'action; mais, en certaines circonstances particulièrement difficiles, cet équipement ne lui suffit pas. C'est alors qu'intervient l'Esprit de la Trinité qui lui prête le concours de sa toute-puissance. Si forts que nous nous croyions, en effet, nous demeurons toujours chancelants, en sorte que la Force de l'Esprit-Saint nous est nécessaire pour dominer toute crainte, surmonter toute faiblesse et vaincre toute difficulté.

Sous l'influence de la force divine l'âme ne tergiverse plus en face d'une détermination d'importance, mais soulevée par le souffle puissant de l'Esprit et assurée de l'appui solide d'une énergie toute surnaturelle, elle acquiesce presque spontanément aux dures tâches que lui présente la Volonté des Trois. Appuyée sur la Force d'En-Haut, elle ne semble plus craindre sa faiblesse et affronte avec magnanimité les risques qui se présentent pourvu que n'entre en jeu que la gloire de Dieu.

Une fois prise la décision qui s'impose, tout se met en oeuvre pour réaliser la tâche entrevue, exécuter le projet lancé, donner corps au plan élaboré dans l'esprit. Le Don de Force procure le courage nécessaire à l'acceptation des efforts requis pour la poursuite soutenue de l'oeuvre entreprise et implante dans l'âme la certitude qu'elle ne sera jamais laissée à elle seule.

L'entreprise commencée, le Don de Force continue son influence pour permettre d'aller jusqu'au bout du projet en marche, malgré les déboires, les insuccès, les dégoûts et les résistances de tout genre. L'âme accepte désormais de lutter sans trêve, sûre d'une victoire finale qu'elle n'attend que de Dieu. Comptant sur le Don de Force, qui n'a rien d'un instrument de luxe, elle ne se laisse arrêter par aucune considération humaine; dès qu'il s'agit du bon plaisir trinitaire : *elle réalise l'oeuvre.*

Les enfants de la Trinité doivent être des forts

La victoire à remporter dépasse les possibilités de l'ordre naturel. C'est pourquoi le Verbe Incarné a tracé un programme qui se refuse à toute demi-mesure : car il s'agit de devenir parfait comme le Père est parfait. Pour répondre à cet appel, il faut voir grand et viser haut, se conduire en définitive comme s'est comporté le FILS DU PERE. Agere sequitur esse : notre agir doit se conformer à notre être et puisque la Grâce Sanctifiante a "trinitarisé" notre vie, nous devons penser et agir trinitairement c'est-à-dire nous modeler sur Dieu et nous sanctifier à la manière du Christ dont l'humanité était totalement dominée par la divinité.

Si, pour contrôler une vie humaine, la vertu humaine de force suffit, elle demeure déficiente quand il s'agit d'orienter et de développer la vie trinitaire : une force surnaturelle devient alors nécessaire et le Baptême nous l'infuse. Cette force infuse reçoit une vigueur nouvelle, dès que l'Esprit de Force la pénètre et l'active.

La première des tâches qui s'offre concrètement au Don de Force, c'est la sanctification personnelle, fruit des efforts fournis pour le déracinement des défauts et l'épanouissement des vertus contraires. Il n'est requis rien moins qu'une telle force pour élever l'âme au-dessus des considérations mondaines et du respect humain qui la paralysent souvent en sa montée trinitaire.

Le feu qui dévore l'âme animée du Don de Force sent le besoin de tout embraser. Aussi la provoque-t-il sans cesse à l'action en lui communiquant une puissance de zèle extraordinaire. Désireuse de voir tous les coeurs brûler de la même flamme, l'âme forte s'applique à "trinitariser" l'humanité et travaille avec sagesse et constance au salut et à la sanctification du monde. Nous ne sommes plus alors devant des chrétiens de demi-mesure, mais devant des militants engagés dans l'Eglise du combat.

La vraie vie
n'appartient qu'aux forts

Dans une forêt ne survivent et ne se développent que des plantes saines et vigoureuses, bien rivées au sol et résistantes aux combats que leur livrent les taillis. La vie animale réclame tout autant d'énergie, sinon davantage, pour naître et grandir. Quoi de surprenant si la vie humaine présente, elle aussi, ses exigences de force et d'énergie, pour se garder droite, intègre et conforme à la conscience.

En l'Eglise de la Trinité, sur terre, l'Eglise du combat, tout chrétien doit un jour lutter directement et ouvertement contre l'erreur et le mal. Le Don de Force dissipe alors les sournoises frayeurs qui glacent le courage des âmes même les plus averties pour y substituer cette calme assurance qui finit par déconcerter l'ennemi le plus diaboliquement acharné.

Parce que débordants du Don de Force, les Apôtres, loin de trembler devant leurs juges ne ressentaient que joie de se voir ainsi en butte aux reproches et aux persécutions: fouets et verges d'acier les faisaient louer le Seigneur qui les avait trouvés dignes de souffrir pour le nom de Jésus "IN NOMINE DOMINI". A leur suite, toute une phalange de martyrs, de tout âge et de toute condition, de toute race et de tout sexe, ont magnifié la FORCE Divine, sous les tenailles comme sur le bûcher, au milieu de l'arène comme dans les cachots.

Sur un théâtre plus obscur, derrière les grilles d'un cloître ou dans la cellule d'un religieux, au fond du coeur d'une épouse délaissée ou dans l'âme angoissée d'un malade face à la mort, que de victoires remportées par l'Esprit de Force sur les assauts du malin. Et que d'autres exemples ne pourrions-nous pas citer pour démontrer, de la manière la plus frappante, l'extraordinaire puissance de l'Esprit de Force, dans la vie du chrétien qui consent aux dures exigences de l'imitation du Christ, qui veut conquérir la Trinité, pour chercher à La connaître comme Elle Se connaît, à L'aimer comme Elle S'aime en son éternel mouvement de génération et de spiration.

Impossible d'être chrétien à fond sans le Don de Force

Le chrétien est, dans et par le Christ, le bénéficiaire de l'amour infini du Père en même temps que l'instrument du rayonnement de cet amour dans le monde. La promotion de "FILS ADOPTIF", d'héritier de Dieu et de co-héritier du Christ (Rm. 8, 17), comporte de lourdes responsabilités.

La vie chrétienne bien comprise se présente comme la plus merveilleuse aventure qui soit, une aventure qui comporte bien des risques au milieu desquels se dessine *la folie de la croix* avec ses exigences de renoncement aux affections les plus légitimes, à sa propre vie même pour posséder Dieu et Son Amour. Etre chrétien à fond et consentir aux risques exigés réclament beaucoup de force en plus d'une grande confiance en la Trinité.

A combien d'âmes religieuses, par exemple, l'aventure n'a-t-elle pas fini par paraître si folle qu'on aurait voulu l'abandonner tout simplement? Qu'aurions-nous fait à certaines heures sans l'influence secrète de l'Esprit de Force et la puissance de sa collaboration? Si la vie chrétienne ordinaire connaît des heures très graves, la vie chrétienne spécialisée dans le sacerdoce ou la vie religieuse réserve de mystérieuses tempêtes.

L'Esprit-Saint doit user de beaucoup de patience avant que les âmes qu'Il a convoquées à une orientation supérieure ne réussissent parfaitement le plongeon trinitaire. Heureusement que Dieu comprend de quelle force nous avons besoin pour nous arracher avec constance et ténacité à tout ce que nous aimons. C'est parce que nous devons sans cesse nous faire violence que le Don de Force agit si fréquemment, plus fréquemment peut-être que tous les autres dons, dans notre vie chrétienne. Que de génies ont pu vaincre les difficultés de la science sans jamais réussir à se vaincre eux-mêmes. Que de braves soldats magnifiques et héroïques devant l'ennemi sur les champs de bataille redeviennent au temps de paix, de pauvres loques sans empire sur eux-mêmes. Pour vaincre les autres, il faut de la force, mais pour "se vaincre soi-même", il faut L'ESPRIT DE FORCE.

La puissance de résistance et d'attaque du Don de Force

Parce que Dieu est l'Amour personnifié et que cet Amour au coeur des Trois est fort comme la mort et puissant comme la vie, l'Esprit du Père et du Fils nous communique un don de résistance qui correspond à un tel amour. C'est le Don de Force, cette qualité qui complète la vertu de force et rend notre coeur capable de capter l'énergie que l'Amour lui inspire afin de pouvoir tenir et de réaliser, sans jamais se décourager, l'objet d'un amour si puissant.

Ce Don de Force réside dans une disposition surnaturelle de l'âme qui incline à supporter les plus dures épreuves et à entreprendre les plus grandes oeuvres par amour pour Dieu, sous l'action bienfaisante de l'Esprit du Père et du Fils. C'est ce don qui a permis à quelques-uns de nos missionnaires Oblats d'Afrique d'avoir le courage de donner le témoignage de leur sang à la plus grande gloire de l'Adorable Trinité.

Les épreuves de la vie partagent les humains en deux catégories distinctes, selon la note dominante du tempérament de chacun, la qualité de l'éducation première et secondaire et selon certaines circonstances plus ou moins prévisibles. Chez les uns, ces épreuves produisent l'abattement; chez les autres, c'est une invitation à la lutte dans la joie et la confiance.

Cependant, quelles que soient son énergie native et la fougue de son caractère, l'être humain, laissé à lui-même, poussé par son ardeur naturelle et parfois même par une certaine vanité, se sentira, un jour ou l'autre, comme isolé et dépassé. C'est que l'enjeu du combat essentiel déborde les horizons terrestres et, pour s'assurer une victoire définitive en cet ordre du salut, il est requis de participer à la Force même dont seul peut nous gratifier l'Esprit-Saint.

Pour triompher des puissances du mal, l'audace ne suffit pas. Un don surnaturel s'impose qui, d'un côté, tempère une certaine pusillanimité et, de l'autre, met un frein à la trop grande confiance en soi-même. Le chrétien revêtu et pénétré du Don de Force finit par triompher des pires adversités.

La puissance généralice
du Don de Force

Placée au centre des sept formes prévenantes et soutenantes du Saint-Esprit — quel que soit le point de départ de leur énumération — la Force semble les dominer toutes, telle la puissance d'un général d'armée qui dispose tous ses bataillons avant d'engager une action concertée. Chaque Don joue vis-à-vis de la Force le rôle d'un officier chargé tantôt de l'éclairer, tantôt d'exécuter ses ordres. Ainsi, la Force, qui s'appuie sur la Crainte de Piété et la Science, se laisse conseiller par la Sagesse, l'Intelligence et le Conseil.

L'âme qui décide de se dépouiller peut se contenter, à la rigueur, du Don de Crainte, lequel modère les inclinations de la sensibilité et ordonne les facultés intellectuelles en vue d'une plus solide résistance à la fascination des créatures. Pour se tourner vers la Trinité, le Don de Piété semble aussi suffire; de même qu'il offre les forces suffisantes pour entretenir avec le prochain des relations vraiment dignes et saintes.

Cependant, pour embrasser généreusement la Croix et la porter avec constance, le Don de Force s'avère indispensable, que cette croix vienne du démon qui provoque mille embûches, du monde qui peut jouer le jeu de Satan pour persécuter et décourager quelqu'un, comme de la Trinité qui se plaît à faire passer certaines âmes par le creuset de la douleur pour les rendre plus resplendissantes.

Pour soutenir son courage et enflammer son coeur au combat, le Saint-Esprit offre au chrétien sa propre Force qui lui permet de s'écrier comme autrefois l'Apôtre Paul : "Je puis tout en Celui qui me fortifie". Appuyé sur ce roc inébranlable, il accepte avec docilité les invitations du Don de Conseil qui le sollicite au dépassement constant; puis, s'élevant au-dessus de toutes les valeurs créées, il ne cherche plus de repos qu'en la Trinité et en sa glorification. Escortée des Dons d'Intelligence et de Sagesse, la Force rayonne ainsi comme un soleil autour des autres Dons auxquels elle communique une merveilleuse consistance.

**Plusieurs vertus,
mais un seul Don**

Dans le combat qu'exige l'établissement du Royaume de la Trinité sur la terre, les difficultés ne manquent pas, chaque peuple possédant son caractère et chaque individu son tempérament.

Il faut une fermeté d'âme extraordinaire pour s'acharner contre les difficultés sans jamais céder au découragement. Pour fournir les efforts nécessaires sur le champ d'une telle pastorale d'affrontement, Dieu nous a gratifiés d'un ensemble de vertus groupées autour de la force.

Autour de cette vertu cardinale évoluent la patience, la persévérance, la fidélité, la magnanimité et plusieurs autres puissances qui se conjuguent pour soutenir la lutte jusqu'à la victoire finale. Toutes ces vertus se greffent sur notre pauvre nature humaine avec son intelligence plus ou moins étroite, sa volonté plus ou moins libre et son coeur passablement borné. C'est dire que toutes ces vertus, même sous le contrôle de la force, ne suffisent plus quand il s'agit d'une lutte et d'une victoire à obtenir sur le plan surnaturel. Il nous faut alors le Don de Force qui nous remplit d'une confiance si grande que nous puissions nous exclamer avec Paul de Tarse : "Je puis tout en Celui qui me rend fort" (Ph. 4, 13).

Il convient de bien distinguer la vertu de force du don qui porte le même nom. Tandis que la vertu se contente d'une fermeté normale qui, secondée par une grâce ordinaire, peut affronter les obstacles, les dangers et les peines de la vie, le Don dote l'âme d'un courage surhumain qui lui permet de réaliser de plus grandes choses, de surmonter de plus graves périls et d'endurer pour Dieu tous les genres de souffrances possibles.

Le motif formel du Don de FORCE se trouve dans un bien supérieur, supra-humain, déiforme. Sous l'action personnelle de l'Esprit-Saint, le fort agit comme revêtu de la force même de Dieu devenue sienne. Il tente les plus grandes entreprises, surmonte toutes les difficultés et demeure toujours paisible car la Puissance Trinitaire devient sa mesure d'action.

Le Don de Force collabore avec les vertus théologales

Le Don de Force suppose que l'âme chrétienne travaille déjà dans le climat épanouissant des vertus théologales de Foi, d'Espérance et de Charité. L'âme voit tout avec le regard du Verbe et celui de l'Amour; elle est depuis longtemps ouverte à ce Dieu-Trinité que la raison ne pouvait atteindre par ses propres forces naturelles.

Si l'âme se lance sans hésitation dans les entreprises les plus vastes et si elle endure avec amour, avec le sourire même, les souffrances physiques ou morales les plus pénibles, c'est qu'elle a déjà donné tout son assentiment aux encourageantes vérités que lui apporte la Révélation, telles la vie intime des Trois et sa future béatitude au coeur de Dieu. L'âme possède alors une foi inébranlable en l'amour infini de son Père du ciel et nourrit une confiance sans borne en sa miséricordieuse bonté comme en sa puissance infinie.

Cette Foi théologale qui joue le premier rôle en toute vie spirituelle à titre "d'éclaireur" le cède cependant à l'Espérance quand il s'agit de l'attirance à exercer sur le Don de Force. L'âme, en effet, met d'autant plus sa confiance en la Trinité qu'elle a davantage conscience de sa faiblesse et qu'elle expérimente son impuissance personnelle à accomplir le bien. La vertu théologale d'Espérance se présente ainsi comme un appel au Don de Force. Les encourageantes perspectives que lui présente la Foi tienne l'âme en haleine sur la fin trinitaire qui lui est offerte.

Cette parfaite remise de tout soi-même à la Trinité exige aussi un amour entier. Si l'âme croyante et confiante ne se tracasse pas outre mesure de tout ce qui peut lui arriver, c'est qu'elle s'appuie sur un amour très puissant, un amour de précision qui touche à la noblesse de l'amitié vécue au coeur des TROIS GRANDS. C'est ainsi que l'âme peut accepter et affronter, instant par instant, avec une charité toujours plus dévorante, toutes les croix qu'il plaira à Dieu de lui envoyer.

Crainte et Force ne s'opposent qu'en apparence

La vie chrétienne, qui fourmille de contrastes, ressemble, en un sens, à la vie des Trois où les attributs en apparence les plus opposés s'unissent en la plus parfaite harmonie, au coeur de la Charité qui fusionne tout dans l'unité. Toujours en cette même charité qui est à la racine de toutes les vertus, la crainte et la force s'unissent comme s'allient la fierté et l'humilité, la sévérité et la douceur, l'ardeur la plus entreprenante et l'abandon le plus entier.

Le Christ lui-même nous recommande la crainte autant que la force et la force autant que la crainte : "Craignez celui qui peut perdre l'âme et le corps dans la géhenne" (Mt. 10, 28). — "Luttez pour entrer par la porte étroite" (Lc 13, 24). La force et la crainte nous apparaissent comme un précieux potentiel de vie pour affronter victorieusement les réalités terrestres qui menacent dangereusement le chrétien et de l'intérieur et de l'extérieur.

Si Dieu rend l'homme fort au coeur de sa faiblesse, c'est pour qu'il accomplisse sa Volonté et réalise son unique dessein en toute confiance et humilité. Quand l'être humain ne peut plus rien, Dieu intervient de telle manière qu'il soit bien clair que Lui seul a agi. Paul essaie de caractériser cette méthode d'agir lorsqu'il écrit : "Ce qu'il y a de faible dans le monde, voilà ce que Dieu a choisi pour confondre les forts" (I Co. 1, 27). L'Apôtre des Gentils oppose ainsi, sans y établir toutefois la moindre contradiction, la force que le chrétien trouve en la Trinité à l'impuissance où il demeure sans Elle. C'est cette force divine, qui se déploie dans la faiblesse, qu'il s'agit de bien exploiter pour avoir part au Royaume dont s'emparent les violents (Mt. 11, 12).

Il ne faudrait pas voir en ces lignes une apologie de la faiblesse mais plutôt une glorification de la force que l'Esprit met à notre disposition pour nous permettre d'entrer en la plénitude même de Dieu (Ep. 3, 19).

Le Don de Force assure la possession de soi-même

L'arbre ne parvient pas subitement au parfait déploiement de son feuillage. Que d'efforts et de temps il lui faut pour faire sortir de l'humble semence confiée au sillon les solides racines qui le fixent à la terre pendant que peu à peu, grâce à la chaleur et à la rosée, se dresse en pleine lumière, chargé de frondaison, son tronc robuste contre lequel les vents et les tempêtes déchaînent en vain leur fureur.

Il en est ainsi pour le vrai chrétien qui se donne consciencieusement à sa tâche et veut l'accomplir en perfection. Si l'héroïsme du devoir quotidien exige beaucoup de courage, celui du devoir chrétien qui va jusqu'à préférer la mort à la souillure, n'exige rien moins que le Don de Force. Seule une âme très forte peut surmonter les incertitudes provoquées par les obscurités de la foi et les scrupules d'une conscience qui progresse en délicatesse.

Pour porter sans se décourager le fardeau du péché et de tant de difficultés rivées à notre nature, il nous faut la Force de Dieu sans laquelle est impossible la possession de soi dans une patience qui ne se dément pas. Il est souvent plus difficile de supporter les coups, de "pâtir" que d'attaquer l'adversaire et c'est l'un des principaux effets du Don de Force que cette patience qui permet à l'âme de demeurer maîtresse d'elle-même en toute occasion, même devant la mort.

En plus de nous rendre courageux et patients, le Don de Force nous communique la persévérance dans la lutte. Ne méritent le nom de courage et de patience que les vertus éprouvées par des difficultés nombreuses et répétées. Le chrétien fort se présente comme un magnanime doué de courage et de patience, un être qui se possède dans la joie et l'équilibre, pétri d'un amour humain et divin qui viennent seconder la vertu et le Don de Force lequel enlève à l'âme la direction de sa vie pour la confier à l'Esprit de Vérité. Ce changement de direction produit des effets remarquables en certaines circonstances difficiles.

Les trois degrés du Don de Force

A son premier degré, le Don de Force nous porte à ce que requiert notre salut, supprimant toute peur et dominant toute faiblesse, pour nous rendre finalement capables de surmonter n'importe quelle difficulté. Le Don de Force vient seconder la vertu d'Espérance qui nous a déjà fourni une certitude fondée sur *la fidélité* et *la puissance* de Dieu : nous agissons désormais avec cette encourageante assurance que le secours trinitaire nous est acquis et que l'Esprit de Force du Père et du Verbe habite en nous.

A son second degré, le Don de Force transmet à l'âme un courage encore plus puissant et une vaillance supérieure. Plus on est dans le Christ plus on est en Croix, et davantage aussi réagit en nous l'Esprit de Force. Notre frappe chrétienne est multiple. A partir du Baptême qui, par la Grâce Sanctifiante, unit le Christ et les Chrétiens dans une même subsistance mystique, chaque nouveau sacrement par son caractère particulier renforce notre chrétienté toujours dans le sens de la Croix. De la voie ordinaire du *précepte,* l'âme s'engage, selon son degré de générosité, sur la route montante des *conseils évangéliques.* L'Esprit de Force qui ne manque jamais de collaborer n'en agit alors qu'avec plus de puissance et de constance.

Chaque nouvelle frappe chrétienne, celle du sacerdoce ou de la vie religieuse en particulier, constitue comme un nouvel appel à la souffrance et introduit davantage dans le plan rédempteur qui ne s'accomplit sur terre que par la Croix et l'Amour. C'est ici, à son troisième degré, que le Don de Force travaille avec le plus de puissance. L'âme se surpasse et pénètre plus profondément au sein de la Trinité pour faire siennes les éternelles pensées du Père, les réalisations crucifiantes du Verbe Incarné et l'influence sanctificatrice du Saint-Esprit. C'est comme une nouvelle Pentecôte : de timide qu'elle était, l'âme devient toute transformée, intrépide et prompte à communiquer le message évangélique qu'elle a reçu. Quand l'Esprit de Force agit ainsi dans une âme, elle manifeste, dans un parfait climat d'humilité, un calme imperturbable dans l'action et une puissance de décision et de ténacité invincible.

La Force
au service des autres

Tous les êtres humains sont porteurs de possibilités de connaissance, de liberté et d'amour. Même les plus brisés par la vie conservent au fond d'eux-mêmes une attente et un besoin de plénitude. Plus ils sont malheureux, plus ils ont besoin de la force dont dispose la Trinité pour revaloriser leur être.

Il faut beaucoup de force aussi pour aimer tout le monde, ceux qui ne veulent pas comprendre qu'on les aime ou qui ne veulent pas tout simplement qu'on les aime. Un effort collectif s'impose pour combler, en autant qu'on le peut, la soif d'être et de bien-être de tous. L'humanité a besoin de force pour cesser de se déchirer par suite d'un amour déréglé des biens matériels qu'un petit nombre capitalise égoïstement pendant que l'immense multitude souffre du manque des biens fondamentaux.

Il est triste de constater l'égoïsme des parvenus dont la cupidité se fait insatiable pendant que se propage à travers le monde l'épidémie de la pauvreté, de la faim et de tous les malheurs qui en jaillissent. Le monde de demain sera dominé par le malheur que nous lui préparons. Nous sommes solidaires, complémentaires les uns des autres et il dépend de nous de faire monter le monde ou de le faire descendre au cours de l'histoire qu'il lui reste à parcourir.

Le Temple à construire en l'honneur de la Trinité serait tellement plus avancé si nous avions mieux compris cette solidarité entre les peuples, entre les races, entre les continents. Chaque peuple semble ne s'être soucié égoïstement que de son ascension propre au mépris de l'ascension des autres. Il est déjà bien tard pour se reprendre. Il faut souhaiter quand même que tous se mettent à la tâche commune avec courage, contents de pouvoir servir, au besoin, de dépassement et d'enrichissement de l'univers. Pour ce faire une lutte intelligente s'impose qui demande beaucoup de force.

La tâche et les trophées de l'Esprit de Force

Il se présente parfois au cours de l'existence des circonstances et des périodes où l'âme voit se fermer devant elle toutes les avenues normales par où elle a jusqu'alors cheminé : voie facile de l'action, route large d'un dévouement peut-être naturel, chemin béni d'une prière fervente; autant d'ouvertures qui l'orientaient vers le sentier abrupt et rocailleux du Calvaire. Mais au moment où le Calvaire se dresse, entre en jeu le Don de Force.

Sur la voie du renoncement total, la patience et la résignation, ces deux fruits admirables de la vertu de force, ne suffisent plus. L'héroïsme dans la souffrance exige une union très intime de la volonté humaine à la Volonté crucifiante des Trois. L'Esprit de Force inspire à l'âme ainsi éprouvée un désir insatiable d'humiliations et de douleurs, désir qui remplit l'âme de joie spirituelle dans la mesure où il se réalise.

Quels merveilleux trophées pour l'Esprit de Force que ces vies immolées dans le renoncement le plus entier, ces âmes privées de tout et qui n'en suivent que de plus près leur Roi Crucifié, ces existences voilées et perdues aux regards superficiels des humains, mais qui n'en demeurent pas moins, en leur acceptation généreuse de la Croix, les plus merveilleuses Louanges de Gloire à la Trinité!

C'est l'Esprit de Force qui fait accepter les diffamations, les revers de fortune, comme autant de desseins miséricordieux de la Providence, qui soutient le courage du chrétien dans la séparation si douloureuse des êtres les plus aimés, dans les infirmités physiques les plus mystérieuses qui ferment toutes les avenues humaines d'épanouissement. C'est ce même Esprit de Force qui se sert des répugnances mêmes de la nature pour provoquer les actes les plus héroïques où l'être semble avoir franchi les limites de l'humain pour s'élever au rang des esprits glorifiés, au rang du Christ qu'on veut imiter en tout point : "Seigneur, souffrir et être méprisé par amour pour vous", s'écriait Jean de la Croix.

Le Don de Force chez les saints

Animés de l'Esprit de Force, les Apôtres, au lendemain de la Pentecôte, entreprirent, malgré la médiocrité des instruments humains dont ils disposaient, la conquête du monde et la révolution spirituelle des âmes. Sous l'influence d'un tel Esprit, ils ont bravé les menaces du Sanhédrin et répondu fièrement aux juges qui les sommaient de cesser leur prédication : "Nous ne pouvons pas ne pas parler et ne pas proclamer bien haut ce que nous avons vu et entendu" (Ac. 4, 20). L'Esprit-Saint les faisait se réjouir d'avoir été jugés dignes de souffrir à cause du Verbe Incarné désormais retourné vers son Père.

A leur suite, que d'âmes généreuses se sont engagées en toute paix et joie, luttant contre leur propre nature et contre les puissances de l'enfer! Que d'âmes chrétiennes, sous cette influence efficace et toute-puissante du Don de Force, en sont arrivées à cet état presque incroyable de perfection qui fait accepter la souffrance et la mort dans le calme et la confiance! Il faut agir sous l'influence de l'Esprit de Force pour affirmer, avec saint François d'Assise, que la plus grande joie, la joie parfaite, celle qui va droit au coeur, naît de la souffrance acceptée par amour du Christ.

Il ne fallait guère moins qu'une telle Force aussi pour permettre à un Vincent de Paul de réformer si bien son caractère qu'il devint le modèle de la plus parfaite douceur. A la veille d'être martyrisé, Ignace d'Antioche écrivait aux Romains : "Si les fauves ne se jettent pas sur moi, je les ameuterai pour qu'ils me dévorent. Pardonnez-moi, mes petits enfants, mais je sais ce qui est bon pour moi; je suis le froment du Christ; je serai trituré par les dents des fauves pour me convertir en pain immaculé."

Cet Esprit de Force devient plus que jamais nécessaire de nos jours pour continuer la lutte contre les ennemis de l'Eglise toujours menacée en ses droits et en ses libertés. La vertu de force ne pourra soutenir seule le coup d'une telle hostilité. Puisse l'Esprit de Force affermir nos dirigeants!

"Avec assurance au nom du Seigneur"

La devise pastorale du Saint-Père, Paul VI, "IN NO-MINE DOMINI" tire son origine d'un texte des Actes des Apôtres : "Arrivé à Jérusalem, il (Paul) essayait de se joindre aux disciples, mais tous en avaient peur, ne croyant pas qu'il fût vraiment disciple. Alors Barnabé le prit avec lui, l'amena aux apôtres et leur raconta comment, sur le chemin, Saul avait vu le Seigneur qui lui avait parlé, et avec quelle assurance il avait prêché à Damas AU NOM DE JÉSUS. Dès lors, il allait et venait avec eux dans Jérusalem, prêchant AVEC ASSURANCE AU NOM DU SEIGNEUR" (Ac. 9, 26-28).

Pour travailler avec assurance et toujours au nom du Seigneur, "IN NOMINI DOMINI", il faut le Don de Force, surtout pour le faire avec autant de douceur, de précision et de constance que le fait actuellement le providentiel successeur de l'inoubliable Jean XXIII. Comment pouvoir affronter l'armée de Satan et lui résister sans nul découragement si la Force de l'Esprit ne se dresse comme un rempart invincible?

L'Esprit de Force aide le chrétien à dominer ses passions, à ne pas se laisser influencer par la puissance de l'enfer ou par ces tyrans aveugles qui cherchent à l'asservir. Sans la mort totale à toutes ses convoitises, mort que seul le Don de Force peut réaliser, le chrétien ne pourra résister longtemps aux ennemis de l'extérieur comme à ceux de l'intérieur.

Cette maîtrise de soi que favorise le Don de Force ne demeure, cependant, qu'un moyen négatif. L'âme doit sans cesse progresser, aller toujours de l'avant dans l'accomplissement dynamique de son témoignage évangélique : "Le Royaume des Cieux souffre violence et il n'y a que ceux qui se font violence qui le ravissent" (Mt. 11, 12). Réaliser cette violence constructive dépasse une vertu ordinaire; il faut qu'intervienne l'Esprit de Force sans lequel la résistance continuelle aux séductions de la chair et la persévérance vertueuse à la suite du Christ sur la route du Calvaire deviennent pratiquement impossibles. Sans le Don de Force, l'être humain demeure toujours un arbuste très fragile que la moindre bourrasque peut déraciner à tout moment.

Dispositions que requiert de nous l'Esprit de Force

La première disposition que requiert de nous l'Esprit de Force repose en l'humilité. Il est entendu qu'il ne peut être question ici d'une humilité passagère, mais d'une attitude qui s'étend à toute la vie. Avant de produire en nous les effets si extraordinaires du Don de Force, l'Esprit exige que nous prenions conscience de notre faiblesse native et de l'impuissance radicale de tout moyen humain quand il s'agit d'oeuvrer sur le plan divin. La Trinité ne nous prêtera son secours et ne nous rendra invincibles que si nous consentons au plongeon définitif, que si nous perdons pied en Elle pour nous abandonner en toute confiance à son bon plaisir.

Cette attitude constante d'humilité et d'abandon ne peut que s'appuyer sur la méditation, l'oraison et la prière. La réflexion priante et la prière de réflexion semblent les moyens les plus puissants pour attirer sur soi et en soi les grandes influences de l'Esprit de Force. Au cours d'une telle oraison toute débordante de ferveur, l'Esprit de Dieu projette sur l'âme ouverte à son action une lumière très puissante qui active la germination et la croissance des désirs les plus véhéments au service de l'Adorable Trinité, une lumière pénétrante qui favorise la parfaite disponibilité.

A travers les sacrements, surtout la Confession, la Messe et l'Eucharistie, l'Esprit-Saint fait don de sa force et de sa puissance d'une manière toute spéciale. La force, puisée dans la Messe et l'Eucharistie, unit merveilleusement les énergies humaines et divines pour que soit mieux affrontée la lutte et assuré le triomphe sur soi-même au cours du long martyre que Dieu peut exiger de ses enfants. Pour "affermir en nous l'homme intérieur", c'est-à-dire le vrai chrétien, le chrétien spécialisé, il faut la réflexion, la prière, les sacrements, surtout LE PAIN DES FORTS qui nous communique par le Christ la force même de l'Adorable Trinité. Telles sont quelques-unes des exigences de l'Esprit-Saint pour que, sous l'influence du Don de Force, notre âme s'enracine à tout jamais dans l'Amour.

La Force dans la faiblesse

L'homme ne possède pas en lui-même la force qui lui donnerait le salut : "Le roi n'est pas sauvé par une grande force . . . Mensonge qu'un cheval pour sauver" (Ps. 33, 16s). Cet aveu d'impuissance est certes un lieu commun de prière, mais il n'en reste pas moins qu'à l'exemple du Peuple d'Israël, les humains du Nouveau Testament courent toujours le danger d'oublier d'où vient la vraie force, de se l'approprier et de se rendre indépendants, comme si la terre des hommes leur appartenait avant d'appartenir à Dieu.

Il ne faut pas oublier que c'est la Trinité qui nous engage à son service et que, si Elle nous communique sa force, c'est pour que nous accomplissions mieux Sa Volonté et réalisions les desseins que de toute éternité Elle a fondés sur nous. Ce sont les choix de l'homme qui façonneront l'avenir de l'humanité pour le grandir ou l'amoindrir. Tout dépendra de son comportement, de son appui sur sa propre faiblesse égoïste ou de son recours à la force divine.

L'être humain tient en partie dans son vouloir et dans son pouvoir le sort de l'humanité qui dépend de la qualité de sa force et de sa faiblesse sagement équilibrées. Ce sont les options qui construiront le monde ou le détruiront. Selon que ses amours seront marquées par la puissance de Dieu ou par sa pauvre faiblesse humaine, il fera perdre ou gagner de la valeur à l'humanité.

Dans notre faiblesse nous dépendons de l'univers et dans notre force nous avons le pouvoir de l'orienter, d'émerger de sa matérialité pour la faire servir au bien de l'humanité. A nous de bâtir, avec la force de Dieu, un Temple digne de la Trinité. A nous aussi le triste pouvoir de fausser notre vocation, de refuser à ceux qui auraient besoin de nous le droit de s'épanouir au service et à la louange des Trois. N'oublions jamais que c'est Dieu qui nous a cédé tant de pouvoir (Dt. 8, 17). C'est en nous sanctifiant que nous procurons la gloire des Trois, le triomphe du Sauveur et celui de l'Eglise. Ce triomphe et cette gloire rencontrent des ennemis acharnés sur tous les terrains. A nous, grâce à l'Esprit de force, de repousser victorieusement ces attaques.

"Je puis tout en Celui qui me rend fort"

Nous vivons sur un lambeau jeté entre deux infinis, l'un d'expansion spatiale et l'autre d'expansion temporelle, dont les dimensions sont incommensurables. La terre que nous foulons du pied est le résidu provisoire du broiement du monde, le résultat de milliards d'années de formation, depuis que la première écorce s'est constituée.

Du fond de cette longue histoire élaborée par la vie tant végétative qu'animale et humaine, une force puissante se dégage graduellement. Cette histoire nous est connue très imparfaitement malgré les progrès de nos connaissances; mais nous avons conscience, à l'heure actuelle, de vivre dans un mouvement évolutif de la plus haute importance pour l'avenir de l'humanité. Face au Grand Livre de la Création qui s'ouvre graduellement devant lui, l'être humain sent son regard s'élargir et se charger de l'harmonie du "cosmos" qui l'entoure.

Devant cette force et les dangers qu'elle présente si elle n'est pas maîtrisée, une autre Force doit s'imposer pour tout réduire à l'unité, une force éclairée par la lumière qui vient de l'au-delà. Une oeuvre commune doit s'accomplir sur la terre des hommes, un Temple immense doit s'édifier à la plus grande gloire de la Trinité. Chaque humain est appelé à collaborer dans la mesure des dons reçus à la réussite de cette gigantesque entreprise. Chacun doit accepter sa place de pierre vivante dans le tout pour que l'édifice s'élève dans la beauté et la vérité, "car les pierres sont belles en le Temple"

A ce monde qui ne rêve que force et conquête au sein de sa rapide évolution, il est peut-être sage de rappeler que "ce qu'il y a de faible dans le monde, voilà ce que Dieu a choisi pour confondre les forts" (1 Co. 1, 27), qu'avec Dieu l'on peut faire des prouesses (Ps. 60, 14) alors que sans lui on est réduit à fuir au bruit d'une feuille morte (Lv. 26, 36). L'humanité pourra réussir les merveilles les plus extraordinaires à la condition qu'elle s'appuie sur Celui qui rend fort (Ph. 4, 13), sur le Rocher indéfectible, Jésus-Christ.

CHAPITRE XV

Le Don de Science

Il n'est pas facile de bien rendre témoignage à la Trinité.... Les Trois
exigent un don total qui n'a rien de
superficiel ... Pour accomplir ce dépassement et par là rendre les autres
plus heureux, il faut plus que la science d'en-bas. Il faut la Science qui vient
de l'Esprit.

Le Don de Science

L'expérience nécessaire du Don de Science

— Dans la connaissance et l'amour par le Don de Science

— Glorificateurs du Père par le Don de Science

— Une intuition d'amour

— Le mouvement rythmique du Don de Science

— Les rôles de dégagement et d'engagement du Don de Science

— L'Ancien Testament oriente vers les Béatitudes

— La Foi exige l'inspiration du Don de Science

— Pour mieux pénétrer le mystère des choses

— Pour mieux remonter du créé jusqu'à la Trinité

— Science du tout et du rien

— Psychologie de discernement qu'engendre le Don de Science

— Par le Don de Science, l'âme suit Dieu à la trace

— Le Don de Science aide à "bien tourner le coin"

— Avec le Don de Science la Lumière brille dans la nuit

— Le Don des Chrétiens d'action, des chrétiens spécialisés

— Le Don de Science chez les Saints

— Le Don de Science pour mieux lire l'univers

— Pour mieux réaliser sa stature d'homme et de chrétien

Dans la connaissance et l'amour par le Don de Science

L'être humain est un vivant composé d'esprit et de matière, un être qui expérimente non sans tristesse qu'il passe, à la manière de toutes les choses soumises au temps et à la matière, un être cependant qui éprouve intensément le désir de stabiliser sa vie, sa vie d'esprit autant que sa vie corporelle. L'homme réalise qu'il vit pour connaître et pour aimer, que cette connaissance bien orientée et cet amour équilibré constituent en définitive sa perfection.

C'est l'une des grandes délicatesses de la Trinité d'avoir su si bien adapter la Grâce à la nature, sans jamais la violenter, sans la briser dans ses intincts fonciers : la vocation chrétienne à la perfection trinitaire couronne, en la dépassant, la vocation naturelle à la perfection humaine. La perfection chrétienne consiste dans l'union à Dieu inaugurée par la Foi et l'Espérance, puis terminée dans la Charité. Toute la vie active des vertus morales qui forment le champ de l'ascèse chrétienne est ordonnée à cette contemplation intérieure de la Trinité qui suppose le dégagement, la liberté, *l'indépendance à l'égard des êtres autres que la Trinité.*

Grande est la puissance du Don de Science pour conquérir cette précieuse indépendance et orienter l'âme vers cette contemplation. Tous les êtres créés renferment une étincelle de divin, depuis le Séraphin aux ailes de feu jusqu'au plus petit des insectes. Quand l'Esprit de Science fait éclater à nos yeux la vanité des choses de la terre, alors le regard de l'âme s'éclaire et perce triomphalement l'écran que la beauté naturelle semble avoir dressé devant la beauté du Dieu-Trinité.

L'âme éclairée par le Don de Science comprend le néant et la fausseté des biens bornés à l'horizon terrestre pour n'en diriger que mieux tous ses désirs vers les biens éternels, vers une contemplation sereine qui lui découvre en tout événement comme en toute créature les reflets de la beauté, de la sagesse, de la puissance et de la bonté des Trois.

Glorificateur du Père par le Don de Science

L'édifice de notre vie trinitaire est éclairé par la Foi. Cette Foi pourtant, n'est qu'une demi-lumière : une intervention divine spéciale est nécessaire pour combler ses déficiences. C'est pourquoi la Trinité vient à son secours par deux Dons spéciaux : L'INTELLIGENCE ET LA SCIENCE. Par l'Intelligence nous pénétrons les mystères de la Foi et par la Science nous apprécions trinitairement le créé. Arrêtons-nous à ce Don de Science!

La nature du Don de Science nous est connue par analogie avec la vertu intellectuelle du même nom qui connaît par les causes. Tout l'ordre naturel paraît merveilleux à qui sait y réfléchir, mais combien supérieures apparaissent les richesses de l'ordre surnaturel dans la lumière du savoir trinitaire! En ces régions élevées où règnent les Dons de l'Esprit, nombreux sont les moyens qui conduisent à une connaissance profonde de l'équilibre trinitaire.

Le Don de Science incline toute la personnalité à voir toutes choses à la manière de la Trinité. Il marque les débuts de la vraie contemplation par une plongée divine dans le créé, alors que la plongée du scientiste, bien que portant elle aussi sur les choses créées, ne s'exerce pas selon le mode divin qu'on vient de dire. Ainsi devant les sauvages montagnes d'Afrique que le soleil couchant enflamme et ensanglante de ses feux, le missionnaire qu'anime le Don de Science reconnaît sans effort le génie puissant de la Trinité créatrice et organisatrice.

Même s'il s'exerce au plan des idées, puisqu'il est d'ordre intellectuel et spéculatif, le Don de Science n'en demeure pas moins pratique dans l'ordre surnaturel, pratique par son retentissement direct sur notre agir trinitaire : il nous aide à connaître la Trinité à partir des créatures et à suivre avec certitude et rectitude le vaste plan trinitaire à travers les événements et les personnes. Le Don de Science transforme, pour ainsi dire, le naturel en surnaturel, le créé en incréé, l'âme humaine en âme profondément sacerdotale pour offrir dignement toute la création au Père Eternel par le Verbe Incarné dans l'Amour de l'Esprit-Saint.

Une intuition d'amour

"La figure de ce monde passe", nous dit saint Paul qui a consenti à tout perdre, estimant tout comme du fumier, pour gagner le Christ (I Co. 6, 31; Ph. 3, 8). Poussé par l'Esprit de Science, il écrit aux Romains : "J'ai l'assurance que ni la mort, ni la vie, ni les anges, ni les principautés, ni les choses présentes, ni les choses futures, ni les puissances, ni la hauteur, ni la profondeur, ni aucune créature ne pourra nous séparer de l'amour de Dieu dans le Christ Jésus Notre-Seigneur" (Rm. 8, 38-39).

En cette longue énumération d'obstacles possibles, saint Paul introduit des réalités d'ordre surnaturel ou spirituel aussi bien que matériel. Le Don de Science couvre tous les terrains. La cause efficiente, initiale, motrice et régulatrice de ce Don, n'est autre que la Science même de Dieu qui devient illuminatrice des mêmes sublimes clartés, sous un mode déiforme, supra-discursif, sans raisonnement formel, mais simplement virtuel : l'Esprit de la Trinité activement présent dans l'âme, meut et guide l'intelligence vers la connaissance et l'expérimentation de cette Science propre aux Trois.

En cette intuition trinitaire que fournit le Don de Science, se perçoivent les attaches mystérieuses qui unissent les créatures entre elles et surtout le lien transcendant qui les relie à Dieu dans la louange cosmique et humaine, spirituelle et surnaturelle, qu'elles doivent rendre à la Trinité.

La condition spécificatrice du Don de Science, à l'intérieur de l'âme, son moyen formel d'opération se situe au coeur d'un amour qui expérimente Dieu en même temps qu'au sein des créatures dont aucune n'échappe à l'Amour Trinitaire. Cette connaissance mystique, affectueuse, par connaturalité d'amour nous fait percevoir, non l'essence spéculative des créatures, mais leur sens surnaturel, leur utilité ou leur nocivité : c'est le créé considéré en ses rapports intimes avec Dieu et s'offrant à nous comme autant d'échelons lumineux ou d'obstacles dangereux dans notre retour personnel et collectif à la Trinité.

Le mouvement rythmique
du Don de Science

Aucun Don ne nous fournit aussi clairement la vraie science des créatures et ne nous fait saisir aussi profondément combien vaine est leur prétention d'assurer notre bonheur, de combler les désirs de notre coeur. L'Esprit de la Trinité nous découvre doucement, mais sûrement, la fragilité et le néant de ces créatures.

Le Don de Science porte, sur le sens ou l'orientation des êtres, deux regards ou deux jugements qui doivent se compléter : le premier jugement repose sur l'éphémère vanité des créatures et le second sur le rôle qu'elles peuvent et doivent jouer dans notre louange trinitaire.

L'Esprit de Science nous aide à mieux approfondir les vérités qui portent sur les créatures : "L'allégresse du méchant est brève et la joie de l'impie ne dure qu'un instant. Même si sa taille s'élevait jusqu'aux cieux, si sa tête touchait la nue, comme un fantôme, il disparaît à jamais. Ceux qui le voyaient disaient : "Où est-il?" Il s'envole comme un songe insaisissable, il s'enfuit comme une vision nocturne" (Jb 20, 1-5). Avec Job, le Psalmiste reconnaît jusqu'à quel point l'être humain est fragile : "Mille ans sont à tes yeux comme un jour. Ils sont pareils à l'herbe qui pousse. Le matin, elle fleurit et s'épanouit; le soir, elle est flétrie et déséchée" (Ps. 90).

Les hommes sont comme l'herbe qui pousse et sèche : malheur donc à celui qui fonde sur eux son appui et ses espérances. Le premier effet du Don de Science est de nous retirer de ces créatures périssables, alors que son deuxième mouvement tend à favoriser leur orientation vers la Trinité. Le fruit essentiel de la Science d'En-Haut réside en cette pauvreté spirituelle qui transforme l'âme à l'image de la Trinité. L'âme prend mieux conscience de la brièveté, de la petitesse, du néant des choses terrestres, de leur incapacité à nous conduire jusqu'à Dieu si nous les comprenons mal et en faisons un mauvais usage. L'Esprit de Science ne nous dégage des obsessions, des fascinations du monde que pour nous mieux orienter vers la Trinité.

Les rôles de dégagement et d'engagement du Don de Science

Si la vertu de Foi exige une illumination intérieure qui lui vient du Don d'Intelligence, elle réclame aussi du Don de science une juste compréhension du créé. La Foi, lumière mêlée d'ombres (I Co. 13, 12), est reçue dans une intelligence humaine, non angélique, une intelligence qui résiste difficilement aux charmes du créé. Même la Foi la plus forte risque d'être ébranlée par les obstacles naissant d'une création mal comprise. Il reste toujours difficile de distinguer le vrai du faux, le divin de l'humain. C'est dans des vases fragiles que nous portons le trésor de notre vie trinitaire.

Au milieu de tous ces dangers, Dieu continue de veiller sur ses enfants par une lumière toute spéciale qui nous communique la vraie science des créatures, leur vanité et leur fragilité, leur néant et l'amertume que leur possession peut laisser dans notre âme. Le Don de Science juge à partir du créé, mais pour le dépasser, pour s'en servir comme d'une route qui conduit l'âme à la Trinité, à la contemplation de la majesté trinitaire.

Le rôle du Don de Science si important pour la vie spirituelle est double : nous aider à nous purifier de toute attache désordonnée aux biens d'ici-bas, attache qui alourdirait notre marche en avant vers le Royaume Trinitaire, puis, une fois l'âme purifiée, nous faire mieux saisir la tâche de messagère divine que porte en elle toute créature.

Le Don de Science nous révèle, comme par instinct divin, le sens des créatures, le sens du péché, mais aussi et surtout le sens d'une création restaurée, rachetée, le sens de l'oeuvre créatrice splendidement rénovée. Il nous révèle la fin que la Trinité s'est proposée dans la création, fin hors de laquelle les êtres ne sauraient trouver ni bonheur ni repos. Il nous enseigne à préférer le bonheur trinitaire au bonheur terrestre, à revaloriser les biens périssables qui ne sont que des moyens et non des fins.

L'Ancien Testament
oriente vers les Béatitudes

"Vanité des vanités, tout n'est que vanité" (Qo. 1, 2). Ce thème fondamental de l'Ecclésiaste rappelle du début à la fin cette caractéristique de vanité qui marque toutes choses, la science comme la richesse, même l'amour et la vie. Ces affirmations du néant de toute chose en dehors de Dieu, affirmations que nous retrouvons tout au long des Livres Saints, enseignent le détachement de tout et préparent le monde juif comme le monde grec à entendre et recevoir les béatitudes pour s'y engager dans un climat de loyale pauvreté matérielle et spirituelle.

Ces mêmes accents reviennent constamment dans le Nouveau Testament, mais illuminés par l'espérance d'un au-delà trinitaire : "Frères, le temps est court. Que ceux qui ont femme vivent comme s'ils n'en avaient pas, ceux qui pleurent comme s'ils ne pleuraient pas, ceux qui sont dans la joie comme n'y étant pas, ceux qui usent de ce monde comme n'en usant pas, car la figure de ce monde passe" (I Co. 7, 29-31). "Une seule chose te manque : va, vends ce que tu as, donne-le aux pauvres, et tu auras un trésor au ciel; puis, viens et suis-moi" (Mc 10, 21).

Cette question de la vanité des créatures, de leur malice, de leur caractère éphémère, constitue sûrement l'un des thèmes les plus importants de la Bible et de l'Evangile. Cette vive lumière qui fouille ainsi l'intimité de toutes les réalités créées n'évoque-t-elle pas avec éloquence l'influence du Don de Science sur l'appréciation de toute chose? Le créé est néant et rien de ce qui en peut jaillir ne réussira à satisfaire notre coeur.

Comme il est difficile cependant de comprendre la vanité des créatures et de consentir à s'en méfier. On nous a si souvent mis en garde contre l'insuffisance radicale de ce qui demeure purement humain que la prudence la plus profonde aurait dû depuis longtemps marquer nos vies. Pourtant, les fascinations de la vanité entraînent encore notre coeur dans les filets trompeurs des créatures. Il n'est que le Don de Science qui puisse nous révéler à fond le mystère de la vanité de toute chose créée.

La Foi exige l'inspiration du Don de Science

Savoir par les causes secondes, créées, prochaines, constitue la Science. S'agit-il d'analyser le jeu du mécanisme psychologique de la vertu de Foi du côté du sujet dans ses relations avec les causes créées et immédiates, tout relève alors du Don de Science.

Si le Don de Science soutient tout spécialement l'oraison de recueillement, c'est qu'il va au coeur des réalités et irradie surtout son influence au sein même de la vertu de Foi qui, tout en demeurant obscure, travaille beaucoup plus désormais sur le plan vertical que sur le plan horizontal.

Que nous le voulions ou non, les créatures exerceront toujours sur nous une emprise plus ou moins fascinatrice, puisqu'elles gardent toujours une porte d'entrée sur nos sens. Le moyen le plus efficace pour nous en libérer repose dans le recours au Don de Science qui, en plus de nous bien faire réaliser le danger, dégagera notre âme de ses obsessions. Par la juste conception qu'il communique à l'âme de la valeur des créatures, ce Don aidera la Foi dans son action comme dans son choix en provoquant de puissants rayons qui dissiperont les ténèbres, éclaireront les doutes et feront s'évanouir l'erreur.

L'ennemi de nos âmes cherche sans cesse à entraver le travail de cette Science surnaturelle en nous pour y substituer ses ombres. Prenons garde de céder à son jeu d'enfer! L'ensemble de nos actes, de nos désirs et de nos pensées continuera de baigner en pleine lumière tant que, selon le conseil de Notre-Seigneur, nous garderons notre oeil dans la droiture et la simplicité : "Si ton oeil est simple, tout ton corps sera dans la lumière" (Mt. 6, 23).

L'inspiration du Don de Science est nécessaire à la vertu de Foi pour porter toute la réalité du monde invisible au coeur même du monde visible où nous devons évoluer. Cette inspiration nous préservera de craindre les créatures ou de les chérir au point de nous séparer de la Trinité.

Pour mieux pénétrer
le mystère des choses

Tous les êtres humains doivent prendre conscience de leur solidarité, de leur proximité, de leur tâche commune, s'ils veulent réussir une humanité concordante et universellement montante. C'est nous tous, dans un commun effort, qui devons continuer l'histoire de la transformation positive de la terre. Rien n'est plus merveilleux que cet effort collectif d'hommes séparés les uns des autres par le temps et l'espace, mais dont l'oeuvre reste marquée par une profonde solidarité pour faire progresser le monde et humaniser la nature au service de l'homme et à la gloire de Dieu.

Le Don de Science nous aide à pénétrer au coeur de la nature, à nous en rendre maître dans le respect des lois profondes qui la gouvernent, pour le meilleur service de l'humanité. Sans l'action de ce Don, il est impossible à l'homme de dominer le "cosmos" dans la paix et la joie. On continuera de s'affronter sur des querelles et des ambitions de techniques dans une compétition sans charité qui pourrait bien aboutir un jour à la disparition d'une grande partie de l'humanité.

Asservi aux techniques inventées par son génie, l'homme moderne risque de devenir un simple robot, une triste contrefaçon du 'bâtisseur' universel qui devrait dominer la machine au lieu d'en devenir l'esclave. Son refus d'être transcendé par son Créateur le réduit à obéir à la matière inerte et aveugle qui le déshumanise et l'abrutit.

Le Don de Science l'éclairera sur l'orientation définitive qui doit marquer la 'cité terrestre' de demain, purifiera le regard que la collectivité, comme chacun de ses membres, porte sur les réalités terrestres, afin que la reconstruction du monde permette de vivre en climat de justice, de respect et de charité. Seule une activité-communion à la volonté des Trois peut être bienfaisante au progrès de l'âme. En dehors de là il n'y a qu'agitation et dépense stérile d'énergie. La reconnaissance de la transcendance divine demeure toujours la source indispensable de la liberté humaine.

Pour mieux remonter
du créé jusqu'à la Trinité

Le Don de Science ne fait pas qu'ouvrir les yeux sur le néant des créatures. Même si leur beauté peut nous tendre des pièges, il n'en reste pas moins que cette beauté existe et vient de la Trinité : elles sont belles et bonnes de la beauté et de la bonté rayonnantes des Trois. Apprécier les créatures consiste non seulement à comprendre leur néant, mais aussi à découvrir en elles les vestiges du Père, du Fils et de l'Esprit-Saint : cette double connaissance qui relève du Don de Science est nécessaire pour retourner à la Trinité par le truchement des créatures.

Par cette double activité du Don de Science, les créatures deviennent pour les âmes purifiées d'une riche transparence divine : "Les cieux racontent la gloire de Dieu et le firmament, oeuvre de ses mains, le proclame. Le jour en publie le récit au jour et la nuit en transmet la connaissance à la nuit. Point de récit, point de langage, point de voix qu'on puisse entendre, mais pour toute la terre en ressortent les lignes et les mots jusqu'aux limites du monde" (Ps. 19).

Sous l'éclairage du Don de Science, tout dans la nature fournit l'occasion de louer le Seigneur et de lui rendre de continuelles actions de grâces. Chaque être créé devient un miroir où se reflète l'une ou l'autre des perfections trinitaires : la grandeur et la beauté des créatures font, par analogie, contempler la merveilleuse puissance du Père et l'incomparable richesse du Fils à travers l'Amour infini qui marque ces oeuvres.

Purifiée de toute attache désordonnée aux biens de la terre dont elle expérimente le caractère éphémère et dangereux, l'âme s'oriente vers le saint abandon pour une meilleure réalisation de sa vie de connaissance et d'amour, dans un service trinitaire bien éclairé sur la fin dernière de tout être créé, sur sa propre fin dernière et sur la louange de gloire qui oriente sa vie. Rien n'est plus enthousiasmant que de suivre les traces des Trois Personnes de l'Adorable Trinité à travers les âmes comme à travers les événements : non seulement les cieux, mais tout nous raconte alors la gloire de Dieu (Ps. 18, 2).

Science du tout et du rien

"Vous connaîtrez la vérité, et la vérité vous délivrera" (Jn 8, 32). Heureuse l'âme attentive à cette voix de la Vérité et fermée aux vains discours des hommes, aux attraits dangereux de la créature. La véritable Science, fruit de l'Amour des Trois, met en pleine lumière la grandeur de Dieu d'une part et la petitesse de l'être humain abandonné à lui-même d'autre part : c'est l'affrontement des deux infinis dont parle Pascal : l'infiniment Grand en face de l'infiniment petit, le Tout en face du rien.

Cette confrontation du tout et du rien, sérieusement parce que divinement réalisée, donne à la vie un sens nouveau aux perspectives illimitées. L'âme qui reçoit cette sublime révélation en demeure tellement transformée que jamais ne s'effacera de sa mémoire cette prise de conscience de sa petitesse.

"Je suis Celui qui est, et toi celle qui n'est pas", déclare un jour le Verbe Incarné à sa servante, Catherine de Sienne. Un tel témoignage divin expose au grand jour le secret profond de la science des amis de Dieu et explique le revirement subit d'attitude chez ceux qui, ayant découvert la Trinité, ne désirent plus que l'obscurité des tâches quotidiennes, l'oubli et même le mépris des autres créatures : plongés dans la vive lumière de l'éternité, ils comprennent avec évidence la petitesse de notre pauvre planète, la vanité du monde et de ses plaisirs éphémères.

Le Don de Science nous communique plus qu'une simple connaissance du Tout de Dieu et du rien de la créature. Par un "goût", une réelle expérience, l'Esprit de la Trinité donne à l'âme de réaliser son néant et celui des êtres créés, de "savourer" ce néant pour la mieux détacher de tout. L'âme goûte alors sa misère et le vide des créatures pour ne s'en rejeter qu'avec plus d'abandon au Coeur de l'Adorable Trinité. Parfaitement comblée dans ses aspirations par la possession en espérance du souverain Bien, l'âme n'aspire plus qu'à la seule Gloire des Trois par une soumission amoureuse à Leur Volonté, consentant volontiers à tous les dépouillements pour s'en remettre à l'action mystérieuse de la Science d'En-Haut.

Psychologie de discernement qu'engendre le Don de Science

Connaître les créatures, les mesurer à leur juste valeur, en sentir la vanité, mais aussi savoir découvrir la beauté et la bonté dont les a dotées la Trinité, atteindre les Trois à partir des réalités créées d'ordre matériel ou spirituel, tel est le premier effet de l'inspiration du Don de Science. Ce n'est pas tout cependant. Le Don de Science permet de discerner ce qu'il faut croire de ce qu'il faut rejeter, de juger des choses divines avec rectitude et certitude.

Le Don de Science élargit le regard du vrai croyant à la mesure du monde invisible pour lui permettre d'apprécier avec pondération les événements fortuits à la vraie lumière du donné révélé, de trouver comme d'instinct aux menus faits de la vie quotidienne la solution évangélique, sans confondre ce qui revient à la Foi et ce qui doit rester du domaine de la raison.

Le Don de Science s'oppose à la crédulité qui n'est en somme qu'une foi sans fondement, tout comme il s'oppose à l'acceptation incontrôlée d'opinions religieuses aléatoires, à l'engouement au sujet de certaines révélations privées qui se font trop souvent au détriment de la doctrine authentique.

Le discernement que procure le Don de Science domine de beaucoup celui que peut nous fournir la science purement humaine. Si excellente que soit celle-ci dans son ordre, c'est-à-dire en regard des réalités terrestres, elle n'en demeure pas moins onéreuse dans son acquisition et très limitée dans son champ d'exploration avec de nombreuses incertitudes en ses conclusions. Les vrais savants se rencontrent en ceux que le Saint-Esprit enrichit de la science des saints, ce qui ne doit jeter aucun mépris sur la science des humains. Cependant, quand on est conduit par la Trinité débordante de lumière, qui peut nier qu'on ait moins de chance de tomber dans l'erreur? L'idéal serait de pouvoir scruter le monde visible avec un oeil sur le monde invisible, car pour comprendre la vie dans son sens plénier il la faut éclairer par en haut. Les choses visibles ne sont que pour un temps, les invisibles sont éternelles.

Par le Don de Science, l'âme suit Dieu à la trace

"Mes pensées ne sont pas vos pensées et mes voies ne sont pas vos voies, dit le Seigneur. Autant les cieux sont élevés au-dessus de la terre, autant mes voies sont élevées au-dessus de vos voies et mes pensées au-dessus de vos pensées" (Is. 55, 8).

Alors que les mondains et les charnels s'arrêtent à la beauté des créatures comme si elle leur venait d'elles-mêmes ou encore possédait une valeur absolue, alors qu'ils considèrent les êtres créés comme des moyens d'assouvir leur faim insatiable de jouissances, de gloriole et de richesses, l'âme, sous la gouverne du Don de Science, expérimente le véritable amour, source d'oubli de soi et de don de soi, source du véritable "AMOUR-DON" qui doit remplacer l'"AMOUR-CONVOITISE".

Allumée à la Pensée Trinitaire par une vertu personnelle éprouvée et une contemplation non moins généreuse, la pensée du chrétien spécialisé reflète l'infinie perfection divine et enveloppe d'un halo de respect et d'amour tout ce qu'elle touche. Remplie du feu de l'Esprit et revêtue de la splendeur du Don de Science, l'âme ne connaît plus d'autre manière de regarder les êtres de l'univers que celle de la Trinité dont les pensées ne respirent que paix, amour et infinie tendresse : sa joie s'unit à celle des trois jeunes Hébreux dans la fournaise pour redire l'immortel Cantique : "Oeuvres du Seigneur, bénissez toutes le Seigneur; louez-Le et exaltez-Le à jamais (Dn. 3, 57).

Pour l'âme pénétrée du Don de Science, "les cieux racontent vraiment la gloire de Dieu" (Ps. 18, 2) : la montagne verdoyante ou neigeuse, la plaine riante ou le ciel étoilé, le chant du vent ou le grondement de l'orage, tout chante sur terre l'éternel Poème de gloire et d'amour du Verbe en l'éternité. Afin de Se faire connaître de mieux en mieux telle qu'Elle est, la Trinité communique à l'âme un être nouveau (Ez. 36, 26), et cette rénovation intérieure s'accomplit surtout par le Don de Science qui permet de pénétrer les desseins de Dieu.

Le Don de Science aide à "bien tourner le coin"

Quand, avec un certain recul, le chrétien, le religieux, le prêtre revoit sa vie avec sérénité, son coeur ne peut que se fondre en action de grâces, même s'il arrive que certains "tournent mal leur coin" en se raidissant dans l'aigreur. Grâce au Don de Science, les événements heureux ou malheureux, les faits et gestes de l'histoire personnelle de chacun se présentent comme le récit vivant des bontés créatrices du Père, des actions réparatrices du Fils, de l'influence sanctificatrice de l'Esprit-Saint.

En plus de la reconnaissance, le Don de Science fait mieux apprécier les occasions de souffrance et de peine. L'âme sincèrement livrée à l'Action de l'Esprit de Science ne cède jamais à la désolation ou au découragement: convaincue qu'elle ne sera pas éternellement confondue et que l'épreuve lui est salutaire, elle s'abandonne comme le Verbe Incarné à toutes les volontés du Père, si crucifiantes soient-elles, confiante que l'Esprit d'Amour ne manquera pas de la soutenir.

Alors que le monde frémit devant la moindre douleur, le chrétien, fortifié par la Science divine, se réjouit d'être jugé digne de souffrir quelque chose pour le Nom de Jésus-Christ. Alors que chez les imparfaits, tout demeure à la surface des choses, chez les saints, dociles aux touches discrètes de l'Esprit de la Trinité et baignés dans la lumière sereine du Don de Science, le regard plonge à travers les êtres pour en sonder les profondeurs cachées et en exploiter les richesses secrètes: "Je vous remercie, mon Dieu, disait l'humble Fleur du Carmel, de toutes les grâces que vous m'avez accordées durant ma vie, en particulier de m'avoir fait passer par le creuset de la souffrance.

Ne convient-il pas que la pierre destinée à la construction du temple trinitaire soit bien taillée et polie pour devenir une LOUANGE DE GLOIRE AUX TROIS ou que la vigne soit bien émondée pour produire des fruits plus savoureux et plus nombreux? Sous l'influence du Don de Science, les renoncements et les croix se métamorphosent en pierres précieuses.

Avec le Don de Science, la Lumière brille dans la nuit

Sous l'éclairage puissant et serein du Don de Science, les vastes domaines de la Vérité s'illuminent en sorte que l'âme connaît clairement ce que la Trinité demande et ce qu'Elle réprouve.

Sans cette Science qui nous vient de la Trinité, nous risquons de nous fourvoyer à cause des ténèbres plus ou moins épaisses qui obscurcissent en tout ou en partie notre intelligence si fortement obnubilée par le péché originel et nos péchés actuels, en sorte que nous savons peu discerner le mal et appliquer les bons remèdes. Nous portons au plus profond de notre être les traces bien évidentes de notre déchéance originelle, cette nuit native à laquelle s'ajoute l'opacité des préjugés et des maximes du monde qui faussent si facilement nos jugements qu'on finirait par les croire débordants de droiture et de vérité.

Le Prince de ce monde s'emploie principalement à noyer les âmes dans l'obscurité équivoque de sa nuit d'enfer pour mieux les attirer dans ses pièges par l'attrait des fausses lueurs qu'il sait faire jaillir si adroitement : dissimuler pour tromper, voilà sa tactique, alors qu'éclairer pour mettre sur la bonne route demeure la caractéristique essentielle du Don de Science.

Tout dans la vie du vrai chrétien doit s'exposer à l'éclairage de ce phare puissant dont la lumière fouille les replis les plus secrets de la conscience pour y mettre à nu l'état propre de l'âme en face des Trois, l'orientation générale de sa conduite, la qualité de ses intentions et de son échelle de valeurs. Le Don de Science mesure l'importance que l'âme donne aux créatures, son degré de dépendance vis-à-vis d'elles et la perfection de la liberté qu'elle manifeste à leur endroit. Après s'être éclairée sur ses propres positions vis-à-vis d'elle-même et de la création, l'âme toujours plongée dans la brillante lumière du Don de Science, découvre son Créateur en sa délicatesse et ses amabilités.

Le Don des Chrétiens d'action, des chrétiens spécialisés

Le chrétien qui vit dans le monde sans être du monde ne doit jamais se croire invulnérable aux attraits du créé. Si forte que soit sa Foi, s'il veut toujours bien mesurer et apprécier les créatures, il devra sans cesse recourir au Don de Science.

Si le chrétien ordinaire a besoin du Don de Science pour se bien diriger en toutes circonstances à plus forte raison, les chrétiens spécialisés que sont les religieux, les religieuses et les prêtres. Il serait naïf de croire que l'Esprit de Science a achevé son oeuvre de spécialisation dans la vie chrétienne quand, la vocation une fois décidée, on a réalisé une certaine rupture avec le monde.

Le religieux reste un être profondément humain et tout le créé peut continuer d'exercer sur lui ses charmes, de le séduire même, s'il ne s'appuie sur l'Esprit de la Trinité. Il arrive malheureusement parfois que certains religieux reprennent, miette à miette, la liberté qu'ils avaient autrefois si généreusement sacrifiée : Ils se limitent à leurs goûts, à leurs désirs et font marcher leurs supérieurs dans leurs sentiers. Chez eux, le Don de Science n'a plus d'emprise, aveuglés qu'ils sont par leur propre suffisance. Combien artificielle apparaît la sainteté de ces religieux qui forment la "société des intouchables"; leurs refus d'obéissance, si habilement revêtus d'arguments que leurs Supérieurs croient bon de les respecter, restent là comme preuve de leur sainteté colorée si différente de la sainteté blanche et toute simple des religieux gouvernés par l'Esprit du Seigneur.

On ne peut le nier, les créatures continuent toujours d'attirer, de retenir l'attention, de faire écran entre la Trinité et nous. Les trop grandes concessions à cette attirance peuvent même conduire à des catastrophes qui, sans pousser à l'extrême, scandalisent quand même les fidèles qui constatent que certains religieux n'ont plus rien qui les distinguent d'eux, si ce n'est leur habit.

Le Don de Science
chez les Saints

Pour l'âme sainte, mue par l'Esprit de Science, la nature, à tous ses degrés et dans toutes ses manifestations, est aussi transparente de la Trinité que les âmes et les événements. Tous les Saints ont subi l'emprise plus ou moins marquée du Don de Science. C'est sous l'influence de ce Don que François d'Assise éprouva tant de tendresse pour la nature, et son Cantique des créatures témoigne avec une vive éloquence des admirables effets du Don de Science dans les âmes dociles au grand Souffle Trinitaire.

S'étant dépouillé de lui-même pour épouser Dame Pauvreté, François d'Assise voit alors les créatures sous un jour différent. Les fleurs, l'eau, le soleil, tout prend pour lui un sens profondément divin. Alors que nos pauvres yeux humains ne perçoivent dans les êtres créés que l'éphémère et le superficiel, François, de son regard tout pénétré de l'Esprit du Père et du Fils, y décèle les plus merveilleux reflets trinitaires : "sa soeur l'eau" chante sa joie au soleil et "son frère loup" court les bois en pleine liberté. C'est ainsi que s'exprime le Poverello d'Assise tout pénétré d'affection pour la création, véritable cristal de pureté à travers lequel il contemple la Trinité Créatrice, Rédemptrice et Sanctificatrice.

La bienfaisante petite Rose de Lisieux semble, à son tour, l'épanouissement achevé du Don de Science. Tout devait lui servir pour tourner sa pensée vers l'Adorable Trinité : "Je me souviens, écrit-elle en parlant de son enfance, que je regardais les étoiles avec un ravissement inexprimable". L'orage, le tonnerre, les éclairs, loin de l'effrayer, suscitaient chez elle une profonde admiration pour Papa le Bon Dieu. Un jour, qu'on s'entretenait devant elle des séances d'hypnotisme d'un certain magicien et qu'on s'étonnait de son silence alors que toutes les soeurs y allaient de leurs commentaires, elle fit tout simplement cette réflexion : "Ce que j'aimerais me faire hypnotiser par le Bon Dieu. Ainsi pendant que les autres admiraient le petit magicien, Thérèse sous l'influence du Don de Science, se laissait fasciner par le Grand Magicien.

Le Don de Science
pour mieux lire l'univers

Au cours des nombreux combats souvent meurtriers pour conquérir l'univers, l'homme n'a fait que déchiffrer en balbutiant le grand Livre des merveilles du Créateur. Ce déchiffrement serait encore très faible si les hommes n'avaient uni leurs efforts, n'avaient pris conscience du but commun qu'ils se devaient de poursuivre. Grâce à ce travail d'ensemble, la maîtrise de l'être humain sur l'univers s'affirme de plus en plus.

Au sein de l'avancée scientifique universelle, la même histoire se répète chez les humains incapables de dominer leur attachement sordide à la possession et à la richesse. La coopération entre les hommes ne semble guère plus facile qu'aux temps des civilisations qui nous ont précédés. Il semble toujours ardu à l'homme de travailler pour l'ensemble des hommes. Le drame actuel ne fait que continuer les drames passés, poursuivre le grand drame de l'égoïsme humain.

Alors que toutes les découvertes modernes concourent au rapprochement des hommes, il semble qu'ils n'ont jamais été aussi éloignés les uns des autres. On parle plus que jamais de coopération mondiale, mais il faut avouer que la réussite est encore mince. Il manque un ajustement sérieux, une précision qui empêche tout de fonctionner.

Le Don de Science pourrait orienter l'homme en son savoir comme en son avoir, alors que sans lui, l'homme se fourvoie dans ses biens et se détruira peut-être bientôt lui-même par sa prétendue science. La pensée moderne reste inachevée faute d'une synthèse, d'une orientation sur Dieu qui seul peut parfaire l'épanouissement humain. Nous éprouvons tous un désir intense de beauté et de bonté, une aspiration toujours plus vive à un déploiement progressif de notre être qui ne peut trouver sa réalisation qu'en Dieu et à son service. Pour bien lire le Grand Livre de l'univers, il faut le Don de Science. Si le monde risque de ne jamais parvenir à l'épanouissement auquel Dieu le convoque, c'est qu'au lieu de chercher la gloire de Dieu en exploitant son oeuvre, l'homme, replié égoïstement sur lui, ne poursuit que ses aises et son bien-être.

L'humanité comporte plusieurs dimensions et les humains n'ont pas seulement puissance pour dominer la nature, mais aussi pour saisir un au-delà de la nature, un au-delà qui correspond à un besoin de vérité absolue dépassant de loin le besoin de nourriture, de vêtements ou de richesse.

Le Don de Science nous fait découvrir tout ce que le marxisme ne semble même pas pouvoir imaginer, ce sans quoi les plus riches parvenus ne réussiront jamais à se libérer complètement et demeureront des sous-hommes, alors qu'ils se voulaient hommes parfaitement réalisés.

A côté de ces humains, prisonniers de leurs biens matériels ou spirituels, incapables de regarder et de comprendre le besoin et le sort des autres, on ne peut s'empêcher d'admirer de ces figures calmes, pénétrées de bonté et profondément ouvertes sur le prochain. Le Don de Science les a fait pénétrer depuis longtemps au coeur des événements, heureux ou malheureux, pour y découvrir à l'intérieur les messages de Dieu.

Le Don de Science se présente comme une référence au divin, une référence qui s'alimente à des sources très pures sans cesse renouvelées. La projection que rêve de plus en plus l'homme du XXe siècle d'un dépassement individuel et collectif trouve dans ce Don une source de réalisation qui permet de surélever ce besoin d'exaltation de la personne humaine à la personne désormais engagée dans la vie trinitaire.

Souhaitons que nos techniciens et nos scientists se laissent inspirer par la vraie Science, celle qui fait appel à Dieu, à la Trinité-Créatrice, qui reconnait qu'en Elle seule la plénitude et la béatitude peuvent être atteintes. Que l'être humain cherche son suprême achèvement, c'est bien, mais l'essentiel c'est qu'il le cherche en référence à la Trinité, sans quoi il finira par se perdre dans son orgueil au lieu de se réaliser et de se dépasser dans un sage équilibre. Avant de se mesurer orgueilleusement aux dimensions de la terre, l'homme doit s'approcher avec humilité et respect des dimensions de la Trinité.

CHAPITRE XVI

LE DON DE CONSEIL

L'impulsion trinitaire du Divin Conseiller

Le Temple nouveau qui s'édifie pour
l'univers est sur le plan surnaturel :
"Lève-toi, resplendis, Jérusalem! Les
nations vont marcher à ta lumière
et les rois à la splendeur de ton aurore. . . ."

Le Don de Conseil

L'impulsion trinitaire du Divin Conseiller

— Le rôle du Don de Conseil dans le Septénaire sacré
— L'Esprit de Conseil sous l'Ancienne Alliance
— L'Esprit de Conseil dans le Nouveau Testament
— La nature du Don de Conseil
— La vertu de prudence a besoin du Don de Conseil
— Impossible de se laisser "TRINITARISER" sans le
         Don de Conseil
— La Foi théologale à la base du Don de Conseil
— Heureuse influence du Don de Conseil sur l'intelligence
— Comportement du Don de Conseil vis-à-vis le Don
         de Science
— Les exigences du Don de Conseil
— Le Conseil est le Don caractéristique du Chef
— Quelques exemples concrets de l'influence du Don de
         Conseil
— Rôle du Don de Conseil dans la vie spirituelle
— Sous l'impulsion toute-puissante du Divin Conseiller
— Les divers degrés du Don de Conseil
— Pour empêcher l'homme de se perdre dans sa science
— Maîtriser l'esprit pour maîtriser l'univers
— Le Conseiller par excellence

Le rôle du Don de Conseil dans le Septénaire sacré

Les trois dons supérieurs, d'ordre plutôt intellectuel et contemplatif, au service de notre vie théologale de Foi et d'Amour, nous donnent de communier à la vie intime de Pensée et d'Amour de la Trinité, à la manière même dont Dieu vit de Pensée en son Verbe et de Charité en son Esprit vivificateur.

Si nous descendons des sommets de la contemplation pour aborder concrètement le domaine de l'action, nous retrouvons toujours l'intervention personnelle et directe de l'Esprit de la Trinité qui nous inspire et nous guide en nos décisions, nous aide à vivre en parfait climat de justice avec Dieu et le prochain : toute créature spirituelle est désormais considérée comme l'enfant du Père et tout effort de loyale collaboration, généreusement consenti, favorise le travail de glorification trinitaire, de co-rédemption et de sanctification, travail confié à chacune des créatures de la Trinité.

D'ordre à la fois intellectuel et pratique, le Don de Conseil préside à ce domaine des applications concrètes des lumières de la science et de l'intelligence, des applications encore plus discrètes, à notre vie quotidienne, des lumières radiantes de la Foi et de l'Amour. Sous l'influence d'une secrète illumination de l'Esprit de la Trinité, ce Don de Conseil indique le parti à prendre, en dépendance toujours des vues supérieures que lui offrent les autres Dons, surtout celui de la Science qui fait juger les choses à la lumière de la Foi et non selon les maximes du monde, ainsi que celui de l'Intelligence qui aide à pénétrer les vérités proposées par la Foi et de la Sagesse qui explique tout trinitairement en ramenant tout à Dieu, cause et fin de tout.

C'est le Don de Conseil qui permet aux grandes intuitions spirituelles de ces dons supérieurs de passer à leur réalisation et d'obtenir ce maximum d'efficacité qui permet à l'Esprit-Saint de nous assister en toutes nos décisions, de dissiper nos incertitudes et nos hésitations, de nous guider sur les chemins inconnus et mystérieux qui doivent nous reconduire à la Trinité.

L'Esprit de Conseil
sous l'Ancienne Alliance

Les Livres Sapientiaux et les Psaumes, à côté des nombreuses pièces littéraires d'allure sapientielle qu'offrent les livres historiques de la Bible, renferment quantité de documents relatifs au Don de Conseil. Ce genre littéraire de l'Ancien Testament, en plus de fournir des descriptions, des maximes spirituelles, des conseils de vie pratique selon la loi de Yahvé, offre aussi de nombreux exemples d'êtres humains qui se sont laissé diriger par l'Esprit de Dieu en leurs décisions.

N'est-ce pas l'Esprit de Conseil qui a dicté au roi Salomon le jugement si sage rendu au cours du procès fameux des deux femmes dont chacune réclamait comme sien le même enfant? N'est-ce pas également sous l'inspiration du Don de Conseil que Daniel sut si bien faire rendre justice à la chaste Suzanne et découvrir l'infâmie des vieillards qui l'accusaient faussement alors que sur eux portait l'entière culpabilité?

A maintes reprises, le Psalmiste supplie le Seigneur de lui accorder le Don de Conseil : tout le psaume 118 est l'un de ceux qui en témoignent le mieux. Dieu conduit son Peuple en Terre Promise "comme un fleuve resserré que précipite le souffle de Yahvé" (Is. 59, 19) : "Je mettrai mon esprit en vous et je ferai que vous obéissiez à mes commandements et que vous observiez et exécutiez mes Lois. Vous habiterez le pays que j'ai donné à vos pères. Vous serez mon peuple et je serai votre Dieu" (Ez. 36, 27-28).

C'est tout au long de la Bible, qu'on découvre l'influence de l'Esprit de Conseil : tous les événements qui s'accomplissent sont précédés par un conseil divin, une volonté et un plan bien déterminés. "Tout vient de Yahvé Sabaot qui se montre d'un conseil admirable et réussit de grandes choses" (Is. 28, 29). L'Esprit de Dieu, partout présent dans les Saintes Ecritures, guide de ses conseils les instruments intelligents qu'il a bien voulu se choisir pour l'exécution de son plan de salut et de glorification. Toujours sous l'influence de ce même Esprit, souffle vital qui procède du Père et du Fils, le nouveau Peuple de Dieu continue le même idéal de rédemption et de glorification.

L'Esprit de Conseil dans le Nouveau Testament

Avec la Pentecôte, ce n'est pas seulement l'esprit, le souffle, le vent, la respiration qui vient, mais l'Esprit de la Trinité qui va réaliser le renouveau de l'univers. Dans le Nouveau Testament que de pages expriment l'influence de cet Esprit de Conseil dans les plus admirables maximes de vie quotidienne! "A chaque jour suffit sa peine". — "Cherchez d'abord le Royaume de Dieu et sa justice, puis tout le reste vous sera donné par surcroît". — "Méfiez-vous des faux prophètes qui viennent à vous déguisés en brebis, mais au-dedans sont des loups rapaces. C'est à leurs fruits que vous les reconnaîtrez" (Mt. 7, 15-16).

A côté de ces maximes, les exemples les plus décisifs viennent illustrer les données théoriques. L'attitude du Christ dans l'épisode de la femme adultère nous rappelle catégoriquement qu'il ne nous appartient pas de condamner le prochain. Sa réponse non moins précise : "Rendez à César ce qui est à César et à Dieu ce qui est à Dieu", évoque les exigences de la justice. Et que d'autres textes pourraient nous révéler jusqu'à quel point le Don de Conseil fut sans cesse en action en la Personne du Christ et son agir!

N'est-ce pas aussi à ce même Don de Conseil que le Christ fait allusion quand il dit à ses disciples : "Quand on vous conduira devant les synagogues, les magistrats et les autorités, ne vous mettez pas en peine de la manière dont vous vous défendrez ni de ce que vous direz; car le Saint-Esprit vous enseignera à l'heure même ce qu'il faudra dire" (Lc 12, 11-12). Dès que quelqu'un parle ou agit sous l'impulsion de l'Esprit-Saint quelle crainte pourrait-il ressentir? C'est la force de cet Esprit de Conseil qui donne à Paul de Tarse l'audace d'en appeler à César pour combattre et finalement confondre ses ennemis.

Depuis ses origines, l'Eglise, le nouveau peuple de Dieu, n'a pas manqué, tout spécialement à l'occasion de ses Conciles, de prouver au monde jusqu'à quel point l'Esprit de Conseil est toujours présent pour l'orienter en sa mission de rédemption, de sanctification et de glorification.

La nature du Don de Conseil

Parce qu'il est l'amour en personne et qu'un tel amour ne peut être qu'un excellent conseiller, l'Esprit de la Trinité nous communique le DON DE CONSEIL, cette qualité spéciale grâce à laquelle nous captons plus facilement les illuminations intérieures sur les objectifs à poursuivre comme sur les moyens d'atteindre sûrement ces objectifs. Pour mieux capter la qualité du Don de Conseil ou sa nature, il faut l'examiner du côté de l'objet et du côté du sujet qui jouit de cette illumination intérieure.

DU COTE DE L'OBJET, le Don de Conseil devient un jugement pratique qui s'applique à l'action et porte principalement sur les décisions à prendre. S'il faut une prudence pour guider l'ordre naturel, il faut aussi une vertu infuse de même nom pour l'orientation de l'ordre surnaturel, pour l'orchestration parfaite de toutes les vertus en la grande symphonie trinitaire. Le Don de Conseil domine cette orchestration par l'heureuse influence dont il pénètre nos vertus et leurs actes.

DU COTE DU SUJET, ce même Don agit par inspiration divine, par une merveilleuse connaturalité d'amour, ce qui, d'ailleurs, marque la condition d'agir de tous les Dons du Saint-Esprit. Il ne faudrait pas croire que seul le Don de Sagesse agit par "passivité", par "passion d'amour"; même si c'est en lui que se réalise le plus parfaitement cette connaissance par connaturalité trinitaire, les autres Dons jouissent de cette connaissance mystique, de cet "instinct divin" qui pousse à l'action. Mue par le Don de Conseil, l'âme n'échappe pas à cette réconfortante réaction : elle profite de la Trinité et, sous cette inspiration d'amour, parfois même comme sous la dictée de l'Esprit des Trois, elle se laisse guider directement ou indirectement vers une opération qui ne peut manquer de précision.

C'est notre Grâce de Filiation qui nous vaut d'être ainsi conduits directement et personnellement par l'Esprit du Père et du Fils. L'âme ainsi éclairée par la Trinité ne se dirige plus uniquement par son propre raisonnement, mais par le raisonnement même de la Trinité qui la conduit dans sa Lumière et l'entraîne dans son Amour.

La vertu de prudence a besoin du Don de Conseil

La vie du chrétien doit se modeler sur celle du Christ, elle-même parfaitement modelée sur celle du Père dont il nous invite à reproduire de notre mieux la perfection : "Soyez parfaits comme votre Père du Ciel est parfait". Cette vie du Père dans le Fils et leur mutuel Esprit, c'est une vie de Pensée et d'Amour. Cette Pensée éternelle qui comble l'éternité, c'est un VERBE, un mouvement, non pas un mot ou quelque chose de mort, d'inerte, mais un VERBE VIVANT dans lequel le Père se dit totalement et éternellement.

La vie en Dieu est éminemment intelligente et précise dans son agir. Pour que notre vie morale naturelle, surnaturelle et trinitaire jouisse de cette intelligence et de cette précision, notre prudence naturelle et surnaturelle a d'autant plus besoin du secours de l'Esprit de Conseil que l'idéal à atteindre est plus élevé et plus important. Cette prudence, d'essence supérieure, qui émane directement de l'Esprit de la Trinité diffère de la prudence naturelle de notre intelligence : elle vient de l'Esprit des Trois, veut résoudre les cas difficiles et se reconnaît à sa paisible stabilité.

La prudence naturelle, même la prudence surnaturelle, marque presque toujours nos actions d'une touche humaine qui comporte une certaine irrésolution, alors que le Don de Conseil nous guide et nous meut de manière sûre, sans cette timidité et ces hésitations caractéristiques aux prudences inférieures.

La prudence naturelle et la prudence surnaturelle, pour devenir des critères très efficaces de jugement et d'action, doivent se laisser pénétrer par le Don de Conseil dont la régulation porte le cachet trinitaire, alors que, dans les actions humaines, la régulation par la vertu de prudence, même surnaturelle, souffre toujours des déterminismes de notre pauvre humanité pécheresse, même si, à son sommet, la vertu de prudence habite une raison éclairée par une Foi très vivante. En cette importante stratégie trinitaire où nous devons désormais évoluer, il est sage de laisser l'Esprit de Conseil influencer nos vertus de prudence naturelle et surnaturelle.

Impossible de se laisser "TRINITARISER" sans le Don de Conseil

Il faut prendre conscience de la mise en échec que peuvent rencontrer et que, de fait, rencontrent nos vertus de prudence naturelle et surnaturelle pour découvrir la nécessité du Don de Conseil. Cette nécessité jaillit de l'imperfection congénitale du mode humain de nos vertus devant les exigences du service trinitaire qui relève de notre vocation chrétienne.

Même si, en principe, l'âme humaine jouit de tous les instruments nécessaires pour pratiquer le bien moral naturel, on ne peut nier qu'en fait ce gouvernement de nous-mêmes manque de précision, de fermeté et très souvent de droiture. C'est au coeur même de cette psychologie défaillante et difficile que vient s'insérer la vertu surnaturelle de prudence. Même si la Providence des Trois qui "règle tout avec nombre, poids et mesure" (Sg. II, 20), nous a accordé le nécessaire dans l'ordre surnaturel comme dans l'ordre naturel, il n'en reste pas moins que les vertus, régies par la raison, portent le sceau de l'imperfection, alors que les Dons, régis par l'Esprit-Saint, portent le sceau de la perfection.

Nous avons tous le devoir de tendre vers la perfection, mais la route qui y conduit nous semble parfois si tortueuse et si jonchée de luttes et de souffrances que la prudence, même surnaturelle, ne peut garantir l'orientation sûre d'une telle montée trinitaire. Dieu qui connaît tout doit alors intervenir pour nous éclairer par Son Esprit de Conseil, pour nous inspirer les solutions les plus favorables à la réalisation du plan trinitaire.

Pour se "THEOLOGALISER" et se "TRINITARISER", l'âme a besoin du Saint-Esprit dont l'intervention ne se limite pas à la délibération ou au conseil, mais va jusqu'à la décision impérative: n'est pas prudente l'âme qui n'accomplit pas l'action choisie après un conseil sérieux, une mûre délibération. Pour l'empêcher de n'être qu'une dilettante, une velléitaire, l'Esprit de Vérité la conduit à l'action (IIa IIae, q. 52, a. 2).

La Foi théologale
à la base du Don de Conseil

Le Don de Conseil s'enracine dans la Foi où il agit comme un moyen au service d'une fin très précise. Le Conseil cependant n'en demeure pas moins distinct de la Foi théologale, puisque cette vertu ne peut être jugée pratique que d'une manière éminente, comme une participation à la science de Dieu, science à la fois pratique et spéculative, alors que le Don se présente immédiatement et directement pratique, essentiellement orienté vers une action concrète, en conformité non seulement de la droite raison, mais des inspirations divines, de la Volonté des Trois.

La Foi, c'est la lumière qui éclaire les sentiers de l'exil "comme une lampe qui brille dans un lieu obscur jusqu'à ce que le jour commence à poindre et que l'astre du matin se lève dans nos coeurs" (2 P. I, 19). En notre voyage de retour vers la Trinité nous sommes guidés par la Foi dont les vérités reçoivent clarté et compréhension sous l'influence des Dons du Saint-Esprit qui projettent sur elles leurs vives lumières.

La Foi demeure une lumière de base pour le Don de Conseil comme pour les autres Dons, surtout d'ordre intellectuel. Par elle, nous connaissons les vérités révélées alors que par les Dons nous pénétrons au coeur de ces vérités pour en découvrir toute l'étendue et apprécier l'harmonie qui les relie les unes aux autres. La Foi imparfaite et obscure ne saurait suffire à nous diriger sur la voie étroite qui nous conduit à la vie trinitaire : sans le Don de Conseil, elle semble demeurer à l'état de veilleuse, alors qu'elle peut si bien se transformer en foyer incandescent sous l'influence de ce Don.

Il faut souvent demander à l'Esprit-Saint non seulement de nous envoyer les rayons de sa lumière, mais d'en pénétrer l'intimité de notre âme, de l'illuminer de sa divine et resplendissante clarté, afin que nous puissions voir ce que nous devons faire et que nous soyons capables d'agir avec la droiture des enfants de la Trinité. Si nous sommes dociles au Don de Conseil, l'Esprit des Trois nous guidera avec sûreté, dans la tranquillité, la paix, la lumière et l'amour.

Heureuse influence du Don de Conseil sur l'intelligence

Les conseils qui parviennent à l'intelligence ne manquent généralement pas; elle en reçoit de partout et à bon marché : conseils rusés, intéressés, myopes, pessimistes ou trop optimistes, timides ou imprudents. Lorsque de tels conseils s'entrechoquent, la voix de l'Esprit-Saint ne peut se faire entendre de l'intelligence par le Don de Conseil qui agit directement sur cette faculté supérieure afin de mieux influencer les autres.

Le Don de Conseil peut inspirer notre intelligence; mais, pour que de telles inspirations profitent réellement, un contrôle s'impose sur nos démarches intellectuelles; pour bénéficier de ses avantages, nous devons chercher à nous documenter sur les enseignements de la Parole, de la Révélation que les Pères de l'Eglise ont sagement commentée, que les Théologiens et les Docteurs ont soigneusement analysée et scientifiquement systématisée, que le Magistère de l'Eglise conserve avec soin pour la transmettre, à toutes les générations.

L'Esprit de Conseil soustrait l'intelligence à une foule d'influences néfastes pour la conserver toujours dans le bienfaisant rayonnement de la Vérité, pour l'aider à découvrir immédiatement les fausses routes, à distinguer clairement les mouvements de la Grâce de ceux de la nature, à bien reconnaître ce qui vient de Dieu de ce qui vient de Satan.

Sous la direction du Don de Conseil, le chrétien éclairé dans son intelligence peut demeurer en parfaite sécurité : la Trinité prend sur Elle la responsabilité de son agir. Qu'importe alors si le monde blâme ou critique, s'étonne et se scandalise, s'il se croit sage en recommandant ou en adaptant une conduite toute différente. L'essentiel demeure la réalisation du plan trinitaire qui se concrétise à travers le mal comme à travers le bien. L'intelligence que fortifie le Don de Conseil ne profère que des paroles de sagesse et retient spontanément tout propos qui pourrait sembler quelque peu déplacé.

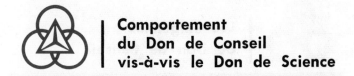

Comportement
du Don de Conseil
vis-à-vis le Don de Science

Par le Don de Science, l'âme livrée à l'Esprit d'Amour acquiert une vision claire des choses et des événements temporels, une vision qui s'apparente à la manière trinitaire de considérer la création. Le Don de Science cependant ne fournit qu'une appréciation globale de ces éléments sans dicter la conduite à tenir en chaque cas particulier, compte tenu des circonstances susceptibles de modifier la moralité des actes humains. Le Don de Science se contente de perfectionner la vertu de Foi, en tant qu'elle porte sur les choses créées.

Le Don de Conseil, lui, plutôt ordonné à parfaire en nous la vertu infuse de prudence, en arrive à nous faire mieux discerner et comme d'instinct ce qui convient de ce qui ne convient pas en notre agir ou en celui du prochain. La Science qui nous fournit une règle sûre en nos croyances et nos oeuvres nous fait en même temps discerner ce qu'il faut croire de ce qu'il faut rejeter.

A quoi bon cependant toutes ces connaissances s'il n'en jaillit en temps et lieu une application concrète et précise? Pour rendre une sonate avec justesse et brio, la connaissance des règles de l'harmonie et du rythme ne suffit pas, de même que pour bien plaider une cause, un avocat ne peut se contenter de la connaissance théorique du code civil. La juste application des règles musicales, comme des lois juridiques, s'avère nécessaire.

Il revient au Don de Conseil de faire en chaque cas particulier une application sage des riches connaissances que nous fournit le Don de Science. Toutes les créations trinitaires sont des merveilles dignes de notre admiration et de la plus haute contemplation. Cependant se contenter de les admirer et de les contempler ne suffit pas : il nous faut le Don de Conseil pour nous aider à en bien utiliser les richesses et à en faire autant de moyens d'action pour mieux servir et glorifier la Trinité. Le Don de Conseil nous apprend comment valoriser notre temps et nos jours de grisaille en y mettant une valeur d'éternité et en menant malgré tout une vie féconde.

Les exigences
du Don de Conseil

L'Esprit de Conseil ne s'établit qu'en l'âme des chrétiens qui l'estiment assez pour consentir au renoncement à leurs propres idées, à leurs jugements égoïstes et personnels. Si l'Esprit de la Trinité trouve une âme détachée de ses idées trop humaines, une âme qui a fait l'expérience de sa fragilité et en demeure convaincue, alors Il acceptera volontiers de s'en faire le Divin Conseiller. Au contraire, s'Il la trouve admiratrice d'elle-même et sage à ses propres yeux, Il lui retirera ses divines lumières et l'abandonnera à ses flambeaux fumeux.

Il faut peu d'expérience pour réaliser qu'il n'est guère avantageux de courir les hasards de la prudence humaine à la fois si courte et si bornée. Pourquoi ne pas céder tout spontanément devant la première exigence du Don de Conseil qui demande d'abdiquer sincèrement, de renoncer aux prétentions de son esprit si étroit et si prompt à se faire illusion?

Pour bien profiter du Don de Conseil, l'âme doit s'imposer une discipline, se défier de son propre jugement, se détacher de ses manières trop humaines d'affronter les situations. L'Esprit de la Trinité ne peut que résister aux âmes gonflées d'orgueil qui se permettent de juger, d'approuver ou de condamner avec une facilité quasi-instinctive. Rien ne semble devoir échapper à la censure de ces âmes qui passent tout au crible de leur critique avec un aplomb tel qu'on finirait par les croire infaillibles. De telles dispositions orgueilleuses sont incompatibles avec le secours de l'Esprit de Conseil?

L'Esprit de Conseil exige qu'une âme qui Le désire sincèrement apprenne à se défier d'elle-même, évite la présomption et l'irréflexion, l'attachement excessif qui couvre l'intelligence comme d'un voile et fait perdre le sens des réalités trinitaires. Si l'Esprit-Saint exige de tels renoncements, c'est uniquement pour nous délivrer de l'esclavage d'un moi trop humain, pour nous rendre plus libres et plus souples dans notre intelligence et notre volonté, plus disponibles aux lumières dont il veut nous combler : Il ne fait que préparer les voies au Dieu qui ne se penche que sur les petits.

346

Le Conseil est le Don caractéristique du chef

Le Don de Conseil est considéré à juste titre comme celui qui caractérise les chefs, ceux qui détiennent l'autorité et doivent organiser la vie d'une collectivité en vue d'un plus puissant rendement spirituel dans l'Eglise au service du Christ et de la Trinité, tout en veillant sur le plein épanouissement de chacune des personnalités dont se constitue le groupe communautaire.

Pour devenir le noyau créateur, organisateur, réparateur et animateur de la personnalité collective et individuelle, l'âme-chef a besoin du Don de Conseil. Tout comme on distingue la prudence personnelle de celle du chef de famille, du chef politique, du professionnel ou du militaire, de même s'offrent au Don de Conseil divers champs d'application sur les plans collectifs encore plus que sur le plan individuel.

Saint Thomas affirme qu'une âme docile à se laisser diriger par le Don de Conseil devient ordinairement capable de diriger les autres. Grâce à cet Esprit de Conseil, il lui devient plus facile, dans les situations concrètes, souvent complexes, de choisir la conduite appropriée à la réussite d'une entreprise. La bonne décision concrète, résultant de nos connaissances et de notre mentalité, de nos désirs, de nos habitudes et de notre volonté, est alors assumée par le Don de Conseil qui s'empare de toutes ces dispositions pour les orienter vers la conformité à la Volonté des Trois dans la tâche à accomplir.

Un vrai chef doit savoir commander et inspirer la discipline, faire preuve d'honneur, de fidélité et de générosité, connaître ses subordonnés pour mieux s'adapter à eux et les mieux former. Le vrai chef qui comprend bien sa mission ne peut que ressentir à un certain moment combien sa tâche le dépasse : une grande distance sépare si souvent l'idéal de la réalisation vécue. Comment peut-il en être autrement quand on considère jusqu'à quel point les humains peuvent se montrer déconcertants et les événements déroutants? Au fur et à mesure qu'Il avance, il lui semble que, par un jeu mystérieux et presque fatal, le poids de ses responsabilités augmente. C'est alors que l'Esprit de Conseil éclaire divinement les situations.

Quelques exemples concrets de l'influence du Don de Conseil

Le Don de Conseil se colore de multiples façons chez les âmes dociles à son action. L'Histoire de l'Eglise renferme en ses pages le souvenir d'une *Catherine de Sienne,* cette grande mystique d'action, conseillère des Papes, qui dépassa les bornes de toute prudence humaine par des carêmes entiers passés sans autre nourriture que la Sainte Eucharistie; le souvenir d'une *Jeanne d'Arc,* l'humble Pucelle d'Orléans, promue chef de guerre "par ses voix", qui organise la lutte et la victoire selon une stratégie qui étonne encore aujourd'hui les plus puissants généraux; le souvenir d'une *Thérèse d'Avila* qui, au milieu d'inextricables difficultés, entreprend, avec Jean de la Croix, la réforme du Carmel; le souvenir plus près de nous d'une *Thérèse de Lisieux* qui ouvre une voie toute nouvelle de spiritualité et manifeste à sa manière les magnificences de l'Esprit de Conseil.

A côté de l'armée puissante de ces femmes admirables et de tant d'autres devenues les précieux instruments d'exécution de l'Esprit de Conseil, brille toute une phalange d'hommes magnanimes qui se sont livrés avec non moins d'éclat au souffle envahissant du Divin Conseiller.

Saint François de Sales, le saint de la discrétion et de la mesure qu'on cite si souvent comme un parfait exemple d'équilibre humain et chrétien, excellait dans tous les domaines, surtout dans la direction des âmes, parce qu'il se tenait toujours attentif aux inspirations et aux conseils de l'Esprit-Saint. *M. Vianney,* le saint curé d'Ars, dont on disait qu'il jouissait d'un souffleur spécial, possédait un don de discernement des esprits, une sûreté de vue, une rectitude de jugement tels que ces dispositions ne pouvaient jaillir que du Don de Conseil.

Loin de s'enorgueillir de ces dons de la Providence, ces âmes toutes simples se reconnaissaient comme d'inutiles instruments aux mains des Trois : elles ne faisaient rien d'elles-mêmes, mais ne cherchaient qu'à accomplir ce qui était agréable au Père, à la manière du Christ.

Rôle du Don de Conseil dans la vie spirituelle

Le Don de Conseil joue, dans la vie mystique, le rôle universel que la prudence tant naturelle que surnaturelle tient dans la vie courante des âmes chrétiennes. Si ce Don atteint une réalisation éminente en certains cas extraordinaires, charismatiques, il n'en demeure pas moins le don pratique par excellence de la vie chrétienne profondément "trinitarisée", celle qui accomplit, dans les plus minuscules détails d'une existence d'homme ou de femme, les desseins éternels de la Très Sainte Trinité. Principe de connexion des vertus morales et de leurs dons correspondants, le Conseil revêt les mille et une formes contigentes des divers types de perfection chrétienne.

Le Don de Conseil, il faut bien le comprendre, ne dispense nullement l'âme d'en consulter une autre; tout au contraire, l'Esprit-Saint inspire ce sentiment d'humilité qui pousse les âmes vraiment saintes à se laisser guider en conformité toujours avec le souffle qui anime l'Eglise. Loin de supprimer la direction spirituelle, le Don de Conseil la perfectionne. L'Esprit de Conseil aide le directeur à respecter les voies ouvertes par la Trinité dans chaque âme et le pénètre toujours davantage de cette conviction essentielle que le Premier et le Principal Directeur des Enfants de la Trinité, c'est l'Esprit des Trois.

L'Esprit-Saint, l'Amour personnifié, l'éternel complément du Père et du Fils, est désormais l'Animateur de l'Eglise, le Président qui fait tout marcher. Il organise l'Eglise comme l'âme organise le corps. Cependant, toute guidée qu'elle soit par l'Esprit de la Trinité, l'Eglise n'en recourt pas moins au contrôle de ses théologiens, non pas que la science théologique soit supérieure à la sagesse mystique, mais parce que la sagesse du théologien demeure plus facilement formulable et met en plus vive clarté la conformité des voies mystiques ou des doctrines et messages inspirés avec les règles immuables et supérieures de la Foi qui contient dans ses articles de base les principes directeurs de toute sagesse scientifique, chrétienne ou mystique. C'est ainsi qu'agit l'Esprit de Conseil dans notre vie spirituelle, directement ou indirectement.

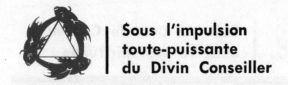

Sous l'impulsion toute-puissante du Divin Conseiller

Si l'Esprit de Conseil veille sans cesse sur l'Eglise, le Don de Conseil s'applique spécialement au salut des âmes et à leur sanctification. C'est lui qui provoque chez les Apôtres cette obsession des âmes qui caractérise tellement leur vie missionnaire.

L'âme sincèrement apostolique qu'alimente l'Esprit de Conseil fait preuve d'une logique des plus intéressantes : tout orientée vers la Gloire du Père et le salut de l'humanité, loin de nuire à ses intérêts personnels, elle travaille d'une manière non équivoque à sa propre croissance trinitaire et à son salut éternel au coeur de la Trinité.

Tout au long de la route qui doit nous reconduire à la Trinité, la vie sème embûches sur embûches, en sorte que nous sommes sans cesse exposés à trébucher. Si nous ne savons trop de quel côté diriger nos pas, n'en blâmons ni Dieu ni la vie, mais notre aveuglement, l'insuffisance de lumière que nous avons peut-être provoquée par nos infidélités et nos manquements. La promesse du Maître n'a nullement changé : "Je vous enverrai le Paraclet, l'Esprit consolateur, et lui vous enseignera, vous suggèrera tout ce que je vous ai dit" (Jn 14, 26).

Pour profiter de l'impulsion puissante de l'Esprit des Trois, l'âme doit se rendre disponible par une profonde humilité qui lui permettra d'être plus facilement impressionnée par les ondes surnaturelles. Comme l'enfant tout simple et confiant recourt à ses parents en toute occasion, l'âme doit prendre l'habitude de ne rien faire sans solliciter le concours de l'Esprit de Conseil, sans implorer ses lumières.

L'impulsion trinitaire prendra les proportions de notre humilité et de notre fidélité, nous conduira, à travers les moindres entreprises, jusqu'au sommet des plus andacieuses réalisations. Quand nous invoquons l'Esprit de Conseil, que ce ne soit pas du bout des lèvres, mais avec confiance et du fond du coeur! C'est alors qu'il nous enverra les rayons de sa Lumière.

Les divers degrés du Don de Conseil

Le Don de Conseil, bien entendu, n'influence pas toutes les âmes au même degré, avec la même aisance. On en reconnaît *un premier degré,* une première manifestation chez les âmes dociles, disponibles à la Trinité, mais qui n'en manifestent pas moins une certaine inquiétude en leur vie spirituelle. Ce sont les âmes du premier appel, de la première recherche, de la première conversion en laquelle on trouve bien un réel don de soi, un don cependant où il y a encore de l'amour-propre, de l'égoïsme, de l'ambition. L'Esprit de Conseil intervient alors pour aider l'âme à bien équilibrer sa montée trinitaire.

En la deuxième conversion, l'âme qui ressent alors un appel très puissant pour un don plus entier veut dépasser les moyens ordinaires que motive son salut éternel. En cette deuxième recherche, l'âme vit davantage de sa filiation trinitaire et comprend mieux l'Amour, la Passion, le Sang de Jésus, le salut des âmes. Le Don de Conseil touche alors à son *second degré* par une inspiration très vive sur les nouveaux sacrifices exigés.

En sa troisième conversion, l'âme touche déjà à l'union transformante. Les vertus théologales triomphent en elle et l'emportent sur tout raisonnement humain le moindrement intéressé. L'âme s'est livrée définitivement à la Trinité qui en prend toute la maîtrise pour l'orienter dans son être et dans son agir. A son Troisième degré, le Don de Conseil guide avec sûreté l'âme en ses dernières aventures trinitaires. L'âme ne vit plus désormais que pour glorifier la Trinité, pour glorifier le Père en se basant sur l'exemple du Fils, secondée par l'Esprit de Conseil qui lui fait éviter tout faux pas et l'oriente en toute confiance et sûreté.

Heureuses les âmes sur qui la Main de Dieu repose pour les guider vers la Lumière en toute paix et tranquillité, même si le monde s'agite tout à l'entour. Heureuses les âmes qui jouissent des divines et resplendissantes clartés que procure l'Esprit de Conseil : elles sont marquées par la paix, la joie, la certitude, l'apaisement de l'anxiété et de tous les doutes qui auparavant les avaient peut-être fait beaucoup souffrir (IIa IIae, qu. 52, a. 3).

Pour empêcher l'homme de se perdre dans sa science

Il arrive malheureusement que l'être humain se laisse engluer par son avoir ou par son savoir. Au lieu de se dégager, sous l'influence de sa progression scientifique, il se laisse souvent ligoter et orienter vers un échec plus ou moins massif au milieu de ses découvertes et de ses techniques pourtant si audacieuses.

La plupart des humains manquent profondément de liberté, liés qu'ils sont par la constante publicité qui les influence dans la rue autant que par la télévision ou la presse. La prudence et le Don de Conseil sont nécessaires pour établir un parfait équilibre dans les choix qu'il faut opérer pour le bien-être de tous et de chacun.

Les spécialisations scientifiques se multipliant à un rythme accéléré, la pensée risque de s'éparpiller en connaissances multiples qui permettent une certaine maîtrise de la terre sans que pour cela l'homme soit parvenu à une parfaite maîtrise des résultats obtenus comme de leur sage orientation. L'effort de l'homme pour aboutir est loin de sa réussite et l'homme se sent quelque peu déçu devant ses succès. Si, sur certains points, nous vivons dans une société de superdéveloppement, sur d'autres nous donnons l'impression de primitifs incapables de maîtriser leurs découvertes et de les mettre au service de l'humanité.

Si l'homme s'avérait plus chrétien, plus sensible à l'Esprit de Conseil, au lieu de perdre de vue le bien commun, il le respecterait dans la mesure même où il se libère des servitudes de la nature, il posséderait raisonnablement les richesses au lieu de se laisser posséder par elles dans un climat d'égoïsme qui provoque souvent les plus sanglantes révoltes. Au lieu de se perdre au contact des choses que lui fournit la nature en si grande abondance dans une appropriation qui n'est nullement dans la ligne de la montée humaine universelle, le vrai chrétien finirait par respecter la loi des proportions et permettrait à tout être pensant moins favorisé de se découvrir homme lui aussi et d'agir comme tel.

Maîtriser l'esprit
pour maîtriser l'univers

Nos contemporains cherchent la libération dans la prospérité matérielle, dans la guerre même qui se déchaîne continuellement sur un continent ou un autre. Au lieu de se libérer, ils s'enchaînent de plus en plus. Plutôt que de vivre selon la loi de croissance qui les caractérise, loi faite de connaissance, d'amour et de don, ils suivent la malheureuse tendance qui les marque depuis le péché, celle d'une ignorance et d'un amour égoïste qui les referment sur eux-mêmes.

Plus l'être humain se donne, plus il ressemble à la Trinité, plus il "est" et plus il se grandit aux yeux de Dieu comme aux yeux de l'humanité. Pour respecter et instaurer partout le bien commun, il se doit d'en connaître les lois fondamentales et d'en étudier les conditions de réalisation. Si, au lieu de correspondre généreusement à son besoin de don et d'ouverture sur les autres, l'homme se ferme sur soi dans son désir de posséder uniquement pour lui-même, il devient alors l'ennemi des autres et contribue au malheur de ceux que la nature continue d'écraser à cause du manque d'orientation causé par l'insuffisance de maîtrise des hommes sur eux-mêmes et sur la nature qu'ils exploitent.

Comme nous l'avons noté au début de ce chapître, le Don de Conseil, à la fois intellectuel et pratique, préside au domaine des applications concrètes des lumières de la Science. Nous pouvons facilement imaginer son rôle et son influence quand il s'agit d'organiser la vie sociale pour permettre à tous d'avoir assez de pain, assez de confort élémentaire pour penser et aimer comme des humains, pour donner, dans la joie, le service que la Trinité attend de chacun. Il est normal que l'être humain considère avec fierté sa fonction "pensante et voulante"; mais ce qui importe davantage, c'est qu'il pense le tout en fonction de Dieu pour s'orienter vers un "SURHUMAIN" selon le sens de l'éternité, au lieu de vouloir orgueilleusement devenir un 'SURHOMME' selon le sens terrestre seulement.

Le Conseiller par excellence

Ce Conseiller par excellence, c'est Celui qui a adressé au premier couple humain ces paroles : "Croissez et multipliez-vous, remplissez la terre et soumettez-la à votre empire; que votre domination s'étende sur les poissons de la mer, sur les oiseaux du ciel et sur tout animal".

Pour réaliser cet objectif, trois grandes passions nous furent communiquées : la passion de savoir le vrai, la passion d'aimer le bien et d'en jouir, la passion d'exceller en nous surpassant nous-mêmes. Ces trois passions, dès qu'elles subissent les conséquences du péché, courent le constant danger de se transformer en trois concupiscences de mort, sources de crimes et d'ignominies.

Heureusement qu'il existe toujours une divine Sagesse, un Conseiller parfait qui se joue sur notre globe et fait ses délices d'être avec les enfants des hommes pour les aider à rebâtir le Temple détruit par leurs mains pécheresses.

Il n'existe pas d'étape, aucun repos pour l'humanité toujours en marche, aucun arrêt possible dans l'érection de l'édifice. Dans le grand chantier du monde tous les êtres humains constituent autant d'ouvriers plus ou moins compétents, ouvriers intelligents qui peuvent ne fonctionner que quelques années seulement, mais qui n'en exercent pas moins une réelle influence sur toute l'humanité.

Des myriades d'actes humains, mystérieusement enchevêtrés les uns dans les autres, ont bâti l'histoire de l'humanité. Dieu qui mène le monde sait le sens et la portée de chacun de ces gestes. Si nous ne voulons pas que l'histoire continue de se solder par des échecs tous aussi déplorables les uns que les autres, retournons-nous vers l'Esprit de Conseil, l'auteur et l'organisateur de tout, suivons ses directions et acceptons les dépassements qui nous sont offerts dans la ligne du divin, du trinitaire : ces dépassements qui nous feront rejoindre Dieu permettront à l'homme de mieux réfléchir et de mieux centrer ses réussites.

CHAPITRE XVII

Le Don d'Intelligence

Croire, c'est se soumettre et correspondre à l'intervention de la Trinité dans l'histoire des humains, c'est s'engager dans la réalisation du projet trinitaire, s'engager concrètement dans l'Eglise de la Trinité.

Croire, c'est pénétrer la Révélation de Dieu, apprendre à lire ses divers langages biblique, liturgique, dogmatique, ecclésial et humain.

Le Don d'Intelligence

- Contemplation et pénétration affective de la Vérité
- "Goûtez, puis voyez" : c'est l'Ancien Testament
- L'Esprit d'Intelligence influence tout le Nouveau Testament
- Le Don de la contemplation pour une charité plus adulte
- Exigence essentielle au développement d'une Foi adulte
- Une intuition pénétrante des vérités de Foi
- Le Don d'Intelligence nous rend sensible le spirituel
- Puissante collaboration des Dons de Science et d'Intelligence
- Le Don d'Intelligence oriente la Foi vers la maturité
- Comment se concilie la vision du Don avec les obscurités de la Foi
- Le Don par excellence de l'intériorité
- "Le Royaume est là : convertissez-vous et croyez . . ."
- Les activités essentielles du Don d'Intelligence
- Le plan d'intuition et de conceptualisation du Don d'Intelligence
- Le Don d'Intelligence chez les Saints
- Le Don d'Intelligence pour instruire les nations
- Pour préciser l'attitude d'engagement du croyant
- Conditions qu'exige l'Esprit d'Intelligence

Contemplation et pénétration affective de la Vérité

Parce qu'il est l'Amour personnifié et que l'amour est intuitif, qu'il jouit d'une grande acuité de regard, l'Esprit nous communique le *don d'Intelligence,* cette qualité spéciale qui nous rend capable de capter les intuitions divines, d'intérioriser nos lectures spirituelles, de lire à l'intérieur des mots et des images, enfin, de contempler les divins objectifs que la Foi nous a fait découvrir.

Ce sixième Don de l'Esprit-Saint introduit l'âme dans une voie supérieure à celle où l'avaient déjà engagée les cinq dons précédents orientés vers l'action : la CRAINTE qui met l'être humain à sa place vis-à-vis des Trois; la PIETE qui élargit son coeur aux affections divines; la SCIENCE qui lui fait distinguer clairement la voie du salut de la voie de la perdition; la FORCE qui l'arme pour la lutte, et le CONSEIL qui le dirige dans ses options quotidiennes.

Ainsi secondée par ces dons d'ordre actif, l'âme chrétienne peut poursuivre sa route avec l'espoir de déboucher un jour en pleine lumière trinitaire; au nombre des sublimes faveurs que lui réserve la bonté des Trois, figure un avant-goût de la félicité propre à l'autre vie dans une contemplation spéciale de Dieu et de ses voies mystérieuses.

Ce serait une grave erreur de penser que la puissance de contemplation que confère le Don d'Intelligence ne peut être l'apanage que des âmes contemplatives, des âmes vidées de tout commerce avec l'humain. Une telle contemplation devrait surgir spontanément de nos relations intimes avec les Trois Personnes de l'Adorable Trinité. Toute âme trinitarisée par le Baptême devrait aspirer à une telle contemplation qui n'a rien à voir avec certains phénomènes qu'il plaît parfois à l'Esprit-Saint de manifester chez certains mystiques. Avec le Don d'Intelligence, il s'agit de lire tout simplement, à l'intérieur des vérités surnaturelles, les secrets de leur profondeur et de leur rayonnement.

357

"Goûtez, puis voyez" :
c'est l'Ancien Testament

Le Peuple d'Israël n'a découvert le visage de son Dieu qu'à l'intérieur d'un *mystère d'amitié,* dans l'expérience d'une Alliance à la fois individuelle et collective. La découverte de Dieu s'est faite et continue de se réaliser à travers une expérience d'amour. On comprend facilement le rôle important du Don d'Intelligence en cette découverte expérimentale de la Trinité : "Gustate et videte!" — "Goûtez et voyez comme est bon le Seigneur" (Ps 33, 9). Tout se découvre à l'intérieur de cette expérience d'amitié et de fidélité, avec une certitude mystique, affective, à base de connaturalité d'amour.

Dans un judaïsme purifié par l'épreuve de l'exil, le psalmiste chante la grandeur de la Loi, don suprême que Dieu n'a fait à aucune autre nation. En proclamant son amour pour la Loi, c'est à Yahvé lui-même que la piété juive prétend adresser ses louanges : "Enseigne-moi, Yahvé, la voie de tes volontés, je la veux garder en récompense. Fais-moi comprendre et que je garde ta Loi, que je l'observe de tout mon coeur" (Ps 119, 33-34).

Aujourd'hui plus que jamais, avec le Prophète-Roi, l'âme douée et mue par le Don d'Intelligence peut s'écrier : "Vos paroles, Seigneur, sont admirables, les beautés qu'elles cachent me ravissent et m'enflamment d'un désir ardent de les connaître toujours mieux, mais c'est vous, mon Dieu, qui en découvrez le sens aux humbles, par le Don d'intelligence que vous leur accordez" (Ps 118).

Le même David ne proclame-t-il pas encore le Don d'intelligence lorsqu'il chante : "Heureux, Seigneur, celui que vous daignez instruire vous-même, en lui donnant l'enseignement de votre Loi" (Ps 93, 12). C'est sous l'influence d'un tel Don que David fut si souvent transporté de joie dans l'admiration que provoquaient en son intelligence et en son coeur les oeuvres grandioses de Dieu. C'est aussi un effet merveilleux que réalise en nous l'Esprit d'Intelligence lorsqu'il étend tout le regard de notre être pour lui faire découvrir les splendeurs cachées de l'invisible : c'est comme un rayon de la vision béatifique qui descend discrètement sur la terre des hommes.

L'Esprit d'intelligence influence tout le Nouveau Testament

Dans le Nouveau Testament, le Christ lui-même confère aux Apôtres l'Intelligence des Ecritures : "Telles sont bien les paroles que je vous ai dites quand j'étais encore avec vous, il faut que s'accomplisse tout ce qui est écrit de Moi dans la Loi de Moïse, les Prophètes et les Psaumes. Alors il leur ouvrit l'esprit à l'Intelligence des Ecritures" (Lc 24, 44-45).

Il faut bien avouer que les Douze eux-mêmes sont demeurés longtemps fermés aux réalités divines. Que de fois le Seigneur n'a-t-il pas eu à leur dire : "Vous aussi êtes-vous donc sans intelligence?... Vous n'avez pas compris?... Vous ne savez donc pas?" Après trois ans de formation dans l'intimité du Sauveur, les Apôtres sont encore si lents à croire qu'après la Cène Jésus s'écrie : "Eh quoi! Philippe, depuis si longtemps que je suis avec vous et vous ne me connaissez pas!" (Jn 14, 9) Ne sent-on pas dans ce reproche comme une certaine impatience attristée. Aussi, plus d'une fois, l'Esprit d'Intelligence dut-il suppléer à leur faiblesse par des illuminations soudaines qui provoquent parfois d'heureuses réactions chez les Apôtres : "Tu es le Fils du Dieu vivant" (Jn 6, 60-69).

Saint Paul reconnaît avoir reçu le Don d'Intelligence pour pénétrer le mystère du Christ : "Dieu (...) m'a accordé, par révélation, la connaissance du Mystère du Christ, tel que je viens de l'exposer en peu de mots. A me lire, vous pouvez vous rendre compte de l'Intelligence que j'ai de ce Mystère qui n'avait pas été communiqué aux hommes des temps passés comme il vient d'être révélé maintenant à ses saints Apôtres et Prophètes dans l'Esprit" (Ep. 3, 1-6). L'Apôtre zélé demande la même grâce d'illumination par l'Esprit pour les fidèles : "Daigne le Dieu de Notre-Seigneur Jésus-Christ, le Père de la gloire, vous donner un esprit de sagesse et de révélation qui vous le fasse vraiment connaître. Puisse-t-il illuminer les yeux de votre coeur pour vous faire voir quelle espérance vous ouvre son appel" (Ep. 1, 17-18).

Le Don de la contemplation pour une charité plus adulte

Le Don d'Intelligence, en une saisie lumineuse, porte sur les mystères de l'Au-delà et constitue ainsi un merveilleux point de départ pour une sérieuse contemplation du monde trinitaire. Il met en garde contre l'erreur qui consiste à mesurer les réalités divines avec les mêmes normes que les créatures de ce monde visible. Par le dépassement qu'il favorise sur tout le sensible, il aide l'âme à saisir l'infinie transcendance du divin, du Dieu-Trinité dont la connaissance se concrétise dans une suprême négation de tout mode créé au sein de l'Etre incréé.

Les éléments constitutifs du Don d'Intelligence peuvent se rassembler dans la formule suivante : le Don d'Intelligence est un habitus intellectuel par lequel, sous l'influence illuminatrice, immédiate et personnelle de l'Esprit-Saint présent dans l'âme comme cause efficiente, motrice et régulatrice, l'intelligence de l'homme, en un consentement libre et méritoire, adhérant déjà par la Foi aux vérités surnaturelles révélées par Dieu ou contemplées face à face dans la vision, les discerne entre elles et porte sur elles un jugement pénétrant dans tout le domaine de la vérité.

L'intelligence, divinisée par la grâce et mue par l'Esprit-Saint lui-même, perçoit tout cela sous un mode supra-humain, réellement déiforme, l'assimilant par voie de participation à l'intelligence même de Dieu, goûtant ainsi, par anticipation, un peu de cette béatitude des coeurs purs que récompensera la vision de l'Adorable Trinité. Aussi ce Don reste-t-il celui des âmes assez élevées dans la vie mystique pour déboucher sur les hautes cimes de la contemplation.

C'est alors que le Paraclet enseigne vraiment toutes choses (Jn 14, 26) par une expérience aimante de nos connaissances anciennes ou nouvelles qui se gonflent de sève divine et de vie trinitaire. L'âme découvre tout avec les yeux de son coeur, saisit sans confusion les plus merveilleux ensembles, acquiert un sens profond de l'Eglise.

Grâce au Don d'Intelligence, l'âme apprécie la terre des hommes pour ce qu'elle est en toute réalité : elle se libère de toute complaisance dangereuse, de toute attache déplacée. Même si la Création n'en demeure pas moins pour elle une merveilleuse cristallisation de l'amour trinitaire, son regard change et s'ouvre avec plus de maturité sur les "mirabilia Dei". Elle réalise comment toute créature, marquée par la bonté et la beauté des Trois, doit rejaillir comme louange de gloire à la Trinité.

Après avoir doté l'âme d'un regard nouveau sur la Création, l'Esprit d'Intelligence communique une connaissance intime de la voie tracée pour elle par la Providence des Trois. L'âme y comprend mieux son passé et admire avec quelle sagesse miséricordieuse la Trinité l'a orientée, même si certains événements l'ont parfois brisée, transplantée là où elle n'aurait jamais voulu dresser sa tente. C'est si merveilleux quand une âme découvre les voies de Dieu, lorsqu'elle saisit jusqu'à quel point elle aurait manqué son existence si la Trinité n'était pas intervenue en sa mystérieuse bonté pour la diriger et la bien situer dans le réalisme des desseins trinitaires!

En son plein épanouissement, le Don d'Intelligence opère en nous un peu à l'instar de notre regard humain qui, du haut d'une puissante montagne, peut s'étendre sur un panorama vaste et magnifique : il nous permet de contempler les horizons mystérieux de l'univers surnaturel et il dévoile à notre Foi, dans la mesure de sa réceptivité, les perfections trinitaires qui président au salut de l'humanité.

Sous une telle influence, "nous ne serons plus des enfants, ballotés par les flots et emportés à tout vent de doctrine, au gré de la duperie des hommes et de leur astuce à fourvoyer, mais nous parviendrons tous ensemble à l'unité dans la foi et la connaissance du Fils de Dieu, à l'état d'homme parfait, à la taille même qui convient à la plénitude du Christ" (Ep. 4, 13-14).

Une intuition pénétrante des vérités de la Foi

La Foi, vertu du seuil et de l'accueil au surnaturel trinitaire dans l'humble audition de la Parole de Dieu, transpose analogiquement nos connaissances de l'ordre naturel à l'ordre surnaturel. Aucune autre voie, sinon celle de l'analogie, exception faite de la connaissance propre et directe fournie par la Vision de Gloire, ne peut permettre de franchir la porte mystérieuse du monde invisible de la Trinité et du sens profond de ses mystères.

La différence radicale de la Foi d'avec le Don d'Intelligence consiste en ce que la première laisse la vérité voilée, alors que le second nous introduit au-dedans des réalités cachées sans cesser pour autant de demeurer compatible avec les obscurités de la Foi. Nous croyons au mystère de l'incarnation alors que le Don d'Intelligence nous en fait saisir les côtés pratiques, les aspects les plus de nature à développer notre amour et à orienter notre zèle, notre apostolat.

Le Don d'Intelligence, ne l'oublions pas, ne joue qu'un rôle de serviteur vis-à-vis de la Foi : il nous fait pénétrer à l'intérieur des réalités surnaturelles que nous présente celle-ci sans toutefois nous en faire atteindre les évidences intrinsèques, ce qui supprimerait le régime essentiellement obscur de la Foi. Loin de toute incompatibilité avec la Foi, le Don d'Intelligence lui devient un merveilleux collaborateur par l'adhésion intérieure qu'il favorise en éliminant bien des hésitations, des fluctuations, des objections. Le Don communique à la Vertu, sous l'influence illuminatrice de la Charité, un profond repos de l'intelligence dans la possession d'un amour tout orienté vers la Trinité.

Sans chercher sur terre la vision réservée au ciel, il importe de dépasser l'expression pour saisir la réalité : il faut percer la coque pour atteindre l'amande et c'est là le rôle du Don d'Intelligence par rapport à la Foi. Nous sommes parfois tellement familiarisés avec les termes de la Foi que nous risquons de n'en plus saisir la signification profonde et vivante.

Le Don d'Intelligence nous
REND SENSIBLE LE SPIRITUEL

Fondée sur le témoignage, la Foi adhère à la vérité en quelque sorte du dehors. Le Don, lui, la perçoit du dedans, y pénètre, lit pour ainsi dire en elle : "A la Foi, il appartient d'adhérer; au don, il revient de pénétrer par l'esprit ce qui est dit, soit pour le bien saisir, soit pour le bien juger" (2a, 2ae, q. 8. a. 6). Le Don d'Intelligence nous introduit au coeur des mystères pour nous faire découvrir la réalité à intégrer dans notre vie d'enfant de la Trinité : il enlève la pelure sous laquelle se cachent les plus encourageantes vérités dont il nous fait découvrir le sens profond.

Ce Don d'intuition constitue comme le sens le plus fin de la Foi : il empêche l'esprit de se mettre des oeillères, de se confiner dans un horizon borné. C'est le sens de précision des esprits affinés qui, après avoir remarqué l'orientation d'une flèche s'appliquent sérieusement à se conformer à l'indication présentée.

L'âme qu'éclaire l'Esprit d'Intelligence voit la vérité comme d'instinct et joint à cette vision qui touche presque au sensible un sens profond d'analogie qui permet d'aller droit au but en toute circonstance, en tel ordre reçu comme en telle obédience donnée. Elle semble fixée sur le sens du mystère de sa vie, pénétrée qu'elle est d'une connaissance pratique et intime, d'une connaissance savoureuse de l'expérience spirituelle.

Le Don d'Intelligence rend l'âme adulte, l'aide à réaliser l'unité de sa personnalité, la rend de plus en plus cohérente dans l'engagement total de son être : il ne lui suffit plus d'être généreuse et active; elle réalise pourquoi elle doit l'être et pour qui. Tout se tient désormais dans cette vie que maîtrise l'Esprit d'Intelligence : les orientations décisives sont généreusement acceptées et permettent une ouverture toujours plus vaste sur les personnes, les circonstances, les événements dont se sert généralement la Trinité pour intervenir auprès des hommes et leur donner ses directives.

Puissante collaboration des Dons de Science et d'Intelligence

Deux sources de difficultés tiennent sans cesse sur la brèche notre vertu de Foi : les créatures et les choses divines elles-mêmes. Le Don de Science s'occupe de la première source par un perfectionnement constant de la Foi : il détourne la raison de la séduction des créatures pour l'aider à trouver en elles une route vers la Trinité. La raison humaine n'atteint Dieu que "du dehors". Si la Foi la perfectionne pour la rendre capable de connaître Dieu "du dedans", il n'en reste pas moins que cette pauvre raison humaine conserve son mode d'activité avec ce danger constant de séduction de la part des créatures.

Le Don d'Intelligence nous fait pénétrer l'écorce de la Révélation, nous fait goûter à la moëlle du message trinitaire, non plus tellement à travers les créatures, mais dans la Révélation même et la doctrine de l'Eglise, les deux sources authentiques de toute information et de tout rayonnement trinitaires.

Le Don d'Intelligence dépasse ainsi la Foi par une secrète illumination de l'Esprit-Saint. C'est une intelligence qui sent plus qu'elle ne voit, qui pénètre avec les yeux du coeur à l'intérieur même des mystères, qui permet la plus mystérieuse aventure jusqu'aux dernières limites connaissables du mystère.

Si une âme se garde habituellement sous cette puissante impression du Don d'Intelligence, elle jouit alors de cet état que les mystiques ont surnommé "l'oraison de quiétude", l'oraison des goûts divins. Calme et sereine, baignée dans la lumière de l'Esprit des Trois, l'âme savoure, en les pénétrant, l'enseignement de l'Eglise et le divin bienfait des sacrements. Elle jouit de l'aptitude surnaturelle qu'a le Don d'Intelligence à pénétrer par une espèce d'intuition certains mystères de la Foi ou, tout simplement, le sens caché de tel ou tel message évangélique, de telle inspiration de l'Esprit-Saint. C'est le "NOVA ET VETERA" dont parle l'Evangile et où les Dons de Science et d'Intelligence se prêtent main forte pour introduire l'âme dans l'océan infini du mystère central de l'Adorable Trinité.

Le Don d'Intelligence oriente la Foi vers la maturité

Loin de supprimer la Foi, la lumière du Don d'Intelligence lui confère une plus grande acuité, la fortifie et élargit son champ de vision dans le domaine des choses divines et des actualités trinitaires sur notre planète. Une telle promotion dans la lumière de la Foi fait se dissiper bien des nuages formés par la faiblesse et la grossièreté où se trouvait l'âme.

La beauté toute débordante du réconfort et des charmes que contiennent tous les mystères, beauté jusqu'alors si vaguement goûtée, révèle désormais d'ineffables harmonies capables même de faire quelque peu soupçonner les richesses de la vision du face à face que nous réserve l'éternelle vie au coeur de la Trinité. L'âme s'est déjà éloignée de ses premières incursions dans la vie spirituelle et tout un ensemble de riches convenances complémentaires parviennent successivement aux yeux de son esprit et de son coeur pour engendrer une forte et encourageante certitude sur sa montée trinitaire.

Plongée en de telles clartés qui ne peuvent qu'enrichir la Foi, accroître l'Espérance et développer la Charité, l'âme se sent à l'aise et profondément dilatée. Tout lui semble nouveau dans le coup d'oeil qu'elle projette sur son passé, sur son présent et sur les enrichissantes perspectives trinitaires de l'avenir. Une saveur jusqu'alors inconnue se dégage de l'Evangile, des paroles du Maître, de la liturgie et des sacrements.

La Foi demeure un don surnaturel et gratuit. Son motif repose sur le seul témoignage divin. Que l'âme en vienne à désirer une certaine évidence des vérités de la Foi, n'est-ce pas quelque peu normal? La Trinité ne demande pas mieux que de répondre à nos désirs humbles et sincères. Par le Don d'Intelligence, l'Esprit des Trois communique à l'âme une sorte de vision des vérités de la Foi sous forme d'une intuition de plus en plus pénétrante. La Foi donne l'assentiment volontaire aux vérités révélées et le Don en fournit une certaine compréhension intuitive qui aide la personnalité devenue adulte à prendre position face à la Parole trinitaire qui l'interpelle.

365

Comment se concilie la vision du Don avec les obscurités de la Foi

Le Don d'Intelligence dissipe non pas les obscurités qui enveloppent l'objet même de la Foi, mais seulement les faiblesses de sa certitude. Il communique à la vertu une telle pénétration que de la Foi jaillissent, comme du coeur d'une vibrante vision, une profonde certitude et une confiance correspondante en la Parole de Dieu, en sa confidence d'amitié trinitaire.

Le Don rend l'intelligence surnaturellement perspicace pour découvrir, sous les formules dogmatiques les plus abstraites, les nuances, la valeur exacte, la portée, les relations des vérités de foi; il affermit la Foi contre les doutes et les objections qui peuvent venir, provoque une certitude qui ne peut s'expliquer davantage.

Si déjà le sens de la vue discerne et compare une foule de couleurs, à plus forte raison le regard de l'intelligence peut-il rassembler, par simple juxtaposition dans une première opération de l'esprit, et par jugement formel dans une seconde, un vaste panorama, une riche synthèse comme celle qu'entrevit un jour Thérèse d'Avila au coeur d'un pur cristal disposé en demeures concentriques, synthèse qui lui servit d'intuition directrice pour la composition de son "Château Intérieur".

C'est ainsi que le Don d'Intelligence fournit certaines intuitions primordiales à la Foi, certaines intuitions comparatives. Ce regard comparatif de discernement peut porter sur les deux extrêmes : l'être créé et l'être incréé. C'est même ce suprême regard de comparaison, de contraste entre les divers modes créés et le mode incréé de l'Etre divin, qui semble comme constituer l'acte suprême du Don d'Intelligence ici-bas. L'acte principal de ce don consiste dans un jugement plus en profondeur, un jugement qui permet de pénétrer jusqu'à l'essence des choses sans pouvoir en juger pour autant par les causes créées ou les causes incréées comme c'est le cas des Dons de Science et de Sagesse.

Le Don par excellence de l'intériorité

Diverses démarches de l'intelligence peuvent servir à pénétrer les réalités, à atteindre le fond des choses, et chacune de ces démarches varie selon l'origine de son point de départ. Le Don d'Intelligence sait merveilleusement exploiter tous ces procédés en son oeuvre d'intériorisation.

Le premier de ces processus part de modalités accidentelles pour découvrir l'essence des choses, leur substance et atteindre les réalités sous les apparences : c'est ainsi qu'à travers les faits et gestes de l'Humanité du Christ, le Don d'Intelligence fait découvrir la Personne du Verbe et le sens profond, le sens caché de tous ses mystères.

La deuxième méthode permet de percevoir au coeur des paroles entendues les réalités qu'elles signifient : le Don nous fournit le sens des Ecritures et de la Parole de Dieu; il nous permet de comprendre les paroles intérieures que nous dicte l'Esprit-Saint et le sens des enseignements de l'Eglise.

A travers les signes et les symboles, entrevoir les réalités figurées, voilà une troisième méthode de recherche : sous les signes et les symboles, le Don d'entendement nous révèle le sens de la liturgie, le sens de tous les arts au service de la Foi, le sens du Christ exprimé par l'effort de présentation moderne des mystères chrétiens.

Un quatrième moyen de perquisition consiste à atteindre le monde intelligible des essences à travers le monde extérieur du sensible : à travers le visible découvrir l'invisible, tel est le rôle du Don d'Intelligence. "Nous, chrétiens, nous n'arrêtons pas nos regards à ces apparences visibles, éphémères, mais nous contemplons les réalités invisibles, les seules qui soient éternelles" (II Co. 4, 18).

Deviner les effets à partir des causes ou saisir les causes à travers les effets, telles sont les deux dernières démarches qui n'échappent pas davantage au Don d'Intelligence. Celui-ci nous présente le sens profond de tous les mystères chrétiens et de leurs répercussions dans la vie quotidienne.

"Le Royaume est là : convertissez-vous et croyez..." (Mc 1, 15)

Véritable illumination de l'âme chrétienne, le Don d'Intelligence se fait sentir dans la mesure de la fidélité à utiliser les autres dons, et s'affermit par une sage modération des désirs et un fidèle recueillement intérieur : une conduite légère ne pourra qu'en paralyser le développement et même l'étouffer totalement. Cependant, malgré une activité débordante et des tâches écrasantes, cette vie intérieure sous l'influence de l'Esprit d'Intelligence demeure chose possible, pourvu que l'âme se garde en climat de simplicité, demeure petite à ses propres yeux : "Ce que Dieu cache aux superbes et révèle aux petits" (Lc 10, 21) lui sera quand même royalement manifesté et s'enracinera puissamment en elle.

On comprend facilement jusqu'à quel point un tel don peut constituer l'un des secours les plus importants pour la perfection d'une âme. A nous de l'implorer de la Trinité de toute l'ardeur de nos désirs, convaincus cependant que nous l'atteindrons plus sûrement par l'élan de notre coeur que par l'effort de notre esprit. Si c'est dans l'intelligence que se répand la lumière divine, son effusion provient surtout de la volonté échauffée au feu de la charité, selon cette parole d'Isaïe : "Croyez et vous aurez l'intelligence" (Is. 6, 9). Ce qui importe le plus, quand il s'agit du salut et du perfectionnement de l'âme, ce n'est pas tellement l'abondance du savoir que le renouvellement sincère et constant du coeur. Le coeur, selon l'Evangile, c'est le centre de la personnalité, le lieu de l'action et de la communion des humains avec la Trinité; c'est le noeud des fortes décisions qui engagent l'esprit et la volonté, la liberté et la fidélité. L'être humain vaut devant les Trois ce que vaut son coeur. Il importe que le coeur agisse sous l'influence d'une vérité solidement maîtrisée et c'est précisément le Don d'Intelligence qui peut nous communiquer une telle maîtrise : le don de l'entendement demeure celui de la pénétration, de l'intuition, de l'approfondissement des vérités surnaturelles, des mystères chrétiens et des dogmes de notre Foi. Plus se développera ce don en notre âme, plus notre coeur mûrira ses fortes décisions.

Les activités essentielles du Don d'Intelligence

Par son illumination pénétrante, le Don d'Intelligence donne à l'âme une certitude et une sécurité qui, normalement, seraient l'effet de la vision, une certitude et une sécurité expérimentales, profondément senties, sur les réalités divines. Ce Don semble comme rendre sensibles ces réalités surnaturelles. Il joue, sur le plan de la connaissance surnaturelle de la Foi, le même rôle que l'habitus ou l'intelligence des premiers principes, dans l'ordre naturel de la connaissance.

La Trinité nous a transmis sa révélation en langage humain, mais en donnant aux mots habituels un sens nouveau, invisible, inaccessible aux seules lumières de la raison. En même temps que Dieu nous parle, par une proposition extérieure, qu'elle nous vienne d'un prophète ou de l'Eglise, il nous illumine "intérieurement" pour que nous puissions, par un acte vital bien personnel, fournir une adhésion intérieure, un assentiment de Foi, une pénétration dans un monde invisible, celui de la Trinité.

De plus, c'est le propre du Don d'Intelligence de nous conduire à la connaissance quasi parfaite de la destinée humaine. Pour qu'un discours soit bien compris, l'orateur se doit d'en indiquer le thème et de préciser l'effet à produire. Il en est de même de l'interprétation d'un tableau magistral et complexe qui nous est facilitée grâce à la connaissance du but poursuivi par l'artiste et du sens profond qu'il a voulu conférer à son chef-d'oeuvre. Ainsi la connaissance parfaite — produit d'une vaste expérience et non d'une pure spéculation — du but de notre vie sur terre, en favorise la compréhension et la sage orientation.

Notre volonté adhère alors plus volontiers et plus généreusement aux volontés de la Trinité. La connaissance et la certitude de notre fin dernière, que nous possédons grâce à l'Esprit d'Intelligence qui habite en nos coeurs, nous donne de pénétrer par expérience les choses divines les plus secrètes. Par cet Esprit, en quête comme nous le sommes de notre destinée trinitaire, nous pénétrons les profondeurs des vérités surnaturelles : les mystères de Dieu, des anges et des âmes cessent d'être des abstractions et des mythes, pour devenir un monde de réalités familières et d'inspirations constantes.

Le plan d'intuition et de conceptualisation du Don d'Intelligence

Le Don d'Intelligence réunit en lui, sur le plan surnaturel, les premières opérations de l'esprit, les fonctions de conceptualisation, d'organisation, en vue d'une définition.

On pourrait transposer ici, sur le plan surnaturel d'une connaissance affective et mystique, tous les procédés de conceptualisation qu'utilise nécessairement le jeu de l'intelligence humaine, sous les motions spéciales de l'Esprit-Saint, afin d'aider à voir clair, à bien distinguer les notions, à les comparer, à les rassembler en des ensembles qui peuvent paraître très vastes, très synthétiques, par simple mise en place et harmonisation, avant même de porter un jugement quelconque. Chez de grands artistes chrétiens, un Fra Angelico par exemple, ce sera la conception d'ensemble d'une fresque ou l'évocation soudaine de l'idée directrice d'un tableau, tout comme, pour d'autres génies, ce sera l'éveil d'une pensée motrice et directrice qui va devenir l'intuition-clé d'un travail en profondeur, à la suite d'une réflexion et d'un jugement sérieusement mûris.

Le discernement de diverses catégories de concepts, d'ailleurs, s'avère très utile dans le jeu du Don d'Intelligence chez un génie intellectuel. Ce simple regard de la première opération de l'esprit sur les images et les idées, au lieu de se faire par le jeu naturel des facultés humaines, peut ainsi se produire sous l'action illuminatrice de l'Esprit-Saint : il constitue une base d'images, de termes, d'idées, de notions, base sur laquelle portera un jugement qui n'en demeure pas moins riche de lumière.

L'intuition du Don d'Intelligence nous découvre ce que Dieu n'est pas, beaucoup plus que ce qu'il est. Du sein de l'obscurité de Foi qui demeure toujours jaillit une lumière qui confronte le créé et l'incréé, une lumière qui engendre en nous une sorte d'intuition négative et analogique très riche de précision sur l'inaccessible vérité trinitaire et son rayonnement sur la terre des hommes.

Le Don d'Intelligence chez les Saints

Avec le Don d'Intelligence, l'âme découvre en la Trinité des beautés toujours nouvelles et des charmes toujours plus captivants dans les mystères; elle réalise en sa religion une synthèse magnifique tout comme en la Providence des Trois elle s'émerveille devant les desseins de miséricorde et de tendresse dont déborde l'Histoire du Salut.

C'est ce Don qui a tout particulièrement guidé saint Augustin en sa montée trinitaire, en sa puissante saisie des desseins de Dieu sur l'univers. De la même manière, c'est parce que saint Bernard jouissait du Don d'Intelligence qu'il fut si précis à la suite des lumières pénétrantes qui inondaient son âme en ses continuelles méditations.

Sous l'influence de l'Esprit d'Intelligence, Thérèse de l'Enfant-Jésus écrivait, dans son autobiographie, cette profession de foi en l'Amour de Dieu pour elle : "O mon Jésus . . ., il me semble que vous ne pouvez combler une âme de plus d'amour que vous n'avez comblé la mienne". Et quelques lignes plus loin : "Je ne puis concevoir une plus grande immensité d'amour que celle dont il vous a plu de me gratifier sans aucun mérite de ma part". Elle s'écriera quelques jours plus tard, en relisant ces lignes échappées à sa plume : "Ma Mère, je suis tout étonnée de ce que j'ai écrit. Je n'en avais pas l'intention". Pourtant, elle se gardera bien de retrancher quoi que ce soit à ces lignes qui ne pouvaient mieux exprimer sa pensée.

Et combien de textes de Thérèse d'Avila, de Catherine de Sienne, nous pourrions citer pour saisir, en leur divine contemplation comme en leurs écrits, cette mystérieuse action du Don d'Intelligence. On y remarque toujours les mêmes caractéristiques de sécurité et de certitude que ce Don procure à la Foi. Rien de surprenant si saint Thomas, après la grande vision de la fin de sa vie, refusait de continuer à écrire : "Tout ce que j'ai écrit jusqu'ici, déclarait-il, ne me semble que de la paille!" L'Esprit d'Intelligence n'a peut-être pas fourni tellement d'idées nouvelles à ces saints, mais Il leur a procuré comme un toucher intellectuel, un contact visuel : ils sentaient cependant plus qu'ils ne voyaient.

Le Don d'Intelligence pour instruire les nations

Une quarantaine d'années avant la dispersion du Peuple que Dieu s'était choisi pour réaliser ses merveilleux desseins d'amitié et d'intimité avec l'humanité, un Juif de Galilée, Jésus, fils unique de la veuve d'un charpentier, Joseph de Nazareth, se donne pour le Saint d'Israël, le Désiré des Nations, le Christ tant de fois annoncé, le Sauveur promis à l'humanité dès le temps de son premier père. "FILS DE L'HOMME" est le nom par lequel ordinairement il se désigne. "Je suis l'Agneau de Dieu, la Lumière du monde, le Pain de vie".

Cet homme dont le comportement se fait de plus en plus extraordinaire se dit envoyé pour confirmer la Loi du Sinaï par une alliance nouvelle, la transfigurer et réaliser les prophètes. C'est entre Elie et Moïse que ses disciples le contemplent sur le Thabor dans le rayonnement des clartés éternelles; et sa parole, abattant devant eux les bornes de la Palestine, ouvre à leur apostolat tous les siècles et tout l'espace : "Allez de par le monde et instruisez toutes les nations jusqu'à la fin du monde".

Il faut le Don d'Intelligence pour bien comprendre qu'on ne parcourt pas le monde avec une philosophie tout simplement, avec une politique quelconque, avec une religion d'invention. Pour nous empêcher d'errer, Dieu a voulu s'introduire dans notre histoire et venir se révéler lui-même à travers un agir plus qu'à travers un enseignement. La Foi n'est pas un sentiment aveugle ni arbitraire. Dieu est intervenu dans l'histoire humaine et nous a manifesté son mystère, ses secrets.

Il faut le Don d'Intelligence pour saisir jusqu'à quel point la Parole révélatrice est liée constamment à l'action de Dieu, pour trouver la Trinité au coeur de cette intervention divine qui traverse les siècles, pour comprendre le sens de la 'BONNE NOUVELLE' et s'engager concrètement dans l'Eglise pour favoriser la réalisation du vaste projet trinitaire : la construction du Corps du Christ, salut de l'homme nouveau.

Pour préciser l'attitude d'engagement du croyant

La grande préoccupation de l'Eglise jusqu'à ces derniers temps semble avoir été le maintien de l'intégrité du dépôt évangélique. Depuis Jean XXIII surtout, une importante transition s'accomplit : nous sommes devant une Eglise plus désireuse que jamais d'ouvrir intégralement le trésor de l'Evangile comme de toute la Bible pour en étaler les profondes richesses à la vue de tous les hommes.

Plus que jamais la Parole de Dieu et son intervention, dont on saisit de mieux en mieux la continuité, viennent combler les aspirations de revalorisation de l'humanité. On se rend compte que l'Evangile est réellement une 'BONNE NOUVELLE', une nouvelle qui invite les humains à dépasser leur point de vue personnel pour s'insérer dans une oeuvre plus vaste et communautaire : un temple vivant à la gloire de l'Adorable Trinité.

Le Don d'Intelligence aidera à préciser l'attitude du croyant, à favoriser son engagement de vie au sein de l'Eglise par une plus sérieuse compréhension qui permettra de dépasser la simple attitude de soumission passive que nous remarquons chez trop de nos catholiques. Il faut une foi qui ressente l'action de Dieu, qui vive de la présence trinitaire comme un amour tout proche, qui invite l'homme à sortir de son point de vue personnel pour s'intégrer dans le projet communautaire de Jésus-Christ.

L'Esprit d'intelligence permettra de mieux saisir les rapports de la religion avec la vie réelle, la vie de tous les jours, de mieux adapter les dimensions de la vie humaine aux dimensions de la vie trinitaire, de multiplier le pouvoir de réflexion des humains sur les problèmes profonds de l'au-delà, afin de mieux centrer leur civilisation technique et d'assurer davantage la sécurité de l'humanité au milieu de tous ces progrès qui deviendront des dangers affreux s'ils ne sont pas sagement orientés. Le monde moderne possède de riches valeurs, mais il finira par se détruire s'il ne cherche sa libération qu'en ses propres forces sans se soucier du Dieu qui les lui donne.

Conditions qu'exige
l'Esprit d'Intelligence

Certains chrétiens ont leur doctrine à eux pour expliquer l'univers, l'homme et son avenir. Ils ne se gênent pas pour qualifier ouvertement de rétrograde l'attitude de l'Eglise et d'infantile le comportement de la plupart de leurs frères. Le marxisme de même que l'agnosticisme scientifique les attirent; ils vont pour ainsi dire se cristalliser en leur esprit.

Chez ces chrétiens, le Don d'Intelligence réveillerait la foi, vivifierait la relation avec Jésus-Christ, et replacerait la vie dans les véritables perspectives évangéliques ainsi que l'influence qu'ils ne peuvent s'empêcher d'exercer sur leur entourage. Pierre vivante de l'Eglise, le chrétien n'est pas un simple passager, mais un membre permanent et actif.

Avant d'entrer en opération chez un chrétien, l'Esprit d'Intelligence exige une sérieuse réflexion personnelle qui unifie la vie humaine et la vie religieuse afin de déterminer une attitude positive à l'intérieur de la communauté ecclésiale. Une réflexion sérieuse s'impose sur les motifs et le contenu de la Foi, sur un dynamisme spirituel et moral qui cherche l'esprit au coeur de la lettre pour donner une participation d'adulte à la communauté ecclésiale en y engageant autant qu'on le peut son initiative dans une esprit critique mais lucide et positif à l'égard de l'Eglise dans sa vie historique concrète.

C'est à ces conditions que l'Esprit de *Science* nous fera mieux saisir les divers langages de la Parole de Dieu, le langage biblique, le langage liturgique, le langage dogmatique pour aider le Don de Science qui permet de pénétrer le sens des événements humains même les plus profanes, qui sont autant de signes concrets et d'appels de la Providence trinitaire dans la marche de l'humanité. Sans la Science et l'Intelligence, il est difficile de lire le mystère de Dieu et de comprendre le langage des événements.

CHAPITRE XVIII

Le Don de Sagesse

La vraie sagesse consiste à tout faire selon la volonté de Dieu. Sans supprimer la liberté humaine, la Trinité intervient partout et toujours. Vouloir rebâtir le Temple sans tenir compte du plan naturel et surnaturel de Dieu, C'EST BATIR DANS LE VIDE.

Le Don de Sagesse

A la Trinité par le Don de Sagesse

— La Sagesse aux sources mêmes de la Révélation

— Le Verbe Incarné : Sagesse de la Trinité

— Le Don de Sagesse et la Charité théologale

— Le Don de Sagesse et la vertu théologale de Foi

— Le Don de Sagesse dans le regard même de Dieu

— Le Don de Sagesse dépasse infiniment la sagesse du philosophe

— Puissance "trinitarisante" du Don de Sagesse

— Le Don de Sagesse et les autres Dons

— Dans l'immensité miséricordieuse de la Trinité

— L'expérience mystique que procure le Don de Sagesse

— Ce Don appartient à tous les chrétiens en état de grâce

— Science d'amour que procure le Don de Sagesse

— Quelques degrés dans l'excellence du Don de Sagesse

— Procédé de contraste : sagesse et folie

— La Trinité et ses attributs : objet du Don de Sagesse

— Pour une sage orientation des progrès techniques

— L'Esprit de Sagesse invite la Science moderne

— Pour un nouvel âge mental adulte

La Sagesse aux sources mêmes de la Révélation

La recherche de la sagesse a toujours été considérée, à travers les âges, comme une préoccupation majeure. Une telle sagesse, de visée plutôt pratique, enseigne à l'être humain à se conduire avec prudence et habileté afin de mieux réussir dans l'être et l'agir.

Dans la Révélation biblique, la Parole de Dieu prend souvent forme de Sagesse, mais il s'agit alors d'une Sagesse inspirée qui diffère de nature avec la sagesse simplement humaine. Déjà présente en l'Ancien Testament, cette Sagesse divine éclate avec puissance dans le Nouveau; éminemment active, elle se montre associée à tout ce qu'accomplit la Trinité sur "la terre des hommes". Dès la création, la Sagesse se répandait à profusion et elle continue depuis de régir l'univers; "Yahvé, par la Sagesse, a fondé la terre; il a établi les cieux par l'Intelligence" (Pr. 3, 19).

On voit sans cesse la Sagesse présider aux grands événements de l'Histoire du Salut : elle s'est installée en Israël sous la forme concrète de la Loi pour y jouer un rôle analogue à celui des prophètes, pour équilibrer la conduite du peuple, lui adresser tantôt des reproches et tantôt des encouragements.

Dieu agit par sa Sagesse tout comme il agit par son Esprit : "Et ta volonté, qui l'aurait connue, si toi-même n'avais donné la Sagesse et n'avais envoyé d'en-haut ton Esprit-Saint?" (Sg. 9, 17) C'est vraiment tout un que d'accueillir la Sagesse et de se montrer docile à l'Esprit de Dieu.

Issue de la bouche du Très-Haut comme son haleine ou sa Parole, la Sagesse se présente à nous comme le souffle de la puissance trinitaire, une effusion de la gloire des Trois, un reflet de leur éternelle lumière, le miroir vivant de leur excellence et de leur activité. Quand cette Sagesse envahit une âme celle-ci se perd dans le sentiment intense de la transcendance divine, dans un envahissement intérieur si puissant que, même s'il ne dure qu'un instant, il laisse dans l'âme une certitude profonde sur sa vie théologale en attendant l'éternelle vision.

Le Verbe Incarné :
Sagesse de la Trinité

Dieu le Fils est tout autant la Sagesse du Père que sa propre Parole. Avant de se révéler, cette Sagesse personnelle, bien que toujours agissante, demeurait cachée au sein de la Divinité. Pour parler de cette pré-existence du Verbe auprès du Père, l'Ecriture reprend les termes mêmes qui définissent la Sagesse divine : Jésus, comme la Sagesse, est désigné par l'appellation de Premier-né avant toute créature et l'artisan de la création, le resplendissement de la gloire de Dieu et l'effigie de sa propre substance.

C'est à juste titre que le Verbe Incarné se montre à ses contemporains comme un maître de sagesse, même si ses auditeurs doivent s'en étonner : "Le sabbat venu, il se mit à enseigner dans la synagogue et le grand nombre en l'entendant étaient frappés d'étonnement et disaient : "D'où cela lui vient-il? Et qu'est-ce que cette sagesse qui lui a été donnée et ces grands miracles qui se font par ses mains?" (Mc 6, 2)

Le Maître ne dissimule pas à ses auditeurs qu'une telle sagesse pose un problème : "La reine du Midi se lèvera lors du Jugement avec cette génération et elle la condamnera, car elle vint des extrémités de la terre pour écouter la sagesse de Salomon, et *il y a plus ici que Salomon!*" (Mt. 12, 42) Méconnu par sa génération incrédule, Jésus sera accueilli par les coeurs dociles : "La Sagesse a été justifiée par tous ses enfants" (Lc 7, 35). Les enfants de la Sagesse, ce sont les enfants de Dieu, d'un Dieu souverainement sage dont ils reconnaissent et accueillent les oeuvres.

C'est en son nom propre que le Verbe Incarné promettra aux siens le Don de Sagesse. Cependant, ce n'est pas aux sages et aux habiles qu'un tel don sera accordé, mais aux petits, aux humbles. La Sagesse est chose divine, mystérieuse et cachée, impossible à sonder par l'intelligence humaine. Manifestée dans et par l'accomplissement historique du salut, elle ne peut être communiquée que par l'Esprit de la Trinité aux hommes qui accueillent le plan trinitaire et consentent à travailler à sa réalisation.

Le Don de Sagesse
et la Charité théologale

Uni au Verbe incarné, l'être humain participe à la Sagesse des Trois et se voit ainsi introduit en l'intimité de Dieu : dans le secret des âmes, le Christ et l'Esprit-Saint continuent sans cesse leur divine illumination par une discrète pénétration de la science rayonnante du mystère trinitaire, pénétration qui s'accomplit toujours dans le sens de l'amour. Ce qui attire le Verbe dans les âmes, ce n'est ni la foi seule, ni les lumières prophétiques, mais la vraie science des saints, cette sagesse d'amour qu'est la charité.

La charité théologale, don divin le plus riche après la grâce, se range au tout premier rang des vertus dont elle constitue comme l'âme qui les anime, les oriente et les finalise. Par la charité, nous nous unissons à la Trinité de façons diverses, selon l'éclairage du don qu'elle informe puisque chaque Don de l'Esprit-Saint conserve sa manière propre de faire entrer en contact avec les Trois.

Le don de Sagesse nous montre Dieu comme bonté infinie, goûtée et connue par expérience : c'est sous cet angle que ce Don jouit d'un rapport tout spécial avec la Charité par laquelle nous aimons la Trinité en Elle-même alors que le Don nous éclaire un peu sur le motif d'un tel amour. Nous apprenons ainsi à mieux connaître la Trinité qui semble nous prêter sa propre vue pour mieux saisir et mieux jouir de la vie des Trois.

Le Don de Sagesse se présente comme l'auxiliaire le plus précieux de la Charité : il devient, à la lumière pénétrée d'amour du *"Tout de Dieu"*, source d'unité et de paix par l'équilibre qu'il permet en soi-même et en l'univers. Tout être trouve sa perfection dans son retour au principe qui l'a provoqué : la flamme toute lumineuse du Don de Sagesse favorise ce retour au Principe Suprême par un jugement sain et profond sur les causes divines qui produisent et conduisent le monde à l'avantage de l'Humanité et à la Gloire de la Trinité. Quoi de surprenant si cette Sagesse est présentée aux humains comme le trésor le plus précieux? C'est le Don de Sagesse qui bâtit les vrais "amis de la Trinité".

Le Don de Sagesse
et la vertu théologale de Foi

Le Don de Sagesse, mis au service de la Charité, ne doit pas pour autant nous faire oublier qu'il fournit à la Foi ses actes les plus élevés, ses plus hautes lumières en deça de la vision béatifique : si le Don de Sagesse est au service de la Charité où il trouve son origine et sa fin, il n'en demeure pas moins essentiellement ordonné à la contemplation.

Deux sagesses, l'une technique et l'autre d'amour, nous viennent d'en haut pour illuminer notre vie de Foi. La sagesse d'ordre plutôt technique part de la Révélation divine et procède selon toutes les lois de la méthode scientifique pour nous faciliter la méditation des mystères chrétiens à la lumière supérieure de l'indivisible Trinité. La seconde sagesse, conséquence d'un amour vécu, ne néglige en rien les rigueurs de la science, mais procède surtout d'une expérience vécue des choses divines, par "passion ardente" et union mystique avec la Trinité : l'Esprit de Dieu a commencé par s'unir les âmes et c'est dans l'exercice d'une telle union toute d'amour qu'Il leur infuse ses lumières et ses secrets.

Fondement de notre connaissance surnaturelle, la Foi croit sur parole et adhère fermement aux vérités révélées sans les voir. Pénétrer toutes ces richesses dans la mesure du possible, les exploiter au maximum : tel est le rôle complémentaire des Dons du Saint-Esprit. Le Don d'Intelligence aide l'âme à sonder les profondeurs des mystères divins; le Don de Science lui en découvre la connexion universelle sur le plan des causes secondes et le Don de Sagesse l'illumine par les sommets, faisant resplendir à ses yeux l'infini des perfections divines, les raisons éternelles de tous les mystères, les motifs providentiels des moindres événements de notre univers racheté. C'est ainsi que le Don de Sagesse élève notre Foi à une contemplation déiforme qui déroule à nos regards tous les horizons divins. Même s'il jouit d'un fondement particulièrement affectif, le Don de Sagesse n'en demeure pas moins le plus intellectuel de tous les dons, le plus apte à nous éclairer sur la vérité divine et sur la Trinité (IIa, IIae, q. 45, at. 2).

Le Don de Sagesse
dans le regard même de Dieu

Sous la poussée de la charité, le Don intellectuel de Sagesse agit au bénéfice de l'amour dont il satisfait les exigences les plus impérieuses et les plus logiques. Sagesse vient de "sapor", c'est-à-dire "saveur". C'est l'intelligence, non en tant qu'elle connaît, mais en tant qu'elle goûte ce qu'elle connaît, l'intelligence à l'état de saveur amoureuse.

Le Don de Sagesse fait expérimenter l'immensité de la divinité et l'intimité des Trois Personnes de l'Adorable Trinité : on ne dit rien, on ne pense rien, on ne voit rien, mais on saisit, on s'abîme dans l'adoration. Dans un tel contact avec l'infini, l'âme semble se dissoudre, se séparer des choses d'en-bas pour ne plus goûter que la saveur divine.

Le Don de Sagesse, attirant vers les Trois, dans un mouvement indivisible de représentation et d'appétition, toutes les énergies d'une même personne vivante, réussit une mystérieuse harmonisation et concordance entre l'âme et la Trinité, aimée par-dessus tout. C'est ce Don qui accomplit ce qu'on appelle l'union mystique de l'âme avec Dieu.

A l'imitation de la Science de Dieu, ce Don est à la fois spéculatif et pratique, bien que son office primordial demeure la contemplation : sous ses puissantes illuminations, le regard de l'âme demeure immuablement fixé sur la Trinité et juge de tout dans une très pure lumière divine, un peu comme le Père qui voit tout dans son Verbe. Son objet privilégié demeure l'Adorable Trinité et tout le reste n'existe que dans le rayonnement de cette suprême Lumière : "O Lux Beatissima Trinitas".

En autant qu'il est possible à une simple créature, cette très haute sagesse assimile en quelque sorte le regard des humains et celui des purs esprits divinisés par la grâce ou la gloire avec le regard de Dieu sur Lui-même et sur l'univers. Par surcroît, ce Don de Sagesse s'étend au jeu des causes secondes comme au domaine de l'action pour les illuminer d'en haut des vues mêmes de la Providence : tout se transforme en vie à la clarté des Trois.

Le Don de Sagesse dépasse infiniment la sagesse du philosophe

Dans l'ordre naturel, les richesses intellectuelles de notre esprit ne demeurent pas connaissances éparses : l'esprit les coordonne, les érige en système, leur imprime le sceau de l'unité. Chaque science met ainsi de l'ordre dans les notions qui lui sont propres pour les mieux rassembler dans les causes et les principes étudiés.

Bien qu'au sommet de toutes les sciences, la Sagesse n'échappe pas à leurs procédés : son savoir est aussi un savoir par les causes, mais elle les dépasse toutes par une pénétration plus profonde des choses pour en découvrir les causes les plus secrètes jusqu'à l'explication dernière au-delà de laquelle l'esprit humain ne peut s'aventurer.

Le Don de Sagesse permet cette pénétration profonde au coeur des réalités trinitaires. Toutes les sciences et tous les arts laissent l'être humain à ses seules forces naturelles et la sagesse métaphysique elle-même, couronnement de tout le savoir humain, n'entrevoit Dieu qu'à travers ce monde créé et en perpétuelle référence avec Lui : c'est toujours en termes "d'être" que s'exprime cette sagesse du philosophe pour relier tout l'univers à l'Etre infini.

La Charité diffère grandement des vertus théologales de Foi et d'Espérance qui ne franchiront pas les portes de la Jérusalem céleste, mais seront remplacées par la vision et la possession. La Charité est faite pour le Ciel et à la mesure de la Trinité : pourquoi se surprendre qu'elle veuille voir ce Dieu-Trine, l'étreindre positivement, dépasser la foi qui, toute dorée qu'elle soit, n'en demeure pas moins une prison pour l'Amour? C'est sous l'influence du Don de Sagesse que s'accomplit ce "dépassement de la Foi". Même si la connaissance par le Don de Sagesse demeure une connaissance de Foi, elle est si cordiale et si expérimentale qu'elle semble toucher Dieu. Cette expérience aimante de l'infini et de l'immensité trinitaire dépasse tout ce que peut procurer de connaissance la sagesse du philosophe.

Puissance "trinitarisante" du Don de Sagesse

Le Don de Sagesse considère toute réalité sous son aspect divin et éternel : il participe au maximum au mode d'agir divin puisqu'il constitue le don par excellence de notre "trinitarisation", de notre transformation en Dieu par l'amour et de notre configuration au Christ. Au lieu de raisonner péniblement, lentement, à partir de réalités sensibles, à travers un long dédale de jugements successifs, l'intelligence pénètre d'un seul coup au fond des choses, juge rapidement et sûrement de toutes les causes secondes, à la manière de Dieu, apprécie tout à la mesure divine et contemple l'univers à la lumière de l'Unique Cause Suprême, selon un mode supra-humain, intuitif, déiforme.

C'est à la lumière trinitaire que le Don de Sagesse estime et mesure tout, même les orientations les plus concrètes et les moindres décisions de notre vie quotidienne : participation à la Sagesse même de Dieu, il nous permet d'atteindre le degré le plus haut de la vie spirituelle et trinitaire qui soit possible ici-bas, une vie toute purifiée en laquelle les moindres actes s'inspirent toujours du plus pur amour et réussissent, au suprême degré, une totale transformation en Dieu jusqu'à ne plus faire qu'un seul Esprit avec Lui.

Don de l'Esprit-Saint, cette sagesse surnaturelle s'épanouit en l'acte d'amour de la volonté, mais jaillit, comme de sa source essentielle, de l'intelligence tout illuminée par l'Esprit des Trois. A cette lumière déifique, l'âme "trinitarisée" s'enflamme d'amour et du désir ardent de contempler la Beauté Divine et la Vie intime de l'Adorable Trinité; elle entre en communion étroite avec le Verbe qui aspire l'Amour et l'entraîne avec Lui dans le cycle même de la vie trinitaire. L'Esprit-Saint, l'éternel visionnaire de Dieu, l'Amour infini, le moteur premier de toute charité, fait passer dans l'âme quelque chose de son éternelle vision, lui communique une mystérieuse motion qui permet à la Trinité de lui faire faire, par la voie du coeur autant que par celle de l'intelligence, une expérience de la vision céleste et de l'éternel bonheur des Trois Personnes de la Trinité.

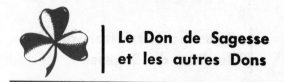

Le Don de Sagesse
et les autres Dons

Le Don de Sagesse joue un rôle ordonnateur vis-à-vis les autres Dons : il dirige tout le mouvement de notre vie spirituelle dans le rayonnement de la clarté trinitaire. Il inspire le Don de Conseil en ses décisions, découvre au Don de Piété les infinies perfections du Père pour qu'il lui rende, en union avec le Christ, Souverain Prêtre, un culte digne de Lui, illumine le Don de Force par la présence toute proche d'une Trinité immuable, et fait amoureusement trembler la Crainte Filiale par une révélation plus intime de la Majesté divine si redoutable aux pécheurs.

Alors que le Don d'Intelligence nous communique, par illumination divine, les intuitions primordiales de notre Foi pour nous délivrer des fantômes de l'imagination, des erreurs de notre esprit propre autant que de notre amour-propre; alors que le Don de Science fait découvrir la Trinité à travers les créatures qui cessent désormais d'être pour l'âme un obstacle et un tourment en sa laborieuse ascension trinitaire; alors que ces deux Dons nous présentent les vérités essentielles auxquelles il nous faut adhérer, le Don de Sagesse situe ces vérités partielles dans l'ensemble du plan de Dieu, éclairant les mystères les uns par les autres, le mystère ecclésial par le mystère marial, la Rédemption par l'Incarnation, et tous les mystères dérivés à la lumière suprême de la Trinité.

Les Dons de Science et d'Intelligence comprennent mieux le sens des créatures quand le Don de Sagesse leur donne de contempler le néant de la création en face de Celui qui est Tout. En cette même lumière du Tout de Dieu, le Don de Conseil choisit les orientations les plus rapides et les plus sûres pour s'élever aux sommets les plus hauts de la perfection, tandis que le Don de Piété inspire à l'âme chrétienne adulte de murmurer avec le Fils : "Abba, Père", pour s'abîmer ensuite dans le silence de l'adoration; à leur tour, les Dons de Force et de Crainte trouvent dans la contemplation déiforme du Don de Sagesse le secret d'une fidélité inébranlable et d'une confiance absolue.

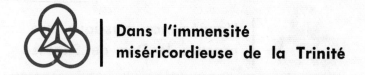
Le jeu septiforme de l'Esprit de la Trinité dans l'âme des Saints peut revêtir mille visages pour se manifester. Dieu ne se répète jamais. A travers cette infinie variété, le Père vise à configurer tous ses fils d'adoption à la ressemblance de son Fils Unique, la Sagesse incarnée. C'est à l'Esprit d'Amour, par le Don de Sagesse, qu'il revient de parfaire en chacun des élus cette image vivante de la sainteté de Dieu.

C'est dans le Don de Sagesse, sous la motion directe, immédiate et personnelle de l'Esprit d'Amour, que la connaissance mystique, par connaturalité affective, trouve sa réalisation suprême. L'oeuvre accomplie par les Dons de Science et d'Intelligence, si efficace et merveilleuse qu'elle soit, ne permet pas encore le plein essor de la charité. L'âme ne peut se contenter d'aimer Dieu négativement, d'aimer la Trinité d'amour comparatif : l'amour réclame une étreinte positive, veut toucher directement l'amabilité infinie des Trois Personnes.

L'acte du Don de Sagesse est l'acte de l'intelligence qui renonce à penser et à concevoir, qui, se servant comme d'un tremplin des idées où s'exprime la Foi, les dépasse, les abandonne en quelque sorte, et s'élance comme l'enfant dans les bras de son Père, dans l'immensité miséricordieuse de Dieu pour en expérimenter si vivement la présence que l'âme semble toucher concrètement cette présence.

Sous la motion du Don de Sagesse, le fils adoptif de Dieu saisit la majesté de son Père, sa gloire, sa puissance et son infinie bonté dans une appréhension toujours plus précise et plus vivante où le coeur se sent comme terrassé par l'excès de tendresse trinitaire, infiniment comblé par la transcendance des Trois. Ce contact avec la Trinité, sous l'effet de l'Esprit de Sagesse, n'expliquerait-il pas quelque peu l'extraordinaire ravissement dont saint Paul fit la confidence aux Corinthiens? Aucun Don de l'Esprit ne peut lancer l'âme plus avant dans les hauteurs de l'infini trinitaire.

L'expérience mystique que procure le Don de Sagesse

Quand il s'agit de déterminer avec précision le mode obscur de l'expérience mystique, les théologiens se montrent passablement divisés. Pour les uns, l'union mystique s'accomplit comme dans le monde des purs esprits au moyen d'idées infuses communiquées directement par Dieu sans passer par les sens; pour certains autres, elle s'accomplit sans l'intermédiaire des idées ou des concepts; pour d'autres enfin, tout se réduit à un simple jeu d'accompagnement matériel, l'amour fournissant l'élément dominateur et le moyen formel de cette connaissance mystique.

Des trois voies d'accès jusqu'à Dieu, causalité, éminence et négation, la méthode négative, portant sur la manière suréminente dont Dieu possède toutes les perfections, demeure la méthode privilégiée. C'est par négations successives que les mystiques, tout comme les théologiens, approchent de plus près la transcendance divine, liés qu'ils sont à ce monde sensible et au régime ténébreux de la Foi. Ils s'élèvent vers Dieu par des illuminations successives et suprarationnelles sous l'influence d'une sagesse d'amour qui nie toutes les images et les idées créées, sans cesser de les laisser dans une connaissance confuse et indistincte, comme l'a noté saint Jean de la Croix.

L'ultime intuition que procure le Don de Sagesse fait quand même parvenir à la connaissance de Dieu la plus parfaite qui soit ici-bas. Ce n'est pas en vain que tant de mystiques ont exalté cette surnaturelle saisie de Dieu, saisie à la fois obscure et lumineuse, sous le nom de *"divines ténèbres"*, conscients que sur la terre, c'est l'union à la Trinité "dans la nuit" pour tous les hommes. Cette union trinitaire s'établit par un contact direct avec les Trois Personnes, un contact plus riche de contenu que toutes les descriptions les plus érudites et les dissertations les plus savantes : c'est un peu comme le fruit qu'on savoure soi-même, et la description de cette saveur, si riche soit-elle, ne peut exprimer toute la richesse de sa propre réalité. Rien n'égale l'expérience trinitaire que procure le Don de Sagesse.

Ce Don appartient à tous les chrétiens en état de grâce

Même si, sur terre, les grâces merveilleuses réservées au Don de Sagesse ne peuvent être le fait d'un état habituel et constant, elles n'en influencent pas moins les baptisés, quand ce ne serait que pour quelques jours ou quelques instants. Après un ravissement rapide, une envolée fugitive, l'âme retombe nécessairement sur le terrain de là Foi, terrain normal des "pèlerins" du Ciel, en marche vers l'éternelle Cité.

Qui ne s'est senti, un jour ou l'autre, saisi profondément par le sentiment de la présence immense de la Trinité et pénétré par l'infinie majesté du Dieu-Un? De tels sentiments ne jaillissent pas seulement au cours d'une messe ou d'une communion, mais peuvent survenir sur la route, en voyage, au moment le plus inattendu. Tout chrétien fervent et fidèle à la grâce devient sujet à ces inspirations du Don de Sagesse, même s'il ne se rend pas toujours compte de leur action.

Ce Don procure à l'âme une grande vigueur et fortifie ses puissances; toute sa vie en est comme assainie, ainsi qu'il arrive à ceux qui font usage d'aliments qui leur conviennent. Sous l'action de l'Esprit de Sagesse, tout semble devenir plus aisé pour l'âme qui ne s'effraie plus devant la souffrance dont elle entrevoit l'orientation.

Heureux celui en qui règne cette précieuse Sagesse qui révèle à l'âme la saveur de Dieu. "L'homme animal est privé de ce goût qui perçoit ce qui vient de l'Esprit de Dieu" (I Co. 2, 14). L'être humain moins grossier, mais livré à l'esprit du monde, est également impuissant à comprendre ce qui fait l'objet du Don de Sagesse (Jn 14, 17). Pour jouir de ce Don, il faut devenir sincèrement spirituel, se prêter docilement aux désirs de l'Esprit. La Trinité nous réserve peut-être de ces heures bénies au cours desquelles, tout le créé nous devenant comme étranger, notre âme, plongée en Dieu, pourra n'être plus qu'audition et adoration. Méfions-nous alors de toute gourmandise spirituelle, mais profitons bien de ce passage de nous-mêmes en la Trinité!

Science d'amour que procure le Don de Sagesse

Dieu, pour l'âme mystique sous l'emprise du Don de Sagesse, n'est pas un être indifférent, mais trois Personnes bien vivantes qui ne demandent qu'à la pénétrer tout entière. Parce qu'il est l'amour personnifié et que l'amour est unitif, qu'il veut l'union des êtres qui s'aiment, l'Esprit de la Trinité nous communique le Don de Sagesse, cette qualité qui rend notre coeur capable de capter la motion par laquelle il lui fait goûter l'objet de son amour, la motion par laquelle il lui donne de connaître Dieu expérimentalement et non pas seulement intellectuellement, de le posséder et d'en jouir.

Même plongée dans les obscurités de la Foi, la volonté se porte vers le Dieu d'amour tel qu'Il est en Lui-même, dans son amabilité infinie qui l'attire comme irrésistiblement. Cette union amoureuse dont Dieu constitue le terme immédiat, ce Dieu-Trinité que la Foi maintient quand même à distance, fait expérimenter, non en termes formulables et sous forme d'idées claires, mais par une réelle présence d'amour, qu'il existe au sein de la divinité infiniment plus de puissance et de bien que ne peut nous le dire notre connaissance créée, limitée et fragmentaire.

Cet "au-delà" de la connaissance, l'amour le sent sous forme de tendance affective venant informer subjectivement tout notre mode de savoir. C'est ainsi que l'âme mystique pénètre dans les profondeurs de la Trinité, non par simple connaissance intellectuelle, mais par "attirance d'amour". Le Dieu des mystiques est un Dieu expérimenté : cette formalité nouvelle fait entrer la connaissance par connaturalité dans une connaissance, non plus abstraite, mais pénétrée d'amour et transfigurée par une inclination affective qui la fait se reposer en la Trinité comme objet suprême de son bonheur et de sa fruition.

Cette "science d'amour" que procure le Don de Sagesse se caractérise par cette *dominante affective* qui expérimente l'immensité profonde de la Trinité : l'âme ne pense rien, ne voit rien, mais saisit que la Trinité dépasse tout et s'abîme dans l'adoration.

Quelques degrés dans l'excellence du Don de Sagesse

Comme tout Don, celui de la Sagesse présente plusieurs degrés d'excellence. Le premier vient de la réception du Don lui-même et confère un jugement droit, une rectitude surnaturelle pour juger des choses d'En-Haut en même temps que des normes divines pour gouverner nos actes et diriger notre existence. La Sagesse ne s'emploie pas seulement à nous faire connaître la Trinité, mais aussi et surtout à orienter toute notre vie dans le sens de la vie trinitaire, car la vie du chrétien doit recevoir sa direction non seulement des raisons humaines, mais aussi des intentions divines.

A un degré plus élevé, le Don de Sagesse provoque un goût prononcé pour tout ce qui touche à la Trinité : "Du moment que vous êtes ressuscités avec le Christ, recherchez les choses d'En-Haut, là où se trouve le Christ, assis à la droite de Dieu. Songez aux choses d'En-Haut, non à celles de la terre" (Col. 3, 1-2). L'âme qui jouit de ce goût divin trouve un plaisir inexprimable à penser trinitairement, à savourer les bontés, les beautés, les perfections et les mystères de la Trinité : elle n'a d'autre attrait que la Volonté du Bon Plaisir des Trois Personnes de l'Adorable Trinité.

L'âme qui a ainsi goûté la Trinité ne désire rien de plus : cette expérience unique du contact divin l'oriente vers le but ultime de toute sa vie, vers l'union intime avec les Trois en qui elle se perd pour le temps et l'éternité. Tout devient pour elle source de mérites et cause de sanctification, qu'il s'agisse de pauvreté ou d'austérité, de mépris ou de maladie.

Jouir un tant soit peu des délices du Don de Sagesse fait perdre bien vite toute saveur aux choses de la terre. Si tant de saints ont si généreusement renoncé au terrestre, c'est qu'ils vivaient constamment sous cette influence lumineusement amoureuse du Don de Sagesse. Ce Don nous appartient à tous et l'Esprit-Saint ne nous laissera pas prier en vain : Il n'attend que notre disponibilité pour venir vers nous et nous emporter d'un vol rapide jusqu'au coeur de la Trinité.

Procédé de contraste; sagesse et folie

On saisit mieux le sens profond du Don de Sagesse en l'opposant à la folie du monde. La sagesse de ce monde, méconnaissant le Dieu vivant sur terre, a mis le comble à sa folie quand les humains ont décidé de crucifier le Verbe Incarné : "Ayant connu Dieu, ils ne lui ont rendu, comme à Dieu, ni gloire, ni action de grâces, mais ils ont perdu le sens dans leurs raisonnements et leur coeur inintelligent s'est enténébré : dans leur prétention à la sagesse, ils sont devenus fous et ils ont changé la gloire du Dieu incorruptible contre une représentation" (Rm. I, 21-23).

Dieu n'a pu que condamner une telle sagesse toute terrestre, parfois animale, pour ne pas dire démoniaque. Pour confondre cette sagesse, le propre Fils de Dieu a voulu sauver le monde par la folie de la Croix. Il faut désormais ne pas tricher avec la croix, mais bien réaliser que ce qui est sagesse aux yeux des humains est souvent folie aux yeux de Dieu.

En la pratique concrète de notre vie chrétienne, le Christ nous invite à imiter la conduite des vierges sages et non celle des vierges folles. Saint Jacques, à son tour, oppose fortement cette fausse sagesse à la sagesse d'En-Haut. L'homme pécheur doit se laisser crucifier avec sa sagesse orgueilleuse s'il veut renaître dans le Christ : son effort prendra alors un sens nouveau parce qu'accompli sous la mouvance de l'Esprit de la Trinité.

Au contraire, "malheur à ceux qui se croient des sages et s'estiment très malins" (Is. 5, 21). Dieu fera que leur sagesse devienne folie : ils seront pris au piège pour avoir méprisé la Parole de Yahvé, car cette Parole est la seule source de toute sagesse authentique. L'âme dont l'humilité, la docilité et la fidélité préparent le terrain au Don de Sagesse finit par découvrir la sublimité inouïe de ce Christ qui est Dieu et Homme tout à la fois, et par dépasser l'Humanité pour atteindre la Divinité, le Verbe et la Trinité. Le Don de Sagesse ne peut que conduire à la Trinité.

La Trinité et ses attributs : objet du Don de Sagesse

C'est Dieu en lui-même, dans toute sa majesté, que l'Esprit de Sagesse nous fait atteindre et expérimenter. Rien n'est plus normal que l'objet préféré de la contemplation que provoque le Don de Sagesse soit la Très Sainte Trinité : les Trois Adorables Personnes habitent en toute âme juste par la Grâce Sanctifiante pour Se laisser connaître et aimer par elle; de plus cette Trinité mystérieuse n'est-Elle pas le coeur même de l'Etre divin, le tout de Dieu en sa vie la plus profonde et la plus intime?

C'est sûrement sous l'influence du Don de Sagesse qu'Elisabeth-de-la-Trinité a trouvé le ciel sur la terre, dans le silence de sa cellule de malade. Sous cette influence, elle a compris le sens profond des paroles du Maître : "Si quelqu'un m'aime, mon Père l'aimera; nous viendrons en lui et nous ferons en lui notre demeure".

Soulevée par l'Esprit de Sagesse, l'âme chrétienne atteint Dieu en Sa Trinité, réalise l'unité qu'elle convoite pour en venir à penser et à juger par l'Esprit même de Dieu : "Celui qui adhère à Dieu, ne fait qu'un esprit avec lui" (I Co. 6, 17). Quelle merveille que de venir à penser et à juger ainsi! Installée en quelque sorte au coeur même de l'intelligence divine et dans la sérénité éternelle, l'âme juge d'emblée avec Dieu et comme lui selon les raisons divines et les causes éternelles.

Le meilleur moyen pour provoquer en nous ces mystérieuses emprises du Don de Sagesse réside en notre vie divinement filiale entretenue, respectée et aimée. A Notre-Dame de la Trinité, celle que les Pères de l'Eglise nous présentent comme l'Epouse de l'Esprit-Saint *"Sponsa Spiritus Sancti, Consanguinea Christi"*, *"Verbi Dei"*, demandons le courage dont nous avons besoin et la grâce de purifier nos pauvres coeurs humains pour les garder fixés à tout jamais dans la Trinité, sur les grandeurs et les beautés de la patrie céleste.

Pour une sage orientation
des progrès techniques

Les progrès techniques obtenus sur tous les plans bouleversent le monde plus que jamais et modifient la vie des hommes qu'ils menacent autant qu'ils l'améliorent. Alors qu'il y a à peine trente ans on s'émerveillait des vols intercontinentaux, on rêve maintenant de vols interplanétaires. La courte durée d'une vie humaine normale ne couvre pas le temps qu'il a fallu pour réaliser cet extraordinaire déploiement technique. L'énergie atomique et certaines autres puissances de valeurs indéfinies continuent d'ouvrir les perspectives les plus inespérées et les machines multiplient géométriquement leurs puissances pour fournir à l'être humain une collaboration qui semble dépasser parfois la capacité de son cerveau.

Toutes ces réalités, si puissantes qui transforment la vie et ses comportements, présentent au monde moderne de réels dangers s'il n'apprend pas assez vite à s'en servir avec sagesse. S'il a fallu beaucoup d'intelligence individuelle et collective pour réaliser la science technique que nous admirons, il ne faudra pas moins de sagesse pour la faire servir selon l'équité.

On renonce de plus en plus au savoir purement philosophique pour lui préférer le domaine du relatif, des accidents, des phénomènes. L'attitude moderne qui résulte d'un déplacement de curiosité ne doit cependant pas faire négliger l'essentiel, le 'noumène', pour les accidents si on s'en tient au langage kantien, l''essence' pour les accidents si l'on emprunte le langage aristotélicien. Au milieu de ce vaste chantier aux entreprises si étonnantes, la sagesse doit garder son rôle de coordonnatrice, de conductrice et d'organisatrice de la vie humaine. La sagesse humaine, fondée sur une expérience accumulée par la tradition, ne servira parfaitement l'orientation des développements obtenus que si elle s'appuie sur la Sagesse divine, sur le dessein que la Trinité a sur le monde.

L'Esprit de Sagesse invite la Science moderne

La connaissance et la technique modernes semblent avoir rompu les structures naturelles qui donnaient au monde ancien son assurance et sa stabilité. La nature est devenue un ensemble d'énergies et de matières premières dont l'homme peut désormais disposer à son gré. Dans ce chantier de travail, fourmillent les énergies les plus diverses, dont l'être humain peut disposer pour sa prospérité comme pour sa perte.

L'Esprit de Sagesse invite la science moderne à se bien situer face à la conscience religieuse qui admet un au-delà, en-haut comme en-bas, pour l'avenir comme pour le passé, un au-delà qui est habité par les trois Personnes divines réellement distinctes et toujours agissantes sur la 'Terre des Hommes'. Actuellement se confrontent plus que jamais cette activité trinitaire transcendante et l'activité historique de l'être humain, avec, comme conséquences, diverses manières de voir le monde, de l'éprouver et de présider à son développement.

La Science et la Religion ne sont pas deux ennemies : la première s'arrête à la Création alors que la deuxième y trouve une manifestation puissante de la Bonté des Trois. Se dire contre la Religion parce qu'en faveur de la Science révèle une pauvre mentalité : science, intelligence et sagesse ont la même Trinité Créatrice pour auteur et la même Providence trinitaire qui veille toujours sur elles.

Avant d'être un objet d'étude et d'exploitation, la Création est un 'projet', une intention bienveillante de la Trinité. La Sagesse nous fait découvrir ce 'projet', cette intention bienfaisante; elle encourage l'homme à faire l'expérience du monde, l'expérience de lui-même, sans négliger cependant l'expérience d'un Dieu qui veut que nous considérions la Création comme une cristallisation de son amour pour nous, une réalisation importante qui doit nous faire pénétrer au coeur de la Famille des Trois.

Pour un nouvel
âge mental adulte

L'attitude technique actuelle implique une certaine révolte contre le cours naturel des choses et un désir qui grandit sans cesse de maîtriser ce cours naturel au profit de l'humanité. Il n'est pas tout à fait injuste d'avoir considéré la science comme une insurrection de la raison, une insurrection qui semble ne plus connaître de bornes devant les découvertes et la technique du XXe siècle.

Au sein de l'exaltation que provoquent les succès de la technique moderne, l'Esprit de Sagesse gardera l'être humain dans le sentiment de ses limites autant que de ses pouvoirs, de ses possibilités autant que de ses responsabilités. Autrement on ne peut rêver de maturité sérieuse au sein du nouvel âge mental que la technique permet d'ambitionner pour vaincre l'insécurité et améliorer le confort de l'existence.

Dieu a créé l'univers dans un ordre admirable et rien ne s'y trouve qui ne corresponde à un but ou qui soit superflu. La Providence des Trois est infiniment sage, disposant de tout pour le plus grand bien de l'humanité et de chacun de nous. En son infinie sagesse, la Trinité poursuit deux objectifs : être glorifiée par toute la Création et nous communiquer le bonheur éternel dont Elle jouit.

Grâce à la Sagesse, nous réaliserons que Dieu mène la vie de chacun selon sa très sainte volonté et qu'il exécute ses desseins par sa puissance divine : "Je dis : Mon projet tiendra; tout ce qui me plaît, je l'exécuterai" (Is. 46, 10); "Notre Dieu au ciel, tout ce qui lui plaît, il le fait" (Ps. 113, 11). Nous réaliserons aussi que le salut ne s'obtient parfaitement que dans l'au-delà, avec la vision béatifiante de l'Adorable Trinité. Sans négliger l'horizon terrestre, c'est quand même au-delà d'un tel horizon qu'il faut chercher l'espérance décisive, l'espérance théologale qui ne méprise en rien celle qui jaillit des possibilités de confort qu'offre la technique moderne. La Sagesse exige la co-existence pacifique de cette double espérance terrestre et divine.

Vivre les Béatitudes,
c'est VIVRE LA VÉRITÉ,
c'est S'ENGAGER SUR LA
ROUTE DE LA JOIE ET DU BONHEUR...

CHAPITRE XIX

Les Béatitudes

Tous les partis et les gouvernements inscrivent à leurs programmes : la Justice dans une équitable répartition des biens, la Liberté sans entraves, l'Egalité absolue, la Fraternité aimante..... Le Paradis terrestre n'existe plus. Il faut chercher au-delà : c'est l'enseignement des BEATITUDES.

Au Royaume des Béatitudes

— Philosophies diverses sur la Béatitude

— La révélation biblique des Béatitudes

— Les Béatitudes indiquent l'Esprit du Royaume

— Pour mieux saisir l'orientation des Béatitudes

— Bienheureux les pauvres en esprit et en vérité

— Le Royaume des Cieux appartient à de tels pauvres

— Bienheureux les doux. . . . Ils possèderont la terre

— Bienheureux ceux qui pleurent . . . Ils seront consolés

— Bienheureux ceux qui ont faim et soif de la justice

— Ceux qui ont faim de la justice seront rassasiés

— Bienheureux les miséricordieux

— Les miséricordieux obtiendront miséricorde

— Bienheureux les coeurs purs

— Les coeurs purs verront la Trinité

— Bienheureux les pacifiques

— Les pacifiques seront appelés fils de Dieu

— Bienheureux les persécutés pour la justice

— Le Royaume des cieux est aux persécutés

Philosophies diverses sur la Béatitude

On définit la béatitude comme l'état d'un être doué d'intelligence et de volonté libre lorsqu'il a atteint le souverain 'BIEN' auquel il était destiné. Puisque c'est le bonheur parfait éprouvé par quiconque est en possession de sa propre fin, c'est aussi la parfaite coïncidence du bonheur avec la vertu.

Les philosophies les plus diverses se sont exercées à distinguer la seule vraie béatitude qui rassasie l'être tout entier de certains autres bonheurs partiels découlant de désirs satisfaits sur un plan ou sur l'autre. Platon opposait déjà à L'"éros pandèmos", avide simplement de jouissances sensuelles, l'"éros ouranios" qui aspire après le bonheur spirituel, trouvé dans l'atteinte et la possession du Bien en soi.

Aristote a repris la notion de Platon pour la perfectionner : c'est dans la contemplation de la vérité que se réalise la Béatitude, dans l'opération qui convient essentiellement à l'être humain, dans l'agir de sa raison. Plotin a essayé de réaliser une synthèse des deux conceptions platonicienne et aristotélicienne : la Béatitude est le fruit de l'activité de notre intelligence contemplative, mais en tant qu'elle s'applique au Bien seul et que, par cette application, elle nous y assimile.

Il est facile aussi de remarquer une progression dans la présentation que nous fournit la révélation biblique au sujet de la Béatitude, à partir de la jouissance des biens physiques nécessaires à la vie en plénitude jusqu'à la présence et à la possession de Dieu, en acceptant même pour l'obtention d'une telle possession le sacrifice librement et généreusement accepté des biens les plus chers. On aboutit finalement à l'idée que l'homme heureux c'est le pauvre dont la richesse repose dans sa foi vivante au Dieu vivant.

La révélation biblique a commencé par inculquer à l'homme l'idée que tout ce qui peut composer son bonheur, à commencer par la jouissance des biens physiques nécessaires à la vie en plénitude ne saurait lui être assuré d'une façon stable sinon par le Créateur de tout bien.

De cette conception que nous présente le premier psaume en son entier, on passe à l'idée que vivre en la présence de Dieu et dans son service constitue un bien supérieur à tous les autres qui, au besoin, doivent être sacrifiés pour l'obtention de la suprême béatitude (Ps. 84). D'où le passage de l'idée primitive que Dieu bénit l'homme en l'enrichissant (Gn. 49) à l'idée finale que l'être humain heureux, c'est le pauvre qui s'abandonne, dans la Foi la plus absolue, au Dieu qui le protège (Ps. 126; Jr. 20. 1-13).

C'est dans ce climat d'apparente contradiction que règne le haut idéal des Béatitudes : "Bienheureux les pauvres en esprit, parce que le Royaume des cieux est à eux. — Bienheureux ceux qui sont doux, parce qu'ils posséderont la terre, — Bienheureux ceux qui pleurent, parce qu'ils seront consolés. — Bienheureux ceux qui ont faim et soif de justice, parce qu'ils seront rassasiés. — Bienheureux les miséricordieux, parce qu'ils obtiendront miséricorde. — Bienheureux ceux qui ont le coeur pur, parce qu'ils verront Dieu. — Bienheureux ceux qui sont persécutés pour la justice, parce que le Royaume des cieux est à eux. — Bienheureux serez-vous, quand on vous insultera et persécutera et qu'on dira faussement toute sorte de mal contre vous à cause de moi. — Réjouissez-vous et soyez dans l'allégresse, parce que votre récompense est grande dans les cieux; car c'est ainsi qu'on a persécuté les prophètes qui étaient avant vous" (Mt. 5, 3-12). Tel est le mystérieux enseignement que le Christ présente à la nouvelle race des fils de Dieu.

Les Béatitudes indiquent l'Esprit du Royaume

Véritable charte du Royaume Trinitaire, les Béatitudes, la quintessence du christianisme, la consécration au bonheur d'un esprit nouveau, la conséquence de notre création à l'image des Trois, marquent une réelle révolution. Tous recherchent le bonheur, mais plusieurs se trompent en le cherchant partout ailleurs qu'en la Trinité. Les vertus longuement et profondément éprouvées, voilà ce que le Verbe Incarné veut béatifier. Ici plus qu'ailleurs peut-être se dresse entre l'esprit du monde et celui du Christ le mur d'une opposition radicale.

Toutes les Béatitudes s'alignent sur l'unique voie qui conduit à la Trinité et elles assurent non seulement le bonheur éternel parfait dans la gloire par l'union aux Trois, mais aussi un bonheur dans une connaissance de foi, un amour de charité et un service trinitairement réalisé.

Alors que le monde béatifie les riches, les puissants, les jouisseurs, le Christ prône les biens éternels, censure les moeurs pharisaïques, démasque les adversaires d'une religion en esprit et en vérité. L'état bienheureux qu'Il nous promet vient d'abord d'une confiance totale en la Trinité avec le désir de ne vivre que selon Sa Volonté; Il vient ensuite de la paix et de la joie produites par l'approbation et la bénédiction des Trois. De plus le Verbe Incarné nous assure d'une paix surpassant tout sentiment, d'une paix toute divine faite de l'encourageante certitude que donne l'Amour Trinitaire au vrai chrétien qui sait se soumettre au bon plaisir du Père.

L'âme chrétienne qui ambitionne de vivre à fond son rôle de VOLONTE DE LA TRINITE, en acceptant, s'il le faut, d'en être l'HOSTIE, possède l'esprit des Béatitudes et reçoit, dès ici-bas, sa part de bonheur en attendant de devenir, pour l'éternité, une réelle Louange de Gloire au sein des Trois Adorables Personnes. C'est cet esprit des Béatitudes qui doit pouvoir apporter à nos âmes LA PAIX et le repos: "Venez à moi vous qui travaillez et qui ployez sous le fardeau, recevez ma doctrine..." Quiconque ressemblera au Maître sera parfait et jouira de sa perfection.

Pour mieux saisir
l'orientation des Béatitudes

On trouve les Béatitudes sous deux rédactions différentes, en Luc 6, 20-23 et en Matthieu 5, 2-12. Matthieu en compte huit tandis que Luc n'en mentionne que quatre, mais accompagnées de quatre malédictions. Toutes ces Béatitudes qu'elles soient présentées par l'un ou l'autre évangéliste, se réduisent, en somme, à une seule : une Foi profonde en Dieu notre Père, une Foi qui engendre l'Espérance et la Charité au coeur d'un climat profondément filial où la vie s'engage généreusement pour donner à la Trinité un service concret de connaissance et d'amour.

Pour bien exposer les Béatitudes, il faut se rappeler que les hommes considèrent le bonheur sous trois aspects. Certains le mettent dans la vie voluptueuse de la jouissance sensible; d'autres le situent dans la vie active, d'autres enfin le recherchent dans la vie contemplative. Les premiers poursuivent, comme capables de les rendre heureux, des biens inférieurs qui ne peuvent répondre à leurs aspirations profondes. Les deuxièmes ne trouvent dans leur activité frébile qu'une demi-satisfaction. Seule la vie contemplative peut donner le bonheur véritable, commencé sur terre pour se prolonger et trouver son développement définitif dans l'au-delà.

Nous étudierons les Béatitudes sous les trois angles de vision par rapport au bonheur. Comme le Saint-Esprit, par l'emprise qu'il exerce sur les âmes, peut seul donner le sens surnaturel du bonheur humain jusqu'à engager l'homme à produire des actes conformes à cet enseignement au-dessus de tout entendement naturel, on tiendra compte des relations justement remarquées entre les Béatitudes et les Dons du Saint-Esprit. C'est d'ailleurs avec beaucoup de justesse qu'on a attribué à chaque Don les actes par lesquels on vit selon cet enseignement des Béatitudes.

Bienheureux les pauvres en esprit et en vérité

L'Ancien Testament nous présente le pauvre comme un homme pieux, d'humble condition sociale et qui ne vit que pour Dieu en qui il a placé toute sa confiance, à qui il s'est totalement abandonné pour ne trouver qu'en Sa Providence la raison de son espérance et de sa joie. A sa venue sur terre, c'est à ce genre de pauvres que le Verbe Incarné vient annoncer la Bonne Nouvelle, aux pauvres en esprit et en vérité, puisque c'est d'une liberté d'âme et de cœur vis-à-vis les richesses et non de la pauvreté en elle-même qu'il s'agit avant tout, car un pauvre de fait peut ne pas avoir l'esprit de pauvreté soit en étant profondément attaché au peu qu'il possède, soit en convoitant avec aigreur et envie ce qu'il n'a pas.

Le pauvre en esprit et en vérité se fait remarquer par la profonde humilité de son cœur; c'est tout le contraire du riche en esprit, du mauvais riche qui nourrit sans cesse de lui-même une très haute opinion et donne très peu d'importance à ce conseil du Maître : "Si vous ne devenez semblables à de petits enfants, vous n'entrerez pas dans le Royaume des cieux" (Mt. 18, 3). Seul réalise cette pauvreté d'esprit, l'être humain qui a consenti à se faire une âme d'enfant à l'endroit de la Très Sainte Trinité. "Quiconque parmi vous ne renonce pas à tout son avoir ne peut être mon disciple" (Lc 14, 33).

Pourquoi la richesse ou mieux l'amour des richesses constitue-t-il ainsi un obstacle si tenace à la béatitude? Saint Paul nous en donne la raison quand il qualifie d'idolâtrie cet amour des richesses : "Sachez bien ceci que . . . nul homme cupide, LEQUEL EST UN IDOLATRE, n'aura part au Royaume" (Ep. 5, 5). Les richesses font de l'homme comme un dieu pouvant tout faire, tout avoir; elles le rendent indépendant, indifférent au sentiment de dépendance filiale que la Trinité exige de lui : "A moins que vous ne deveniez comme de petits enfants, vous n'entrerez pas dans le Royaume des Cieux" (Mt. 18, 3). L'attachement aux richesses empêche l'âme de se livrer humblement à la prière, de se tenir constamment devant Dieu dans une foi profonde et constante.

Le Royaume des cieux appartient à de tels pauvres

Le riche entre difficilement dans le Royaume des cieux, c'est-à-dire dans ce groupe d'êtres, marqués par l'humilité et la confiance, qui s'en remettent à Dieu comme des enfants à leur Père, qui s'en remettent au Christ pour continuer son oeuvre, sans jamais s'arrêter à thésauriser pour eux-mêmes, mais uniquement pour la Gloire des Trois.

Le Verbe Incarné commence par inviter les humains à supprimer de leur vie les concessions à la volupté. Pour satisfaire leurs désirs, courir après l'idée qu'ils se font du bonheur et réaliser leurs vains projets, les mondains s'appuient, non sur la Trinité, mais sur la richesse et les honneurs, en un mot, sur les BIENS EXTERIEURS. C'est la vertu ordinaire, pratiquée sous l'influence des Dons du Saint-Esprit, qui parvient à détacher l'homme des richesses, pour les lui faire donner à qui il convient, quand il convient, dans la mesure où il convient.

Et voici, qu'avec le Christ, on peut dépasser cette mesure et pousser la générosité jusqu'à mépriser les richesses et les honneurs en les sacrifiant complètement. Cet acte excellent ne peut se poser qu'avec l'assistance spéciale du Saint-Esprit qui, par LE DON DE SCIENCE, fait apprécier les vraies richesses et mépriser les autres non parce qu'elles sont méprisables en elles-mêmes, mais parce qu'elles sont méprisables en comparaison des richesses que la Trinité réserve à ses enfants. Par le don de Science, l'Esprit-Saint n'accorde le SENS DE BONHEUR qu'à la seule vraie richesse, "BEATI PAUPERES".

Les pauvres en esprit se refusent à chercher leur Providence dans les richesses de la terre : "Ne vous mettez donc pas en peine disant : Qu'aurons-nous à manger ou à boire, qu'aurons-nous pour nous vêtir? Toutes ces choses, les païens les recherchent avec sollicitude. Mais toutes ces choses votre Père céleste sait bien que vous en avez besoin . . ." (Mt. 6, 31-32) Le Royaume de la Trinité, non seulement au ciel, mais ici-bas sur terre, devient donc le partage de ces pauvres en esprit.

Bienheureux les doux . . . ils posséderont la terre

Cette deuxième Béatitude vise tout d'abord l'humilité de nos relations avec la Trinité comme membres du Royaume puis la douceur dans nos relations avec les autres membres du Royaume. Le contraire de cette humilité, de cette douceur, c'est l'arrogance et l'orgueil. Les humbles et les doux sont ceux qui vivent dans une soumission généreuse et confiante à la Trinité et qui cherchent à connaître et à accomplir toujours sa Volonté.

Au niveau des passions inférieures de l'être humain, le mondain applique son irascible ou son énergie à organiser la conquête de son bien aux dépens de tout le monde, à coups de violence s'il le faut. Pour arriver à posséder, dans la sécurité du pouvoir, ce qu'il estime être capable de le rendre heureux, il essaiera de s'imposer de toutes sortes de manières.

La Trinité nous invite, par le Christ, à ne pas appliquer notre irascible à conquérir des biens temporels égoïstement convoités : "BEATI MITES". Bienheureux les doux, car ils posséderont la terre; et le meilleur moyen de conquérir cette terre, c'est l'humilité, la douceur, et non la colère. Se maîtriser, s'équilibrer, c'est une oeuvre excellente que le don de Force nous aide à réaliser. C'est lui qui nous rend capables de poser ces actes d'humilité qu'on appelle LA BEATITUDE DES DOUX, et c'est par lui que le Saint-Esprit nous fait poser un geste aussi puissant que beau, celui de laisser à la Trinité le soin de nous venger.

Cette béatitude des doux concerne non seulement le sacrifice total des vengeances purement personnelles et des revendications même justifiables de l'intérêt propre; ce même esprit pousse au zèle et engage à la lutte hardie contre tout ce qui contrecarre le bien commun de l'Adorable Trinité. Les âmes, marquées par cette Béatitude de la douceur et de l'humilité, se considèrent toujours comme des intermédiaires entre la Trinité et les autres : elles sont bienheureuses et reçoivent la terre en héritage. "Recevoir la terre", pour les Juifs, était synonyme de tout posséder : leurs pères, en recevant la Terre promise, y avaient trouvé tous les biens. La Terre Promise qui devient l'apanage des doux et des humbles, c'est l'extension en eux des processions éternelles du Fils et du Saint-Esprit.

Bienheureux ceux qui pleurent ... ils seront consolés

A part cet appétit qu'on appelle l'irascible, il en est un autre qu'on nomme le concupiscible, un appétit inférieur lui aussi et qui se doit d'être maîtrisé par la raison. A cause du penchant naturel très fort à nous laisser aller plus qu'il ne faut sur le sentier des douceurs sensibles, il est humainement et divinement sage de ne pas mettre le pied dans le sentier des jouissances particulièrement fascinantes.

Devant pareille résistance, l'appétit pourra, non seulement pleurer, mais saigner. Ce sera parfois de vraies larmes de sang qu'il faudra verser. Pourtant, de telles larmes ne doivent pas noyer notre joie spirituelle et pour ce, nous avons besoin de l'assistance du Saint-Esprit. C'est dans ce sens que Notre-Seigneur nous dit : "Beati qui lugent", bienheureux ceux qui pleurent, ceux qui savent laisser couler les larmes de l'appétit concupiscible, sans se laisser noyer par elles.

Bienheureux ceux qui pleurent parce qu'ils seront consolés d'une consolation spirituelle infiniment supérieure. Pour être réceptif de cette consolation du Saint-Esprit, l'être humain a besoin de la sagesse des "craintifs" qui lui donne le courage d'éviter la tentation. Le DON DE CRAINTE lui fait avoir peur de lui-même et le pousse à mettre de côté certains biens sensibles dont l'usage immodéré pourrait nuire à son union avec l'Adorable Trinité.

Cette Béatitude nous fait récolter dans la joie ce que nous avons semé dans les larmes; elle nous fait mieux comprendre et affronter plus sereinement cette vallée de larmes où nous vivons, cette voie de purifications dans laquelle nous sommes engagés. Au milieu même de nos afflictions, nous éprouvons une profonde consolation à la pensée que Dieu notre Père nous aime et que tout ce qu'Il permet doit concourir à notre plus grand bien dans le temps et pour l'éternité. Notre Père, parce qu'Il nous aime comme ses fils, nous soumet tout simplement aux souffrances que son Unique a bien voulu accepter pour nous sauver. C'est la Rédemption qui se continue dans la souffrance, l'espérance et la joie.

Bienheureux ceux qui ont faim et soif de la justice

La Béatitude des doux et celle de ceux qui pleurent concernent l'exercice parfait des VERTUS DE FORCE ET DE TEMPERANCE, qui appartiennent à la vie active, si on entend par là la vie des vertus morales qui disposent à la contemplation.

Mais si on entend, par vie active, LA VIE SOCIALE, la vie de l'homme dans ses rapports avec ses semblables, cette vie est réglée par la justice et les vertus qui s'y rapportent. Le bon ordre de la vie active est important pour le parfait équilibre de la contemplative. Ce n'est que dans la mesure où on est en accord avec les autres qu'on peut vaquer parfaitement à la contemplation et à la prière. Il est impossible de bien prier quand on déteste quelqu'un. C'est pourquoi il est absolument indispensable d'ordonner sa vie active par rapport au prochain si on veut aller à la Trinité, dans la vraie liberté des enfants de Dieu.

Le premier rapport de droiture avec les humains consiste à leur rendre ce qui leur revient et, avant tout, à respecter leur dignité humaine qui fonde tous les autres droits. Chacun est supérieur à d'autres par certains aspects. On doit reconnaître avec empressement ces supériorités relatives qui sont une participation mystérieuse à la paternité de Notre Père du Ciel. Ce n'est pas tout de rendre aux autres leur dû; il faut encore le faire par révérence pour la Trinité que nous découvrons à travers la supériorité du prochain.

Ces supériorités mutuelles seront respectées avec spontanéité et générosité dans la mesure où les hommes nourriront une profonde révérence pour la Paternité de Dieu à laquelle nous participons tous d'une manière ou d'une autre. Aussi, est-ce LE DON DE PIETE qui rend les âmes réceptives de cette influence du Saint-Esprit en vue des actes de justice à poser pour respecter le Père dans le prochain et mieux contribuer à l'équilibre providentiel qui se réalise par nous et par nos compagnons de route.

Ceux qui ont faim de la justice seront rassasiés

La justice dont il est question en cette Béatitude présente l'idée fondamentale de tout le sermon sur la montagne. Il s'agit de cette "DROITURE" d'âme, d'esprit et de coeur que la Trinité exige de nous. La faim et la soif sont deux besoins fondamentaux de la vie humaine : ces expressions désignent le désir vital de cette droiture à l'endroit de la Trinité à travers notre prochain.

La rectitude des dispositions intérieures vis-à-vis de Dieu : pauvreté, humilité et soumission, et vis-à-vis du prochain : miséricorde, pureté d'intention et esprit de pacification, n'est pas aussi facile à atteindre que pouvait l'être la justice légale et extérieure prônée par les Pharisiens. Aussi, Notre-Seigneur déclare-t-il bienheureux ceux qui en ont faim et soif, car on ne peut posséder cette rectitude que par une longue pratique de la vie chrétienne et sous la poussée constante de la grâce.

Par la justice, en somme, il faut entendre la SAINTETÉ. La sanctification de l'âme est à bon droit appelée justice parce qu'elle nous met bien en règle avec Dieu et nous rend justes vis-à-vis de Lui et de l'humanité. Une telle rectitude intérieure de l'âme et du coeur est toujours bénie et ne peut que procurer un immense bonheur, car le Père comble ceux de ses enfants qui demandent, prient, se conduisent en toute humilité, simplicité et rectitude.

Ceux qui ont faim et soif de la justice seront rassasiés certes dans la vie éternelle mais, déjà sur cette terre, ils reçoivent un surcroît de biens spirituels qui réalise en eux la plénitude à laquelle ils aspirent. Ils demandent à Dieu tout simplement leur pain quotidien et ce même Dieu leur répond : "Je suis le Pain de vie : celui qui vient à moi n'aura jamais faim, et celui qui croit en moi n'aura jamais soif" (Jn 6, 35).

C'est l'Esprit de FORCE qui peut nous donner cette faim impérieuse et sans cesse renaissante de justice. de sainteté vivante et conquérante.

Bienheureux
les miséricordieux

L'être humain n'entre pas en rapport avec ses semblables seulement par ses oeuvres de justice rigoureuse, mais aussi par un échange convenable de dons. La LIBERALITE suffit pour faire distribuer les richesses selon des indications d'opportunité ou de parenté. Mais si cette simple libéralité n'a rien de peccamineux en elle-même, il n'en reste pas moins que la raison principale qui doit inspirer les dons devrait être le SOULAGEMENT DE LA MISERE.

La mesure de la vraie générosité ne devrait pas se concentrer sur l'amitié, mais s'inspirer du besoin réel du prochain. C'est l'Esprit de la Trinité qui nous rend sensibles à ce motif principal qu'est le besoin du prochain et purifie notre intention en notre façon d'exprimer notre charité.

C'est par le DON DE CONSEIL que l'Esprit-Saint fait discerner les besoins du prochain et qu'il dissipe l'aveuglement d'une affection trop naturelle, bien que légitime, parce qu'elle risque de minimiser ou d'exagérer les besoins. Cette manière excellente de distribuer ses dons fait davantage éclater un désintéressement divinement surhumain qui continue sur terre L'AMOUR-DON.

La MISERICORDE est l'attribut divin le plus en vedette dans l'Ecriture Sainte. On la retrouve à chaque page, au point qu'il semble que la Trinité ait voulu nous mettre dans l'impossibilité de perdre de vue ce côté si touchant du Père, du Fils et du Saint-Esprit. La piété chrétienne reconnaît l'infinie miséricorde, la tendresse et le dévouement de cette TRINITE-UNE qu'elle nomme aussi simplement que naturellement LE BON DIEU. Cette voix populaire est ici, comme en bien d'autres cas, la voix même de la plus rigoureuse théologie. D'instinct, les masses ont trouvé le nom qui convient le mieux à la Trinité essentiellement miséricordieuse, indulgente et compatissante. Ne soyons pas surpris si la miséricorde du Père est l'un des attributs sur lequel le Christ a le plus insisté. On dirait que l'Evangile n'a poursuivi qu'un seul objectif, celui de bien mettre en évidence la bonté miséricordieuse de la Trinité.

Les miséricordieux obtiendront miséricorde

"Miseri-corde" vient de deux mots latins : "Miseria" et "cor", et signifie un coeur qui se penche sur la misère. La Trinité, infiniment miséricordieuse, se penche avec un amour infini sur notre misère et nous demande, par l'entremise du Verbe Incarné, de devenir miséricordieux comme notre Père du Ciel est miséricordieux.

"Et nous, nous avons reconnu l'amour que Dieu a pour nous, et nous y avons cru. Dieu est Amour : celui qui demeure dans l'amour demeure en Dieu et Dieu demeure en lui" (I Jn 4, 16). "A ceci nous avons connu l'Amour : celui-là a donné sa vie pour nous. Et nous devons nous aussi, donner notre vie pour nos frères" (I Jn 3, 16).

A la source de tout, se trouve toujours la Trinité qui s'est manifestée si miséricordieuse à notre endroit. Après l'avoir imitée durant notre existence, nous la retrouverons à la fin de notre vie pour nous juger dans les proportions mêmes où nous aurons imiter sa miséricorde : "Ne jugez pas, pour n'être pas jugés; car, du jugement dont vous jugez on vous jugera, et de la mesure dont vous mesurez on usera pour vous" (Mt. 7, 1-2). Le jugement sera miséricordieux pour celui qui aura su pratiquer sagement la miséricorde.

La miséricorde, nous enseigne saint Thomas, est la plus haute des vertus, la vertu par excellence de l'être qui est supérieur à un autre, alors que la charité se présente plutôt comme la vertu d'un égal qui a besoin de son semblable. Or, Dieu est l'Etre suprême dont tout autre être a besoin. La miséricorde convient donc à la Trinité comme la vertu par excellence et toutes les oeuvres des Trois Divines Personnes portent cette marque de la miséricorde. C'est surtout à l'endroit de l'être humain que cette miséricorde trinitaire s'exerce non seulement en l'autre vie, mais aussi dès cette terre, la Trinité accorde à l'homme ses grâces de pardon et de miséricorde quand il lui arrive de faiblir et de s'oublier. Rien ne peut autant que cette assurance de miséricorde nous procurer paix, joie et bonheur.

Bienheureux les coeurs purs

Dans la vie contemplative qui, somme toute, constitue l'un des principaux effets de la vie active conduite trinitairement, l'Esprit-Saint fait trouver et expérimenter la réalité divine que l'âme a recherchée avec une avidité sincère. Le "Beati mundo corde" n'indique pas simplement la pureté en tant que vertu particulière. "Bienheureux les coeurs purs" signifie bienheureux les coeurs qui se sont dégagés de toutes les passions inférieures et des séquelles de désaccords avec leurs frères, pour vaquer, en pleine liberté de pensée et d'action, à la contemplation amoureuse de la Très Sainte Trinité.

Pour les Juifs, le COEUR constituait ce centre intérieur duquel tout procède : les pensées, les affections et les actes extérieurs. C'est en ce même sens que Notre-Seigneur dira à ses Apôtres : "Ce qui sort de la bouche procède du coeur et c'est cela qui rend l'homme impur. Du coeur, en effet procèdent mauvais desseins, meurtres, adultères, débauches, vols, faux témoignages, diffamations. Voilà les choses qui rendent l'homme impur; mais manger sans s'être lavé les mains, cela ne rend pas l'homme impur" (Mt. 15, 18-20).

La pureté de coeur dont il est question en cette Béatitude indique quelque chose de général : c'est la profonde sincérité, la droiture dans les pensées, c'est la pureté d'intention d'où vient une vie sainte, droite, orientée vers la Trinité et toujours en bonnes relations avec le prochain. Il ne s'agit pas seulement de la chasteté, mais de la pureté d'intention en toutes nos réactions intérieures.

Bienheureux ceux qui renouvellent sans cesse leur vie intérieure, leurs pensées et leurs affections. La Trinité réside dans les coeurs qui contrôlent sagement leurs réactions intimes. Elle y réside d'une manière spéciale d'abord parce que plus elle impressionne un être, plus elle le marque de son sceau et plus elle est présente en lui d'une présence toute spéciale d'amitié. La Trinité agit d'une façon plus intense en ces âmes pures, y répandant la Foi, l'Espérance et la Charité qui sont autant d'effets merveilleux de sa puissance et de sa bonté. La Trinité agit DANS et AVEC ces âmes, à titre d'agent, dans un commerce des plus intimes et des plus étroits.

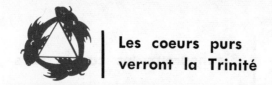

Les coeurs purs verront la Trinité

"L'homme aux mains innocentes, AU COEUR PUR, ... à lui la bénédiction de Yahvé, la justice de Dieu, son Sauveur. C'est la race de ceux qui Le cherchent, qui poursuivent ta face, Dieu de Jacob" (Ps. 24, 4-5). Non seulement au Ciel, mais aussi sur cette terre, les coeurs purs jouiront d'une certaine et très réelle connaissance de la Trinité. "DEUM VIDEBUNT" : ils verront Dieu autant qu'on peut le voir sur la terre où tout leur parlera de la Trinité et de ses manifestations. Par le DON D'INTELLIGENCE, l'Esprit-Saint leur apprendra à lire, sous les apparences des choses et dans les expressions de la Foi, les vestiges et les douceurs des Trois Personnes.

La Foi nous enseigne que, dans le Ciel, les élus voient Dieu face à face, lumineusement, sans intermédiaire, tel qu'il est de toute éternité en l'Unité de sa nature et dans la Trinité de ses Personnes. L'entière Béatitude consiste en cette vision claire et intuitive où l'esprit et le coeur sont remplis de la Trinité qui y demeure aussi prochainement, aussi directement, aussi étroitement que l'être aimé demeure dans l'être aimant, que l'être connu demeure dans l'être connaissant. Aucune union n'est comparable à cette union trinitaire.

Deux amis peuvent s'étreindre, mais ils ne peuvent habiter l'un dans l'autre si ce n'est par leur image ou par leur désir : le corps empêche de pousser plus loin une telle union. La Trinité n'est pas arrêtée par cette difficulté. Elle est possédée intérieurement par l'âme et par le coeur qui partagent, sur terre, par la Foi, en attendant l'éternelle Lumière de Gloire, la vie des Trois, leur félicité et leur Gloire, qui jouissent de leur présence sans que rien ne puisse faire cesser ce contact ineffable et pleinement conscient.

Les coeurs purs peuvent, même sur la terre, jouir d'une connaissance quasi-expérimentale de la Trinité dont ils comprennent de mieux en mieux les desseins providentiels. Ils jouissent d'une paix profonde parce qu'avec cette connaissance de Foi, d'Espérance et de Charité, leur vient la certitude que tout concourt au bien de ceux qui aiment et servent la Trinité.

Par rapport au prochain, l'âme contemplative se manifeste profondément pacifique. Pourquoi? Elle est constamment rassasiée des biens spirituels que lui réserve la Trinité, en sorte qu'elle n'envie aucun bien corporel et ne désire pour son prochain qu'une seule réalité, celle de voir tout le monde assis à la même table pour y partager le même festin spirituel.

C'est par le DON DE SAGESSE que l'Esprit-Saint fait estimer la Trinité comme souverainement bonne à regarder et qu'il fait estimer toutes choses uniquement dans la mesure où elles reconduisent à la Gloire des Trois et au bonheur dans la Trinité. Cette Béatitude des pacifiques renferme un élément actif dont il faut tenir compte : les artisans de paix sont ceux qui font la paix. Notre-Seigneur ne béatifie pas ceux qui, par tempérament, n'ont aucune agressivité, les parfaits flegmatiques; il béatifie ceux qui savent s'imposer des sacrifices pour maintenir la paix après l'avoir établie en eux-mêmes et dans leur entourage.

La paix, cette harmonie de l'ordre, revêt bien des formes : paix tout d'abord avec Dieu-Trinité qui ne s'établit en nous que si nous consentons aux sacrifices nécessaires; paix avec soi-même en soumettant les facultés inférieures aux dictées de la raison; paix avec son prochain si on consent à l'aimer comme soi-même pour l'amour de la Trinité; paix à l'intérieur par une recherche sincère de la vérité; paix à l'extérieur par une maîtrise parfaite de ses gestes et de ses paroles.

Quand le Verbe Incarné nous dit : "Je vous donne ma paix, non pas celle que le monde vous donne" (Jn 14, 27), il ne s'agit pas de cette paix molle qu'on s'est accordée en sacrifiant lâchement les droits de la Trinité et ceux du prochain, mais de cette paix loyale et véritable qui assure le souverain domaine des Trois en nous et dans tout l'univers, de cette paix qui résulte de l'ordre qu'établit en nous la filiation divine en laquelle nous avons accès les uns aux autres auprès du Père par le même Esprit. C'est la paix qui réconcilie tous les êtres, par le Christ, pour la Trinité, aussi bien sur la terre que dans les cieux, par le sang répandu sur la Croix (Col. I, 20).

Les pacifiques seront appelés fils de Dieu

L'appellation "FILS DE DIEU", sans article, indique une qualité, un état et nous donne l'idée précise de cette Béatitude : "Aimez vos ennemis, priez pour vos persécuteurs; ainsi serez-vous FILS DE VOTRE PERE qui est aux cieux, car il fait lever son soleil sur les méchants et sur les bons et tomber la pluie sur les justes et sur les injustes" (Mt. 5, 45). Nous avons le devoir de manifester cette qualité de "FILS DE DIEU" par nos actions et nos réactions, tout comme dans la nature, les fleurs et les saisons révèlent un peu la beauté de Dieu, comme les montagnes et les tempêtes publient sa puissance, comme l'organisation du monde et des planètes exprime sa sagesse.

Comme le Christ, nous avons mission de révéler ce que Dieu est en Lui-même. Etre appelé, du moins dans le sens hébreu, c'est tout simplement ETRE DE FAIT ce qu'on doit être : "Voyez quel grand amour nous a donné le Père, pour que nous soyons appelés enfants de Dieu et qu'en fait nous le soyons réellement" (I Jn 3, 1). Etre appelé "FILS DE DIEU", c'est l'être de fait et agir comme tel, c'est essayer de faire régner dans le monde l'amour paternel, l'amour filial et l'amour fraternel, pour faire l'unité des hommes entre eux et avec la Trinité, toujours dans le Christ Jésus Notre-Seigneur.

Il faut que le monde en vienne à comprendre que la paix véritable ne saurait être le résultat d'un simple équilibre de forces. Si un pareil équilibre peut assurer une certaine sécurité, au moins relative et provisoire, il reste quand même insuffisant. La paix véritable est autre chose. Elle est la "tranquillité de l'ordre" et prend sa source première dans les consciences, consciences collectives et consciences individuelles. Pour instaurer et maintenir la paix, il faut apprendre aux hommes à s'aimer les uns les autres comme le Christ et dans le Christ qui est, comme le dit saint Paul, "NOTRE PAIX" (Ep. 2, 14). "Etre appelé Fils de Dieu", c'est travailler de tout son pouvoir à faire régner dans le monde l'amour des Trois, c'est oeuvrer sans cesse pour une Cité terrestre meilleure et toujours plus ressemblante à la Cité trinitaire.

Bienheureux les persécutés pour la justice

Il existe une huitième béatitude qui n'est, en somme, que le résumé des sept autres. L'être qui vit selon l'enseignement des Béatitudes ne peut faire autrement que d'endurer les persécutions avec joie, pour la raison bien simple que les sept autres Béatitudes l'y ont solidement préparé. La huitième Béatitude forme comme la synthèse des sept autres et manifeste la vie excellente de ceux qui laissent au Saint-Esprit une emprise convenable sur toute leur vie.

Les âmes qui vivent d'inspiration trinitaire finissent par saisir le sens profond de cette Béatitude, la plus parfaite et la plus complète. Les âmes ainsi marquées par la persécution ne font qu'imiter le Christ qui, le premier, fut persécuté et mis à mort pour la justice par les Princes des Prêtres et les Pharisiens qui le poursuivaient sans cesse et ameutaient la foule contre lui pour obtenir finalement sa condamnation.

Les premiers chrétiens, même du vivant de Jésus, furent excommuniés de la Synagogue : "Les Juifs s'étaient déjà mis d'accord pour exclure de la Synagogue quiconque reconnaîtrait Jésus pour le Christ" (Jn 9, 22). L'histoire de l'Eglise des premiers siècles par ses nombreux martyrs nous donne le même exemple.

Saint Pierre fait merveilleusement écho à cette Béatitude quand il écrit : "Très chers, ne jugez pas étrange l'incendie qui sévit au milieu de vous pour vous éprouver, comme s'il vous survenait quelque chose d'étrange. Mais, dans la mesure où vous participez aux souffrances du Christ, réjouissez-vous, afin que, lors de la révélation de sa gloire, vous soyez aussi dans la joie et l'allégresse. Heureux si vous êtes outragés pour le nom du Christ, car l'Esprit de gloire, l'Esprit de Dieu repose sur vous. Que nul de vous n'ait à souffrir comme meurtrier, ou voleur, ou malfaiteur, ou comme délateur, mais si c'est comme chrétien, qu'il n'ait pas honte, qu'il glorifie Dieu de porter ce nom" (1 P. 4, 12-16).

Si le Père a voulu que son propre Fils connaisse la souffrance et la croix et qu'Il arrive ainsi à la gloire, ne soyons pas surpris s'Il demande à ses fils adoptifs de parcourir le même chemin.

Le Royaume des cieux est aux persécutés

"Heureux les persécutés pour la justice, car le Royaume des Cieux est à eux. Heureux êtes-vous si l'on vous insulte, si l'on vous persécute et si l'on vous calomnie de toutes manières à cause de moi. Soyez dans la joie et l'allégresse, car votre récompense sera grande dans les cieux : c'est bien ainsi qu'on a persécuté les prophètes, vos devanciers" (Mt. 5, 10-12).

Ceux qui, à l'exemple du Christ, savent accepter les persécutions et les souffrances font partie de ce Royaume que Notre-Seigneur est venu établir sur terre. Ils comprennent que ce Royaume est comme un trésor caché dans un champ et que pour le posséder on doive vendre tout ce qu'on possède afin de pouvoir s'en rendre maître. Ils réalisent que les joies de cette terre ne sont rien en comparaison des joies du Royaume (Rm. 8, 18).

Les Béatitudes se présentent à nous comme la promulgation de la charte des heureux membres du Royaume messianique que le Christ est venu établir sur la terre, Royaume qui se continuera en la Trinité pour toute l'éternité. Le bonheur qu'il promet ne commencera pas seulement dans l'audelà, car ceux qui entretiennent de telles dispositions goûtent une paix et une joie qui dépassent les joies et les félicités d'ici-bas.

Les persécutés pour la justice, ce sont ceux qui respectent la réputation de leur prochain, évitent tout faux témoignage, supportent les épreuves de toutes sortes et se laissent manger, même en leur réputation, pourvu que ce soit pour la justice, pour l'extension du Royaume de la Trinité.

En toute ces Béatitudes, le Verbe Incarné béatifie non pas la pauvreté, la petitesse ou l'affliction en elles-mêmes, mais ceux qui savent mettre toute leur confiance en Dieu leur Père, se soumettre à Lui entièrement et accepter sa Volonté à travers toutes les afflictions qui peuvent survenir et qui ne peuvent, si elles sont ainsi providentiellement acceptées, que nous configurer à Son Fils Unique, toujours dans le sens de la Croix pour racheter l'humanité. En souffrant avec le Christ, on ressuscitera avec Lui; en mourant avec Lui au péché, on vivra pour la Trinité, dans son Royaume de paix, de joie et d'amour.

PATER · FILIUS

SPIRITUS · SANCTUS

MANSUÉTUDE · DOUCEUR · CHASTETÉ · MODESTIE · PATIENCE · JOIE · PAIX · PIÉTÉ · BONTÉ · CONTINENCE · LONGANIMITÉ · FOI

LES DOUZE FRUITS DU SAINT-ESPRIT

"Déjà la cognée se trouve à la racine des arbres: tout arbre donc qui ne produit pas de bon fruit va être coupé et jeté au feu..."

(Mt., 3, 10)

CHAPITRE XX

Les Fruits du Saint-Esprit

L'Adorable Trinité a pris l'initiative de
notre sanctification; Elle nous sanctifie par sa Grâce; Elle dirige toute
l'entreprise de notre sanctification.
"C'est Dieu qui opère en nous le vouloir et le faire, selon ce qui Lui plaît"

(Ph. 11, 13)

Les Fruits du Saint-Esprit

— Il faut le sens de l'analogie pour comprendre

— Neuf ou douze Fruits du Saint-Esprit?

— Triple base aux douze Fruits du Saint-Esprit

— Les cinq Fruits qui stabilisent l'âme en la Trinité

— Quatre autres Fruits marquent nos 'rapports mutuels'

— Les trois derniers Fruits du Saint-Esprit

— Le premier Fruit, c'est l'AMOUR

— Le deuxième Fruit, c'est la JOIE

— Le troisième Fruit, c'est la PAIX

— Le quatrième Fruit : la PATIENCE

— Le cinquième Fruit : la LONGANIMITE

— L'âme sous l'influence de la BONTE

— "Apparuit BENIGNITAS" : le Fruit de la BENIGNITE

— Couronnement de la patience : le Fruit de la
                                    MANSUETUDE

— Fécondité, vitalité et plénitude dans la FIDELITE

— Le Fruit de la VIRGINITE se situe dans l'amour

— Chasteté laborieuse qu'est la CONTINENCE

— Le dernier Fruit, non le moindre : la MODESTIE

C'est à partir de la connaissance que nous avons des choses matérielles que nous donnons des noms aux choses spirituelles. Pour comprendre ce qu'est un fruit du Saint-Esprit, il faut d'abord s'être demandé ce qu'est le fruit ordinaire, le terme de la croissance d'un arbre. Le fruit constitue, si nous pouvons ainsi nous exprimer, toute l'aspiration d'un arbre, sa raison d'être. Si je cultive des pommiers, c'est pour avoir des pommes et nullement pour le simple plaisir de cultiver des pommiers. De plus, toute l'énergie vitale d'un pommier est centrée sur la production des fruits.

Lorsqu'un arbre a donné ses fruits et des fruits savoureux, je considère sa tâche terminée et je ne lui demande rien de plus. Un arbre ne prouve son efficacité et sa bonté que par la richesse de son fruit, quel qu'il soit : c'est là toute sa raison d'exister. C'est par son fruit qu'un arbre donne quelque chose de lui-même; son fruit qui semble n'avoir pour mission que le don de lui-même à l'avantage de celui qui le cueille.

Un fruit gâté n'a rien de bon à offrir. C'est pourquoi il ne provoque en nous aucune attirance. Comment un être dépouillé de tout aspect de bonté ou de beauté peut-il espérer nous séduire? Le fruit tombé de l'arbre et qui gît depuis plusieurs semaines sur le sol n'offre de plaisir qu'aux "grouillants visiteurs" qui le dévorent. Au contraire, le fruit qui a de quoi nous enrichir et nous nourrir glorifie l'arbre de toute la fraîcheur de sa maturité.

Il est bon de tenir compte de ces considérations très ordinaires pour comprendre les Fruits du Saint-Esprit qui se distinguent des Béatitudes par la nature des actes qu'ils posent. L'excellence qui jaillit de ces Fruits ne peut s'expliquer sans l'influence trinitaire qui oriente doucement et sûrement notre agir de connaissance et d'amour dans le sens du divin.

Neuf ou douze Fruits du Saint-Esprit

Qu'il existe un grand nombre de Fruits du Saint-Esprit, on n'en peut douter, même si saint Paul se contente d'en énumérer douze en son épitre aux Galates, d'après le texte latin qu'on appelle la Vulgate.

Plusieurs éditions contemporaines du Nouveau Testament ne mentionnent que neuf Fruits du Saint-Esprit. Nous allons nous en tenir au texte de la Vulgate, texte approuvé par l'Eglise qui, sans avoir voulu sanctionner définitivement l'aspect scientifique de cette traduction, nous la recommande quand même pour l'usage liturgique et doctrinal.

L'Eglise a préféré ne pas se prononcer catégoriquement sur l'exactitude détaillée de la traduction transmise par saint Jérôme en regard de l'original sur lequel travaillent constamment les exégètes contemporains qui veulent nous reconstituer le texte original de saint Paul. Quels qu'en soient les résultats, la Tradition catholique gardera toujours un souverain respect pour la Vulgate et on devra toujours tenir compte de cette traduction, non pas tellement pour la situer en comparaison avec les autres traductions sur le plan de la critique, mais parce que cette traduction demeurera toujours comme un témoin précieux et fidèle de la Tradition catholique.

D'après la Vulgate, nous pouvons donc compter douze Fruits du Saint-Esprit mentionnés dans l'épitre aux Galates (5, 22-23). Saint Thomas d'Aquin qui entretenait un souverain respect pour la doctrine catholique et pour les docteurs qui l'avaient précédé dans l'Eglise, tout spécialement pour saint Jérôme, n'a rien négligé pour justifier ces auteurs et préciser leur doctrine. Il consacre un long article pour démontrer que saint Paul a bien raison d'énumérer douze Fruits du Saint-Esprit dans cette présentation qu'il nous en fait : la charité, la joie, la paix, la patience, la longanimité, la bonté, la bénignité, la mansuétude, la foi, la modestie, la continence et la chasteté. (Ia-IIae, q. 70, a. 3).

Triple base aux douze Fruits du Saint-Esprit

Par les Dons du Saint-Esprit nous sommes rendus dociles à l'influence trinitaire qui fait produire à notre âme des actes qui ressemblent plus à l'agir divin qu'au nôtre. Nous ne sommes pas par nous, nous sommes par l'Esprit-Saint qui fait de la lumière avec tous les matériaux que nous lui présentons : joies, souffrances, efforts, misères.

Un arbre ne peut donner que des fruits naturels; pour qu'il nous serve des fruits surnaturels, il faudrait pouvoir commencer par le surnaturaliser. La Grâce Sanctifiante nous a désormais rendus capables de dépasser notre pouvoir d'agir naturel. Les actes surnaturels que l'être humain peut maintenant produire, lorsqu'ils subissent l'heureuse emprise des Dons du Saint-Esprit, revêtent une douceur toute particulière, un agrément spécialement délectable. C'est pour désigner la suavité de ces actes produits par Dieu plus que par nous, parce qu'accomplis par nous sous l'influence trinitaire, qu'on a employé le mot 'FRUIT'.

Au chapître V de son épitre aux Galates, saint Paul mentionne douze fruits du Saint-Esprit. Saint Thomas a trouvé de solides raisons pour justifier ce nombre et l'ordre dans lequel ils sont énumérés. Par les Fruits du Saint-Esprit, l'âme humaine est rendue docile à l'influence trinitaire en vue de sa *perfection propre,* puis dans ses *rapports avec les autres,* enfin par *rapport aux parties inférieures* pour en arriver à bien maîtriser les actes intérieurs et extérieurs de tout l'être.

Commençons par étudier globalement les Fruits du Saint-Esprit considérés sur cette triple base de l'influence divine en vue de notre perfection personnelle, de nos rapports avec autrui, puis par rapport aux parties inférieures de notre être. Une fois terminées ces réflexions, nous considérerons plus en détails certains fruits qui nous semblent plus caractéristiques.

Par rapport à elle-même, l'âme humaine qui veut re-bâtir solidement son temple à la Trinité commence par s'unir aux Trois dans l'amour. C'est l'Esprit des Trois qui dépose la Charité dans nos coeurs. Cette 'CHARITE' vraie qui jaillit de l'intérieur constitue le 'premier Fruit du Saint-Esprit'. Dans l'acte de Charité s'accomplit une union, une jointure profonde entre l'amant et l'aimé : c'est le 'deuxième Fruit du Saint-Esprit', la joie "gaudium" qui découle de cette union.

La perfection de la 'JOIE' suppose la possession tranquille et certaine de l'objet qu'on aime avec une maîtrise parfaite des choses sujettes à nous séparer de cet objet capable de centrer toutes nos affections : de cette joie parfaite, née de la charité jaillit le 'troisième Fruit du Saint-Esprit' qu'on appelle "LA PAIX".

L'âme qui vit d'une "CHARITE JOYEUSE ET PAISIBLE" ne se laisse pas facilement ébranler par les difficultés de l'existence et fait souvent preuve d'une patience extraordinaire dans le support des souffrances : la "PATIENCE" ainsi engendrée constitue le 'quatrième Fruit du Saint-Esprit'.

Mais de tous les maux qu'une âme enracinée dans la Trinité peut affronter, le plus pénible semble le jeûne spirituel, la faim qu'elle ressent de s'unir à Dieu en pleine vision d'éternité. Ici-bas, l'âme exilée éprouvera toujours un certain besoin de remplir par du créé le vide intérieur qu'elle ressent en attendant qu'il soit comblé par l'Incréé. Même si la Charité, la Joie et la Paix nous font jouir de la Trinité, c'est de façon imparfaite et nous avons besoin, non seulement de la Patience en général, mais d'une patience très particulière pour porter le poids de l'attente dans l'espoir de posséder la Trinité de façon parfaite pour l'éternité : cette patience toute spéciale constitue la "LONGANIMITE", le cinquième Fruit du Saint-Esprit, tout chargé d'espérance et d'éternité.

Le chrétien parfait se doit d'être bienveillant à l'endroit de son prochain, de lui vouloir du bien avec désintéressement. C'est alors qu'intervient le Fruit de la "BONTÉ", un acte de disponibilité parfaite qui offre généreusement au prochain tout ce qu'il peut procurer. Aussi modeste que généreuse et inspirée par l'Esprit-Saint, une telle bienveillance incline l'âme à communiquer le bien de sorte que les autres sont heureux de l'agréer sans ressentir cette amère tristesse que certaines manières méprisantes et hautaines de faire la charité ont le don de provoquer.

Cette bienveillance véritable conduit spontanément à la bienfaisance. Il ne suffit pas de vouloir du bien au prochain, il faut surtout lui en faire. Nous avons besoin du Saint-Esprit pour accomplir cette bienfaisance, pour faire du bien aux autres sans hauteur, sans mépris ni prétention, mais dans un esprit de profond désintéressement. Un acte de bienfaisance humaine, accompli sous la poussée trinitaire, est indiqué par l'Apôtre Paul sous le nom de "BENIGNITAS", le Fruit de "BÉNIGNITÉ" qui s'exprime dans une condescendance dénuée de tout complexe.

Pour bien porter les maux qui viennent du prochain, de son tempérament, de ses défauts, de ses péchés, l'Esprit de la Trinité inspire une attitude indulgente qui se manifeste par des actes marqués d'une douceur spéciale : c'est le huitième Fruit du Saint-Esprit, la "MANSUÉTUDE" à laquelle s'ajoute le neuvième, la "FOI", la fidélité contraire à toute félonie, à toute intrigue, à toute fourberie comme s'en permettent trop souvent les humains pour circonvenir leur prochain et parvenir à leur but. Nous avons besoin du Saint-Esprit pour ne pas nous laisser aller à certains agissements sournois et lâches qui nuisent à autrui et contre lesquels le prochain ne peut parfois rien pour se défendre. Même s'il existe une certaine discrétion presque indispensable en tout gouvernement comme en toute entreprise, une telle discrétion n'a rien de commun avec l'intrigue hypocrite et traîtresse.

Les trois derniers Fruits du Saint-Esprit

Par rapport aux parties inférieures de son être, l'homme trinitarisé doit se laisser guider par l'Esprit-Saint pour régler divinement ses actes tant extérieurs qu'intérieurs.

L'homme s'efforce d'abord de bien maîtriser ses attitudes extérieures. Pour y parvenir, il aura besoin du Saint-Esprit qui lui fera produire 'l'acte de modestie'. Ce dixième Fruit du Saint-Esprit qu'est la 'MODESTIE' n'est pas autre chose qu'un acte de vertu qui nous fait manifester simplement ce que nous sommes sans nulle prétention de nous faire remarquer parmi les autres. Cette modestie qu'inspire l'esprit des Trois constitue le signe éclatant de la vraie sainteté aux yeux de Dieu et des hommes qui savent détecter la sincérité charitable qui ne se dément pas.

Par rapport aux actes intérieurs, nous avons besoin de maîtriser de façon particulière l'appétit concupiscible. Deux Fruits du Saint-Esprit manifestent les actes posés sous l'influence des Dons du Saint-Esprit, pour maîtriser cet appétit excité par le bien sensible : la "CONTINENCE" et la "CHASTETE".

On peut considérer la chasteté comme l'acte qui parvient à une parfaite maîtrise des appétits inférieurs et la continence comme une vertu imparfaite qui nous fait parfaitement résister aux appétits que nous ne pouvons parvenir à apaiser. On peut aussi distinguer ces deux fruits de continence et de chasteté en disant que la chasteté concerne le sacrifice complet des plaisirs défendus et que la continence se réfère au sacrifice particulièrement généreux des plaisirs permis.

Tels sont, exposés dans leur ordre, les douze Fruits du Saint-Esprit énumérés par saint Paul dans son épître aux Galates, toujours selon la Vulgate qui exprime bien la Tradition catholique, même si elle ne peut exprimer parfaitement l'originalité authentique des écrivains sacrés.

Le premier Fruit, c'est L'AMOUR

Le premier Fruit de l'Esprit-Saint dans les âmes, c'est un amour immense et d'une délicatesse infinie pour le Père, le Verbe et leur mutuel Esprit, un amour qui n'est pas nécessairement senti, mais intensément voulu et d'autant plus fortement qu'il est moins sensible.

L'Esprit-Saint est Lui-même l'Amour substantiel qui unit le Père au Fils, l'Amour du Père pour le Fils et l'Amour du Fils pour son Père. Le Père est glorifié par cet amour pur dégagé de tout le sensible et purifié de tout retour sur soi. Ce fruit, savoureux pour son Coeur de Père, est très sanctifiant pour nos âmes. L'âme qui goûte le Fruit de l'Amour ne désire ni les douceurs ni les consolations sensibles, mais bénit la Trinité de la laisser marcher par les rudes sentiers de la sécheresse et de l'aridité spirituelle.

L'amour de Dieu, nous le savons, est inséparable de l'amour du prochain : "Si quelqu'un prétend aimer Dieu sans aimer son frère, celui-là est un menteur" (I Jn. 4, 20). Nous sommes tous un dans le Christ. "Nous sommes Lui", nous dit saint Augustin. Ne pas aimer ses frères, c'est ne pas aimer le Christ, ne pas aimer le Père. C'est pourquoi le Verbe veut que nous nous aimions les uns les autres comme Lui-même nous a aimés, c'est-à-dire de l'amour même dont il aime le Père, amour immense et d'une délicatesse infinie. C'est là son commandement nouveau.

Nous devrions n'avoir rien de plus à coeur que de nous aimer les uns les autres, d'un amour d'adulte, pur et saint, qui nous fasse nous réjouir véritablement de tout le bien que nous voyons dans le prochain et nous attrister de tout le mal, péché ou imperfection qui l'empêche de rendre aux Trois la gloire qui Leur revient.

Tel est le premier fruit que le Divin Vigneron attend de sa Vigne et que l'Esprit de la Trinité est chargé de faire mûrir dans nos âmes.

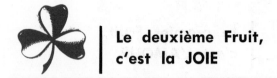

Le deuxième Fruit, c'est la JOIE

On définit la JOIE : le repos de la volonté dans la possession de la personne ou de la chose aimée. La joie, don de l'amour, jeunesse et splendeur de l'âme, rend léger le poids de la vie, fait la beauté du matin, le calme de la journée, la clarté des nuits et la solennité des soirs.

Malgré ses imperfections, ce Fruit du Saint-Esprit, mûri dans cette vallée de larmes que constitue la 'terre des hommes', possède une saveur spéciale. Il ne s'agit pas ici d'une joie sensible ni même d'une joie sentie, puisque les sens n'ont rien à voir sur ce plan de la vie spirituelle. La joie, comme la charité dont elle est d'ailleurs une conséquence, a son siège dans la volonté. C'est le repos de la volonté dans la possession de l'Adorable Trinité par la Foi et dans l'Amour, un amour très pur et très délicat qui veut et peut être d'autant plus intense qu'il est moins senti.

Cette Joie qui jaillit d'En-Haut, on peut la retrouver partout, sur le coloris d'une fleur, sur l'aile d'un papillon, dans les perles merveilleuses de la rosée du matin, dans la chanson cristalline du ruisseau, dans le murmure de la brise, dans l'embrasement d'un soir d'été. La joie est comme une onde magnétique imperceptible, mais tellement partout que c'est par elle que le Peuple de Dieu continue de vibrer, de chanter et de marcher vers la Terre Promise de la Jérusalem Céleste.

Cette vertu toute divine prend racine même sur notre pauvre terre de sorte que nous pouvons dès maintenant goûter la saveur de cette joie, percevoir cette première note de l'ineffable symphonie trinitaire qui retentira durant l'éternité sous les voûtes célestes.

Cette joie qui nous vient de la Trinité met l'âme dans un état de détente, de dilatation qui atténue l'état de tension normal qui existe entre les exigences de la Religion et celles de la vie terrestre. Cette détente entretient l'équilibre de l'être humain et de son agir.

Le troisième Fruit, c'est la PAIX

Qui dit "PAIX" dit tranquillité. Gardons-nous, cependant, de conclure que toute tranquillité constitue la paix véritable. Il existe, en effet, une fausse sécurité, une tranquillité trompeuse qui ne présente que les dehors de la paix: c'est la fausse paix, celle des pécheurs endurcis qui ne sentent plus la morsure du remords. Cette fausse paix recouvre le plus souvent un abîme de misère : "Tant et de si grands maux, ils appellent cela la paix" (Sg. 14, 22).

Cette fausse paix ressemble à cette impression de mieux-être qu'éprouvent parfois les moribonds et qui leur donne l'illusion qu'ils sont en voie de guérison, alors que cette impression n'est que le commencement de la mort, un effet de l'insensibilité qui gagne de plus en plus tout l'organisme. Cette paix de surface ressemble aux eaux stagnantes dont la calme étendue reflète les cieux, tandis qu'en profondeur croupissent mille immondices sans nom. Seul l'amour-propre peut s'accommoder d'une telle paix. C'est cette fausse paix que dénonçait le Christ lorsqu'il disait : "Je ne suis pas venu apporter la paix dans le monde, mais le glaive" (Mt. 10, 39).

La vraie paix, Fruit du Saint-Esprit, c'est au contraire la tranquillité dans l'ordre, un bien-être surnaturel ressenti par un organisme en parfaite santé morale et religieuse. Rien ne peut troubler une âme entièrement livrée à la Trinité : elle réalise que les maux comme le bien-être sont permis par la Providence des Trois qui oriente tout à l'avantage des âmes pacifiques, en sorte qu'elle attend la mort avec confiance et ne trouve point qu'il faille du courage pour l'accepter mais qu'il en faut surtout pour consentir à vivre.

Sous l'effet de ce troisième Fruit du Saint-Esprit, l'âme, malgré les peines les plus amères ressenties dans sa sensibilité, "surabonde de joie" dans sa volonté, surtout si c'est sa fidélité aux Trois qui lui attire de telles humiliations.

Le quatrième Fruit :
la PATIENCE

La PATIENCE est une partie potentielle de la force. Tandis que la force a pour fonction de supporter le plus difficile, la patience supporte toute espèce de maux. La force a pour objet principal ce que l'on redoute et qui nous pousse à fuir, alors que la patience a pour objet ce qui nous fait souffrir. On ne donne pas le nom de patient à celui qui ne fuit pas, mais à celui qui sait supporter d'une manière louable des maux réels, sans succomber à la tristesse. La force appartient à l'irascible; la patience, au concupiscible.

Ce quatrième Fruit qu'est la PATIENCE fait supporter avec égalité d'âme, par amour pour la Trinité et en union avec le Verbe Incarné, toutes les souffrances physiques ou morales qui nous arrivent. Posséder son âme, malgré la tristesse, et demeurer dans le bien : voilà la vraie patience qu'il ne faut pas confondre avec certains endurcissements, certaines manières d'affronter les épreuves dans l'espoir d'en retirer des avantages mondains, licites ou illicites.

Il ne faut pas confondre la patience dont il est ici question avec la patience naturelle qui ne serait qu'une sorte de stoïcisme, une contenance calme et intéressée devant certaines difficultés. La patience, Fruit du Saint-Esprit, fait que l'âme se comporte comme il convient dans l'adversité devant Dieu et devant les hommes. Une telle patience porte sur des biens surnaturels que la charité nous fait préférer aux biens naturels.

On saisit l'importance d'une telle patience qui est au principe même de toute réaction vertueuse, qui s'attaque à la racine même de tous les mouvements passionnels. Ce n'est pas sans raison que saint Paul recommandait sans cesse cette patience aux premiers chrétiens : "Revêtez-vous de patience" (Col. 3, 12). Une telle patience prête la main à l'espérance pour aider la Trinité à réaliser ses plans de salut et de sanctification sur l'humanité.

Le cinquième Fruit : la LONGANIMITE

La LONGANIMITE, Don et Fruit du Saint-Esprit, nous permet d'attendre avec une égalité d'âme extraordinaire, sans plainte et sans amertume, aussi longtemps qu'il plaira à la Trinité, la réalisation en nous de ses desseins de miséricorde et d'amour. C'est une patience inlassable malgré toutes les pierres d'achoppement dont la route est parfois encombrée.

L'âme longanime sait qu'en elle la Trinité ne nourrit pas de plus grand désir que celui de réaliser en plénitude son dessein d'amour. Elle se contente d'espérer envers et contre tout, de s'appliquer avec persévérance à achever cette perfection à laquelle Dieu l'appelle, sans toutefois rien attendre directement de ses propres efforts.

Sous l'influence de ce cinquième Fruit, l'âme entretient la certitude que ses désirs de sainteté seront un jour pleinement comblés et cela dès ici-bas. Comptant sur la fidélité même de l'Adorable Trinité, elle attend calmement l'heure par Elle fixée. Que lui importent tous ces insuccès sans cesse répétés, puisqu'elle est sûre que l'heure de la miséricorde finira bien un jour par sonner et que l'Esprit-Saint réalisera en un instant tout ce qu'elle-même n'aura pu bâtir par des années d'application et de lutte.

Dans l'âme ainsi livrée à l'Esprit-Saint, la longanimité apparaît comme la fleur, le parfait épanouissement de la vertu d'Espérance. En cette assurance indéfectible où s'accomplissent, par la miséricorde trinitaire et à son heure, toutes les pensées divines amoureusement conçues à son avantage, l'âme vit dans une paix qui l'introduit au plus profond du parfait abandon. Plus le chrétien progresse en la sainteté, plus il devient spirituel; dans la même proportion, Satan redouble ses forces, un peu comme le mur du son qui augmente sa résistance dans la mesure même où l'avion va franchir l'obstacle qui s'oppose à lui. La LONGANIMITE est nécessaire pour franchir ce mur du son sur le plan spirituel.

L'âme sous l'influence de la BONTE

Sous l'influence de ce Fruit qu'est la BONTE, le chrétien ne veut que du bien à son prochain, et de la bienveillance il passe concrètement à la bienfaisance. Une telle bonté a son attache tout au fond de l'âme : c'est là la condition même de sa sincérité. Elle commence par orienter les pensées et les sentiments en faveur du prochain, puis ce bon vouloir dicte les paroles de sympathie et commande les actes de dévouement qui s'accomplissent dans un climat de parfait désintéressement.

Si cette bonté n'a rien d'éclatant comme le génie ou de tapageur comme la valeur guerrière, si elle préfère se tenir cachée dans l'ombre et le silence, elle n'en fait pas moins de bien. Aux cimes ouvertes où s'épanouissent les plantes altières, elle préfère la fécondité des vallées obscures, étant du nombre de ces précieuses réalités qui, suivant le mot de saint François de Sales, fleurissent au pied de la Croix.

Cette bonté apparaît sur la terre des hommes comme le riche gazon du monde spirituel où les brebis du Christ paissent paisiblement sous l'oeil du Pasteur. Si elle ne provoque pas toujours l'admiration, elle n'en déclenche pas moins l'amour et, touchant les âmes aux fibres les plus intimes, elle finit par conquérir les coeurs.

Ce Fruit du Saint-Esprit jette ses racines dans toutes les directions et permet le débordement de soi qu'exige la Charité. Si la volonté a pour propriétés de tendre à son objet et de s'y reposer, elle a aussi le pouvoir de diffuser son bien, son objet en dehors d'elle. C'est le pouvoir que possède la Volonté des Trois de Se répandre en dehors d'Elle-même qui se reproduit en la volonté humaine pour lui permettre de diffuser son bien dans la mesure même de sa perfection. Dieu est la Bonté et c'est par elle qu'on Lui ressemble peut-être davantage. Cette Bonté divine doit nous inspirer dans son parfait désintéressement qui demeure comme la première condition pour qu'un acte de bonté s'accomplisse dans un bienfait.

"Apparuit Benignitas", le Fruit de la BENIGNITE

Sous l'influence de ce septième Fruit, l'âme se garde attentive à ne rien faire qui puisse gêner l'action de la Grâce dans les âmes et se montre vigilante à ne laisser passer aucune occasion de faire concrètement du bien aux autres pour les élever vers l'Adorable Trinité. Rien ne lui cause autant de joie que de contribuer à ramener une pauvre brebis égarée au bercail du divin Pasteur.

L'âme bénigne veille avec soin sur son esprit et ne se permet jamais de juger autrui, couvrant du manteau de l'indulgence toutes les faiblesses qu'elle pourrait remarquer chez l'autre : "La Charité ne pense pas le mal. Elle se réjouit de voir triompher la vérité et s'attriste du mal qu'elle découvre".

La Bonne Nouvelle colportée dans tout Bethléem par les bergers est la descente "sur la terre des hommes" de la Bonté, de la BENIGNITE : APPARUIT BENIGNITAS. L'ineffable bénignité a paru! Gloire dans le ciel et paix sur la terre : tel est le double son rendu par le premier battement du Coeur divinement humain et que l'écho de la montagne répercutera, en heureuses vibrations, jusqu'aux extrémités de la terre.

Cette bénignité qui a paru sous les traits pleins de grâce d'un petit être enveloppé de mystère ou d'un adolescent qui croît en âge, en sagesse et en grâce, dans l'obéissance et le labeur d'un foyer pauvre, à Nazareth, cette bénignité qui s'est élevée jusqu'à la Croix et se cache, toujours vivante, dans l'Hostie, continue de poursuivre le coeur humain pour y déposer le germe d'une vie trinitaire, d'une vie toute de bonté et de condescendance.

Si ce Fruit de la bénignité pénétrait davantage au coeur "de la terre des hommes", que de divisions seraient évitées au sein des foyers, des cités, des nations, et que de guerres aussi injustes que cruelles finiraient par cesser!

Couronnement de la patience:
le Fruit de la MANSUETUDE

La MANSUETUDE, Fruit de l'Esprit et partie intégrante de la patience, dispose la volonté à supporter les contrariétés avec douceur, sans s'irriter, sans donner aucun signe d'impatience ou de colère, sans laisser paraître la moindre vivacité au-dehors : "La Charité ne s'irrite pas" (1 Cor. 13). Contraire à la colère, elle dispose et incite sans cesse à la clémence.

C'est un fait de la plus élémentaire psychologie que nous sommes tous portés, lorsque telle personne ou telle circonstance nous contrarient, à manifester extérieurement notre mécontentement par des gestes brusques et violents. Nous restons tous un peu enfants sur ce point et même l'adulte le plus averti conserve cette tendance qui le porte à bousculer choses et gens quand surviennent les difficultés.

L'âme chez qui se développe à l'aise la mansuétude sent vivement la contrariété puisqu'elle n'en est que plus délicate et sensible, mais, au lieu de se laisser aller à l'irritation et à la manifestation extérieure de cet emportement, elle s'humilie devant la Trinité et reconnaît, à la lumière de l'Esprit, que cette humiliation qui lui survient ou cette résistance qu'elle éprouve viennent d'un Père infiniment aimant qui se sert des créatures de son milieu et des circonstances concrètes de la vie pour la tailler, la polir, la rendre de plus en plus digne de Lui.

Bien loin de se révolter contre les personnes et les choses, elle demeure paisible et se réjouit, dans sa volonté, des pires contrariétés que la Providence des Trois peut permettre à son endroit. Il semblerait même qu'une telle âme devienne d'autant plus douce et délicate envers son entourage qu'elle en est plus contrariée et plus éprouvée. Ce Fruit du Saint-Esprit, tout de douceur et de condescendance, s'impose à la société pour la maintenir dans un climat de bonne entente.

Fécondité, plénitude
dans la FIDELITE, vitalité

La FIDELITE est cette disposition intérieure qui rend l'être humain toujours égal à lui-même dans les revers comme dans la postérité, dans la bonne comme dans la mauvaise fortune; c'est la constance à remplir ses engagements, à tenir ses promesses. Sous l'influence de ce neuvième Fruit, l'âme se maintient intacte en ses relations avec les Trois Personnes de l'Adorable Trinité et fait honneur à tous ses engagements à l'endroit du prochain.

La fidélité ressemble à l'épouse qui attend loyalement son époux, à la lampe qui veille jour et nuit dans le silence. Elle ne compte que sur la promesse de Dieu : "Je le sais que Dieu est pour moi. En Dieu je loue la parole, en Yahvé je loue la parole, à Dieu je me fie et ne crains plus. Que me fait à moi un homme?" (Ps. 56, 11-12)

Fécondité, plénitude, vitalité, tel devient le partage de l'âme fidèle : "Heureux tous ceux qui craignent Yahvé et marchent dans ses voies. Du labeur de tes mains tu profiteras, heur et bonheur pour toi! Ton épouse : une vigne fructueuse au fort de ta maison. Tes fils : des plants d'olivier alentour de la table" (Ps. 128, 1-3).

L'âme de la fidélité, c'est l'amour : "Celui qui aime son prochain a rempli toute la loi" (Rm. 13, 8). C'est l'amour et la grâce, car sans le secours de la Trinité, l'être humain ne sait qu'être infidèle à ses engagements, ce que Néhémie confesse au nom de tout le peuple lors d'une cérémonie expiatoire : "Tu as été juste en tout ce qui nous est advenu, car tu as montré ta fidélité et nous notre impiété" (Né. 9, 33).

Seul l'Esprit de la Trinité peut faire germer de la terre ingrate de notre coeur ce Fruit inestimable de la fidélité. Nul ne peut prétendre posséder par ses propres forces une aussi puissante attitude. Il faut la solliciter : "Yahvé, écoute ma prière, entends ma supplication, en ta fidélité réponds-moi" (Ps. 143, 1).

Le Fruit de la VIRGINITE
se situe dans l'amour

Le Fruit de la VIRGINITE est un acte de préférence qui ne trouve sa solution profonde qu'en l'amour : l'amour de la Trinité chez l'âme totalement abandonnée à Dieu, l'amour humain chez un homme qui consentirait volontiers à la chasteté en faveur de la femme qu'il aime et qu'il sait en danger. Quelle que soit la situation, le motif excitant de la virginité volontairement acceptée, c'est toujours l'amour.

La virginité vaut par ce qu'elle 'comporte' beaucoup plus que par ce qu'elle 'rapporte', plus par ce qu'elle 'est' que par ce qu'elle 'donne', C'est une réelle vocation dont la finalité jaillit du Royaume des Cieux, tout simplement pour plaire au Seigneur. L'Eglise est une organisation humano-divine : s'il faut le mariage humain pour propager l'espèce humaine, il faut aussi un mariage spirituel pour propager les enfants spirituels, en sorte que la virginité comporte un élément encore plus profond que le mariage humain et cela sans jeter sur ce dernier le moindre discrédit. L'état de virginité est l'état privilégié de la vie de la Grâce.

Atteindre à la virginité, c'est accepter le sans-partage pour l'unique partage, l'unique appartenance à la Trinité à la manière du Christ qui n'a voulu qu'un milieu tout virginal pour naître et s'y développer. En acceptant les distinctions qui s'imposent, on ne peut s'empêcher de constater comment le Nouveau Testament s'ouvre dans une atmosphère virginale avec l'Immaculée, Joseph, Jean-Baptiste, Jean le Disciple.

La virginité est un témoignage dont l'Eglise catholique a besoin, une convenance tellement grande qu'elle n'est nullement disposée à revenir sur ses positions à ce sujet. Tant qu'on n'aura pas compris qu'il s'agit avant tout d'un témoignage d'amour, on pourra discuter sur la question d'efficience pratique, faire allusion aux activités mieux favorisées par la virginité que par le mariage, mais on n'aura pas touché au coeur de la question, au motif central de la virginité : L'AMOUR.

Chasteté laborieuse qu'est la CONTINENCE

A côté de la chasteté parfaite, saint Paul présente comme autre Fruit du Saint-Esprit la CONTINENCE, sorte de chasteté laborieuse qu'on retrouve chez tous, tant chez les âmes engagées dans l'état du mariage que chez les autres.

Saint Thomas distingue entre la simple continence et la vertu parfaite de tempérance : cette dernière réalise en plénitude ce que la première n'avait fait qu'ébaucher. C'est dire que la continence est moins parfaite que la tempérance réalisée, pour la raison toute simple que sous la première la force ordonnatrice de la raison n'informe encore que la volonté, alors que sous la seconde le désir sensuel lui-même demeure, comme la volonté, sous l'emprise de la raison, de "l'ordo rationis".

L'incontinence serait une mauvaise disposition de l'âme plutôt qu'un vice : l'incontinent a la volonté de pratiquer la tempérance mais, vaincu par les puissances désordonnées qui se rebellent en lui, il finit par succomber dans tel ou tel acte particulier dont il se repent aussitôt son péché commis, car c'est par faiblesse et non par méchanceté qu'il a agi.

Dieu permet parfois qu'une âme toute livrée à son amour comme une Catherine de Sienne soit cruellement tentée de ce côté, voulant par là creuser davantage en elle les fondements de l'humilité et lui donner l'occasion de réparer la multitude des péchés qui se commettent dans le monde.

On pourrait citer bien des saints qui ont longuement souffert des tentations de la chair. La plus lourde peine que semblaient éprouver ces âmes, c'est le trouble dans lequel les plongeait la tentation et qui leur laissait croire qu'elles n'aimaient plus la Trinité, alors que généralement elles n'avaient jamais été si profondément unies à Elle. Cette abstention volontaire des plaisirs charnels qu'est la continence n'empêche pas d'exister les tentations et les luttes qu'elles provoquent : il s'agit de refuser le consentement avec calme.

Le dernier Fruit, non le moindre : la MODESTIE

"Ne savez-vous pas que vos membres sont le sanctuaire de l'Esprit-Saint, qui habite en vous, auquel vous appartenez de la part de Dieu, sans plus vous appartenir à vous-mêmes?" (1 Co. 6, 19). Cette prise de conscience de l'inhabitation trinitaire en nous a développé à travers les siècles un religieux respect du corps, respect qui se manifeste par un ensemble de comportements de toute la personne dans ses gestes, ses manières, ses paroles : telle est la MODESTIE.

Ce Fruit de l'Esprit-Saint règle tout aussi bien les activités de l'extérieur que les mouvements de l'âme : il exerce son droit de regard sur tout, les yeux, la langue, les oreilles, la démarche, les gestes, la manière de traiter les personnes, d'user de la nourriture et du repos, de l'habillement et de la parure, du jeu et des divertissements, prémunissant l'âme contre tout excès, de telle sorte qu'elle se puisse comporter, en toutes circonstances, non seulement comme le requiert la droite raison, mais à la manière du Christ, observant en tout la parfaite mesure.

Le monde se partage parfois en groupes très opposés : les violents et les faibles, les avares et les prodigues, les taciturnes et les bavards, les timides et les présomptueux, les agités et les indolents, les passionnés et les apathiques : il revient à la modestie d'être la preuve concrète du juste milieu que nous pouvons conserver en tout, de faire nos âmes s'épanouir en plénitude pour exercer avec précision l'influence qu'attend d'elle chaque secteur de l'activité humaine.

Sous l'influence de ce dernier Fruit mentionné par saint Paul, l'âme modère son désir de connaître, se trouve capable de modérer ses jugements en se dressant spontanément contre la manie de tout juger, de tout critiquer, en se défiant toujours de sa manière trop humaine de considérer les personnes et les événements pour en arriver à rejoindre la pensée même de Dieu et son plan sur l'humanité.

LE
RAYONNEMENT
DU
TEMPLE

TROISIÈME PARTIE

LE RAYONNEMENT DU TEMPLE

Chapitre XXI : Le Temple de la Prudence

Chapitre XXII : Le Temple de la Charité

Chapitre XXIII : Le Temple de la Paix

CHAPITRE XXI

Le Temple de la Prudence

Nous devons rebâtir le temple, pour un maximum de sécurité, EN TOUTE PRUDENCE, ce qui veut dire "marcher en enfants de la lumière", avec fidélité et patience sur tous les plans, qu'il s'agisse de la continence ou de la modestie, de la bonté ou de la joie..., mais toujours pour la paix. Il s'agit d'une prudence générale pour éviter ou maîtriser les pièges de l'ennemi, pièges toujours tendus pour nuire à la construction.

Le Temple de la Prudence

— Basculer dans la mort ou progresser dans la vie

— Dans un esprit de recherche constante

— Sur Dieu seul s'appuie la fidélité

— Le Christ "FIDELE" et "VRAI"

— Dieu a droit d'exiger de nous la fidélité

— Fidèle au Père à la manière du Serviteur de Dieu

— Fidèles à la Trinité comme la Trinité l'est pour nous

— Accepter les renoncements qu'exige la fidélité

— A l'image du Dieu patient

— "Achever ce qui manque à la Passion du Christ"

— Prudence et fidélité sur le plan de la continence

— Redonner à la modestie sa place dans les modes

— Réaction du sens chrétien devant la modestie

— Le coeur doit collaborer avec l'intelligence et la volonté

— Etre bons pour rendre les hommes meilleurs

— Le dur travail qu'exige la pratique de la bonté

— Mansuétude et patience pour le bien de la paix

— Les sources de joie dont il faut tenir compte

Basculer dans la mort
ou progresser dans la vie

Notre situation présente est précaire : "Nul ne sait ni le jour ni l'heure". Elle débouche sur un lendemain éternel. Certes, nous sommes déjà établis dans cet héritage comme "fils de Dieu et héritiers" et Jean nous dit que nous le sommes dès maintenant (Jn 3, 2).

Le malheur, c'est que nous nous laissons trop facilement guider par l'Esprit de la Trinité et que nous cédons trop facilement aux exigences de la chair. La Parole est un mode de présence de Dieu sur la terre des hommes et elle nous pose de sérieuses questions. De notre réponse dépend que nous basculions dans la mort ou que nous progressions dans la vie.

Il s'agit de bien profiter du temps qui nous est alloué pour construire le temple de l'éternité, pour nous orienter sagement vers "la patrie meilleure, celle du ciel" (Hé. 11, 16). L'heure de rendre compte sera celle où "chacun, mis à découvert devant le tribunal du Christ, retrouvera ce qu'il aura fait pendant qu'il était dans son corps, soit en bien, soit en mal" (2 Co. 5, 10).

Nous sommes "fils de la Trinité" et nous le sommes en toute réalité, donc "héritiers de la Trinité" dans et par le Christ. Nous sommes des rois qui attendons en toute prudence et patience la pleine jouissance du Temple que nous construisons individuellement et collectivement. Imitons au besoin les rois de la terre qui, sentant la fragilité de leur trône, placent en pays étranger leur "malhonnête argent" afin de pouvoir éventuellement y trouver accueil. Le temple que nous construisons est pour les cieux. Le malheur vient de ce que de nombreuses gens semblent ne vivre que pour la terre, comme si celle-ci devait pouvoir leur suffire à tout jamais. L'important pour nous c'est de réaliser qu'il viendra vite le jour où, après nous être appuyés sur la prudence et la charité et après avoir fidèlement recherché les choses d'en haut, nous serons manifestés dans la gloire trinitaire avec le Christ.

La joie, offerte à tous, demeure le lot privilégié des petits et des simples : "Car Yahvé se complaît en son peuple, de salut il pare les humbles, les siens jubilent de gloire" (Ps. 149, 4-5). Ceux qui font la volonté du Père en accomplissant ses commandements sont comblés. Sa Parole est allégresse et sa Loi, un trésor : "Ta Parole était mon ravissement et l'allégresse de mon coeur" (Jé. 15, 16).

Alimentée à la source de la Foi, la joie de chercher Dieu ne tarit jamais : "Notre âme attend Yahvé, lui, notre secours et notre bouclier; en lui, la joie de notre coeur, en son nom de sainteté notre Foi" (Ps. 33, 20-21). Aux jours mauvais, l'âme en quête de Dieu ne perd pas sa joie. Elle a remis son trésor entre bonnes mains et ne craint pas de le voir se dissiper. Elle a maintes fois expérimenté avec bonheur le conseil du Psalmiste : "Mets en Yahvé ta réjouissance, il te donnera les désirs de ton coeur" (Ps. 37, 4). C'est aux âmes qui ont placé en Dieu leur félicité, comptant en tout sur ses bontés, que s'adresse le prophète : "Fils de Sion, tressaillez d'allégresse, réjouissez-vous en Yahvé votre Dieu! Car il nous a donné la pluie d'automne et celle de printemps comme jadis" (Jl 2, 23).

Heureux donc celui qui met sa joie dans la Trinité puisqu'il ne manquera d'aucun bien. Une joie aussi profonde, dont seule peut saisir le sens une âme profondément chrétienne, se nourrit aussi de la grâce miséricordieuse du Seigneur qui, après le péché, "rend la joie du salut". Elle est soutenue par la perspective de la joie éternelle qui comblera tous les désirs du coeur simple : "On dira ce jour-là : Voyez, c'est notre Dieu de qui nous espérons. Nous jubilons et nous nous réjouissons de ce qu'il nous a sauvés" (Is. 25, 9).

En réponse à une recherche tenace et courageuse, la joie trinitaire finit par envahir une âme de ses flots mystiques pour y noyer toutes les lâchetés et y féconder toutes les semences de vertu.

Sur Dieu seul
s'appuie la fidélité

Le Seigneur miséricordieux qui connaît notre fragilité a marqué notre route par des jalons précis qu'il nous invite à suivre pour parvenir un jour à le rencontrer. La fidélité à la loi du Seigneur porte en elle sa récompense : "Les préceptes de Yahvé sont droits, joie pour le coeur" (Ps. 19, 9). "Heureux, impeccables en leur voie, ceux qui marchent dans la loi de Yahvé" (v. 1). "Dans la voie de ton témoignage, j'ai ma joie plus qu'en toute richesse" (v. 14). "Ton témoignage est à jamais mon héritage, lui, la joie de mon coeur" (v. 111). "Joie pour moi dans ta promesse, comme à trouver grand buttin" (v. 162). Voilà comment le Psalmiste chante son enthousiasme tout au long de ce psaume 119 sur la Loi.

L'âme qui se réjouit en la fidélité de son Dieu est convoquée à une fidélité non moins inviolable de sa part; et cette joie née de la fidélité mutuelle, elle aspire à la traduire par tout son être : "Je veux chanter à Yahvé tant que je vis, je veux jouer pour mon Dieu tant que je dure. Puisse mon langage lui plaire, moi, j'ai ma joie en Yahvé" (Ps. 104, 33-34).

La joie, fruit de la fidélité, est accordée avec largesse à l'âme fidèle; mais l'homme, malheureusement, oublie souvent et facilement son alliance avec la Trinité. C'est alors qu'il doit se retourner vers Elle avec confiance pour réclamer à nouveau le trésor qu'il a perdu : "Rends-moi le son de la joie et de la fête et qu'ils dansent les os que tu broyas" (Ps. 51, 10).

L'âme repentante répare son infidélité par un zèle plus ardent : "Aux pécheurs, j'enseignerai tes voies, à Toi se rendront les égarés" (v. 15). Elle invite les justes à chanter les louanges de Dieu : "Criez de joie, les justes, pour Yahvé. Aux coeurs droits la louange va bien" (Ps. 33, 1). C'est sur Dieu seul que l'âme appuie sa fidélité et de Lui qu'elle tire sa joie : "En Lui, la joie de notre coeur, en son nom de sainteté notre foi" (Ps. 33, 21). Fixée définitivement en Dieu, l'âme est sûre de n'être jamais déçue (Ps. 16, 9-11).

Le Christ :
"FIDELE" et "VRAI"

Pour connaître la fidélité des Trois à notre endroit, il n'est que de regarder le Christ : "Il est l'image du Dieu invisible" (Col. 1, 15) et "qui le voit, voit son Père" (Jn 13, 9). Or, il n'est pas possible d'imaginer figure plus attirante, âme plus tendre, coeur plus ouvert et plus fidèle que celui du Maître. C'est vraiment en lui et par lui que nous pouvons juger des sentiments de la Trinité à notre égard.

Dans une description apocalyptique, c'est précisément sous le vocable de la fidélité que Jean nous présente son Maître : "Alors je vis le ciel ouvert et voici un cheval blanc; celui qui le monte s'appelle : "Fidèle" et "Vrai", il juge et fait la guerre avec justice. Ses Yeux? Une Flamme ardente; sur sa tête, plusieurs diadèmes; inscrit sur lui, un nom qu'il est seul à connaître; le manteau qui l'enveloppe est trempé de sang; et son nom? Le Verbe de Dieu" (Ap. 19, 11-13).

Saint Paul traduit aussi à sa manière concise la fidélité imperturbable du Seigneur Jésus : "Toutes les promesses de Dieu ont en effet leur oui en Lui : aussi bien est-ce par Lui que nous disons notre Amen à la gloire de Dieu". Et Jean va jusqu'à désigner le Verbe par ce mot "Amen" : "Ainsi parle l'Amen, le Témoin fidèle et vrai, le Principe des oeuvres de Dieu" (Ap. 3, 14). Tout a donc son accomplissement dans le Verbe Incarné et tout se termine au Fils de Dieu.

Pour appeler les Corinthiens à la confiance, saint Paul n'invoque pas d'argument plus fort que le rappel de la fidélité de Dieu : "Il est fidèle le Dieu par qui vous avez été appelés à la communion de son Fils, Jésus-Christ, notre Seigneur" (I Co. 1, 9). Il invite en même temps les baptisés à rendre fidélité pour fidélité "car les dons et l'appel de Dieu sont sans repentance" (Rom. 11, 29). "Si nous sommes infidèles, ajoute-t-il, lui reste fidèle, car il ne peut se renier lui-même" (2 Tm. 2, 13). "Gardons indéfectible la confession de l'espérance, car celui qui a promis est fidèle" (He. 10, 23).

Dieu a droit
d'exiger de nous la fidélité

Isaïe, dans son langage pittoresque, nous confirme la fidélité de Yahvé par une antithèse : "L'herbe sèche, la fleur se fane lorsque le souffle de Yahvé passe sur elles. Oui, le peuple, c'est l'herbe. L'herbe sèche, la fleur se fane, mais la parole de notre Dieu demeure toujours" (Is. 41, 7-8).

Tobie témoigne à son tour de cet attribut de Yahvé lorsque s'adressant à son fils sur son lit de mort il lui dit : "Mon fils, emmène tes enfants, cours en Médie parce que je crois à la parole de Dieu que Nahum a dite sur Ninive. Tout s'accomplira, tout se réalisera de ce que les prophètes d'Israël que Dieu a envoyés ont annoncé, rien ne sera retranché. Tout arrivera en son temps. Parce que je sais et je crois, moi, que tout ce que Dieu a dit s'accomplira, cela sera et il ne tombera pas un mot des prophéties" (Tb. 14, 4).

L'oracle de Balaam souligne aussi la fidélité de Dieu à sa Parole : "Dieu n'est pas homme, pour qu'il mente, ni fils d'Adam, pour qu'il se retracte. Est-ce lui qui dit et ne fait pas ?" (Nb. 23, 19) Non, "comme la pluie et la neige descendent des cieux et n'y remontent pas sans avoir arrosé la terre, l'avoir fécondée et fait germer, pour qu'elle donne la semence au semeur et le pain comestible, de même la parole qui sort de ma bouche ne me revient pas sans résultat, sans avoir fait ce que je voulais et réussi sa mission" (Is. 55, 10-11).

Yahvé se déclare lui-même fidèle : "Oui, moi, Yahvé, je ne varie pas" (Ml. 3, 6). C'est pourquoi il peut exiger en retour la fidélité de son peuple : "Je te fiancerai à moi dans la fidélité, et tu connaîtras Yahvé" (Os. 2, 22). En Dieu, la fidélité s'associe étroitement à la bonté, deux attributs complémentaires qui révèlent que l'Alliance divine contractée avec Israël est à la fois un don et un lien dont la solidité est à l'épreuve du temps : "A jamais, Yahvé, ta parole immuable aux cieux. D'âge en âge, ta fidélité, chante le psalmiste dans l'éloge de la Loi (Ps. 119, 89).

Fidèle au Père à la manière du Serviteur de Dieu

A plusieurs reprises, le psalmiste fait l'éloge de l'âme fidèle et la proclame bienheureuse : "Heureux est l'homme, celui-là qui ne va pas au conseil des impies, ni dans la voie des égarés ne s'arrête, ni au banc des rieurs ne s'assied, mais se plaît dans la loi de Yahvé, mais murmure la loi jour et nuit" (Ps. 1, 1-2). A ses élus, le Seigneur demande avant tout la fidélité : "Je me susciterai un prêtre fidèle qui agira selon mon coeur et mon désir, je lui assurerai une maison qui dure et il marchera toujours en présence de mon oint" (1 S. 2, 35).

Tout au long de l'histoire du Salut, Yahvé est intervenu auprès des hommes afin de les ramener à Lui. Il s'est choisi des représentants chargés de transmettre ses volontés et de servir d'intermédiaires entre Lui et son Peuple pour garder intacte l'Alliance contractée entre les deux parties. Israël doit quand même souvent avouer qu'il a failli à sa parole : "Nous avons failli avec nos pères, nous avons dévié, renié" (Ps. 106, 6).

L'infidélité à Dieu entraîne presque nécessairement l'infidélité à ses semblables. La Bible nous en instruit encore par la bouche du prophète Jérémie : "Que chacun soit en garde contre son ami, méfiez-vous d'un frère; car tout frère joue le rôle de Jacob, tout ami répand la calomnie. L'un dupe l'autre, ils ne disent pas la vérité, ils ont habitué leur langue à mentir, ils sont pervertis, incapables de revenir! Fraude sur fraude! Tromperie sur tromperie! Ils se refusent à connaître Yahvé!" (Jé. 9, 3-5)

Malgré l'infidélité du premier Israël, de l'Israël ancien, Yahvé trouvera, dans l'Israël nouveau, le serviteur sur qui il peut désormais compter : "Voici mon serviteur que je soutiens, mon élu que préfère mon âme. J'ai mis sur lui mon Esprit pour qu'il apporte aux nations le droit. Fidèlement il apporte le droit, il ne vacille ni n'est broyé jusqu'à ce que le droit soit établi sur terre, car les îles attendent ses instructions" (Is. 42, 1-40). Ce serviteur fidèle est le modèle que nous devons suivre pour répondre à notre vocation d'enfant de la Trinité.

Fidèles à la Trinité comme la Trinité l'est pour nous

Si le Royaume de Dieu se construit en ce monde, il n'est pourtant pas de ce monde. La terre n'est que le chantier où pierre par pierre se prépare l'édifice éternel, le Temple définitif. Rien ne demeurera de la Cité terrestre, de la 'terre des hommes', si ce n'est la matière vivante des efforts soutenus par la fidélité des fils adoptifs dans le Fils Unique qui a pris soin de nous avertir que tout s'accomplira avec fidélité et exactitude avant l'avènement de la Jérusalem Céleste : "Telles sont bien les paroles que je vous ai dites quand j'étais encore avec vous : il faut que s'accomplisse tout ce qui est écrit de moi dans la Loi de Moïse, les Prophètes et les Psaumes" (Lc 24, 44).

Savoir rappeler à Dieu qu'il ne peut manquer à sa promesse, telle semble la mission que se donne le psalmiste dans son hymne au Dieu fidèle : "L'amour de Yahvé à jamais je le chante, d'âge en âge ma parole annonce ta fidélité. Car j'ai dit : l'amour est bâti à jamais, aux cieux tu as fondé ta fidélité . . . Les cieux rendent grâce pour ta merveille, Yahvé, pour ta fidélité dans l'assemblée des saints . . . Yahvé, Dieu Sabaot, qui est comme toi? Yahvé puissant, que ta fidélité entoure! (Ps 89, 2-9)

Dieu va répondre lui-même de sa fidélité à son peuple en faisant parler le psalmiste en ces termes : "J'ai trouvé David mon serviteur. . . Ma fidélité et mon amour avec lui. . . A jamais je lui garde mon amour, mon alliance lui reste fidèle; j'ai pour toujours établi sa lignée, et son trône comme les jours des cieux" (Ps. 89, 21-32).

Pour obtenir de Yahvé ce fruit inestimable de la fidélité à son service, ne pourrions-nous pas emprunter cette prière de Salomon : "Béni soit Yahvé qui a accordé du repos à son peuple Israël, selon toutes ses promesses; de toutes les bonnes paroles qu'il a dites par le ministère de son serviteur Moïse, aucune n'a failli. Que Yahvé notre Dieu soit avec nous, comme il fut avec nos pères, qu'il ne nous abandonne pas et ne nous rejette pas! Qu'il incline nos coeurs vers lui, pour que nous suivions toutes ses voies, et gardions ses commandements . . ." (1 R. 8, 56-58)

Accepter les renoncements qu'exige la fidélité

Dès le début du christianisme ceux qui écoutent la voix des Apôtres et respectent la Loi divine sont appelés fidèles. Mais vivre selon la fidélité exige de constants renoncements. Le Christ le rappelle à maintes reprises à ses auditeurs : "Qui est fidèle pour très peu de choses est fidèle aussi pour beaucoup et qui est malhonnête pour très peu est malhonnête aussi pour beaucoup. Nul serviteur ne peut servir deux maîtres : ou il haïra l'un et aimera l'autre, ou il s'attachera à l'un et méprisera l'autre" (Lc 16, 10-13).

La fidélité cependant ne peut fleurir que dans le terrain fertile de l'amour : "Si vous m'aimez, nous dit le Maître, vous garderez mes commandements" (Jn 14, 15). Garder les commandements et demeurer fidèle est une seule et même chose et la condition pour réaliser l'un et l'autre c'est l'amour. La fidélité ne va pas non plus sans la pratique d'une charité universelle. Jean le rappelle à l'un de ses disciples : "Tu agis fidèlement en te dépensant pour tes frères bien qu'ils soient des étrangers" (3 Jn 5).

A la fidélité, une grande récompense est promise : "C'est bien, serviteur bon et fidèle, en peu de choses tu as été fidèle, sur beaucoup je t'établirai, entre dans la joie de ton Seigneur" (Mt. 25, 21). Une telle fidélité exige une vigilance de tous les instants : "Veillez et priez pour ne pas entrer en tentation : l'esprit est ardent mais la chair est faible" (Mt. 26, 41).

Quiconque désire se garder fidèle doit s'attendre à rencontrer des tribulations. Pierre nous en avertit dans son épitre aux étrangers de la Dispersion : "Soyez sobres, veillez. Votre partie adverse, le Diable, comme un lion rugissant, rôde, cherchant qui dévorer. Résistez-lui, fermes dans la foi, sachant que c'est le même genre de souffrance que la communauté des frères, répandue dans le monde, supporte" (1 P. 5, 8-9). C'est même jusqu'au martyre qu'il faut aller pour demeurer dans la fidélité promise (Ap. 12, 11).

A l'image du Dieu patient

Il plaît parfois à la Trinité de nous laisser expérimenter pendant de longues années notre impuissance à nous défaire par nous-mêmes des fautes de fragilité qui nous échappent. On a beau prier, prendre de fermes résolutions, redoubler de vigilance, après quelques succès passagers, on se retrouve tel qu'au point de départ. L'âme fervente qui se rend compte que son entourage souffre de ses imperfections est tentée de se plaindre et de se laisser aller à ses penchants puisque la lutte semble inutile et l'idéal impossible à atteindre. C'est alors que les Dons du Saint-Esprit éclairent cette âme pour lui faire reconnaître son impuissance absolue à tout bien sans le concours divin. La vie toujours plus claire de sa misère la disposera à se laisser agir par l'Esprit de la Trinité.

Malgré l'inutilité apparente de ses efforts, l'âme patiente tient bon dans la lutte, accepte les défaites passagères avec la ferme assurance de la victoire finale. Même si la patience est une vertu plutôt défensive, elle n'en demeure pas moins l'une des premières, des plus parfaites, en ce sens qu'elle est psychologiquement avant les autres, même si elle doit céder le pas aux vertus théologales et cardinales sur d'autres plans.

La patience a beaucoup de prix aux yeux du sage : "Mieux vaut un homme patient qu'un héros, un homme maître de soi qu'un preneur de villes" (Pr. 16, 32). La patience, en effet, exige un effort prolongé que le héros n'a pas à soutenir. Ce dernier supplée à la longanimité par l'intensité. L'Ecclésiaste dit à son tour : "Mieux vaut la patience que la prétention" (Qo. 7, 8). Une telle patience vient à bout de tout et de tous : "Par la patience, un juge se laisse fléchir" (Pr. 25, 15).

A parcourir l'Ecriture, on est frappé par le nombre de passages qui expriment l'attitude de patience dont Dieu fait preuve à l'endroit de ses enfants. A maintes reprises, l'auteur sacré nous dit que Yahvé est "lent à la colère" et "plein de tendresse et de pitié" (Ps. 103, 8). Il prend en pitié sa créature et use toujours de patience à son égard.

"Achever ce qui manque à la Passion du Christ"

Dieu a toujours pris l'être humain en pitié et a poussé jusqu'à la limite sa patience à son endroit : "Qu'est-ce que l'homme? A quoi sert-il? Quel est son bien et quel est son mal? La durée de sa vie? Cent ans tout au plus. Une goutte d'eau tirée de la mer, un grain de sable, telles sont ces quelques années auprès de l'éternité. C'est pourquoi le Seigneur use avec eux de patience et répand sur eux sa miséricorde" (Si. 18, 8-11).

Après avoir recommandé la patience entre frères : "En toute humilité, douceur et patience, supportez-vous les uns les autres avec charité" (Ep. 4, 2), Paul va jusqu'à la présenter comme une des caractéristiques fondamentales de l'apôtre : "Les traits distinctifs de l'apôtre, vous les avez vus se réaliser parmi vous : parfaite constance, signes, prodiges et miracles" (2 Co. 12, 12). Il confie à son disciple, Timothée, qu'il a usé de ce fruit de l'Esprit durant sa vie militante : "Pour toi, tu m'as suivi dans mon enseignement, ma conduite, mes projets, ma foi, ma patience, ma charité, ma constance dans les persécutions et les souffrances qui me sont survenues" (2 Tm. 3, 10). Et il dit encore aux Thessaloniciens : "Nous vous y engageons, soutenez les faibles, ayez la patience envers tous" (I Th. 5, 14).

A la manière de saint Paul, le patient ne se soumet pas seulement parce qu'il faut bien se résigner et qu'il serait déraisonnable de se révolter; ni même dans le seul but d'expier ses fautes et de mériter le ciel. Il accepte son sort avant tout par amour. Il lui plaît que la Trinité daigne se servir de lui comme d'une "humanité de surcroît" et qu'elle veuille bien continuer en lui, dans son corps, son coeur et son âme, son oeuvre rédemptrice pour la plus grande gloire des Trois et le salut d'une multitude d'âmes. Il se réjouit d'achever en lui "ce qui manque à la Passion du Christ" (Col. 1, 24), ce Christ qui continue à vivre dans les membres de son Corps Mystique. Nos souffrances sont les siennes et par elles le Verbe Incarné, dans la lumière de la Résurrection, ne cesse de glorifier son Père et de sauver les hommes.

Prudence et fidélité
sur le plan de la continence

Certaines âmes ont beaucoup à lutter pour demeurer fidèles à leur idéal sur le plan de la continence. Bien loin de se laisser décourager, que ces âmes se rappellent ce qu'écrivait Thérèse de l'Enfant-Jésus à une personne du monde tourmentée par de cuisantes tentations : "Bienheureux celui qui a été jugé digne de souffrir de telles tentations". La tentation n'est rien, en effet, sinon une occasion pour l'âme de prouver son amour et son indéfectible fidélité à la Trinité.

De très fortes tentations ne sont souvent permises par Dieu qu'en vue de faire grandir les âmes dans son pur amour : "Quelque tentation qui vous arrive, nous dit saint François de Sales, et quelque délectation qui s'en suive, aussi longtemps que votre volonté refusera son consentement, non seulement à la tentation, mais encore à la délectation, ne vous troublez nullement car Dieu n'en est point offensé".

"Où étiez-vous, Seigneur, s'écriait Catherine de Sienne, après une cruelle tentation de ce genre, où étiez-vous quand mon coeur était plein de tant de ténèbres et d'ordures? — J'étais dans ton coeur, ma fille, lui répondit Jésus. — Et comment habitiez-vous dans mon coeur, alors qu'il était tout rempli de ces affreuses pensées? — Dis moi, ma fille, ces vilaines pensées de ton coeur te donnaient-elles plaisir ou tristesse, amertume ou délectation? — Oh! extrême amertume et tristesse. — Eh bien, repartit Jésus, qui était Celui qui mettait cette grande amertume dans ton coeur sinon Moi qui demeurais caché au plus intime de ton âme? Et ainsi ces peines étaient une occasion d'accroissement de ta vertu et de ta force".

Saint Paul, pense-t-on, souffrit longuement les tentations de la chair, et, loin d'être pour cela désagréable à Dieu, il put, tout au contraire, lui rendre gloire. Grandes aussi furent les tentations qu'eurent à soutenir saint François et saint Benoît. Néanmoins, loin de perdre, dans ces circonstances, quoi que ce soit de la grâce de Dieu, ils l'augmentèrent de beaucoup.

Redonner à la modestie sa place dans les modes

Vertu bien humble que le monde méprise, la modestie est cette disposition surnaturelle de l'âme qui l'incline à garder en toute chose la juste mesure. Le déséquilibre intérieur causé en nous par le péché originel nous porte aux excès.

Fruit en nous des Dons du Saint-Esprit, la modestie nous incline à apprécier comme il convient les talents autant naturels que surnaturels qu'il a plu à la Trinité de nous confier dans l'intérêt de sa gloire et pour le plus grand bien du Corps Mystique tout entier, mais à n'en user qu'à cette double fin, car le Seigneur n'a pas besoin de notre concours. Nous devons nous rappeler que, quelle que soit l'oeuvre à laquelle il daigne nous associer et le rôle qu'il nous appelle à jouer dans le monde, nous devons nous souvenir que "nous sommes des serviteurs inutiles" (Lc 17, 10).

Mode et modestie devraient marcher ensemble comme deux soeurs puisque ces deux termes viennent du même mot latin "MODUS", qui signifie juste mesure. Mais la modestie semble ne plus être de mode. Bien des personnes, en effet, subissent la tyrannie de la mode, même immodeste, d'une manière telle qu'elles paraissent n'en même plus soupçonner l'inconvenance : elles ont perdu le sens du danger, l'instinct de la modestie. Il faut pourtant considérer comme fausse l'opinion selon laquelle la modestie ne s'accorderait plus avec l'époque contemporaine, désormais affranchie de scrupules inutiles et nuisibles.

Il y a une éducation naturelle et une éducation surnaturelle de la modestie. Cette éducation, comme toutes les autres, doit prendre l'enfant au berceau pour le conduire pas à pas jusqu'aux limites de l'adolescence. La modestie est une vertu qui convient à l'esprit comme au coeur. C'est elle qui modère en nous le désir des grandeurs selon le monde, désir qui nous porte à rechercher les premières places ou les situations les plus brillantes aux yeux des hommes. C'est cette modestie qui nous dispose à nous bien situer dans nos affections.

Réaction du sens chrétien devant la modestie

La nature et la grâce ont mis dans l'âme des jeunes chrétiennes un sens aigu de la pudeur. Elles veulent conserver leur virginité jusqu'au mariage, mais elles ne savent pas toujours, elles ne soupçonnent pas avec quelle facilité s'allume dans le corps de l'homme la flamme de la concupiscence.

Si l'Eglise n'a pas pour mission de mesurer la longueur des robes ou l'épaisseur des tissus, elle a celle de développer l'esprit chrétien. La question de toilette est avant tout affaire d'esprit. De deux femmes qui portent la même toilette, l'une pourra être provoquante et l'autre pas. C'est qu'il y a dans les attitudes, dans les regards, dans la démarche d'une femme des différences si délicates et si subtiles qu'elles se refusent à l'analyse. Mais elles dénotent un esprit qui peut être ou païen ou chrétien. Et c'est cet esprit qui donne le sens à la toilette. La toilette peut faire du corps un instrument de péché ou un moyen d'élévation morale. C'est à l'Eglise qu'il appartient de rappeler à tous les nécessités de garder et de cultiver l'esprit chrétien.

L'amour de Dieu devrait donner assez de sens chrétien et assez de cran pour ne prendre à la mode que ce qu'il faut pour rester élégante et donner à ses toilettes le cachet de la distinction, sans manquer à la réserve qui s'impose à une chrétienne. L'Eglise ne défend pas l'élégance; ce qu'elle condamne c'est l'immodestie. Il serait malheureux qu'une chrétienne, parce que chrétienne, ne pût s'habiller que d'une façon ridicule. Mais il est plus malheureux encore qu'une chrétienne se fasse l'esclave d'une mode païenne et provoque par sa toilette les mauvais désirs. C'est malheureux que nombre de chrétiennes ne comprennent pas toujours l'Eglise à ce sujet, l'Eglise qui veut les prévenir de porter dans une âme un coup de mort, d'y aggraver certaines crises, d'y rendre plus difficiles certaines luttes, d'y faire revivre de néfastes souvenirs, lorsque quelque chose en elles devient une provocation à l'instinct ou aux désirs mauvais.

Le coeur doit collaborer avec l'intelligence et la volonté

Si grande que soit, dans l'exercice de la bonté, la part de l'esprit et de la volonté, c'est néanmoins du coeur que la bonté jaillit comme de sa source. Elle est redevable à l'esprit qui l'éclaire et à la volonté qui la règle, mais elle prend naissance dans le coeur et du coeur toujours elle tient sa vie propre et ses qualités bienfaisantes.

Nous disons d'une intelligence qu'elle est lumineuse, d'une volonté qu'elle est forte, mais du coeur seulement nous disons qu'il est bon. Le bon sens populaire ne se trompe pas tellement lorsqu'il considère le coeur et la bonté comme deux mots synonymes. Le coeur de chair lui-même est couramment associé à la bonté. C'est l'assurance si bien fondée que la bonté est intimement liée au coeur, qui a créé parmi les chrétiens ce mouvement religieux qui les pousse aujourd'hui vers le Coeur de leur Maître. De toutes les bontés qui se sont répandues sur le monde, aucune n'a été plus profonde ni plus étendue, aucune n'a plus touché le coeur de l'humanité que la bonté du Christ. Même si l'homme est déjà ébauché dès sa naissance, il n'est pas achevé, en sorte que le coeur reste toujours sujet aux améliorations, même en dépit des poussées héréditaires plus ou moins fortes.

Dieu seul est bon et les hommes ne le sont ou ne le deviennent qu'à la condition de participer à la bonté divine, à l'atmosphère trinitaire qui ne demande qu'à faire invasion dans notre pauvre nature déchue. Dès le début, Dieu a fait à l'être humain le don de la bonté. En le créant à son image, il donna la suprématie aux aspirations nobles et bonnes sur les instincts bas et méchants. Malheureusement le péché, renversant l'ordre établi par la Trinité et tarissant les courants de bonté qui allaient du coeur de Dieu au coeur de l'homme, amena la prépondérance des inclinations brutales; mais Dieu, dans sa miséricorde, eut pitié de l'homme vaincu par ses mauvais instincts et résolut d'établir en son coeur le règne de la bonté. Pour y parvenir cependant, l'homme doit prendre possession de lui-même, développer ses aptitudes et lutter contre ses défauts.

Etre bons pour rendre les hommes meilleurs

Il y a plus de joie à produire de la bonté qu'à en recevoir. Quelle joie dans le coeur qui conçoit pensées et paroles de bonté! "Quand un homme, écrit le Père Faber, est habituellement occupé de pensées de bonté, la beauté intérieure de son âme est inexprimable, sa vie est un beau soir; c'est le calme, le parfum, le repos de ce temps de la journée; la poussière est tombée. Les paroles de bonté produisent en nous un sentiment de repos semblable à la conscience du péché pardonné : elles versent la paix de Dieu dans nos coeurs".

Ce que nous avons de meilleur est dans le coeur; et, comme c'est la bonté qui le verse au dehors, il n'y a pas de joie comparable à celle de présenter à des âmes altérées de joie la coupe pleine d'un coeur débordant de bonté.

Quelle jouissance de sentir que, par nous, des âmes sont devenues plus heureuses et meilleures! Notre vie s'accroît alors de la vie des autres. La bonté nous multiplie, nous étend; elle met tout notre être en action et cause à l'âme un bonheur sans mélange. Alors qu'il existe diverses expressions de l'âme qui ne se produisent pas facilement sans péril et parfois sans regret, les actes de la bonté s'en vont par le monde sans causer à leur auteur aucune blessure et sans lui rapporter aucune amertume.

Si nous voulons rendre les hommes meilleurs, commençons par les rendre heureux. Tandis que la grâce sollicite le coeur au-dedans, il n'y a au dehors que la bonté qui puisse incliner l'homme à la démarche libre de la croyance religieuse et de l'effort moral. Au pouvoir séduisant que, de sa nature, elle possède, la bonté, dans l'apôtre, est une sorte de démonstration religieuse de la vérité; elle présente résolus les problèmes que l'esprit se pose. D'un mot concis, Dumas a bien exprimé cette valeur apologétique de la bonté : "Le génie n'explique pas Dieu, la bonté le prouve". C'en est assez pour faire aimer la bonté d'avoir dit que seule elle donne la joie parfaite, que seule elle conquiert les âmes et féconde l'apostolat.

Le dur travail qu'exige
la pratique de la bonté

Même si l'esprit ne donne pas la bonté, il est cependant loin de lui être étranger : un esprit clair et un coeur chaud ne s'opposent pas, mais peuvent et doivent se rencontrer pour favoriser le rayonnement de la vraie bonté. L'esprit peut aider le coeur autant que le coeur se chargera de récompenser l'intelligence de sa précieuse collaboration.

L'esprit peut magnifiquement aider le coeur : un homme intelligent est généralement bon parce que plus compréhensif, plus apte à percer discrètement l'enveloppe de l'âme, d'y pénétrer jusqu'au fond, où se cache l'homme véritable. Dieu juge d'autant mieux qu'Il voit davantage. Quelques jours avant sa mort, mon vieux père me disait qu'il se sentait heureux à la pensée qu'il serait jugé par Dieu et non par un homme : "Il va y voir tellement plus clair" continuait-il. De la même manière, l'esprit clair, perspicace, peut plus facilement aller jusqu'à la racine des sanglots. Quel réconfort que de se sentir compris par quelqu'un avant même d'avoir proféré un seul mot! Cette vue plus profonde engendre une plus grande pitié et facilite la direction. En élargissant le coeur, l'intelligence chasse certaines tentations, surtout la jalousie et la susceptibilité, préservant ainsi de certaines tempêtes qui ne font généralement que compliquer les situations.

Le coeur, de son côté, récompense l'intelligence. Rien ne donne autant de profondeur à l'esprit qu'une habitude de bonté à l'endroit de tout. Il est, d'ailleurs, des choses que seul le coeur peut deviner, "intuitionner" : le coeur a des raisons que la raison ne connaît pas. C'est alors que le coeur peut devenir source de lumière pour l'intelligence. La promptitude, la pénétration, l'étendue : telles sont les qualités que l'esprit emprunte au coeur. Dans la vie, les hommes de coeur sont souvent plus intelligents que les hommes d'esprit. Pour faire preuve d'une telle bonté, la volonté doit sans cesse intervenir, même chez ceux qui sont nés bons : la vraie vertu refuse la facilité pour campagne, en sorte que pour être bon partout et toujours, il faut sans cesse se surveiller et se reprendre.

Mansuétude et patience pour le bien de la paix

L'âme livrée à l'action trinitaire, à l'influence du Saint-Esprit, pratique en quelque sorte tout naturellement la mansuétude, ce merveilleux et si nécessaire complément de la vertu de patience.

Nous ressemblons parfois à ces tout-petits, encore au berceau, qui font une colère, jettent à terre tout ce qui leur tombe sous la main, ou à ces moins petits qui, dès qu'ils commencent à marcher, se vengent en frappant du pied tel ou tel objet contre lequel ils se sont heurtés. On voit même parfois la maman qui, sous prétexte de sécher les larmes de son marmot, encourage pour ainsi dire la vengeance de son petit en frappant elle-même la vilaine pierre qui a causé la douleur, ne se doutant pas qu'elle contribue de la sorte à développer dans le coeur de son enfant une vilaine tendance dont elle pourrait risquer d'être un jour la victime.

Il serait tellement plus sage, en de telles occasions, de reprendre doucement l'enfant en lui faisant comprendre que la pierre n'est pas la cause de son mal, mais uniquement sa maladresse. Ce serait le former dès l'enfance à reconnaître ses torts au lieu de rejeter toujours ses fautes sur le compte d'autrui ou de telle circonstance.

Cette tendance à bousculer les autres quand nous surviennent les contradictions, nous la conservons presque toujours et nous devons toujours lutter contre elle, lutter pour "que la paix du Christ surabonde en nos coeurs et dans le coeur des autres" (Col. 3, 15). Autrement ne réside en nous et à l'entour de nous qu'une fausse paix, résultat d'un réel désordre, une paix simulée qui ressemble un peu au climat qui règne dans une famille où les parents condescendent toujours aux caprices de leurs enfants. La vraie paix, au contraire, c'est la tranquillité dans l'ordre, c'est le bien-être ressenti par un organisme en parfaite santé. Cette paix véritable suppose un double élément : un élément négatif, par exemple l'absence de trouble, et un élément positif : le repos de la volonté dans la possession stable du bien désiré.

Les sources de joie
dont il faut tenir compte

Dieu a caché dans les simples événements quotidiens une joie discrète qui permet à l'homme de tempérer les maux de la vie : joie de la vie de famille, joie du travail bien fait, joie d'un repas amical, joie d'une santé florissante, joie de bonnes relations, joie d'une réussite inespérée, joie de la découverte d'une vérité, joie d'un acte de vertu caché.

A côté des joies plus bruyantes des grandes circonstances, ces humbles joies tonifient l'âme, lui gardent sa sérénité et l'épanouissent progressivement. Cette joie du coeur est souvent un facteur de santé et contribue pour sa part à l'équilibre mental. Le sage le reconnaît qui s'écrie : "Coeur joyeux, excellent remède! Esprit déprimé dessèche les os" (Pr. 17, 22).

Dieu, auteur de tout bien, ne peut qu'approuver la recherche de cette vertu naturelle de la joie. Il ne rejette que la joie mauvaise qui prend racine dans le mal et qui est le lot des méchants. Aussi le Psalmiste, dans la prière du juste persécuté, appelle-t-il sur eux les vengeances du Seigneur : "Honte et déshonneur ensemble sur ceux qui rient de mon malheur; que honte et confusion les couvrent ceux qui se grandissent à mes dépens" (Ps. 35, 26).

Il ne faut cependant pas confondre plaisir et joie. Le plaisir s'arrête au corps et n'a d'autre lendemain que le vide et la tristesse : il nous laisse le plus souvent comme un goût de cendre. Toute spirituelle, la joie entretient en nous un climat de paix et nous communique une saveur d'éternité. Une telle joie ne fleurit qu'au bout du don réalisé de tout soi-même à la gloire de l'Adorable Trinité. Cette joie quotidienne, c'est un peu comme le pain quotidien dont la provision doit être chaque jour renouvelée, comme la semence qui se fait généreuse dans la mesure où le semeur s'est manifesté prodigue de ses grains. L'allégresse du moissonneur enfonce ses racines dans sa générosité et son malheur dans son égoïsme : "On s'en va en chantant ... "On porte des gerbes ...

CHAPITRE XXII

Le Temple de la Charité

La Très Sainte Trinité est le terme de l'effort chrétien. Le baptisé observe ce qui est prescrit cherchant toujours, à l'exemple du Verbe Incarné, à être parfait comme le Père du Ciel est parfait, par la grâce de l'Esprit qui vient au secours de notre faiblesse. Il s'agit donc de rayonner trinitairement l'amour, la joie, la bonté, toujours pour l'établissement définitif du règne de la PAIX.

Le Temple de la Charité

— Temple où règne l'unité dans l'amour
— L'amour effectif qui anime le temple
— Temples vivants au service les uns des autres
— Temple où la dévotion éclate en joie
— Un temple qui accepte le renoncement,
                              mais dans la JOIE
— La JOIE : baromètre de l'équilibre
— Temple qui diffuse l'art d'être joyeux
— Joie crucifiée, sanctifiante et glorifiante
— Loi nouvelle : loi de bonté et d'amour
— Bon à la manière des Trois
— Bon à la manière du Verbe Incarné
— Rayonnement aussi puissant que discret de la Bonté
— Manifestations diverses de la Bonté
— Le magnétisme de la Bonté
— Un temple riche d'affectueuse bienveillance
— Noyer son bonheur dans le bonheur des autres
— Des cieux nouveaux et une terre nouvelle

Temple où règne
l'unité dans l'amour

L'union constitue l'un des effets de l'amour dont l'objectif principal est de rechercher la présence de l'objet aimé, de désirer rassembler les êtres séparés. Saint Thomas, qui résume bien la Tradition, fonde son traité de la Charité sur ce principe que l'amour, surtout l'amour d'amitié, consiste essentiellement dans l'union et que, comme conséquence, la divine charité, étant l'amitié par excellence, doit réaliser l'union la plus parfaite.

L'union se réfère à l'amour d'une triple manière : d'abord comme *cause de l'amour,* ensuite comme *constitutif essentiel* de l'amour et enfin comme *effet de l'amour.* Cette triple union se retrouve dans la vertu théologale de charité. L'union de similitude sert de fondement à l'édifice spirituel. Sur la communauté initiale de vie divine entre l'âme et la Trinité va s'établir la seconde amitié, l'amitié affective, l'union d'amitié. Ici-bas, les justes, par la Grâce Sanctifiante, ébauchent cette intimité qui deviendra réelle au troisième degré d'union par la vision béatifique. C'est la récompense et le couronnement, au sein de la gloire, de l'union affective réalisée en cette vie par la charité, à la lumière de la Foi et des Dons du Saint-Esprit.

Dans le Temple vivant d'une âme marquée par la Charité des Trois, un effort généreux se déploie sans cesse pour mieux posséder la Trinité, pour réaliser l'union avec le Père, à la manière du Fils, dans l'Amour de l'Esprit-Saint. L'amour d'amitié doit se marquer d'un tel effort continuel généreusement consenti pour réaliser la présence des êtres qui s'aiment. C'est alors que le véritable amour donne un sens à tout et qu'on comprend jusqu'à quel point sans lui tout devient chimère.

Le désir qu'une âme éprouve de s'unir à Dieu finit par l'adapter à la Trinité. Grâce à l'enthousiasme qui marque une jeunesse manquant d'expérience, l'âme affronte concrètement la réalité et s'engage de plus en plus dans un amour fort et équilibré.

L'amour effectif qui anime le Temple

"Aidez-vous les uns les autres à porter votre fardeau et vous accomplirez ainsi la Loi du Christ. La Charité, l'amour est, en effet, le noeud de la perfection" (Col. 3, 14). Aimer comme le Christ nous a aimés, d'un amour miséricordieux, c'est aimer d'un amour prévenant et gratuit, d'un amour qui n'attend pas d'être mérité, d'un amour bienveillant qui se réjouit de tout le bien naturel et surnaturel qu'il voit dans autrui, d'un amour compatissant qui s'attriste de tout le mal qu'il découvre dans le prochain, de la détresse des âmes, surtout de celles qui sont inconscientes de leur état misérable.

L'amour effectif se traduit dans la pratique par mille attentions et délicatesses envers ceux qui nous entourent et par la promptitude à oublier les indélicatesses et les offenses qui nous sont faites et à chercher de mille manières à resserrer le lien de la charité fraternelle lorsque par malheur il s'est relâché, quelle que soit d'ailleurs la cause de ce relâchement. Au lieu d'attendre que les autres fassent le premier pas, l'amour effectif prend les devants sans souci de l'amour-propre. Au poison de la haine et de la jalousie, l'amour effectif oppose l'esprit de bienveillance qui se concrétise en bienfaisance. Les pensées d'amour neutralisent les pensées de mépris et de vengeance; elles transforment les ennemis en amis.

Tel est l'amour effectif dont vibre le Temple vivant : c'est un amour en acte. Saint Jean le rappelle à ses disciples : "Mes petits enfants, n'aimons pas en paroles ni avec la langue seulement, mais en acte et en vérité" (1 Jn 3, 18). Comme la vie serait agréable sur la terre des hommes si chacun aimait les autres "en acte et en vérité, si chacun s'efforçait de vivre de cette charité miséricordieuse, prévenante, gratuite, bienveillante, bienfaisante et compatissante, d'une charité non seulement affective, mais surtout effective, selon la Volonté du Seigneur.

Temples vivants au service les uns des autres

"Par la charité, mettez-vous au service les uns des autres" (Ga. 5, 13). Il n'existe qu'un seul amour véritable, plein, substantiel, qui ne se dément jamais : c'est l'amour gratuit, l'amour-don. Le Temple vivant, c'est l'homme nouveau qui a fini par dompter ses passions égoïstes pour ne plus donner qu'un service d'adulte à la Trinité et aux humains qu'il veut Lui gagner.

Cette mentalité, saint Paul ne manque aucune occasion de la prêcher lors de ses tournées apostoliques tout comme il le fait dans ses épîtres : "Je vous conjure par tout ce qui peut y avoir d'appel pressant dans le Christ, de persuasion dans l'Amour, de communion dans l'Esprit, de tendresse compatissante, mettez le comble à ma joie par l'accord de vos sentiments : ayez le même amour, une seule âme, un seul sentiment; n'accordez rien à l'esprit de parti, rien à la vaine gloire, mais que chacun, par l'humilité, estime les autres supérieurs à soi : ne recherchez pas chacun vos propres intérêts, mais plutôt que chacun songe à ceux des autres" (Ph. 2, 1-4).

Dans cette recherche de charité gratuite, d'amour-don concret, saint Paul ne fait que suivre son Maître et Modèle : "Quand tu offres un festin, invite des pauvres, des estropiés, des boiteux, des aveugles : heureux seras-tu alors de ce qu'ils ne sont pas en état de te le rendre" (Lc 14, 13).

Amour désintéressé sans acception de personne, amour pur sans ristourne, voilà l'amour vécu et enseigné par le Maître, l'amour que pratique concrètement le chrétien quand il a sagement rebâti son âme pour en faire le Temple de la Trinité : il aime son prochain et ses ennemis et imite Dieu qui fait lever son soleil sur les méchants comme sur les bons, tomber la pluie sur les justes comme sur les injustes (Mt 5, 43-45). Heureuse l'âme qui sait ainsi se réjouir avec qui est dans la joie et pleurer avec qui pleure (Rm. 12, 14-15).

Temple où la dévotion éclate en joie

Pour être joyeux, il importe de se nourrir d'une notion juste de la vraie dévotion. Saint Thomas la définit l'acte immanent à la volonté par lequel on entend faire face à ses obligations de créatures en se tenant prêt à tout ce qu'exigera l'honneur de Dieu. L'application du vouloir au service et à l'honneur de la Trinité, c'est l'hommage de tout l'être humain et c'est ce qui constitue la dévotion, acte principal de la vertu de religion qui exprime à la fois la psychologie de révérence et de soumission à l'autorité souveraine de Dieu, de service désintéressé en retour de ses bienfaits. Inspirée par la charité, la dévotion diffuse l'influence de la religion dans l'activité morale à laquelle elle communique un empressement religieux.

La joie se présente comme l'effet spontané d'une dévotion équilibrée qui siège à l'intérieur de la volonté et cherche Dieu dans la contemplation. Plus on s'approche des Trois, plus on devient volonté de la Trinité et plus on vit dans la joie. La Trinité et la joie sont comme une seule et même réalité. La source première de toute joie ne peut que jaillir du coeur même de la Trinité. Dieu veut que nous vivions dans la joie. Par son égoïsme, l'homme avait chassé de la terre cette joie que le Christ a fait refleurir par son don total. Désormais, tous les hommes peuvent se nourrir de ce pain de lumière.

L'émerveillement produit par notre contact avec l'oeuvre splendide de la création nous est aussi source de joie. C'est après avoir chanté la munificence du Créateur que le Psalmiste s'écrie : "Moi, j'ai ma joie en Yahvé" (Ps. 104, 34). Et ne pouvant contenir cette joie débordante, fraîche comme l'eau pure des sources printanières, il continue de chanter à qui veut l'entendre : "Venez, crions de joie pour Yahvé" (Ps. 95, 1) qui se fait non seulement notre Créateur et Bienfaiteur, mais encore notre Rédempteur.

Dieu, Créateur et Sauveur, se révèle encore notre Sanctificateur "afin que notre joie soit parfaite". L'effusion de l'Esprit au matin de la Pentecôte nous est une nouvelle source d'inépuisable joie (Act. 5, 41; 4, 12).

Un Temple qui accepte le renoncement, mais dans la JOIE

Si la Foi, l'Espérance et l'Amour n'ont pas besoin de génie pour se faire reconnaître, la joie n'a même pas besoin de nom. Elle paraît et toute la terre "s'ensoleille" à sa bienfaisante lumière. Rien n'est plus puissant qu'une figure rayonnante et joyeuse, reflet d'un coeur sincère, pour attirer les âmes et les pacifier. Un sourire loyal et épanoui, effet d'une charité tout intérieure, ne peut qu'ouvrir les coeurs durcis, allumer leur espérance amortie et relever leur courage abattu.

Saint François d'Assise, bien qu'il poussât le dénuement jusqu'à l'héroïsme, peut être appelé le grand miraculé de la joie. Il ne se fatiguait pas de répéter à ses disciples le mot de l'Apôtre : "Vivez toujours dans la joie". Il ne souffrait autour de lui, chez ses frères, ni mine sombre, ni visage aigre, ni figure maussade. Il entendait que chacun devienne non pas un rêveur mélancolique, sorte de saule-pleureur ambulant, mais un enfant de lumière, un temple vivant rayonnant la Trinité. A ceux qui lui demandaient comment une telle joie aussi continue était possible, il répondait : "Elle jaillit de la pureté du coeur et de la constance dans la prière".

Dans le climat d'Assise, tout embaumé de grandeur et de bonheur, François a su affronter la vie, donner à la souffrance un beau visage. En épousant Dame Pauvreté, il prouve que la joie peut être le partage de tous, des déshérités encore plus que des riches. Saint François se montre apôtre de la joie à travers la souffrance et le dénuement. Il nous enseigne que pour être riche de joie, il faut savoir se contenter de peu, se faire une âme de pauvre.

Le chrétien qui s'est rebâti dans et pour la Trinité réalise jusqu'à quel point les Trois savent accorder leurs bénédictions en abondance à ceux et celles qui donnent le témoignage du renoncement dans la joie.

La joie :
baromètre de l'équilibre

La joie, c'est un peu comme le baromètre qui indique jusqu'à quel point une âme s'est rebâtie dans l'équilibre de l'amour. L'existence chrétienne ne doit pas se révéler morose. Un chrétien triste a-t-il vraiment compris la conformité précise entre l'Evangile et sa vie? Sa mélancolie sans flamme et sans enthousiasme se présente plutôt comme un contre-témoignage. C'est d'abord sur son visage que la joie doit apparaître comme d'instinct. Présenter un visage de joie, de bonté, de charité, de beauté, en un mot le vrai visage du christianisme, le visage du Père, telle est l'attitude du vrai chrétien qui s'est rebâti spirituellement avec l'aide de la Trinité, qui fait chanter sa vie et celle des autres, qui se manifeste un alléluia vivant des pieds à la tête : celui-là rend un véritable témoignage.

Le monde a tellement besoin de joie qu'on ne peut concevoir la vocation chrétienne en dehors d'une vocation à la joie offerte et vécue concrètement. Arrière les visages renfrognés, les mines dures et sévères! Les âmes sans joie, comme des fleurs sans soleil, s'étiolent et se fanent. Elles ne sont pas dans la ligne de l'Evangile qui veut que, même dans la pénitence, le baptisé ne présente pas une mine défaite, mais qu'au contraire il se réjouisse jusque dans les injures reçues : "Quand vous jeûnez, ne vous donnez pas un air sombre comme font les hypocrites.., mais parfumez votre tête et lavez votre visage" (Mt. 6, 16-17). "Heureux êtes-vous si l'on vous insulte, si l'on vous persécute et si l'on vous calomnie de toutes manières à cause de moi. Soyez dans la joie et l'allégresse, car votre récompense sera grande dans les cieux" (Mt. 5, 11-12).

Même les vérités les plus austères du christianisme peuvent et doivent provoquer la joie. Ce serait se tromper que de juger le christianisme comme une doctrine sombre où prédominent le mal et la mort. La mort donne la vraie vie et le grain jeté au sillon ne meurt que pour porter du fruit.

Temple qui diffuse l'art d'être joyeux

L'art de vivre en climat continuel de joie existe et il n'est pas tellement difficile de s'en instruire. Il suffit de s'accoutumer à voir les petites joies comme on finit par percevoir les fleurs disséminées à travers la campagne dès qu'on a un peu l'oeil et le coeur exercés. L'habitude de prendre conscience des moindres bienfaits que nous offrent les événements quotidiens, la pratique spontanée de l'action de grâces, deviennent vite une source intarissable de joie profonde. Si on s'entraînait à cette attitude d'âme, non seulement on ne manquerait jamais de joie, mais on la verrait fleurir tous les jours sous nos pas. Saint Paul, après avoir invité les Philippiens à la joie, ajoute aussitôt : "En toute chose, rendez à Dieu des actions de grâces". Il savait bien à quel point joie et reconnaissance sont inséparables.

Vivre dans la conviction que rien n'arrive sans que la Trinité ne le veuille et que ce qu'elle veut est toujours ce qu'il y a de meilleur pour chacun, quoi de plus apaisant! Qu'il m'arrive quoi que ce soit, directement de Dieu ou indirectement par l'intermédiaire des hommes, je dois m'estimer heureux. Comment pourrait-il en être autrement si je suis persuadé que ce qui m'arrive est ce qu'il y a de plus avantageux et de plus à propos pour moi? Je n'ai qu'à me rappeler que Dieu est un père infiniment sage, infiniment bon et tout-puissant qui sait ce qui convient à ses enfants et ne manque pas de le leur donner.

Ainsi donc, que les choses qui m'arrivent répugnent aux sentiments de la nature ou qu'elles les flattent, qu'elles soient assaisonnées ou nuisibles à la santé, qu'elles m'attirent l'estime ou le mépris des hommes, je les reçois comme ce qu'il y a, dans les circonstances, de plus convenable pour moi et j'en suis aussi content que peut l'être celui dont tous les goûts sont pleinement satisfaits. Tout me devient ainsi sujet de joie et de bonheur. Cette joie et ce bonheur, il ne me reste qu'à les transmettre à tout le Corps Mystique qui profite ou souffre de mes moindres démarches.

Joie crucifiée, sanctifiante et glorifiante

Nos douleurs peuvent et doivent se convertir en joie. Se réjouir dans l'épreuve, sourire à la souffrance, chanter dans son coeur, chanter toujours et d'une voix d'autant plus mélodieuse que les épines sont plus longues et plus acérées, ne pas laisser soupçonner à son entourage qu'on souffre et tout cela, non par vain orgueil, mais par amour, afin d'offrir à la Trinité une petite fleur bien cachée, au parfum délicieux, tel est avec l'amour le fruit que le divin Vigneron veut cueillir. Notre joie ne sera royale qu'à la condition de nous laisser crucifier. L'ordre actuel exige qu'il en soit ainsi. Les martyrs marchaient au supplice dans un chemin de lumière : 'Ibant gaudentes''. Ils savaient que la croix, porteuse de paix éternelle, mène à l'amour qui ne meurt plus.

L'Eglise qui progresse elle-même dans la douleur ne s'en exprime pas moins dans une liturgie toute d'amour et de joie. On assombrit l'Eglise et son message, alors qu'Elle seule donne un sens rédempteur et un parfum de joie à la souffrance nécessaire et qu'Elle nous mène à la fin suprême et normale hors laquelle il n'y a que bonheur tronqué.

Après l'épreuve du temps, ce sera la joie de l'éternité : "Alors ta lumière poindra comme l'aurore, ta blessure sera vite cicatrisée. Ta justice marchera devant toi et la gloire de Yahvé derrière toi. Alors, si tu cries, Yahvé répondra, à tes appels il dira : Me voici. Yahvé te guidera constamment, dans les déserts il te rassasiera. Il te rendra vigueur et tu seras comme un jardin arrosé, comme une source dont les eaux sont intarissables" (Is. 58, 8-9, 11).

Savoir semer des pensées charitables, magnanimes, encourageantes, c'est préparer une moisson d'harmonie, de beauté et de joie. Les personnes qui irradient la joie répandent du soleil en elles et autour d'elles. Elles allègent leurs propres fardeaux et ceux des autres. Leur attitude bienveillante et leur bonne volonté aident et réconfortent. La joie doit germer dans la souffrance avant de s'épanouir en amour éternel.

Loi Nouvelle :
loi de bonté et d'amour

La bonté sait faire ressortir ce qui est bien dans les caractères. Dans les hommes se cache toujours plus de bien que ce que l'on y croit voir. La plupart des humains emportent dans leur tombe beaucoup de qualités qui n'ont pas été favorisées, qui n'ont pas trouvé occasion à développement. Ils sont plutôt rares ceux qui ont pu exploiter toutes leurs richesses. Quelle abondante floraison peut jaillir sous l'influence de quelques rayons de bonté, d'une charité bienveillante qui peut transformer en générosité une masse d'égoïsme.

La bonté double les forces. C'est cette vertu qui compte le plus de vaillants militants au service de l'Eglise. La première chose qu'une personne constituée en autorité devrait apprendre, c'est de savoir louer ses subordonnés sans le paraître, car seuls les vaniteux et les saints peuvent se passer de louanges : les vaniteux, parce qu'ils sont tout à eux-mêmes et les saints parce qu'ils sont tout à la Trinité.

Celui qui, dès la création, avait mis la bonté au coeur de l'homme, Celui qui, par la religion du Christ, a voulu restaurer dans le monde le règne de la bonté, Dieu, demeure la source toujours pleine où doivent aller puiser les âmes avides de croître en bonté. Dans l'Eglise, le Coeur du Christ en est la fontaine toujours ouverte, et il donne ses richesses de bonté à quiconque va s'y abreuver par les exercices de la piété chrétienne.

Il serait très faux de considérer Dieu-Trinité comme épiant toutes les occasions de nous trouver en défaut. Il est plus porté à nous plaindre, à nous excuser même qu'à nous condamner impitoyablement. C'est sous les traits du père le plus tendre, le plus dévoué, le plus compatissant et le plus miséricordieux qu'il faut considérer le Bon Dieu. Dans l'Evangile c'est toujours le Père qui nous est montré, le Père avec tout ce que son coeur révèle d'infinie tendresse. C'est avec raison qu'on a appelé la Loi Nouvelle, 'LOI D'AMOUR' : aucun nom ne lui convenait mieux puisque l'esprit qui l'anime est essentiellement un esprit de bonté.

473

Si la volonté a pour propriété de tendre à son objet ou de s'y reposer, elle a aussi le pouvoir de diffuser son bien, son objet, en dehors d'elle-même. Les vouloirs de Dieu relatifs aux créatures sont noyés dans l'éternelle "complaisance" de Dieu en sa propre bonté. Notre Dieu-Trinité est bonté par essence et c'est par pure bonté et condescendance qu'Il veut les choses autres que Lui-même.

Bonum est diffusivum. C'est ce besoin de diffusion désintéressée qui fait que les saints ont eu tant d'influence. La Trinité leur a communiqué sa propre bonté dans la mesure où ils ont cherché à s'identifier à Elle, dans la mesure où ils ont posé des actes concrets de charité, dans la mesure où ils ont rencontré Dieu là où il a voulu lui-même se placer pour engager ce dialogue de charité et de bonté.

C'est une loi normale que tout agent, selon qu'il est en acte et parfait, engendre son semblable. Mais c'est surtout en Dieu qu'on trouve cette capacité de se communiquer à d'autres, par manière de ressemblance ou autrement. La bonté unique de Dieu devient ainsi le principe de toute bonté, le principe d'unité vers lequel doivent converger tous nos actes de bonté.

La bonté, c'est la continuation de l'acte de la création, la continuation du plan primitif de la Trinité. Cette bonté veut le bonheur du monde entier et la souffrance lui devient motif d'activité. Cette même bonté continue la Rédemption, ce mystère de bienveillance et de bienfaisance qui procède du coeur de la Trinité pour refaire le coeur de l'homme. Elle continue aussi le plan de la sanctification, l'oeuvre de l'Esprit-Saint qui nous soutient de son souffle.

Profusion du gouvernement trinitaire sur la terre des hommes, la bonté est liée à la Pensée de Dieu. C'est la grande noblesse de l'être humain de laisser entrevoir par sa bonté le type céleste qu'il est devenu par ses ramifications avec les mystères d'amour qui marquent Dieu.

Bon à la manière du Verbe Incarné

Pendant sa vie terrestre, le Christ s'est montré bon à l'endroit de tous, des adultes aussi bien que des enfants que les Apôtres, en leur grand zèle, semblaient rudoyer et éloigner du Maître : "Laissez donc ces enfants et ne les empêchez pas de venir jusqu'à moi, car le Royaume des Cieux appartient à ceux qui leur ressemblent" (Mt. 19, 14).

Les mères de famille ne sont pas oubliées dans la pauvre Cananéenne envers qui Jésus semble s'être manifesté peu accueillant dans la réponse qu'il fit à sa supplication : "Je ne suis envoyé qu'aux brebis perdues de la maison d'Israël. On ne doit pas prendre le pain des enfants pour le jeter aux chiens" (Mt. 16, 24-26). Puis il faut voir comment le Christ a loué la Foi profonde de cette maman : "Femme, ta confiance est magnifique! Tu vas obtenir ce que tu veux" (Mt. 16, 28). Il a eu aussi pitié de la veuve à Naïm et, dans sa grande bonté, il lui a rendu son enfant.

Cette bonté s'est manifesté encore aux pères de famille comme aux jeunes. Le Christ guérit le fils d'un fonctionnaire : "A moins de voir des prodiges et des miracles, vous ne croyez pas! Retourne chez toi, ton fils est vivant" (Jn 4, 48, 50). Au jeune homme riche, il répond : "Si tu veux être parfait, va, vends tout ce que tu as, donne-le aux pauvres, puis viens et suis-moi" (Mt. 19, 21). Jésus posa sur lui son regard et l'aima. Les jeunes filles sont bien représentées en Marthe et Marie. Marthe se plaignait à Jésus de ce que Marie ne l'aidait pas dans le service et le Maître lui répondit : "Marthe, tu te fais du souci et tu t'inquiètes de trop de choses, alors qu'une seule est suffisante. Marie a choisi la meilleure part; elle ne lui sera pas enlevée".

Pour la consolation des vieillards, le vieux Simon voit le Messie avant de mourir, selon son plus cher désir, et la vieille Anne peut, elle aussi, contempler l'Enfant-Dieu avant de partir pour le grand voyage. Même les belles-mères ne sont pas oubliées, puisque Jésus guérit celle de Pierre chez qui il allait prendre son repas. Le Christ a eu pitié de tous et il nous enseigne à marcher sur ses traces.

La bonté se sent plus qu'elle ne se définit. Mieux vaut la goûter que l'expliquer. Sa place d'ailleurs est moins dans l'esprit que dans le coeur. A qui la regarde de près, elle apparaît fort complexe. Peut-être serait-il juste de dire qu'elle est moins une vertu particulière qu'un heureux assemblage de nombreuses vertus, tout comme l'envie est un amalgamme de nombreux défauts.

Lorsque la bonté revêt la forme d'une inclination affective, elle produit la douceur, la bienveillance, la prévenance, l'amabilité et la tendresse. Se fait-elle active, elle inspire le zèle, la générosité, le dévouement, l'abnégation. Plus souvent encore, devenue comme passive, elle pratique la patience et le support, l'indulgence et la condescendance, le pardon des injures et l'humble oubli de soi. C'est l'apanage et la richesse de la bonté que, pour la composer, tant de vertus doivent s'unir.

L'être humain n'est bon que dans la mesure où il s'oublie, où il se donne, où il se sacrifie pour le bien de ses frères. Tous les coeurs se laissent vaincre par la bonté, tout autant qu'on se fait une gloire de résister à la force. Cette bonté en action est plus gracieuse que la louange qui a toujours quelque chose de protecteur; elle est féconde autant qu'elle est affable, nous fait toujours plus bienveillants et rend les autres plus affables.

Il faut faire l'expérience de la bonté pour réaliser jusqu'à quel point elle entraîne insensiblement, en toute discrétion et humilité. L'humilité d'ailleurs est peut-être la vertu qui dispose le mieux à la bonté, comme aussi la bonté à l'humilité. Du fait qu'elle jette généralement peu d'éclat, la bonté n'en a pas moins de valeur : elle ressemble à l'herbe des champs dont la richesse d'utilité n'a rien d'inférieur à celle des cèdres du Liban pouvant nourrir l'être humain et reposer son oeil au tapis vert émaillé de marguerites et parfumé de thym.

Le premier acte de la bonté est la compassion en face de la douleur d'autrui : le coeur sincèrement ému se porte d'instinct au secours de l'infortune par la bienfaisance, et le bienfait qui en résulte pénètre jusqu'au fond de l'âme qui souffre surtout lorsqu'il s'exprime par la bienveillance, par une affection franche qui marque le don suprême de la bonté.

C'est dire que la bonté se présente avec des degrés divers; elle s'élève à mesure qu'elle donne davantage. Compatissante, elle diffuse la pitié; bienfaisante, elle livre ses biens, son temps, sa peine; bienveillante, elle offre son estime et ses bonnes grâces; aimante, elle abandonne même le coeur.

Les coeurs mauvais ne voient pas la douleur. Le bon coeur ne voit que la misère et oublie la faute. Toute souffrance humaine émeut le coeur compatissant. Quel merveilleux exemple nous donne encore le Christ à cet égard! Il descend du ciel, guérit les malades, purifie les lépreux, ressuscite les morts, multiplie les pains, pardonne à Madeleine, à la femme adultère, à Pierre, au larron. Sa mort dans l'ignominie de la croix est l'acte suprême de sa bonté rédemptrice. Il est le bon Samaritain qui sait compatir à toute douleur.

La piété n'est qu'un commencement de bonne action; par sa propre poussée, elle tend à s'exprimer au dehors, dans des oeuvres de bienfaisance. Le coeur vivement ému est une coupe pleine qui ne peut retenir ses flots de bonté. L'âme compatissante donne tout : son temps, son argent, son travail, son coeur, sa vie. Sa bienfaisance est désintéressée, universelle et pleine d'un délicat discernement. Respectueuse du pauvre, elle ménage sa susceptibilité et sa liberté, ne faisant sentir à personne sa supériorité. Aux mains d'une âme apostolique, cette bonté aimante devient une arme toute-puissante qui gagne les âmes et les fait revivre. Avant même que la parole ne vienne expliquer à la raison la vérité, déjà cette bonté aimante a ensemencé le coeur pour favoriser la compréhension.

La magique influence morale de la bonté

La bonté attire, séduit. Sitôt qu'elle paraît, elle nous gagne par le bonheur qu'elle nous procure. Instinctivement, nous nous tendons vers elle comme la fleur au lever du soleil, comme les bourgeons à la tiède haleine du printemps. Nous respirons la bonté avec bien-être comme l'air qu'appellent nos poumons. Elle chasse la tristesse, poursuit l'angoisse et redonne confiance.

La bonté rend la vie supportable, car la vie, ce don pourtant si cher et si passionnément aimé, pèse comme un lourd fardeau sur nos épaules tant est large la part de labeur et de souffrances que chacun trouve en son lot. Sous cette croix, les uns succombent vaincus, les autres marchent vaillamment. D'où vient donc la différence? Les uns ont manqué d'élan parce qu'ils n'ont pas senti le stimulant de l'espérance; les autres, dilatés par la joie, ont subi l'entraînement du bonheur. L'homme est donc, en face de la vie, un faible ou un fort, suivant qu'il est morose ou joyeux. La tristesse l'éteint, la joie l'enflamme. Or quel souffle, sinon celui de la bonté, parut le mieux aviver au coeur le foyer de la joie? A la bonté revient la magique influence de la force morale.

Si la bonté a sur nous tant d'emprise, c'est qu'elle vient à nous avec les deux sentiments qui ébranlent le plus puissamment les ressorts de l'âme : elle nous apporte l'estime et la sympathie sans lesquelles nous restons sans vigueur morale; car, de même que le pauvre s'avilit, plus encore qu'il ne souffre, sous l'écrasant dédain du riche, il nous est malaisé d'être vertueux dans le mépris, de nous ouvrir au bien dans la froide atmosphère de l'indifférence.

Du contact de la bonté nous revenons toujours plus vivants, parce qu'elle nous a ennoblis, encouragés, réchauffés. Nous aimons d'instinct la bonté, parce qu'elle nous est le plus précieux refuge. L'être humain qui ne se sent aimé de personne est bien près de s'abandonner lui-même. C'est Dieu qui a voulu qu'aucun bien ne se fît à l'homme qu'en l'aimant, qu'en l'entourant de bonté et il nous en a donné l'exemple.

Le magnétisme de la bonté

La bonté, ce joug suave de l'Evangile, rend la vie plus supportable. On admet mieux la supériorité des dons des autres et la bonté rend certains frottements moins pénibles. Que de gens traversent la vie comme des épaves! Ils se montrent ombrageux comme ces chevaux qui se cabrent à chaque obstacle rencontré le long de la route. La bonté est l'amabilité de la justice. Elle en adoucit le côté agressif.

La bonté encourage les efforts vertueux. Que d'âmes sont assiégées par les idées noires, découragées! Que d'âmes lasses trouvent la vie accablante! Un peu de sympathie, un sourire peuvent réveiller l'enthousiasme. Le manque de sympathie est plus grand que le manque d'argent. La bonté est un chaud rayon d'humanité. Un simple mot d'encouragement est parfois le premier anneau d'une chaîne qui s'appellera persévérance finale.

La bonté en pensées entraîne la bonté en paroles et ces bonnes paroles sont comme la musique céleste de ce monde. Rien n'est plus puissant qu'une parole pour attendrir et calmer les coeurs. Les préjugés les plus invétérés tombent devant elle. La raison, c'est qu'un être inaccessible au pardon est un monstre assez rare. De plus assez souvent une querelle a sa source dans un malentendu et ne subsiste que par le silence qui perpétue la mésintelligence. Seules des paroles conciliantes auront raison de cette querelle en cicatrisant pour jamais de vieilles plaies.

La bonté produit une source abondante de sainteté et de paix pour les âmes. Si nous connaissions le magnétisme d'une bonne parole et le désastre que peut entraîner une parole de colère! Quel avantage pour une âme que d'avoir souffert, d'être passée par le feu et par l'eau pour trouver le droit et l'occasion de dire de bonnes paroles, d'encourageantes paroles. Il se trouve même certaines situations où une bonne parole peut exercer plus d'influence et d'efficacité que les actions elles-mêmes. L'esprit bon se garde, à l'exemple du Maître, d'achever "le roseau brisé ou d'éteindre la mèche qui fume encore."

Un temple riche
d'affectueuse bienveillance

"Quand tu donnes, donne avec joie et en souriant". Bien avant Joubert, saint Paul avait exprimé la même pensée : "Un bienfaiteur gai, voilà celui que Dieu aime". Cet aimable sourire dont la bonté illumine la bienfaisance se nomme la bienveillance.

La bienveillance est un bienfait, mais d'un plus haut prix que le temps, le travail ou l'argent car, non contente de donner largement ses biens, elle ajoute le don de l'âme même. Elle a sur la bienfaisance un double avantage : celui d'épanouir les coeurs en ne froissant personne et d'enlever à la bienfaisance ce qu'elle comporte de trop austère. La bienveillance est le condiment de la bienfaisance. C'est surtout la bonté en pensées que suppose la bienveillance, plus que la bonté en paroles et en actions. Chercher le bon côté de chaque chose et ne condamner jamais : c'est la racine de la bienveillance. Les paroles ne sont que les servantes de nos pensées bienveillantes ou malveillantes. La bienveillance est source de paix, de joie et de force.

Le devoir suprême de la bonté cependant c'est l'amour, l'affection sincère. La bonté est parfaite par l'affection qu'elle comporte. La bienfaisance, si elle est sèche, humilie en secourant; la bienveillance, si elle est froide, n'est qu'une lumière de haute montagne sans action sur la vie; l'affection rend la bonté tout-à-fait humaine parce que seule, elle régénère la vie humaine. La Foi, du reste, nous apprend que le Christ lui-même ne nous a sauvés que par l'amour, qu'il fut toujours le Bon Samaritain qui n'a voulu oublier personne, ni les pauvres ni les riches, pas plus les bergers que les Rois-mages. Il a poussé sa bonté jusqu'au sacrifice de sa vie. Il a voulu aussi se définir lui-même par un mot tombé de ses lèvres : "Je suis le bon Pasteur". Il meurt sur la Croix par un acte libre de bonté compatissante et généreuse. Sa dernière parole est inspirée par son Coeur : "Seigneur, pardonnez-leur, car ils ne savent ce qu'ils font".

Noyer son bonheur
dans le bonheur des autres

Nous avons tous les jours l'occasion d'agir avec bonté. Les bonnes paroles ne coûtent rien, et pourtant comme nous en sommes avares! Si de telles paroles de bonté devaient nous coûter quelques sacrifices, songeons jusqu'à quel point elles peuvent nous payer de retour. Sans doute est-il presque impossible d'être habituellement bon, mais l'âme qui appuie sa vie sur des motifs surnaturels peut y parvenir avec le secours de la grâce divine.

Il ne faut pas confondre la vraie bonté avec une douceur toute naturelle ou un stoïcisme purement philosophique. La bonté dont il est ici question est l'imitation sur la terre des hommes du comportement de la Trinité à notre endroit. Une telle bonté possède à sa base une surnaturelle connaissance de soi-même et une union très étroite avec les Trois.

L'intention de réaliser l'image, la ressemblance trinitaire fait jaillir en nous une source de suavité qui répand la grâce sur notre entourage, d'où la double récompense de la bonté qui procure le bonheur aux autres en même temps qu'à soi-même. Quelle joie est réservée à celui qui baigne son bonheur dans le bonheur des autres! Mais noyer son bonheur dans le bonheur des autres, voilà ce que la nature ne peut faire sans le secours d'En-Haut.

La bonté fait naître le bonheur pour nous-mêmes : c'est le meilleur moyen de calmer nos passions. S'intéresser aux problèmes des autres, c'est le meilleur moyen de vaincre les plus terribles adversaires. La bonté verse en nos coeurs la charité, le repos, la paix; elle nous vaut une plus grande pureté, des grâces surnaturelles. La bonté nous rend plus vrais, plus droits, plus sincères, parce que c'est le point de vue de Dieu que nous cherchons et préférons en tous nos gestes. La fausseté d'ailleurs ne peut jouir du privilège d'être charitable; elle ne peut que simuler la charité et son jeu finit par se laisser découvrir. Pour vivre la vraie bonté et la communiquer, il faut vivre la vérité.

Des cieux nouveaux et une terre nouvelle

La joie eschatologique qui sera le partage des élus est décrite à maintes reprises à travers Isaïe. L'allégresse dont il est question s'applique d'abord au temps messianique : "Tu as multiplié leur allégresse, tu as fait éclater leur joie; ils se réjouissent devant toi comme on se réjouit à la moisson, comme on jubile au partage du butin" (9, 2).

La joie eschatologique est encore préfigurée par la jubilation provoquée par le retour de l'exil: "Que se réjouissent désert et terre aride, qu'exulte et fleurisse la steppe, qu'elle porte fleurs comme jonquilles, qu'elle exulte et crie de joie. La gloire du Liban lui est donnée, la splendeur du Carmel et de Saron; on verra la gloire de Yahvé, la splendeur de notre Dieu" (35, 1-2).

L'élection d'Israël peut aussi se rapprocher de l'élection finale des élus de Yahvé qui fera retentir les voûtes éternelles de la joie du salut : "Cieux, criez de joie! car Yahvé a agi. Triomphez, profondeur de la terre! Montagnes, criez de joie, et toi, forêt avec tous tes arbres! Car Yahvé a racheté Jacob et manifesté sa gloire en Israël" (44, 23). Au séjour de la Jérusalem céleste, il n'y aura plus de pleurs ni de tristesse : "Cieux, criez de joie! Terre, jubile! Montagnes, éclatez en cris joyeux! Car Yahvé console son peuple dont il prend en pitié les affligés!" (49, 13) L'arrivée à la Terre Promise de la gloire est soulignée dans le même ton : "Les libérés de Yahvé reviendront. Ils arriveront à Sion, hurlant de joie, un bonheur éternel transfigurera leur visage; allégresse et joie les accompagneront, douleur et plainte auront pris fin" (35, 10).

La restauration du Temple à l'édification duquel nous aurons travaillé sera comme une nouvelle création toute baignée de lumière et de joie : "Car je vais créer des cieux nouveaux et une terre nouvelle et on ne se souviendra plus du passé, qui ne remontera plus au coeur. Qu'on soit dans la jubilation et qu'on se réjouisse de siècles en siècles de ce que je vais créer, car je vais créer Jérusalem "Joie" et son peuple "Allégresse" (Is. 65, 17-18).

CHAPITRE XXIII

Le Temple de la Paix

"Le règne de Dieu n'est pas affaire de nourriture ou de boisson, il est justice, paix et joie dans l'Esprit-Saint".
(Rm. 14, 17)

"La paix ne se construit pas seulement au moyen de la politique et de l'équilibre des forces et des intérêts. Elle se construit avec l'esprit, les idées, les oeuvres de la paix".
(Paul VI à l'ONU, 1965)

Le Temple de la Paix

— La PAIX : c'est le souhait de tous et pour tous

— La Paix est le fruit de la Sagesse

— Dieu est Paix et pacification

— Dans la plénitude de la Paix de Dieu

— Le "Prince-de-la-Paix" (Is. 9, 5)

— Dans la paix du Christ et de l'Evangile

— Le retour au Principe doit s'effectuer dans la paix

— La Paix s'achète au prix du sang

— Une surabondance de paix à la lumière d'une certitude

— Paix de l'âme dans une vie digne du Seigneur

— Comment conquérir et cultiver la Paix

— Les solides piliers de la Paix

— Le Pape volant qui diffuse le message de la Paix

— Le problème numéro '1' de notre temps

— Une mission de paix qui n'est qu'un départ

— Les "hommes de paix"
          dont Dieu veut faire son "ROCHER"

— Douze suffiraient pour fixer le monde dans la paix

— Trouver la Paix,
          c'est commencer sur terre l'éternel Alleluia

La PAIX : c'est le souhait de tous et pour tous

L'usage chez nombre de peuples de l'Orient veut qu'on se salue en se souhaitant la paix. C'est même le souhait que se formulent les uns aux autres mes braves noirs du Basutoland. Nous retrouvons cette formule de salutation au début de la plupart des épitres que les Apôtres ont adressées soit à une Eglise qu'ils avaient fondée, soit à l'un de leurs disciples : "A vous grâce et paix de par Dieu notre Père et le Seigneur Jésus-Christ" (Phm. 3). On prenait congé de la même manière : "Allez en paix, le voyage que vous entreprenez est sous le regard de Yahvé" (Jg. 18, 5).

Ainsi répondit aussi Eli à la prière d'Anne demandant un fils au Seigneur : "Va en paix et que le Dieu d'Israël t'accorde ce que tu lui as demandé" (1 S. 1, 17). La paix consolatrice est promise aux âmes de bonne volonté qui regrettent leur faute et reviennent à Yahvé : "Mais je guérirai mon peuple, je le consolerai, je le comblerai de réconfort, lui et ses affligés en faisant éclore la louange sur leurs lèvres : Paix! Paix! à qui est loin et à qui est proche, dit Yahvé. Oui je te guérirai. Mais les méchants ressemblent à une mer tourmentée qui ne peut se calmer et dont les flots rejettent vase et limon. Point de paix, dit mon Dieu, pour les méchants" (Is. 57, 18-21).

La paix, c'est toujours le souhait qu'apporte avec lui tout messager divin. A Daniel qui tremblait d'effroi, l'ange dit : "Ne crains point, homme de prédilection; paix à toi, prends force et courage!" (Dan. 10, 19) L'Ancienne Alliance conserve la mémoire d'un type de sacrifice appelé "sacrifice pacifique" ou de communion. C'était un banquet sacré dont une part était consommée par les fidèles et l'autre donnée à la divinité. Il exprimait par excellence la communauté de vie entre le fidèle et la divinité, par conséquent un état de paix et de salut. Nous devons accepter de faire nôtre ce sacrifice pacifique, avec cette différence qu'il doit comporter la totalité de don de notre part à la plus grande gloire de la Trinité.

La Paix
est le fruit de la Sagesse

La gloire de Dieu est l'unique fin de l'âme qui s'est élevée sur la montagne de la Sagesse et s'y est trouvée face à face avec l'altitude des perfections divines : la gloire de Dieu, l'amour de Dieu répandu partout. Il en résulte que tout est dans l'ordre pour cette âme au-dedans comme au-dehors. Elle voit toutes choses, ses sentiments, ses affections, ses actions et tout ce qui l'entoure dans l'état d'êtres redevables au *tout* de Dieu, qui n'ont de valeur et de prix que dans la mesure où ils reflètent cet infini. En elle règne la tranquillité absolue de l'ordre.

L'ordre règne où chaque chose est à sa place. Si les êtres sont mal disposés, ils se révoltent pour retrouver leur équilibre et leur centre. Mais quand tout est ordonné, tout est solide, tout est en paix. Ainsi est l'édifice, le temple de notre vie lorsque celle-ci est réglée sur l'exigence du *tout* de Dieu. L'ordre est stable, rien ne grince, rien ne réclame, et si quelque chose gémit en nous, il n'est que de contempler le *tout* de Dieu pour apaiser cette tristesse. La paix, fruit de la Sagesse, réside dans une vie bien ordonnée et s'accompagne de joie : "Au coeur de qui médite le mal, l'amertume; aux conseillers pacifiques, la joie" (Ps. 12, 20).

Celui qui a tout réglé, tout mis en ordre dans sa charité, dans ses actions, a la paix, Mais comme il est dans l'ordre qu'un foyer ardent rayonne, une âme intérieure, pour qui Dieu est tout, qui s'est efforcée de tout régler en ce sens et a trouvé la paix pour elle-même, fait rayonner cette paix autour d'elle : elle paraît pour les autres une messagère de paix. Il existe encore, fort heureusement, sur la terre des hommes, de ces âmes qui savent irradier la paix.

Dans l'Ancien Testament, Yahvé promet la paix à son peuple à la condition qu'il observe fidèlement ses commandements. Après lui avoir assuré en retour ses bénédictions, il ajoute : "Je mettrai la paix dans le pays et vous dormirez sans que nul vous effraie" (Lv. 26, 6). L'âme ne devient un temple d'irradiation paisible qu'à partir du moment où elle est toute abandonnée à l'Adorable Trinité.

Dieu est Paix et pacification

Dès les premiers temps de l'Histoire du Peuple d'Israël, Gédéon reconnaît à Dieu l'attribut de la paix. Ayant vu le feu jaillir du roc, il s'écrie : "C'est donc que j'ai vu l'Ange du Yahvé face à face!" Yahvé lui répondit : Que la paix soit avec toi! Ne crains rien : tu ne mourras pas". Gédéon éleva en cet endroit un autel à Yahvé et il le nomma YAHVE-PAIX" (Jg. 6, 22-24).

Dans son hymne à la Toute-Puissance de Dieu, Job proclame : "C'est un souverain redoutable celui qui fait régner la paix dans ses hauteurs" (Jb 25, 2). De son côté, Dieu aime retrouver au fond du coeur de ses enfants la paix de son amour : "Grand est Yahvé que réjouit la paix de son serviteur" (Ps. 35, 27). Dans la formule de bénédiction de l'Ancienne Alliance était incluse l'idée de paix : "Que Yahvé te découvre sa face et t'apporte la paix" (Nb. 6, 26). Le psalmiste assure à son tour cette bienveillance divine : Yahvé donne la puissance à son peuple, Yahvé bénit son peuple dans la paix" (Ps. 29, 11). Là où se rencontre l'alliance divine, là règne la paix : "Mon alliance était avec lui : c'était vie et paix" (Ml. 2, 5).

L'âme baignée de paix céleste ne craint rien : "En paix, je me couche, aussitôt je m'endors : toi seul, Yahvé, tu m'établis en sûreté" (Ps. 4, 9). La sécheresse, l'aridité, les distractions envahissent-elles l'âme ainsi fixée dans la paix, elle ne se préoccupe pas de savoir si elle a mérité cette sécheresse par ses infidélités. Elle accepte tout avec joie pour contribuer à la plus grande gloire de la Trinité. Ainsi rien ne peut troubler l'âme livrée à l'action du divin Esprit. Les épreuves peuvent déclencher en elle une certaine agitation superficielle : elle en prend occasion pour s'humilier, mais à l'intime, c'est la paix profonde que rien ne saurait altérer, la paix de Dieu qui surpasse tout sentiment.

Une telle pacification intérieure n'a rien de l'oisiveté. Elle rayonne harmonieusement dans un dynamisme intérieur et extérieur qui ne peut que favoriser la vie de l'Eglise et de toute la société. Rien n'est plus réconfortant que cette quiétude pacifiante qui sème partout un optimisme équilibré.

Dans la plénitude
de la Paix de Dieu

Refuser la paix, c'est se vouer à tous les malheurs. Jésus nous le révèle lorsqu'il pleure sur Jérusalem : "Ah! Si en ce jour tu avais compris, toi aussi, le message de paix!" (Lc 19, 42) L'aveu des fautes permet au pécheur repentant de recouvrer ce trésor : "Ta foi t'a sauvée, va en paix" (Lc 7, 50), dit le Sauveur à la pécheresse Marie de Magdala. Le bon Pape Jean XXIII reconnaissait que "parmi tous les biens de la vie et de l'histoire — celle des âmes, des familles et des peuples, — la paix est vraiment le plus important, le plus précieux".

Aussi, avant d'aborder les siens, avant de s'introduire dans les âmes, le Christ se fait toujours précéder de sa messagère fidèle, la Paix. Au soir de la résurrection, en effet, alors que les Apôtres tremblent d'anxiété, Jésus vint "au milieu d'eux et leur dit : Paix à vous!" (Lc 24, 36).

A la suite du Maître, Paul n'oublie pas, dans chacune de ses épîtres, d'adresser à ses fidèles des souhaits de paix. Il connaît le prix de cette paix divine et sa nécessité pour unir les coeurs : "Appliquez-vous à conserver l'unité de l'Esprit par ce lien qu'est la paix", conseille-t-il à ses Ephésiens (4, 3). C'est le Christ qui dispense la paix aux coeurs des croyants : "Ayant donc reçu notre justification de la foi, nous sommes en paix avec Dieu par Notre Seigneur Jésus-Christ". Aux Corinthiens il indique les conditions de la vraie paix : "Vivez en paix et le Dieu d'amour et de paix sera avec vous" (2 Co. 13, 11).

Saint Paul affectionne d'attribuer au Seigneur le titre de "Dieu de la Paix". Presque toutes ses lettres se terminent par la salutation : Que le Dieu de la paix lui-même vous sanctifie totalement, et que votre être entier, esprit, âme et corps, soit gardé sans reproche à l'Avènement de Notre Seigneur Jésus-Christ" (1 Th. 5, 23). Puissions-nous suivre ce conseil de saint Paul, nous purifier toujours davantage pour que fleurisse la justice sur la terre des hommes et que tous en viennent à chanter la louange trinitaire dans la plénitude de la paix de Dieu!

Le "Prince-de-la-Paix"
(Is. 9, 5)

Par la bouche de ses prophètes, Yahvé condamne ceux qui annoncent une fausse paix : "Ils pansent la blessure de mon peuple à la légère disant : Paix! Paix! alors qu'il n'y a point de paix!" (Jr. 6, 14) C'est Lui, Yahvé, qui détient les trésors de la paix véritable : "Car je sais moi le dessein que je forme pour vous, dessein de paix, non de malheur, qui vous réserve un avenir plein d'espérance" (Jr. 29, 11).

C'est Dieu qui comble son peuple de bonheur et de paix : "Et Jérusalem me deviendra un sujet de joie, d'honneur et de gloire devant toutes les nations du monde : quand elles apprendront tout le bien que je vais faire, elles seront prises de crainte et de tremblement à cause de tout le bonheur et de toute la paix que je vais lui accorder" (Jr. 33, 9).

A travers toute l'Ecriture, Yahvé ne manifeste que des intentions de paix à l'égard de son peuple : "Je conclurai avec eux une alliance de paix, je ferai disparaître du pays les bêtes féroces. Ils habiteront en sécurité dans le désert, ils dormiront dans les bois" (Ez. 34, 25). Et comme si Yahvé craignait de n'être pas compris, il reprend : "Je conclurai avec eux une alliance pacifique, ce sera avec eux une alliance éternelle" (37, 26).

Parmi les titres que donne au Messie à venir le voyant d'Israël, celui de Prince-de-la-Paix se place à la fin de l'énumération comme pour montrer sa valeur et sa dignité. Zacharie, reprenant ce passage d'Isaïe : "Etendu est l'empire dans une paix infinie" (9, 6), annonce à son tour, qu'à l'époque du Messie, non seulement la paix sera en honneur parmi les nations, mais que le Messie lui-même sera Paix. La Paix du Royaume, c'est la paix du Christ, la tranquillité heureuse d'un ordre nouveau, de l'ordre de l'amour. Cette paix ne ressemble à aucune autre, elle ne dépend ni des lois humaines, ni d'accords passagers, mais nous vient d'En-Haut : "Paix sur la terre aux hommes de bonne volonté" (Lc 2, 14). Paix et miséricorde : tel est le résumé du message du Christ qui nous transmet la paix des Trois dans la miséricorde du Père. Il est à juste titre le "Prince-de-la-paix" (Is. 9, 5).

Dans la paix du Christ et de l'Evangile

Notre Seigneur est l'incarnation de la paix. Quelle paix dans son âme! Même quand le zèle le dévore, même dans ses rencontres avec les pharisiens, il ne sort pas de son calme intérieur. Tout en Lui rayonne la paix parce qu'il a toujours son Père avec lui et qu'il vit dans un rapport parfait avec la Trinité.

Quel spectacle de paix nous présente aussi l'Evangile! C'est l'impression qu'il donne tout au long. On désire à la suite du Maître aller à la source de la paix : la Sagesse. Cette sagesse est la Sagesse d'un Dieu en même temps qu'une sagesse humaine portée au suprême degré.

Ce n'est pas sans dessein que le Christ choisit pour paraître sur la terre un moment "où tout l'univers jouissait de la paix", ni que la première annonce de sa naissance fut faite au cri de "Paix sur la terre aux hommes de bonne volonté". Le Christ voulait déposer le germe si frêle de sa Bonne Nouvelle dans une glèbe humaine en repos, lui donner le temps de pousser des racines assez profondes pour qu'elle pût résister victorieusement aux labours prochains de la persécution. La paix! Il n'est peut-être pas de bien qui soit plus ardemment souhaité. Il n'en est peut-être pas qui se soit, à travers les âges, avéré plus fragile, plus difficile à atteindre.

Avant de quitter les siens, c'est encore la paix que le Christ promet d'envoyer avec son Esprit : "Je vous ai dit ces choses pendant que je demeure avec vous. Mais le Consolateur, l'Esprit-Saint, que mon Père enverra en mon nom, lui, vous enseignera toutes choses et vous rappellera tout ce que je vous ai dit : Je vous laisse la paix, je vous donne ma paix; je ne la donne pas comme le monde la donne".

La paix que le monde peut donner reste toujours bien fragile. Seule la paix du Christ peut nous assurer la sécurité et la victoire finale. Nous appartenons au Christ Jésus parce que nous avons été "achetés" par lui (1 Co. 6, 20) et nous ne jouirons de sa paix que dans la mesure où nous ne serons qu'un même être avec lui (Rom. 6, 5).

Le retour au Principe
doit s'effectuer dans la paix

L'Incarnation du Verbe, le Fils Unique de Dieu, a ouvert la perspective infinie du plan trinitaire sur la création et la Rédemption. Etre homme signifie dès lors avoir un but supérieur à la nature : être homme parfait signifie être divinisé, "trinitarisé", parachevé en la Trinité. C'est dans le Christ que nous sommes devenus hommes. C'est en lui que notre humanité a pris sa vraie signification. C'est en lui que nous nous connaissons nous-mêmes comme "fils dans le Fils," comme fils de Dieu.

Ce Fils Unique du Père, bien qu'il soit venu apporter le glaive sur la terre (Mt. 10, 34), n'a pas voulu se situer à la tête d'un peuple belliqueux. Il est "PRINCE-DE-LA-PAIX". La paix est chantée à sa naissance. Paix est son premier salut à la terre. Ce sera aussi la paix qu'il laissera au monde en remontant vers son Père.

Quand les Juifs veulent le proclamer Roi, il se dérobe. S'il est Roi, son royaume est spirituel, fondé dans la paix infinie, dans l'amour et l'harmonie de la bienheureuse Trinité, de trois Personnes divines aussi parfaites, aussi belles, aussi bonnes, aussi généreuses, aussi aimables l'une que l'autre et qui s'appellent le Père, le Fils et l'Esprit-Saint. C'est cet amour, cette harmonie des trois Personnes, dans l'éclair de l'éternité, qui constitue le bonheur éternel de Dieu.

A la crèche, nous prenons conscience que Jésus est notre paix et nous ne pouvons faire autrement que de constater cette soif ardente de paix qui nous poursuit sans cesse. Plus nous sommes assoiffés, plus la Trinité nous donne à boire de cette eau rafraîchissante qu'est la paix : "Si quelqu'un a soif, qu'il vienne à moi et qu'il boive" (Jn 7, 37). C'est dans le climat de cette paix toute divine que nous devons retourner à la Trinité, le principe souverain de notre existence et de notre être. Ce retour au Principe, retour paisible au milieu même des plus durs combats, doit s'accomplir dans le Christ, le Prince-de-la-Paix. C'est dans le Royaume du Christ, le Royaume de paix de l'Adorable Trinité, que notre bonne volonté remportera la victoire.

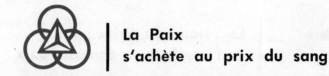

La Paix
s'achète au prix du sang

La paix, c'est le premier don que font les missionnaires aux peuples qu'ils vont évangéliser : "Qu'ils sont beaux sur les montagnes, les pieds du porteur de bonnes nouvelles qui annonce la paix, qui apporte le bonheur, qui annonce le salut, qui dit à Sion : Ton Dieu règne!" C'est ce même message que les disciples du Christ sont chargés de porter partout où il se rendent évangéliser : "En quelque maison que vous entriez, dites d'abord : "Paix à cette maison!" Et s'il s'y trouve un enfant de paix, votre paix ira se reposer sur lui; sinon, elle vous reviendra" (Lc 10, 5-6).

La paix est une perle précieuse puisqu'elle s'achète au prix du Sang divin : "Le châtiment qui nous rend la paix est sur lui et c'est grâce à ses plaies que nous sommes guéris" (Is. 53, 5). Aussi, pour conserver ce précieux trésor, faut-il être fidèle à observer les commandements : "Grande paix pour les amants de ta loi, pour eux rien n'est scandale" (Ps. 119, 165). Aussi la récompense promise à une vie vertueuse n'est-elle rien moins que cette paix inaltérable, partage des bienheureux : "Leurs corps ont été ensevelis dans la paix et leur nom est vivant pour des générations" (Si. 44, 14).

Le Livre de la Sagesse ajoute : "Les âmes des justes, elles, sont dans la main de Dieu et nul tourment ne les atteindra. Aux yeux des insensés ils ont paru mourir, leur sortie de ce monde a passé pour un malheur et leur départ d'auprès de nous pour un anéantissement, mais ils sont dans la paix" (3, 1-3).

La paix doit être considérée comme un bienfait de premier ordre, un élément primordial dans le domaine des vertus : "Un fruit de justice est semé dans la paix pour ceux qui produisent la paix" (Jc 3, 18). Justice et paix s'appellent et se complètent. Déjà Isaïe l'avait reconnu quand il écrit : "La justice produira la paix et le droit une sécurité perpétuelle" (Is. 32, 17). Sans justice, point de paix. Dieu veut que nous soyons justes pour mieux propager la paix. C'est dans la mesure même où nous nous dépouillerons du vieil homme que nous pourrons semer paix et justice dans le monde.

Une surabondance de paix
à la lumière d'une certitude

Cette certitude, c'est celle de notre Rédemption, de notre nouvelle et véritable destinée. Par le Christ et dans le Christ, le Père nous a rejoints et son vaste dessein d'amour nous transforme en fils adoptifs devenus bénéficiaires de tous les biens attachés à ce titre : enfants et donc héritiers de Dieu et cohéritiers du Christ (Rm. 8, 17).

Par la puissance de l'amour du Père, nous sommes vraiment passés dans le Christ pour vivre désormais intégralement sa propre vie. Dieu s'est révélé comme amour, un amour ouvert, créateur, rédempteur et sanctificateur. Cet amour de Dieu est bon et généreux, d'une générosité qui le pousse à rayonner la joie et le bonheur trinitaires. Dans un élan de son amour, par générosité toute gratuite, Dieu fait sortir l'univers du néant, un univers qu'il fait beau et bon. Puis, sur cet univers matériel apparaît la vie qui porte en elle l'appel nécessaire du don. Au sommet du monde des vivants, la Trinité a placé l'être humain qu'il a créé "à son image, comme sa ressemblance" (Gn. 1, 26-27; 5, 1-3).

Tout a été créé "dans le Fils" et "par le Fils", en sorte qu'un lien semble pouvoir s'établir entre la génération éternelle du Fils par le Père et la sortie de nous tous, créatures de la Trinité. La fécondité créatrice nous apparaît comme un rayonnement de la fécondité intime de Dieu. La Trinité Créatrice a voulu associer l'être humain à son geste créateur en lui conférant une certaine maîtrise sur l'univers. Elle veut aller plus loin encore et introduire sa créature douée d'intelligence et de volonté au coeur même de son intimité de connaissance et d'amour.

Telle est la certitude qui illumine notre paix : nous savons que nous avons désormais accès à la patrie céleste, qu'une dignité nouvelle nous a été conférée, que nous pouvons partager l'amitié divine, l'intimité de la vie trinitaire. La qualité de ma paix dépendra de mon degré d'attention à poursuivre et pénétrer cette fulgurante révélation d'amour que me transmettent la Bible, la Tradition, la vie de l'Eglise et tous les événements à travers lesquels je dois apprendre à découvrir les messages de Dieu.

Paix de l'âme dans une vie digne du Seigneur

Le meilleur moyen de vivre dans la paix est, selon l'enseignement de saint Paul, que nous demandions de posséder en plénitude la connaissance de la volonté de Dieu, en toute sagesse et intelligence spirituelle; que nous nous conduisions d'une manière digne du Seigneur et qui lui plaise en toutes choses, portant du fruit par toutes sortes de bonnes oeuvres, croissant dans la connaissance de Dieu; que pleinement fortifiés par la puissance de sa gloire, nous parvenions à une parfaite patience et endurance, rendant grâce avec joie au Père; lui qui nous a rendus capables de partager l'héritage des saints dans la lumière; lui qui nous a arrachés à la puissance des ténèbres et nous a fait passer dans le Royaume de son Fils bien-aimé, en qui nous avons la rédemption par son sang, la rémission de nos péchés (Col. 1, 9-14).

La paix réside dans le secret d'une conduite guidée par la "Parole du Seigneur", cette parole qui nous fait grandir ici-bas dans la connaissance de Dieu et produire toutes sortes de bonnes oeuvres, cette parole qui ne passe pas et sur laquelle nous serons jugés. Cette parole du Seigneur doit toujours demeurer "comme la lampe qui brille dans ce lieu obscur" de notre existence terrestre (2 P. 1, 19), "la lampe sur nos pas, la lumière sur notre route" (Ps. 119, 105).

Cette Parole de Dieu remplit la vie de chaque être humain, la vie du monde comme la vie de l'Eglise. Il s'agit de la bien découvrir à travers les événements quels qu'ils soient. Toutes nos vies sont pleines de ces paroles de Dieu qui nous invitent à mener une vie digne de la Trinité pour que nous puissions porter du fruit dans une parfaite constance et endurance. Même si notre faiblesse a causé de lamentables chutes, la Parole de Dieu nous redressera dans l'espérance pour nous redonner la paix et nous réanimer "d'une puissante énergie par la vigueur de sa gloire", c'est-à-dire par "la puissance de résurrection" du Verbe Incarné. Le meilleur moyen de vivre dans la paix, c'est de renouveler sans cesse sa résolution de vivre une vie digne du Seigneur et qui lui plaise en tout.

Comment conquérir
et cultiver la paix

Ecoutons François Coppée nous enseigner son expérience dans la conquête de la paix : "Cette paix de l'âme ne s'obtient que par l'admirable discipline de la religion, par l'examen de conscience, par la prière. Aussi n'ai-je plus de meilleurs instants que ceux où je m'adresse à Dieu, en lui offrant le repentir de mes fautes passées et toute ma bonne volonté pour l'avenir, et où je lui demande cette paix qu'il nous a promise dans l'autre vie et dont sa grâce nous donne, en ce monde, le délicieux pressentiment. Oui, il n'y a de vraiment belle que l'heure où l'on prie, où l'on se met en présence de Dieu. Cent fois bénie donc la souffrance qui m'a ramené vers Lui. Car je le connais à présent, l'Inconnaissable! L'Evangile me l'a révélé. Il est le Père, il est mon père! Je puis lui parler avec abandon et il m'écoute avec tendresse!" (La Bonne Souffrance)

La paix se cultive en arrachant de son âme les ronces et les épines qui l'embroussaillent, en s'appliquant à être réceptif de la rosée fécondante de la grâce, en demeurant toujours attentif aux chaudes effluves du soleil du bon plaisir divin. C'est cette paix que Notre Seigneur souhaitait à ses disciples après sa Résurrection : "Pax vobis!" Cette paix du Christ est tellement différente de celle du monde. C'est cette paix que le Saint-Esprit nous invite à cultiver : "Recherchez la paix, et poursuivez-la!" (Ps. 33, 15). C'est cette paix que les anges ont chantée au-dessus de l'étable de Bethléem et que les Apôtres ne cessent de souhaiter aux fidèles : "Grâce et paix de la part de Dieu notre Père" (Ph. 1, 2).

La paix est la condition requise au parfait épanouissement de la vie de la grâce en nous. Le démon qui le sait, cherche de toute manière à semer le trouble dans les âmes. Une âme inquiète est portée à se laisser gagner par la tristesse et à se replier sur elle-même, ce qui l'empêche de s'épanouir au soleil du divin Amour et par suite de glorifier les Trois comme elle le devrait. L'âme établie dans la paix ressemble à la mer : les vagues ont beau agiter sa surface, dans les profondeurs c'est toujours le grand calme.

Les solides piliers de la Paix

"La paix est fondée sur les quatre pilastres de la Vérité, de la Justice, de l'Amour et de la Liberté" (Paul VI).

Dans le royaume du Christ il n'y a pas de précepte plus inviolable et plus fondamental et sacré que le service de la vérité et le lien de l'amour. La vérité et l'amour, c'est tout le message du Christ. Pas d'accommodements avec l'erreur; il faut la dénoncer partout où elle se répand; il faut flétrir le vice partout où il se manifeste.

Point de paix sans amour et point d'amour sans prière. L'amour vrai, la prière et la croix demeurent les armes les plus terribles de l'apôtre. Sans de tels outils, l'apôtre risquerait de courir à l'aventure et de frapper dans le vide (1 Co. 9, 24-26) et l'oeuvre de la Trinité pourrait risquer de se voir irrémédiablement compromise : "Suivez la voie de l'amour, à l'exemple du Christ qui nous a aimés et s'est livré pour nous" (Ep. 5, 1-2). Quand on s'adresse à la Trinité, la haine ne peut que disparaître du coeur : l'amour y entre et la prière purifie l'âme pour la remplir d'une paix toute rayonnante.

A quoi bon les lois sans amour? A quoi bon les lois sans le respect des moeurs? Sans l'esprit de justice et de charité, sans le respect des droits d'autrui, la paix reste et restera toujours à la merci des ambitions et des haines. Ce sont les âmes qu'il faut guérir. A l'homme juste est assurée une paix profonde et durable : "Regarde le parfait, vois l'homme droit : il y a pour le pacifique une postérité" (Ps. 37, 37).

Seule la justice devant Dieu et entre les hommes est le fondement de la paix, car c'est elle qui supprime le péché, source de toute division. Le chrétien soutiendra son effort pacifique en se mettant à l'écoute de Dieu qui seul donne la paix : "Ce que Dieu dit, c'est la paix pour son peuple . . . Fidélité germe de la terre, et des cieux Justice se penche. Yahvé lui-même donnera le bonheur, et notre terre son fruit. Justice marchera devant lui, et Paix sur la trace de ses pas" (Ps. 85, 9-14).

Le Pape volant qui diffuse le message de la Paix

L'histoire nous présente certaines périodes tragiques où la religion était la principale source de conflits et de luttes sanglantes dans le monde. De nos jours, la tolérance religieuse est pratiquement universelle. Des hommes de bonne volonté, quelle que soit leur croyance, reconnaissent qu'ils peuvent unir leurs efforts pour l'amélioration de l'humanité sur tous les continents. La mission de paix du Pape Paul VI à New York marque sûrement une date très importante dans l'Histoire des hommes.

Grâce à la magie des télécommunications modernes, le Vicaire du Christ, au tout début d'octobre 1965, tenait pour la première fois un colloque avec le monde entier, réalisant le voeu émis il y a 2,000 ans par le Fondateur de l'Eglise dont il demeure le chef suprême : "Allez de par le monde et enseignez toutes les nations". Il faisait chaud au coeur d'écouter cette humble et grande voix plaider, avec une éloquence toute simple, de la simplicité même du Christ, la cause de la paix devant les représentants assemblés des peuples de la terre : "Si vous voulez être frères, laissez tomber les armes de vos mains. On ne peut aimer avec des armes offensives dans les mains... Plus jamais la guerre, plus jamais la guerre", répéta bien intentionnellement le Souverain Pontife. "C'est la paix, la paix, qui doit guider le destin des peuples et de toute l'humanité".

Le premier voyage, accompli par Sa Sainteté le Pape Paul VI à Jérusalem, avait une signification strictement mystique et oecuménique ; son séjour à Bombay indiquait la volonté expresse de l'Eglise catholique, apostolique et romaine, de sortir du monde chrétien de l'Occident pour rendre hommage aux Orientaux et exprimer sa sollicitude à l'égard d'une multitude d'êtres humains souffrant de la faim d'une manière chronique. Le Pape a entrepris son troisième grand voyage, pour répondre à l'invitation de l'ONU, organisme international auquel il a voulu donner une "ratification morale et solennelle".

La venue de PAUL VI au siège des Nations Unies a contribué à donner à cette forme de gouvernement mondial une capacité d'universalisation plus puissante et un prestige plus grand.

Le problème numéro 1 de notre temps

En choisissant le siège des Nations Unies comme destination ultime de son troisième voyage, le Pape Paul VI a voulu inciter les chrétiens et les non-chrétiens à considérer le maintien de la paix internationale comme le problème numéro 1 de notre temps. En présence des représentants de cent-dix-sept nations, le Souverain Pontife a précisé en termes clairs et concis les points essentiels qui doivent servir de base à un régime de paix durable.

L'Organisation des Nations Unies, a-t-il précisé, serait dans l'ordre temporel ce que l'Eglise catholique veut être dans l'ordre spirituel : unique et universelle, en sorte que l'ONU doit accorder sa confiance à tous : ceux qui se sont retirés et ceux qu'on garde toujours à l'extérieur comme des étrangers dangereux.

"On ne peut pas aimer avec des armes offensives à la main". Les relations humaines doivent être gouvernées par la raison, la justice, le droit, la négociation et non par la force, la violence, la guerre, la crainte ou la ruse. Les grandes puissances sont invitées à réduire leurs armements et à consacrer les sommes économisées au développement des pays moins fortunés.

La vraie menace contre la paix ne vient pas du progrès ou de la science, mais de l'homme lui-même qui peut utiliser les terribles instruments dont il dispose pour le mal comme pour le bien. La tâche primordiale des Nations Unies devrait consister à distribuer en abondance le pain sur la table de l'humanité au lieu de favoriser quelques groupes spéciaux.

L'apport des Nations Unis marque une étape dans le développement de l'humanité : il est désormais impossible de reculer, il faut avancer. Le moment est venu de nous habituer à penser d'une manière nouvelle l'homme, la vie en commun des hommes, l'histoire et les destins de la terre des hommes.

Puisse le monde entier répondre généreusement à ce message de Paul VI qui affirme avec conviction "qu'il faut se mettre résolument en route vers LA NOUVELLE HISTOIRE, une HISTOIRE bâtie dans la paix, celle-là même que Dieu a promise aux hommes de bonne volonté. "Si vous voulez être frères, laissez tomber les armes".

Une mission de paix
qui n'est qu'un départ

La messe dite par le Souverain Pontife Paul VI au Yankee Stadium de New York et sa visite du pavillon du Vatican au "World's Fair" furent deux cérémonies à caractère religieux très émouvantes et imprégnées de piété. Le spectacle des millions de catholiques, chrétiens et autres qui, en personne ou par le truchement de la télévision, ont admiré le Chef spirituel de l'Eglise a mis en relief le caractère universel qui découle du dernier Concile.

La mission de paix dont Paul VI fut le messager marque un départ tout chargé d'espérance : c'est l'ouverture d'une ère nouvelle par rapport à l'humanité tout entière. S. S. Paul VI nous en trace la voie, à la suite du regretté Jean XXIII. A nous de suivre cette voie que trace le Concile, ce message qu'on pourrait ainsi résumer : "Comme le Christ m'a envoyé, ainsi je vous envoie pour que la paix règne dans l'univers et que le monde jouisse de l'unité, d'une unité qui ne peut se réaliser que par la Trinité, en Dieu, le Père de tous les hommes, dans le Fils qui nous unit au Père et dans l'Esprit-Saint qui doit consommer et couronner notre bonheur".

La mission à New York du Souverain Pontife, du Chef de l'Eglise catholique, représente une intervention historique des plus importantes dans les affaires mondiales, et ceux qui pourraient douter d'une telle importance devraient étudier l'histoire générale pour voir comment cette histoire a été transformée par la puissance de la foi. Le discours du Pape à l'ONU témoigne du désir de l'Eglise catholique de tenir le plus grand compte des changements considérables survenus dans le monde, de favoriser le développement spirituel de tous par le respect profond de la liberté bien comprise et de former cette liberté dans la paix et pour la paix. Paul VI a parlé à l'ONU comme porteur d'un message qui va infiniment au-delà de la symbolique souveraineté temporelle. Puisse la courageuse et puissante parole du Souverain Pontife, parole qui a su exalter le devoir de la paix et l'exécration de la guerre, pénétrer toutes les mentalités de l'Orient et de l'Occident! Que ce soit le début de "LA NOUVELLE HISTOIRE", de "L'HISTOIRE PACIFIQUE"!

Les "hommes de paix" dont Dieu veut faire son "ROCHER"

Dieu est ferme comme une pierre. Il est notre roc, notre refuge contre le péril. L'Ecriture nous répète sans cesse qu'il est un rocher : le rocher d'Israël, le rocher protecteur, le rocher du salut, le rocher des siècles. Le chrétien est lancé sur la mer houleuse du monde, assailli par des vagues déchaînées, aveuglé par des éclairs trompeurs. C'est une marche sur l'eau que le Seigneur lui demande souvent comme à Pierre et s'il quitte alors des yeux le Rocher en prêtant attention à la violence du vent, il prend peur lui aussi et commence à couler.

Ce Dieu-Trinité qui est notre 'ROCHER' est en même temps notre soutien, l'Emmanuel, Dieu avec nous. Ses paroles de force et de consolation, transmises autrefois par Isaïe, doivent toujours résonner à nos oreilles et pénétrer nos coeurs : "Ne crains pas, car je suis avec toi; ne guette pas anxieusement, car je suis ton Dieu. Je te rends vigoureux et je t'aide, je te soutiens de ma droite victorieuse. Ne crains pas, Jacob, pauvre larve, Israël, chétif vermisseau. Moi, je viens à ton secours, le Saint d'Israël est ton rédempteur. Tu te réjouiras en Yahvé, tu te glorifieras dans le Saint d'Israël" (Is. 41, 10-16).

"Les montagnes peuvent s'en aller et les collines s'ébranler, continue le même prophète, mais mon amour pour toi ne s'en ira pas, mon alliance de paix avec toi ne sera pas ébranlée, a déclaré Yahvé qui a pitié de toi. O malheureuse, battue par les vents, inconsolée, voici que je vais poser tes pierres sur des escarboucles et tes fondations sur des saphirs. Tu seras fondée sur la justice, à l'abri de l'oppression, car tu ne craindras plus, à l'abri de la terreur, car elle ne t'approchera plus" (Is. 54, 10-14).

Souhaitons, pour l'obtention et la conservation de l'harmonie dans l'univers, de ces hommes de paix qui croient en Dieu, qui se laissent imprégner par la Trinité, des hommes sincères avec eux-mêmes et avec la société qui, de par leur union à Dieu et à cette même société, continuent le Rocher de Dieu, de sages médiateurs pour le maintien de la paix dans le monde!

Douze suffiraient pour fixer le monde dans la paix

Pour obtenir la paix dans l'univers, il faut d'abord l'établir dans l'âme de chaque indivitu. Qu'importe si le gros de la masse ne bouge pas! C'est normal! Ce qu'il faut, c'est un levain puissant qui informera cette pâte, un levain que rien ne pourra corrompre. Ils étaient douze au tout début! Douze sources de ferment et la pâte de l'univers a dû céder. Aujourd'hui, ne trouvera-t-on pas ces douze sauveurs, ces douze lutteurs, ces douze chefs de nations?... Douze suffisent, mais douze qui s'engageront pour toujours et de toute leur âme dans la "grande mêlée", douze qui élargiront leurs conceptions, qui ne penseront plus seulement en fonction de leur moi individuel ou national, mais du monde entier.

La paix universelle s'obtiendra à partir de la paix individuelle conquise au-dedans et au-dehors de chacun. S'établir dans la paix, c'est quitter la bagatelle, le charnel, c'est établir la tranquillité autant à l'extérieur qu'à l'intérieur. Faire la paix à l'intérieur, c'est chercher la vérité comme le philosophe qui construit l'édifice de sa science. C'est l'équilibre harmonieux de la vertu qui fera de notre âme un Temple pacifié et pacifiant. Faire la paix à l'extérieur, c'est régler ses paroles, ses gestes, ses manières sur le modèle divin. La tranquillité de l'ordre doit se refléter jusque sur le corps et dans la physionomie tout entière. La paix extérieure s'établit surtout par la douceur.

La paix, c'est le bonheur. Même au sein de joies sans nombre, l'âme qui n'a pas la paix n'est pas heureuse, tandis qu'avec la paix, même au sein du malheur, on n'est pas tout à fait malheureux. S'il nous était donné de pénétrer le secret des âmes et d'y lire comme dans un livre, nous verrions que ce qui leur manque le plus, ce ne sont ni les biens d'ici-bas, ni les plaisirs, ni les honneurs qu'elles recherchent pourtant avec avidité; ces âmes souffrent, parce qu'elles n'ont pas la paix. L'amitié trinitaire, c'est ce qui rend gracieux, c'est la grâce de Dieu, c'est la paix dans nos âmes.

Trouver la paix, c'est commencer sur terre l'éternel Alleluia

Les oeuvres du Seigneur sont des oeuvres pacifiques et ses élus deviennent ses instruments de paix. S'il refuse à David l'honneur de lui construire un temple, c'est que le roi a les mains souillées de sang : "Voici qu'un fils t'est né : c'est lui qui sera un homme de paix et je le garderai en paix avec tous ses ennemis alentour" (I Ch. 22, 9). Ce fils, c'est Salomon dont il est dit au livre de l'Ecclésiastique : "Salomon régna dans un temps de paix et Dieu lui accorda la tranquillité alentour afin qu'il élevât une maison pour son nom et préparât un sanctuaire éternel" (Si. 47, 13).

Le psalmiste regarde la paix comme un trésor qu'il faut rechercher : "Evite le mal et fais le bien, recherche la paix et poursuis-la" (Ps. 34, 15). C'est aussi un trésor qu'il faut mériter car il n'y a pas de paix pour les méchants : "Ne me traîne pas avec les impies, avec les malfaisants qui parlent de paix à leur prochain et le mal est dans leur coeur" (Ps. 28, 3). Au contraire "ceux qui s'attachent à la loi du Seigneur goûtent une paix profonde" (Ps. 119). La paix est surtout le fruit de la crainte filiale. Bienheureuse l'âme fervente : "Je ferai descendre sur elle, comme un fleuve de paix" (Is. 66, 12).

La paix est aussi la récompense promise à ceux qui ont bien vécu : "Pour toi, tu t'en iras en paix auprès de tes pères, tu seras enseveli dans une vieillesse heureuse" (Gn. 15, 15). C'est l'objet de la supplication du vieillard Siméon à la rencontre au Temple de Jésus-Enfant : "Maintenant, ô Maître, tu peux selon ta parole laisser ton serviteur s'en aller en paix car mes yeux ont vu ton salut" (Lc 2, 29).

Trouver la paix, c'est trouver le bonheur, c'est apaiser tous ses désirs, fixer le repos de tout soi-même dans la possession entière des biens parfaits, le tout baignant dans un climat de joie que ne peuvent flétrir aucune crainte, aucune ombre. Vivre dans la paix, c'est jouir déjà du bonheur même de Dieu et se livrer généreusement comme Lui sans aucun repli sur soi. C'est déjà sur terre le commencement de l'Alleluia éternel.

Table des matières

PRELIMINAIRE : Le temple spirituel qu'il s'agit de rebâtir

DIVISION GENERALE :

PREMIERE PARTIE : Le fondement du temple

Chapitre I : Le retour à la Trinité **27**

— La Religion, besoin profond de l'Humanité
— L'Histoire Sainte, c'est l'histoire de l'humanité
— La Trinité chez tous et pour tous
— Le Christianisme n'est pas une spéculation
— Le drame historique du mystère chrétien
— L'être humain et sa destinée trinitaire
— Une histoire finalisée
— L'ESPRIT de la Trinité inspire la Révélation
— Le vrai sens du mystère trinitaire
— La Trinité se révèle dans une pédagogie admirable
— Ce qu'enseigne la SAGESSE THEOLOGIQUE
— Avec le concours de la SAGESSE METAPHYSIQUE
— A la Lumière de la SAGESSE MYSTIQUE
— Dans l'unité du plan de la Trinité
— Le Mystère caché est désormais révélé
— Réponse libre et sincère à l'Evangile
— Le Dogme Trinitaire et ses conséquences
— Le retour de la créature à la Trinité

Chapitre II : **Bâtir sur le Christ. Il est le Rocher** **47**

— Le symbolisme du rocher
— Le Rocher au fondement du Culte
— Yahvé, notre rocher
— Le Rocher qui nourrit et désaltère
— Le Prophète des prophètes
— Le Christ : Rocher de l'édifice
— "Tu es Pierre"
— Le Christ est la 'Tête d'ANGLE'
— Bâtir sa vie sur le Christ
— Le mystère chrétien centré sur le Christ
— Bâtir avec et dans l'esprit du Christ
— La pierre d'achoppement et le temple détruit
— Pour Lui, en Lui et par Lui toujours
— Nous sommes créés dans le Christ
— Le Principe d'unité de l'Humanité régénérée
— Le geste royal de l'Incarnation
— Par Jésus-Christ, ton Fils, Notre-Seigneur
— La Jérusalem nouvelle en construction

Chapitre III : **L'humilité. Fondement de l'édifice** **67**

— Au fondement de toutes les vertus
— Pleinement Dieu et humblement homme
— La vie profondément humble de Nazareth
— Le secret de la vie du Christ
— La pierre de touche de l'humilité
— Une humilité bien éclairée
— La vérité dans l'humilité
— L'humilité pour une meilleure disponibilité
— A la mesure même des fondations
— Ce que l'orgueilleux ne peut voir
— Sur le terrain de la vraie sagesse
— Humilité et Fin dernière
— L'intelligence et la volonté en oeuvre
— L'humilité et la Volonté de Dieu
— L'humilité et la volonté des autres
— Pour le bonheur des autres
— Humilité dans la tâche du moment
— "Fais-moi connaître tes voies, Seigneur"

DEUXIEME PARTIE : L'ornementation du temple

Chapitre IV : La tempérance : vertu du juste milieu 91

— Pour un meilleur épanouissement de la vie trinitaire
— Il ne s'agit pas de mutiler, mais de purifier
— Nature de la Tempérance
— La Tempérance oriente nos puissances
— La Tempérance face au dualisme humain
— Tempérance naturelle et Tempérance surnaturelle
— Condition préalable à la Tempérance
— La tâche de la Tempérance
— Importance de la vertu de Tempérance
— Les parties intégrantes de la Tempérance
— Tempérance et Charité
— Tempérance et Douceur
— Tempérance et Modestie
— Tempérance et Simplicité
— Tempérance et Studiosité
— Tempérance et Joie
— L'abnégation doit appuyer la Tempérance
— Le parfait modèle de la Tempérance

Chapitre V : La force au service des autres vertus 111

— A la poursuite d'un 'bien ardu'
— La Force est une vertu de résistance
— Vertus intégrantes à la Force
— Le champ d'action de la vertu de Force
— Vertu libératrice qu'est la Force
— La Force face aux attaches du coeur
— La Force nécessaire pour vaincre l'égoïsme
— Pour dominer le RESPECT HUMAIN
— La Force de fuir
— Merveilleux effets de la Force
— Les rôles variés de la Force
— L'action principale de la vertu de Force
— Moyens concrets pour obtenir la Force
— La Force au service des vertus
— Précieuse compagne de la Prudence
— Mille façons d'être fort
— Au service de la personnalité chrétienne
— Dans la Force de l'Eglise du XXe siècle

Chapitre VI : **La prudence :
la 'vertu-gond' par excellence** **131**

— Pour mieux nous aventurer sur la route
— Sur la route apparemment déserte
— Quand la route se fait sinueuse
— En pleine route cahoteuse
— Prudence toute de courage sur la route du midi
— En toute vitesse sur la route d'asphalte
— Prudence discrète sur la route "achalandée"
— En toute sagesse sur la grand'route
— Même sur la route en fleurs
— Avec calme sur la route montante
— "Resserrée la route qui mène à la vie..."
— Sur la route vers l'inconnu
— Sur la route descendante
— Sur la route du soir
— Sur les grands boulevards trinitaires
— La prudence au service des besoins de la route
— Pour mieux dominer les courants
— Sur la route de notre XXe siècle

Chapitre VII : **La vertu royale de justice** **151**

— Importance et grandeur de la Justice
— Justice commutative et Justice distributive
— La Justice et les vertus morales
— Le vaste terrain de la Justice
— Le sens biblique de la Justice
— Respect des droits et devoirs de chacun
— L'ennemi de la Justice
— Justice et injustice se côtoient
— Justice nécessaire au Chef
— Quand justice et sainteté se confondent
— Collaboration de la justice avec la charité
— Le Don de Piété pour une Justice mieux comprise
— La justice au coeur de la Trinité
— Notre justice vis-à-vis la Trinité
— Face au Souverain Juge
— Besoin universel de justice
— Une science qui favoriserait la justice
— La Justice relie l'homme à la Trinité

Chapitre VIII : **La Trinité exige la foi** **173**

— LA FOI : mystère de base à l'union trinitaire
— La Vision au ciel et la Foi sur la terre
— Attitudes très diverses devant la Foi
— L'équilibre de notre Foi théologale
— La Foi et la Charité s'influencent mutuellement
— La Foi sous le signe de l'Espérance
— Foi en la Parole qui agit
— La Foi en Jésus-Christ est à la base de tout
— La Foi exige l'engagement total
— Foi et témoignage trinitaire
— Relation de Foi et non d'évidence
— Développer sa Foi : voilà ce qui importe
— La Foi signifie confiance en la Trinité
— La Foi se prouve par des actes concrets
— Notre devoir de communiquer la Foi
— Notre Foi se concrétise en l'Eglise
— Notre-Dame de la Trinité et sa vie de Foi
— Pour réaliser la démarche de Foi

Chapitre IX : **A la Trinité par l'espérance** **193**

— L'Espérance du peuple d'Israël
— Orientation nouvelle de l'Espérance
— L'Espérance du peuple chrétien
— LA TRINITE : objet de notre Espérance
— Fondements de l'Espérance :
  Bonté, Puissance et Fidélité des Trois
— Aux deux bouts de la chaîne
— Une Trinité théologale : Foi, Espérance et Charité
— L'Espérance ouvre sur la Charité
— Confiance partout et toujours
— L'Ecriture Sainte : source de confiance
— Appuyer sa vie sur l'Espérance
— Confiance pour le passé, le présent et l'avenir
— L'Espérance est bonne éducatrice
— L'esprit chrétien est essentiellement fait d'Espérance
— Par l'Espérance jusqu'au sommet de la perfection
— L'Espérance active motive l'histoire
— Dans l'Espérance d'un univers prometteur
— L'Espérance : vertu d'engagement et de dépassement

Chapitre X : **Au Royaume de l'Amour** **213**

— La rencontre de trois Amours
— L'orientation équilibrée des trois Amours
— La Charité n'habite pas dans le concupiscible
— La Charité est pur don de la Trinité
— La Charité : forme des vertus
— Pas de véritable vertu sans la Charité
— La Charité l'emporte sur la Foi
— La Charité renforce la Foi et l'Espérance
— Supériorité de la Charité qui possède la Trinité
— La Charité s'exerce en climat de liberté
— Evolution qualitative de la Charité
— Bienveillance et bienfaissance vis-à-vis de la Charité
— Besoin universel d'aimer et d'être aimé
— L'amour appelle l'amour
— Pour mieux apprendre à aimer le Père
— Aimer la Trinité, c'est lui obéir
— L'amour ne varie pas chez Dieu
— L'amour est le dernier mot de tout

Chapitre XI : **Sous le rayonnement de l'Esprit** **235**

— A la source même des Dons du Saint-Esprit
— Un réel hypnotisme trinitaire
— Un principe pour comprendre le panorama
— La Trinité nous adapte à sa vie propre
— Intelligence spéculative et intelligence pratique
— Hiérarchie des Dons d'ordre intellectuel
— Trois Dons d'ordre essentiellement pratique
— Le double registre de notre agir
— Le Don de Sagesse au service de la Charité
— Le Don d'Intelligence illumine la Foi
— Le Don de Science fortifie l'Espérance
— Le Don de Force accompagne la vertu de Force
— Le Don de Conseil se marie avec la Prudence
— Le Don de Piété s'apparente à la Justice
— Le Don de Crainte s'ajuste à la Tempérance
— Pour mieux réaliser nos liens trinitaires
— Pour un meilleur hommage à la Trinité
— Au service de l'amour de Dieu et de nos frères

Chapitre XII : **Le Don de Piété :**
La Piété nous fait "fils dans le Fils" **255**

— La Piété sous la Première Alliance
— La Piété sous la Nouvelle Alliance
— Dieu est notre Père
— La découverte du Père et de notre filiation
— Le double objectif du Don de Piété
— Le Don de Piété ouvre l'âme sur le Père
— Relation du Don de Piété avec le Verbe
— La force secrète de l'Esprit-Saint
— Pour le bon fonctionnement du Corps Mystique
— Le Don de Piété : source d'apostolat
— La pleine mesure du Don de Piété
— Le Don de Piété nous convie à une spiritualité trinitaire
— "La "théologalisation" que favorise le Don de Piété
— La Piété au coeur d'une double espérance
— Piété, Justice et vertu de Religion
— Quelques types concrets marqués par la Piété
— Quelques effets bienfaisants du Don de Piété
— Pour mieux satisfaire notre besoin d'être

Chapitre XIII : **Le Don de Crainte**
oriente vers la Trinité **275**

— La Crainte dans les deux Testaments
— La crainte mondaine qu'il faut éviter
— La crainte servile face à la Charité
— La crainte initiale marque un début
— La crainte filiale procède de la charité parfaite
— Une crainte qui bannit la peur
— La Crainte : le don du départ
— La Crainte : don de l'équilibre
— Le vaste champ du Don de Crainte
— Une crainte constructive
— Le Don de Crainte et l'humilité
— Crainte et Confiance doivent se compléter
— L'orientation du Don de Crainte
— Le mal qu'il faut craindre
— Excellence Du Don de Crainte
— Le Don de Crainte chez les vrais chrétiens
— Moyens d'acquérir et de conserver la Crainte
— Dans la crainte du monde qui nous entoure

Chapitre XIV : **Le Don de Force** **295**

— Le Don de Force n'est pas un instrument de luxe
— Les enfants de la Trinité doivent être des forts
— La vraie vie n'appartient qu'aux forts
— Impossible d'être chrétien à fond sans le Don de Force
— La puissance de résistance et d'attaque du Don de Force
— La puissance généralice du Don de Force
— Plusieurs vertus, mais un seul Don
— Le Don de Force collabore avec les vertus théologales
— Crainte et Force ne s'opposent qu'en apparence
— Le Don de Force assure la possession de soi-même
— Les trois degrés du Don de Force
— La Force au service des autres
— La tâche et les trophées de l'Esprit de Force
— Le Don de Force chez les saints
— "Avec assurance au nom du Seigneur"
— Dispositions que requiert de nous l'Esprit de Force
— La Force dans la faiblesse
— "Je puis tout en Celui qui me rend fort"

Chapitre XV : **Don de Science**
         L'expérience nécessaire du Don de Science **315**

— Dans la connaissance et l'amour par le Don de Science
— Glorificateurs du Père par le Don de Science
— Une intuition d'amour
— Le mouvement rythmique du Don de Science
— Les rôles de dégagement et d'engagement du Don de Science
— L'Ancien Testament oriente vers les Béatitudes
— La Foi exige l'inspiration du Don de Science
— Pour mieux pénétrer le mystère des choses
— Pour mieux remonter du créé jusqu'à la Trinité
— Science du tout et du rien
— Psychologie de discernement qu'engendre le Don de Science
— Par le Don de Science, l'âme suit Dieu à la trace
— Le Don de Science aide à "bien tourner le coin"
— Avec le Don de Science la Lumière brille dans la nuit
— Le Don des Chrétiens d'action, des chrétiens spécialisés
— Le Don de Science chez les Saints
— Le Don de Science pour mieux lire l'univers
— Pour mieux réaliser sa stature d'homme et de chrétien

Chapitre XVI : **Le Don de Conseil**
               l'impulsion trinitaire du Divin Conseiller **335**

— Le rôle du Don de Conseil dans le Septénaire sacré
— L'Esprit de Conseil sous l'Ancienne Alliance
— L'Esprit de Conseil dans le Nouveau Testament
— La nature du Don de Conseil
— La vertu de prudence a besoin du Don de Conseil
— Impossible de se laisser "TRINITARISER" sans le Don de Conseil
— La Foi théologale à la base du Don de Conseil
— Heureuse influence du Don de Conseil sur l'intelligence
— Comportement du Don de Conseil vis-à-vis le Don de Science
— Les exigences du Don de Conseil
— Le Conseil est le Don caractéristique du chef
— Quelques exemples concrets de l'influence du Don de Conseil
— Rôle du Don de Conseil dans la vie spirituelle
— Sous l'impulsion toute-puissante du Divin Conseiller
— Les divers degrés du Don de Conseil
— Pour empêcher l'homme de se perdre dans sa science
— Maîtriser l'esprit pour maîtriser l'univers
— Le Conseiller par excellence

Chapitre XVII : **Le Don d'Intelligence** **355**

— Contemplation et pénétration affective de la Vérité
— "Goûtez, puis voyez" : c'est l'Ancien Testament
— L'Esprit d'Intelligence influence tout le Nouveau Testament
— Le Don de la contemplation pour une charité plus adulte
— Exigence essentielle au développement d'une Foi adulte
— Une intuition pénétrante des vérités de la Foi
— Le Don d'Intelligence nous rend sensible le spirituel
— Puissante collaboration des Dons de Science et d'Intelligence
— Le Don d'Intelligence oriente la Foi vers la maturité
— Comment se concilie la vision du Don avec les obscurités de la Foi
— Le Don par excellence de l'intériorité
— "Le Royaume est là : convertissez-vous et croyez..."
— Les activités essentielles du Don d'Intelligence
— Le plan d'intuition et de conceptualisation du Don d'Intelligence
— Le Don d'Intelligence chez les Saints
— Le Don d'Intelligence pour instruire les nations
— Pour préciser l'attitude d'engagement du croyant
— Conditions qu'exige l'Esprit d'Intelligence

Chapitre XVIII : **A la Trinité par le Don de Sagesse** **375**

— La Sagesse aux sources mêmes de la Révélation
— Le Verbe Incarné : Sagesse de la Trinité
— Le Don de Sagesse et la Charité théologale
— Le Don de Sagesse et la vertu théologale de Foi
— Le Don de Sagesse dans le regard même de Dieu
— Le Don de Sagesse dépasse infiniment la sagesse du philosophe
— Puissance "trinitarisante" du Don de Sagesse
— Le Don de Sagesse et les autres Dons
— Dans l'immensité miséricordieuse de la Trinité
— L'expérience mystique que procure le Don de Sagesse
— Ce Don appartient à tous les crétiens en état de grâce
— Science d'amour que procure le Don de Sagesse
— Quelques degrés dans l'excellence du Don de Sagesse
— Procédé de contraste : sagesse et folie
— La Trinité et ses attributs : objet du Don de Sagesse
— Pour une sage orientation des progrès techniques
— L'Esprit de Sagesse invite la Science moderne
— Pour un nouvel âge mental adulte

Chapitre XIX : **Les Béatitudes** **397**

— Philosophies diverses sur la Béatitude
— La révélation biblique des Béatitudes
— Les Béatitudes indiquent l'Esprit du Royaume
— Pour mieux saisir l'orientation des Béatitudes
— Bienheureux les pauvres en esprit et en vérité
— Le Royaume des Cieux appartient à de tels pauvres
— Bienheureux les doux ... Ils possèderont la terre
— Bienheureux ceux qui pleurent ... Ils seront consolés
— Bienheureux ceux qui ont faim et soif de la justice
— Ceux qui ont faim de la justice seront rassasiés
— Bienheureux les miséricordieux
— Les miséricordieux obtiendront miséricorde
— Bienheureux les coeurs purs
— Les coeurs purs verront la Trinité
— Bienheureux les pacifiques
— Les pacifiques seront appelés fils de Dieu
— Bienheureux les persécutés pour la justice
— Le Royaume des cieux est aux persécutés

Chapitre XX : **Les Fruits du Saint-Esprit** **419**

— Il faut le sens de l'analogie pour comprendre
— Neuf ou douze Fruits du Saint-Esprit?
— Triple base aux douze Fruits du Saint-Esprit
— Les cinq Fruits qui stabilisent l'âme en la Trinité
— Quatre autres Fruits marquent nos 'rapports mutuels'
— Les trois derniers Fruits du Saint-Esprit
— Le premier Fruit, c'est l'AMOUR
— Le deuxième Fruit, c'est la JOIE
— Le troisième Fruit, c'est la PAIX
— Le quatrième Fruit : la PATIENCE
— Le cinquième Fruit : la LONGANIMITE
— L'âme sous l'influence de la BONTE
— "Apparuit BENIGNITAS" : le Fruit de la BENIGNITE
— Couronnement de la patience : le Fruit de la MANSUETUDE
— Fécondité, vitalité et plénitude dans la FIDELITE
— Le Fruit de la VIRGINITE se situe dans l'amour
— Chasteté laborieuse c'est la CONTINENCE
— Le dernier Fruit, non le moindre : la MODESTIE

TROISIEME PARTIE : **Le rayonnement du temple**

Chapitre XXI : **Le temple de la prudence** **443**

— Basculer dans la mort ou progresser dans la vie
— Dans un esprit de recherche constante
— Sur Dieu seul s'appuie la fidélité
— Le Christ "FIDELE" et "VRAI"
— Dieu a droit d'exiger de nous la fidélité
— Fidèle au Père à la manière du Serviteur de Dieu
— Fidèle à la Trinité comme la Trinité l'est pour nous
— Accepter les renoncements qu'exige la fidélité
— A l'image du Dieu patient
— Patience pour achever "ce qui manque à la Passion du Christ"
— Prudence et fidélité sur le plan de la continence
— Redonner à la modestie sa place dans les modes
— Réaction du sens chrétien devant la modestie
— Le coeur doit collaborer avec l'intelligence et la volonté
— Etre bons pour rendre les hommes meilleurs
— Le dur travail qu'exige la pratique de la bonté
— Mansuétude et patience pour le bien de la paix
— Les sources de joie dont il faut tenir compte

Chapitre XXII : **Le temple de la charité** **463**

— Temple où règne l'unité dans l'amour
— L'amour effectif qui anime le temple
— Temples vivants au service les uns des autres
— Temple où la dévotion éclate en joie
— Un temple qui accepte le renoncement, mais dans la JOIE
— La JOIE : baromètre de l'équilibre
— Temple qui diffuse l'art d'être joyeux
— Joie crucifiée, sanctifiante et glorifiante
— Loi nouvelle : loi de bonté et d'amour
— Bon à la manière des Trois
— Bon à la manière du Verbe Incarné
— Rayonnement aussi puissant que discret de la Bonté
— Manifestation diverses de la Bonté
— La magique influence morale de la Bonté
— Le magnétisme de la Bonté
— Un temple riche d'affectueuse bienveillance
— Noyer son bonheur dans le bonheur des autres
— Des cieux nouveaux et une terre nouvelle

Chapitre XXIII : **Le temple de la paix** **483**

— La PAIX : c'est le souhait de tous et pour tous
— La Paix est le fruit de la Sagesse
— Dieu est Paix et pacification
— Dans la plénitude de la Paix de Dieu
— Le "Prince-de-la-Paix" (Is. 9, 5)
— Dans la paix du Christ et de l'Evangile
— Le retour au Principe doit s'effectuer dans la paix
— La Paix s'achète au prix du sang
— Une surabondance de paix à la lumière d'une certitude
— Paix de l'âme dans une vie digne du Seigneur
— Comment conquérir et cultiver la Paix
— Les solides piliers de la Paix
— Le Pape volant qui diffuse le message de la Paix
— Le problème numéro '1' de notre temps
— Une mission de paix qui n'est qu'un départ
— Les "hommes de paix" dont Dieu veut faire son "ROCHER"
— Douze suffiraient pour fixer le monde dans la paix
— Trouver la Paix, c'est commencer sur terre l'éternel Alleluia

TABLE DES MATIERES **503**